ÉROTIQUE
DE L'ART

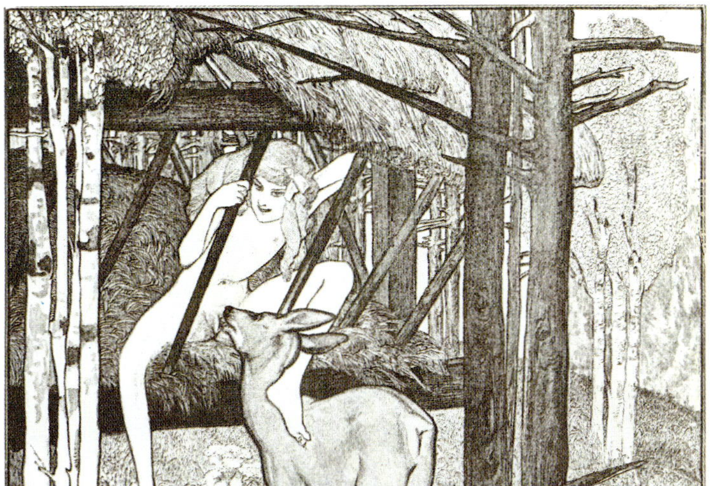

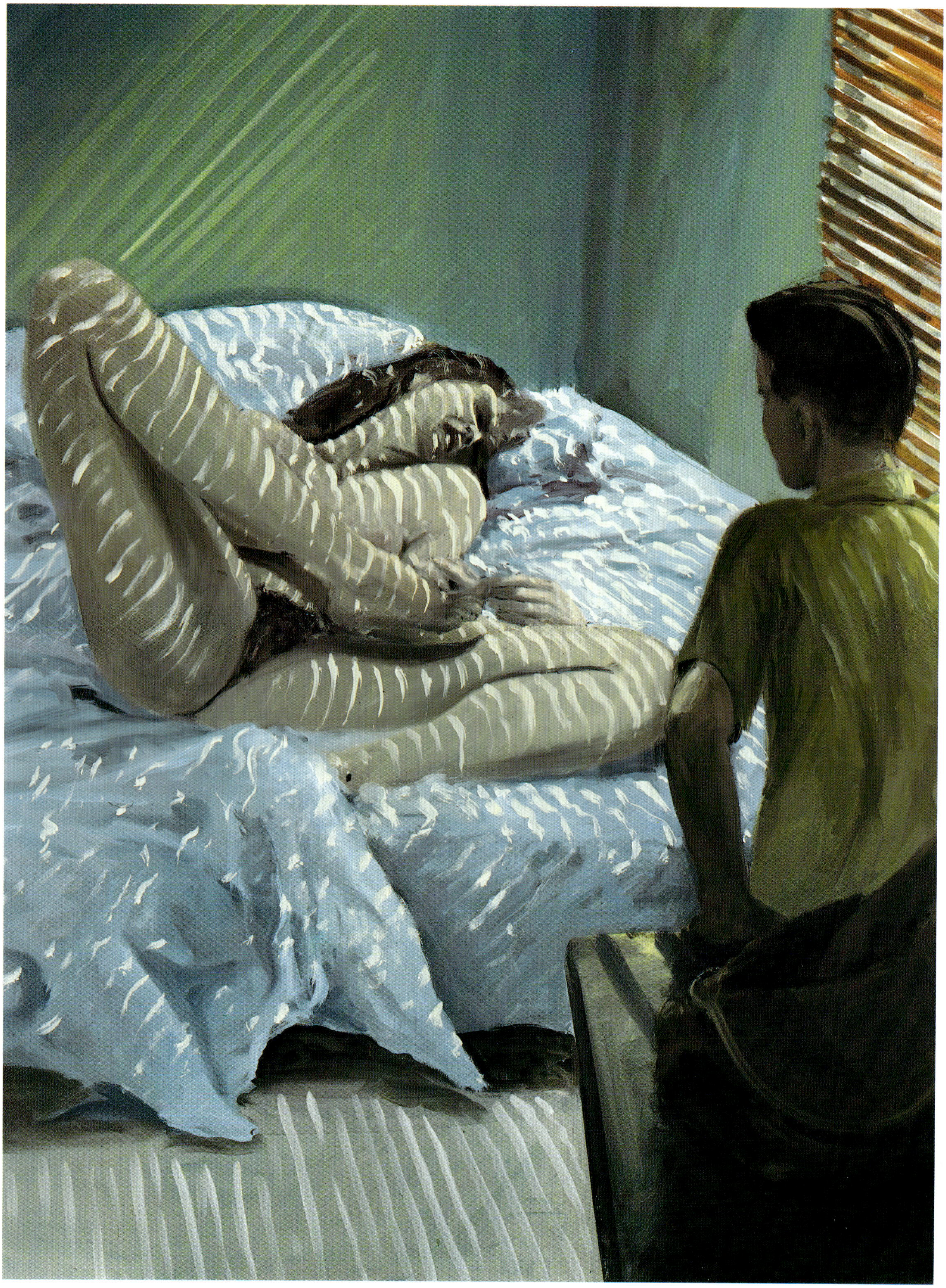

ÉROTIQUE DE L'ART
DU 20e SIÈCLE

Conception
Angelika Muthesius
Burkhard Riemschneider

Texte
Gilles Néret

TASCHEN
KÖLN LISBOA LONDON NEW YORK PARIS TOKYO

COUVERTURE
d'après: René Magritte
La philosophie dans le boudoir, 1966
Gouache, 74 x 65 cm
Collection particulière

DOS DE COUVERTURE
Michel-Ange
David (détail), 1501–1504
Marbre, hauteur 410 cm
Florence, Galleria dell'Accademia
Photo: Erich Lessing

PAGE 1
Franz von Bayros
Oh! quel joli endroit, 1908
Illustration pour « Erzählungen am Toilettentisch »

PAGE 2
Eric Fischl
Mauvais garçon (détail), 1981
voir page 173

Printed in Italy
ISBN 3-8228-7716-6
F

Table des matières

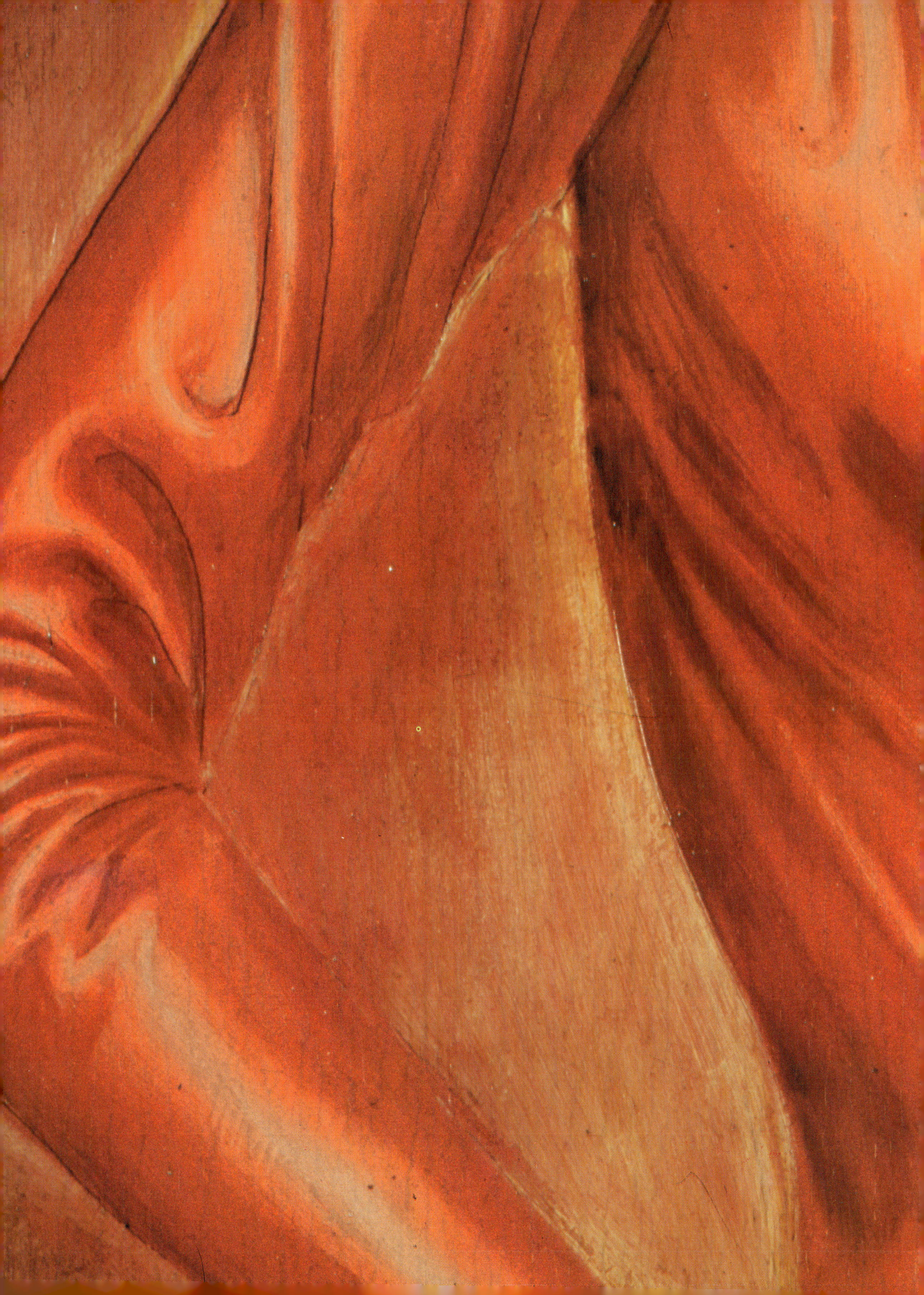

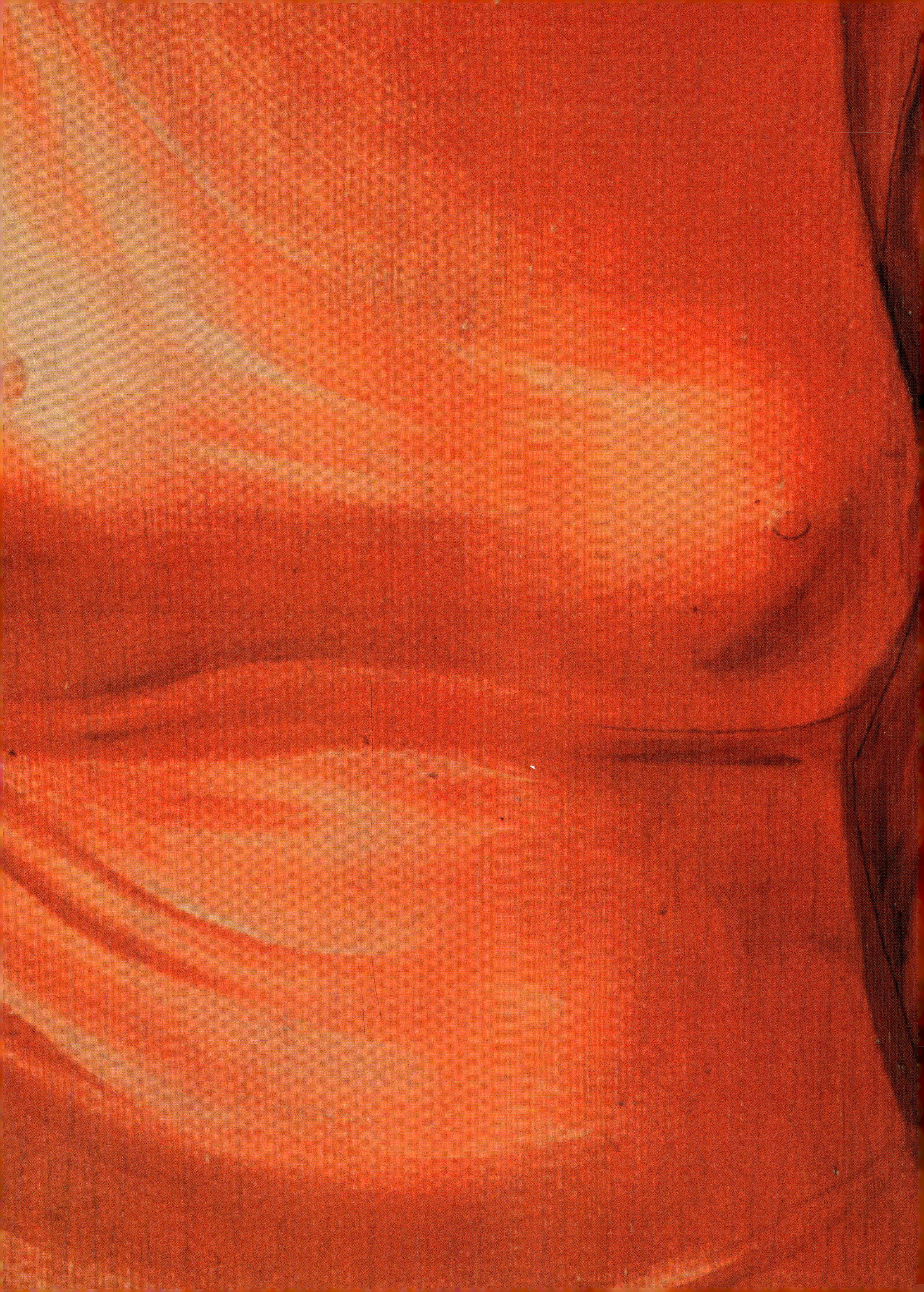

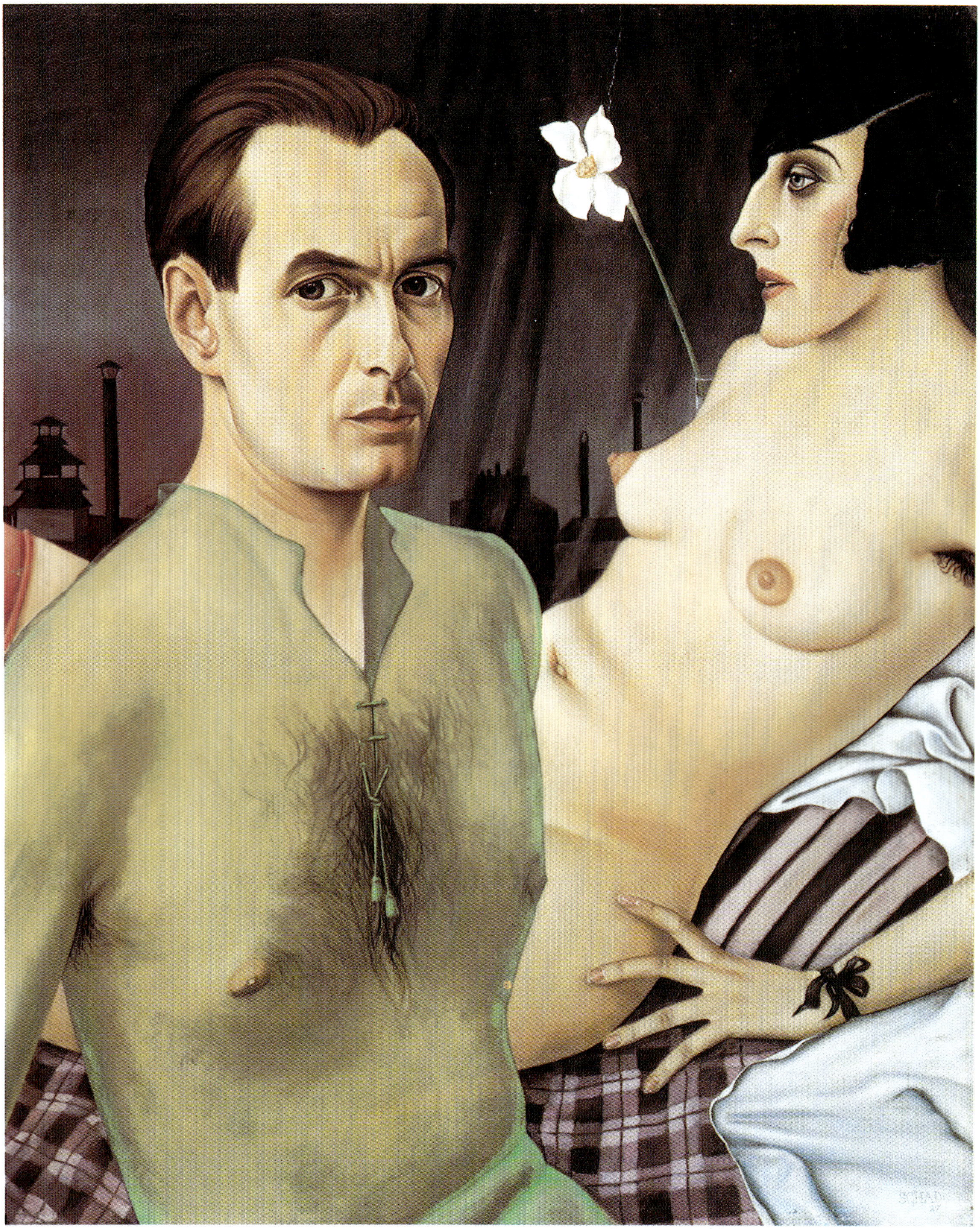
SCHAD
27

L'importance d'être vêtu

«Tout art est érotique» selon Adolf Loos qui, dans son pamphlet publié au début du siècle, «Ornementation et Crime», précise: «Le premier ornement jamais apparu, à savoir la croix, était d'origine érotique. La première œuvre d'art, le premier geste érotique par lequel le premier artiste donna libre cours à son exubérance en gribouillant sur un mur était érotique. Une ligne horizontale, c'était la femme allongée; une ligne verticale, l'homme qui la pénètre ...»

Cette vérité, on s'en doute, ne peut plaire à tout le monde. Ainsi, dans «Mon Cœur mis à nu», Baudelaire raconte-t-il: «Tous les imbéciles de la bourgeoisie qui prononcent sans cesse les mots: ‹immoral, immoralité, moralité dans l'Art›, et autres bêtises me font penser à Louise Villedieu, putain à cinq francs, qui, m'accompagnant une fois au Louvre où elle n'était jamais allée, se mit à rougir, à se couvrir le visage et, me tirant à chaque instant par la manche, me demandait devant de nombreuses statues et plusieurs tableaux immortels, comment on pouvait étaler publiquement de pareilles indécences.»

Rançon de la fausse pudeur et des tabous enfantés par la civilisation judéo-chrétienne, l'érotisme et son corollaire le fétichisme fleurissent en effet en Art et jusque dans les musées. Ne sommes-nous pas tous des fétichistes dès lors que nous privilégions une partie du corps? Que nous préférons, par exemple, les lèvres, la chevelure, le regard, les jambes ou la parure? L'art aussi fourmille de ces tendances morbides plus ou moins conscientes. Les artistes ont leurs obsessions comme les autres, leurs sujets de prédilection. Leur besoin de mettre en valeur certains détails. La liste de leurs turpitudes est inépuisable et l'on peut aisément les classer par catégorie, du cas particulier à la famille nombreuse.

Il y a ceux qui ne pensent qu'au sexe de la femme. Sexe peint minutieusement par un Courbet qui l'intitule de façon significative: *L'origine du monde* (p. 51). D'autres, parmi lesquels Rodin, Kubin, Dix, Grosz, Schiele, Masson, Picasso, Brauner, Magritte, Wols, Wesselmann, obsédés comme lui, détailleront ce sexe à loisir, le transformant en paysage, en animal, en fruit, en fleur, en monument. Le sexe de l'homme, depuis les Grecs, a aussi ses chantres de Dürer à Mapplethorpe, de Warhol à Fetting, de Louise Bourgeois à Cocteau. Il y a les

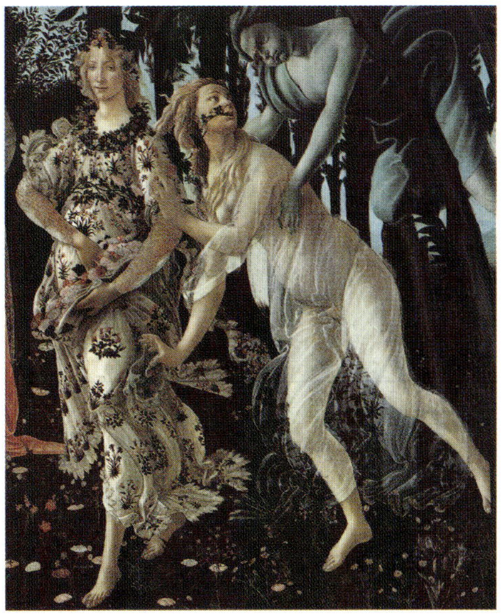

Sandro Botticelli
Détail de: *Le Printemps*, 1477–78
La Primavera
Huile sur toile, 203 x 314 cm
Florence, Uffizien

REPRODUCTION PAGES 6/7:
Otto Dix
Détail de: *Portrait de la danseuse Anita Berber*
Voir page 13

Christian Schad
Autoportrait avec modèle, 1927
Selbstbildnis mit Modell
Huile sur bois, 76 x 71,5 cm
Collection privée

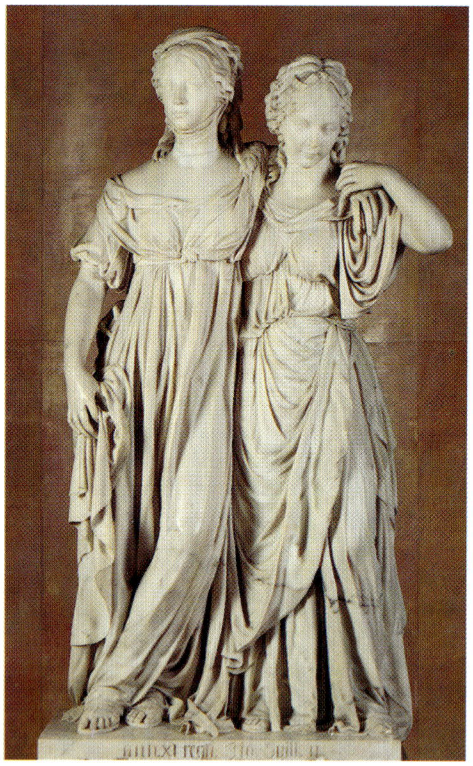

Johann Gottfried Schadow
Le groupe de princesses, 1796/97
Die Prinzessinnengruppe
Marbre, hauteur 172 cm
Berlin, Staatliche Museen zu Berlin – Preußischer Kulturbesitz, Nationalgalerie

partisans des femmes grasses et plantureuses, longue lignée qui va de Rubens et Rembrandt à Maillol et Renoir. Voire monumentales comme Lindner, Botero ou Lachaise. Et ceux qui préfèrent les maigres et même un peu squelettiques de Grünewald à Otto Dix, de Schad et Schiele à Van Dongen, Gruber ou Giacometti.

Il y a les pilosités audacieuses – en leur temps – de Goya, ou plus agressives à l'époque moderne, de Modigliani, Van Dongen, Magritte ou Delvaux, pilosités qui passent des fourrures de Rubens – qui inspirèrent à Leopold Sacher-Masoch sa «Vénus à la fourrure» – aux monstruosités des tasses poilues de Meret Oppenheim.

La pédophilie tourmente aussi bien les tenants des jeunes garçons que ceux des petites filles et, dans ce domaine, Le Caravage, Schad et Schiele peuvent donner la main à Buthe ou Baselitz, tandis que Otto Mueller, Heckel ou Jeff Koons n'ont rien à envier à Balthus. De même la sodomie tracasse Michel-Ange, Dalí ou Bacon tandis que Sapho attire Pearlstein, Kahlo et encore Balthus. Il y a les adorateurs de la femme enceinte, de Manuel Deutsch à Gustav Klimt. Les fétichistes du vêtement, à la limite du tatouage. Les accessoires, la lingerie, les gants de dentelle et les bas noirs inspirent Toulouse-Lautrec, Degas, Rops, Schad, Man Ray, Foujita, Rouault, Beckmann, Bellmer, Lindner, Jones, Blake, Balthus, Jeff Koons ou Kacere.

Est-ce à dire que depuis les origines de l'art et jusqu'à nos jours, dans le domaine du sexe, il n'y a rien de nouveau à part la technique et la façon de traiter les formes et les couleurs ? Que l'on s'en tient toujours au traditionnel stéréotype: «rapt du peintre et don du modèle»? Au cours des siècles, l'homme a-t-il changé un peu dans ses rapports avec la Femme, l'Art et la Sexualité ou bien, malgré l'optimisme d'Auguste Comte, l'humanité ploie-t-elle encore sous le joug de l'ignorance, de la bêtise et de l'obscurantisme religieux? Force est de constater que malgré la prédiction du proche avènement de l'ère positiviste, la bipolarité sexuelle de l'espèce humaine, avec toutes ses conséquences égalitaires, demeure encore à l'état de projet. «Pour que la vulve acquière droit de cité artistique», écrit Gérard Zwang dans «Le Sexe de la Femme», «il faudrait que le monde ambiant reconnaisse à la femme les mêmes droits qu'à l'homme, sexuels entre autres. La laïcisation des mœurs en est la condition nécessaire sinon suffisante.»

C'est que les artistes eux-mêmes, aujourd'hui comme hier, restent de sacrés machistes qui refusent à la Femme le droit à l'initiative, le droit de vouloir, de décider, de faire. Au mieux, la femme qui de tous temps a régné sur les arts plastiques – et l'on s'en réjouit – n'a été qu'un objet du désir, une poupée gonflable dont l'artiste a pu faire tout ce qu'il voulait. Tantôt servante avec La Tour ou duchesse avec Goya; odalisque avec Ingres et Matisse ou fruit exotique avec Gauguin; paysage avec Masson ou pin up avec Warhol, on l'a vue hanter les églises avec Van Eyck, faire la cuisine avec Greuze, tenir salon chez Boucher, fréquenter les alcôves de Fragonard, accueillir Toulouse-Lautrec au bordel, partager sa baignoire avec Bonnard ou Wesselmann. L'avènement de l'ère moderne ne lui a guère été profitable. On s'est surtout acharné à détruire peu à peu ce corps qui servait de référence à la

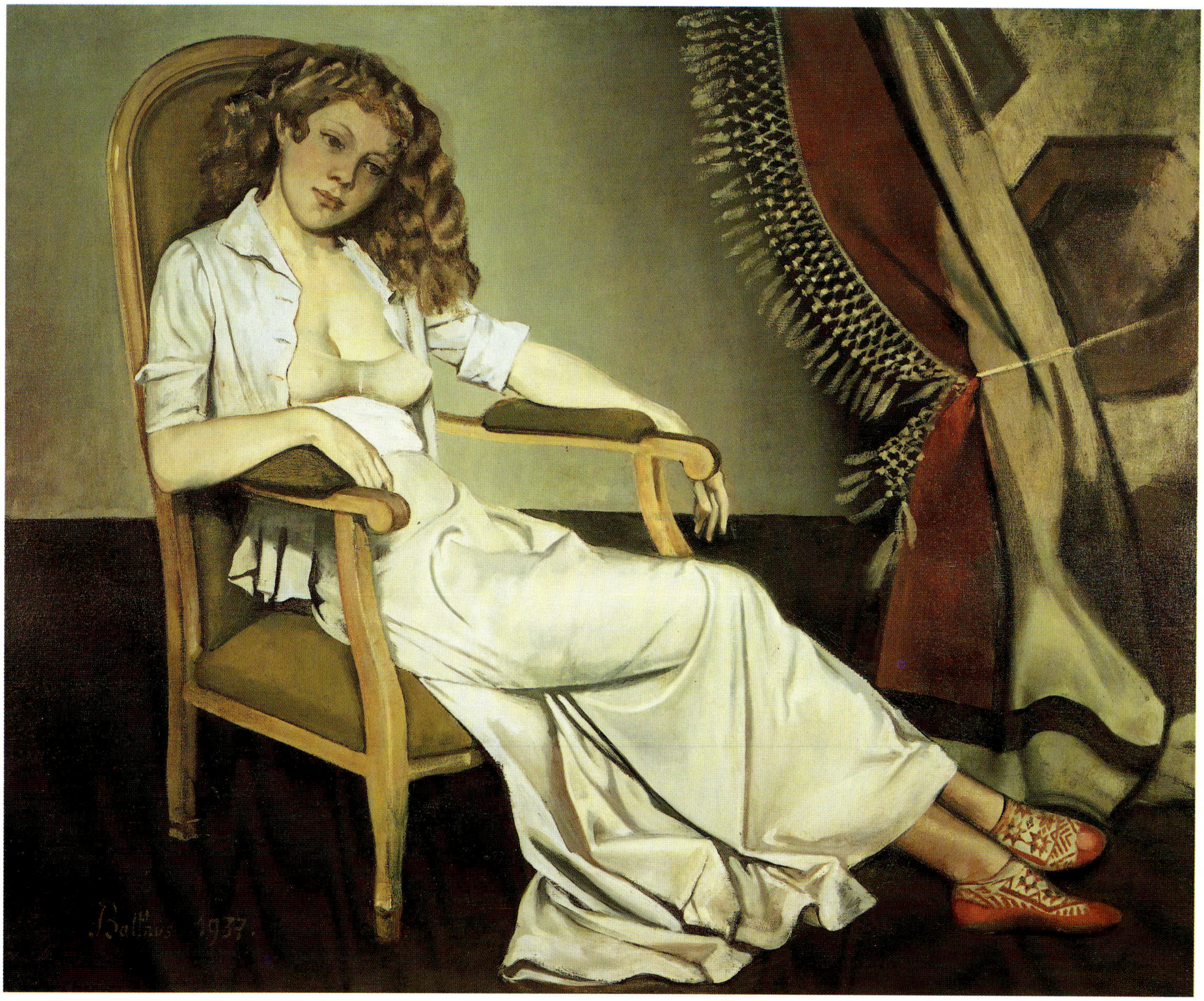

beauté, à le transformer en schémas, à le simplifier, l'allonger, l'aplatir, le ballonner ou le faire éclater. On hésite entre le filiforme et le gonflé, le monstre ou la bête. Seul l'érotisme a le pouvoir de sauver la représentation féminine de cette «Métamorphose» kafkaïenne en la ramenant vers la limite rassurante qui la sépare des autres règnes: animal, végétal ou minéral. «Il faut y lire l'aveu de nos générations désemparées», note René Huygue, «comme l'avaient été les primitifs, devant une énigme qu'elles abordent de nouveau, craintives et tremblantes, parce qu'elles ont rejeté tous les concepts rassurants dont le passé les avait munies.»

«L'homme de génie», disait Rodin, «est un étalon qui fait quelque chose avec la nature.» Malraux, lui, parle du «conflit incurable» de Picasso avec ce qu'il appelait la nature: «Il faut bien qu'elle existe, la nature, pour qu'on puisse la violer!» A Roland Penrose, Picasso disait aussi: «Pour faire une colombe, il faut d'abord lui tordre le cou.» Faut-il tordre le cou à la Femme moderne pour qu'elle devienne œuvre d'art?

Balthus
La jupe blanche, 1936–37
Huile sur toile, 130 x 162 cm
Zurich, Courtesy Thomas Ammann

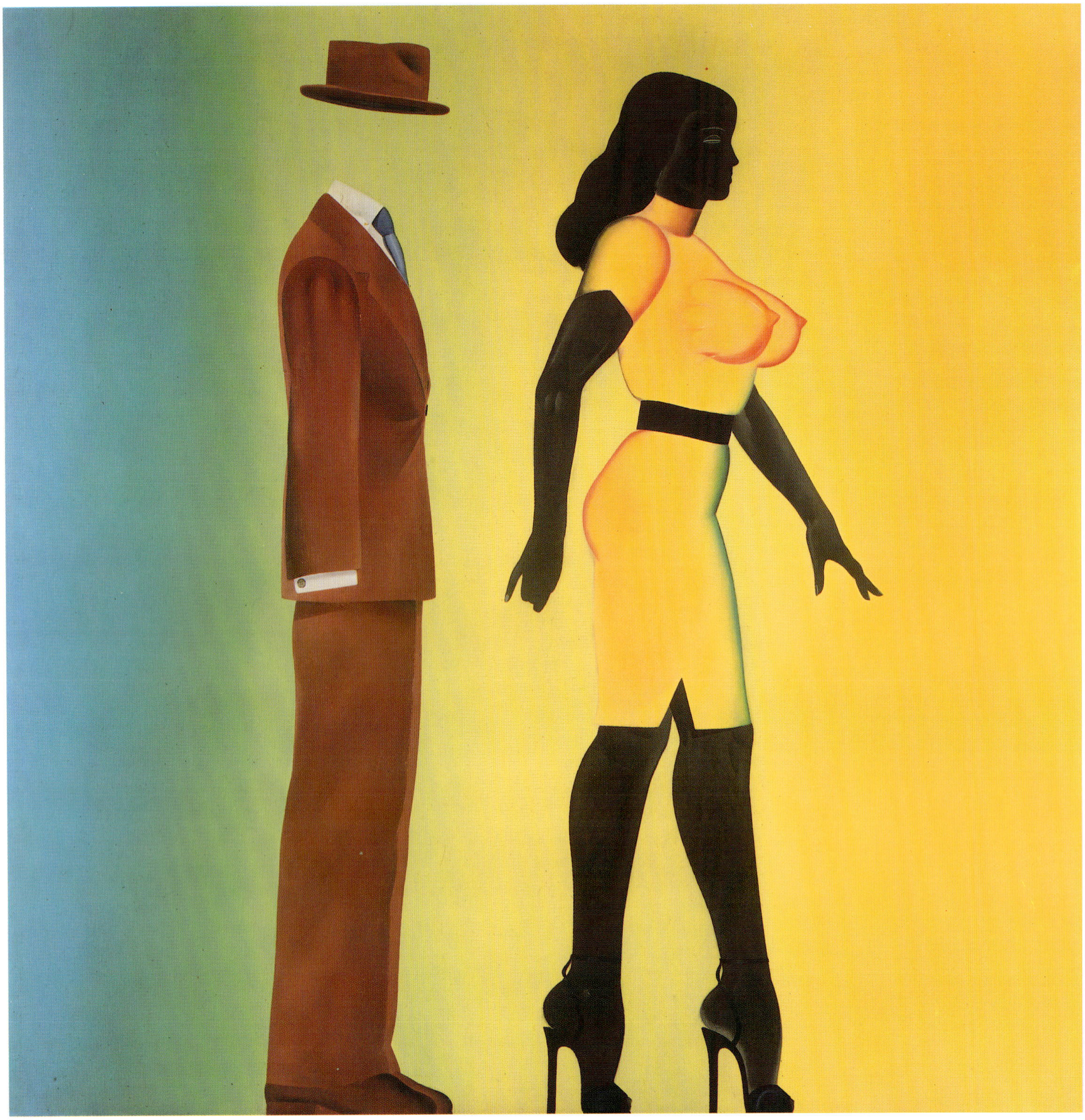

Allen Jones
Fille sur commande III, 1971
Maid to Order III
Huile sur toile, 182,88 x 139,7 cm
Londres, Waddington Galleries

«Quand les gens sont confrontés à une représentation abstraite, ils se réfèrent volontiers aux experts; en matière d'érotisme toutefois, chacun d'entre nous est un expert. Il me semble que ce serait une idée démocratique si l'art était accessible à tous à un certain niveau, et l'érotisme est l'un de ces niveaux.» A. J.

Sans doute, mais à la condition qu'elle puisse retourner ensuite à sa fonction de Femme. On peut se poser avec quelque terreur la question: Qu'est-ce qui retient l'artiste de génie, ce phénix qui se brûle sans cesse pour le plaisir infatigable de renaître de ses cendres, après s'être livré aux actes artistiques les plus violents pour se libérer totalement de toute inhibition et de toute convention, si ce n'est son instinct sexuel, ses pulsions érotiques, ses fantasmes qui puisent directement dans la nature avant de s'envoler vers les cimes de sa libido.

Ainsi de l'importance d'être vêtu. On ne rendra jamais assez hom-

Aristide Maillol
Etude pour le torse de Flore, 1911
Bronze, 66 x 13 x 17 cm
Dijon, Musée des Beaux-Arts

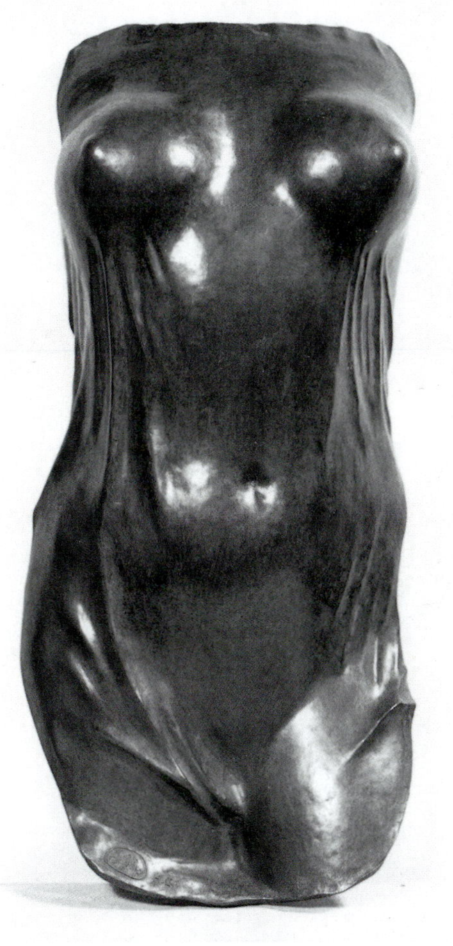

REPRODUCTION A DROITE:
Otto Dix
Portrait de la danseuse Anita Berber, 1925
Bildnis der Tänzerin Anita Berber
Huile et détrempe sur contreplaqué,
120 x 65 cm
Stuttgart, Galerie der Stadt Stuttgart

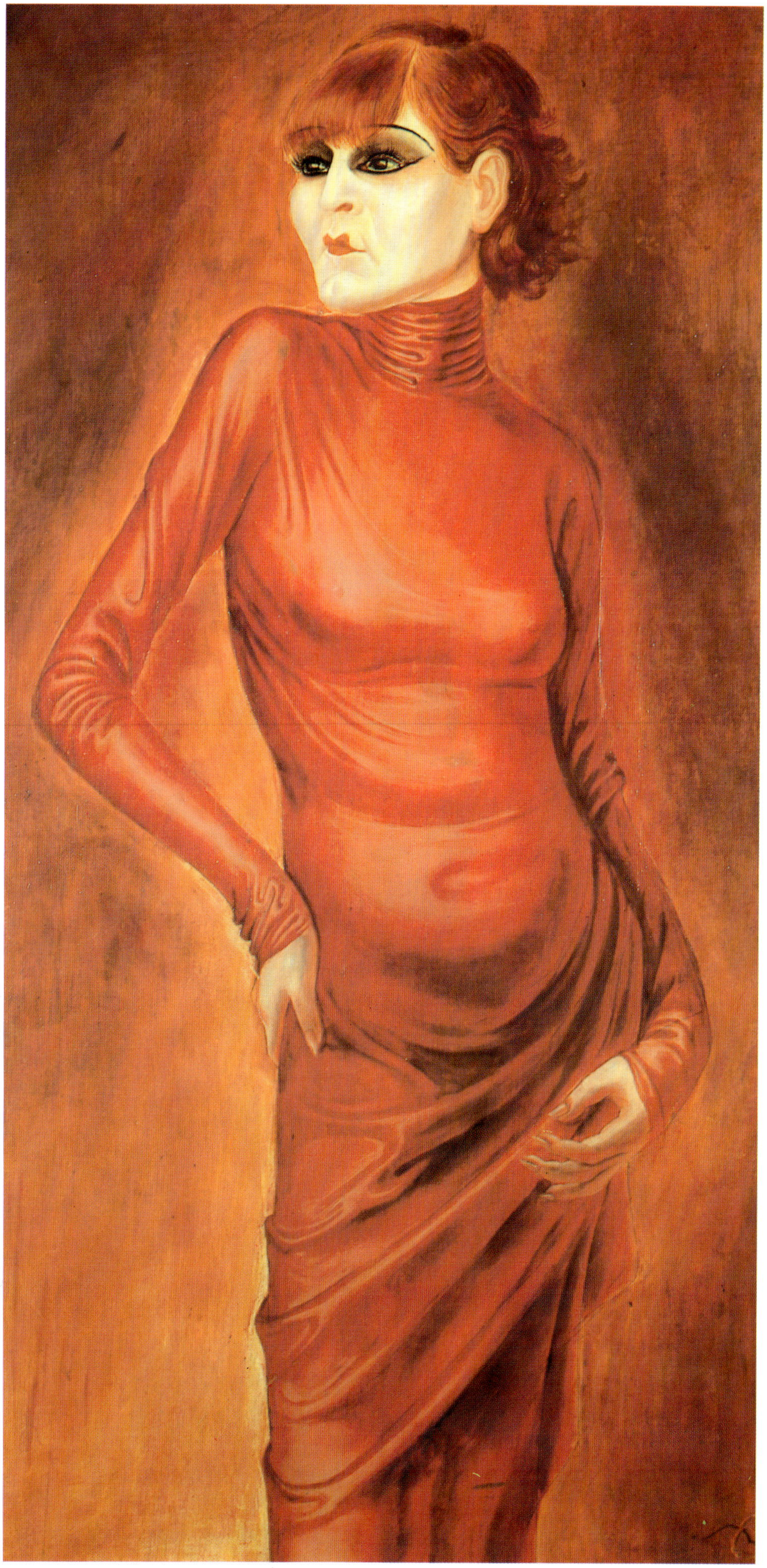

mage au vêtement dans le contrôle nécessaire qu'il exerce sur la folie exubérante de l'artiste. Le rôle du vêtement est double en effet: son port constant évite au corps de devenir un spectacle courant, engendrant ainsi la curiosité. L'acte de se dévêtir provoque à son tour une impulsion érotique. Même les sauvages du Pongo, qui vivent nus en Afrique occidentale, sont conscients de ce phénomène puisqu'ils ne permettent pas à leurs épouses de se vêtir parce qu'elles paraîtraient plus belles ainsi et seraient convoitées par les hommes des villages voisins. Ce que les artistes ont de tout temps cultivé avec ardeur, les missionnaires sans imagination, animés des intentions les plus évangéliques, ne l'ont pas compris. L'un d'eux reconnaît avec amertume et contrition: «En couvrant des corps jadis nus, on a contribué à la déchéance morale des primitifs et stimulé une curiosité malsaine qui n'avait jamais existé auparavant.»

Il n'y a pas d'érotisme en effet sans tabou. Et l'homme a le génie de s'inventer des tabous. Au besoin la religion lui en fournira tout un florilège qu'il lui suffira de puiser dans la Bible. Ainsi, du simple vêtement, l'homme a-t-il su faire un mécanisme régulateur et dosable qui lui permet d'allumer ou d'éteindre presque à volonté son désir, comme on le fait d'une lampe électrique. En effet il existe deux catégories de vêtements: la tenue de travail qui, en quelque sorte, inhibe le désir sexuel et la tenue de loisir conçue au contraire pour exercer un attrait sur celui qui la regarde – le voyeur – et qui permet de doser à volonté le degré de dissimulation ou de mise en évidence voulus par la décence ou au contraire par l'exhibitionnisme, bref, d'ouvrir le dialogue. C'est toute la différence , en somme, entre l'ouvrier que la salopette protège et l'allumeuse qui en montre plus qu'elle n'en cache et laisse espérer beaucoup...

Max Beckmann
Colombine (Masque de carnaval vert, violet et rose), 1950
Columbine (Fastnachtsmaske grün, violett und rosa)
Huile sur toile, 135,5 x 100,5 cm
St. Louis (MO), The St. Louis Art Museum, Bequest of Morton D. May

«Si vous vous livrez à l'ascétisme et vous détournez de tout ce qui est humain, vous parviendrez à une certaine concentration, mais vous risquez aussi de vous dessécher. Si vous vous adonnez sans ménagement à votre passion, vous pouvez facilement vous consumer. L'art, l'amour et la passion sont de très proches parents. Car plus ou moins, il s'agit toujours de découvrir la beauté ou d'en jouir sous une forme quelconque. Et l'enivrement est quelque chose de merveilleux – n'est-ce pas, ma mie?» M. B.

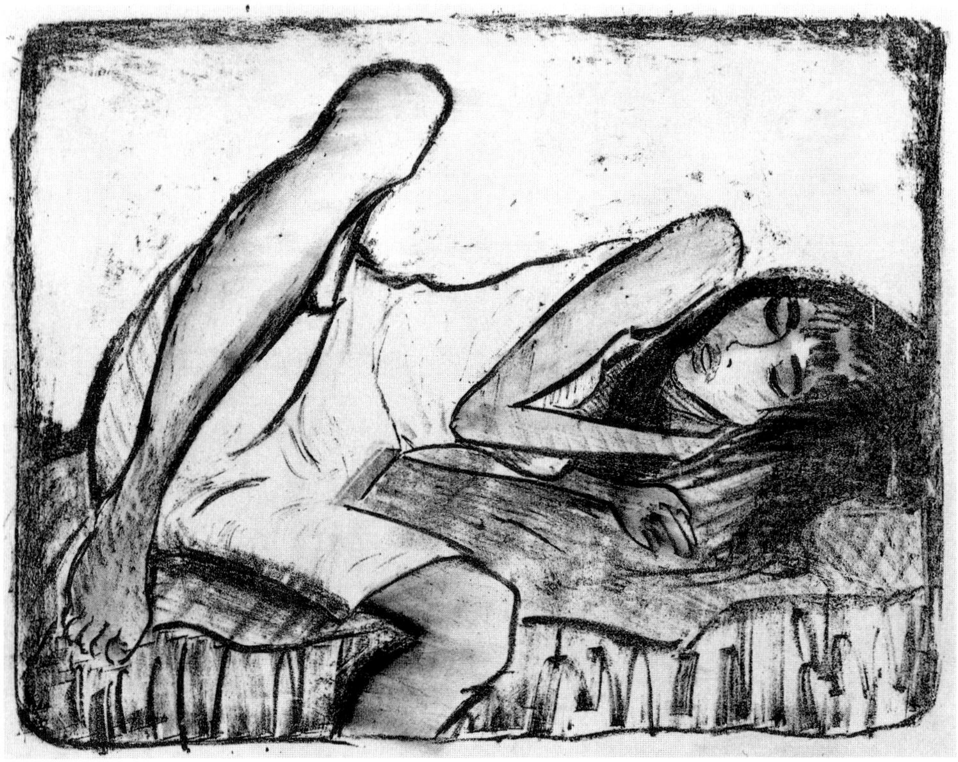

Otto Mueller
Fille sur la chaise longue, 1919
Mädchen auf der Liege
Lithographie, 32,5 x 44,5 cm
Berlin, Galerie Nierendorf

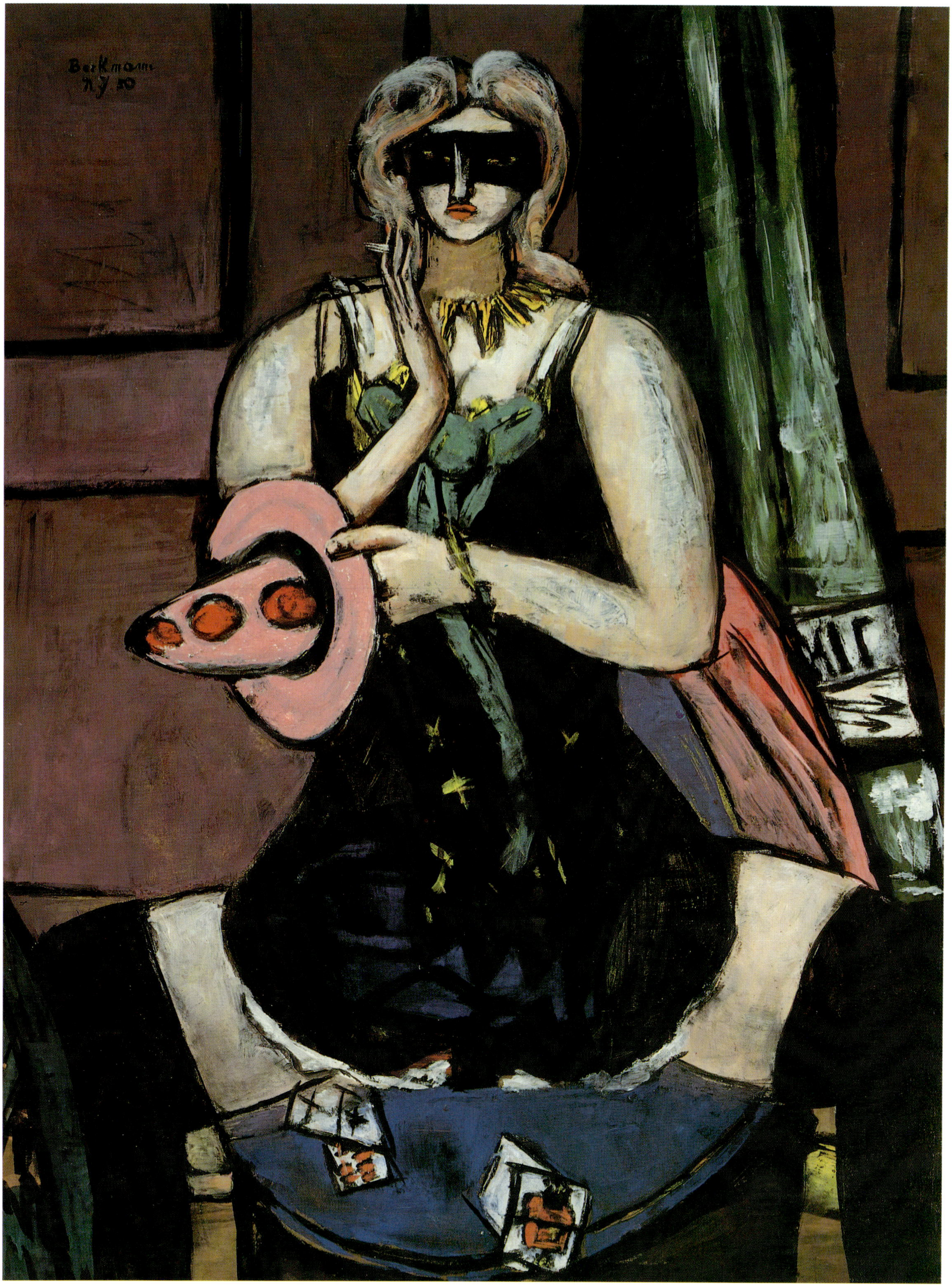
Beckmann
N.Y. 50

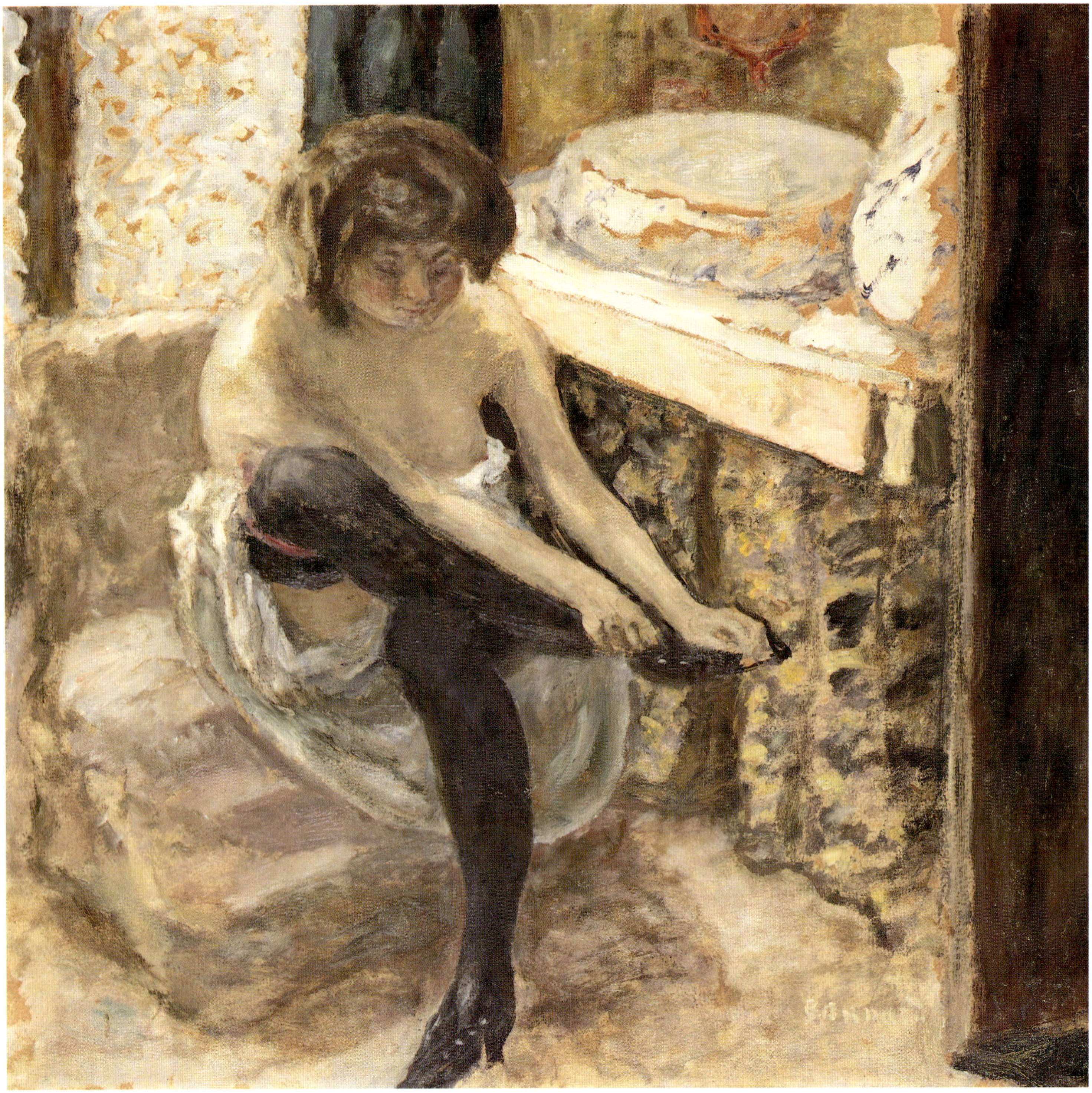

Pierre Bonnard
La femme aux bas noirs, vers 1900
Huile sur carton, 62 x 64 cm
Lucerne, Galerie Rosengart

«La charme d'une femme peut révéler beaucoup de choses à un artiste sur son art.» P. B.

Otto Dix
Fille à la rose, 1923
Mädchen mit Rose
Aquarelle, 61 x 48,5 cm
Collection privée

Le vêtement «seconde peau» a toujours ravi les artistes talentueux capables par la maîtrise de leur pinceau de rendre cet effet. L'érotisme apparaît, les fantasmes et les pulsions se déchaînent lorsque le vêtement ne fait plus qu'un avec le corps. Lorsque la chair et l'étoffe se mêlent ou se confondent. Lorsque les gorges, les épaules, les bras, les cuisses sont du même grain que la soie, le velours ou le vinyl, lorsque les cassures du tissu ressemblent à s'y méprendre aux plis de la peau. On a dit des portraits les plus apparemment innocents d'Ingres ou de Matisse que les formes semblaient prêtes à jaillir nues de leurs robes ou que tantôt c'était la robe qui était sur le point de tomber, de s'effacer

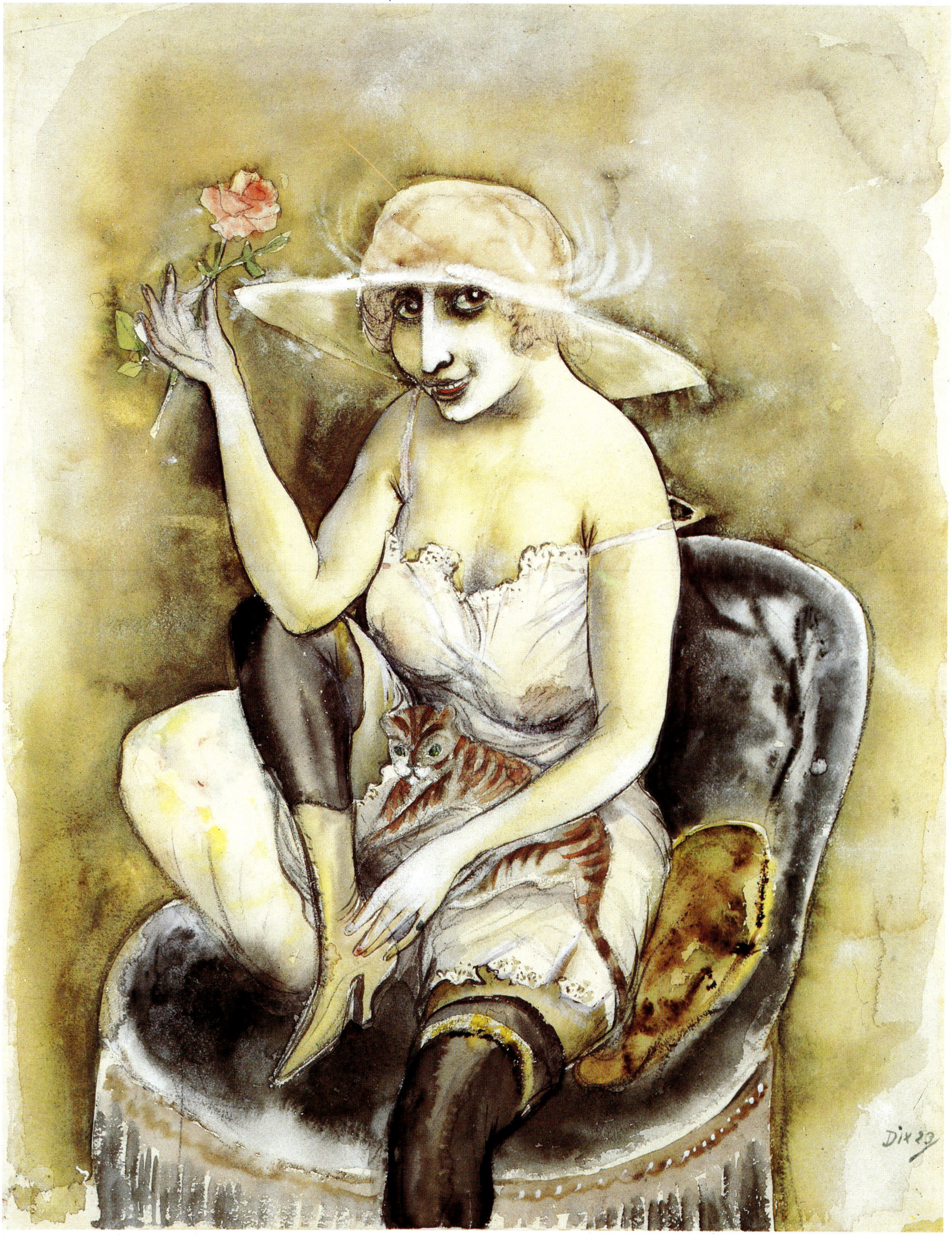
Dix 23

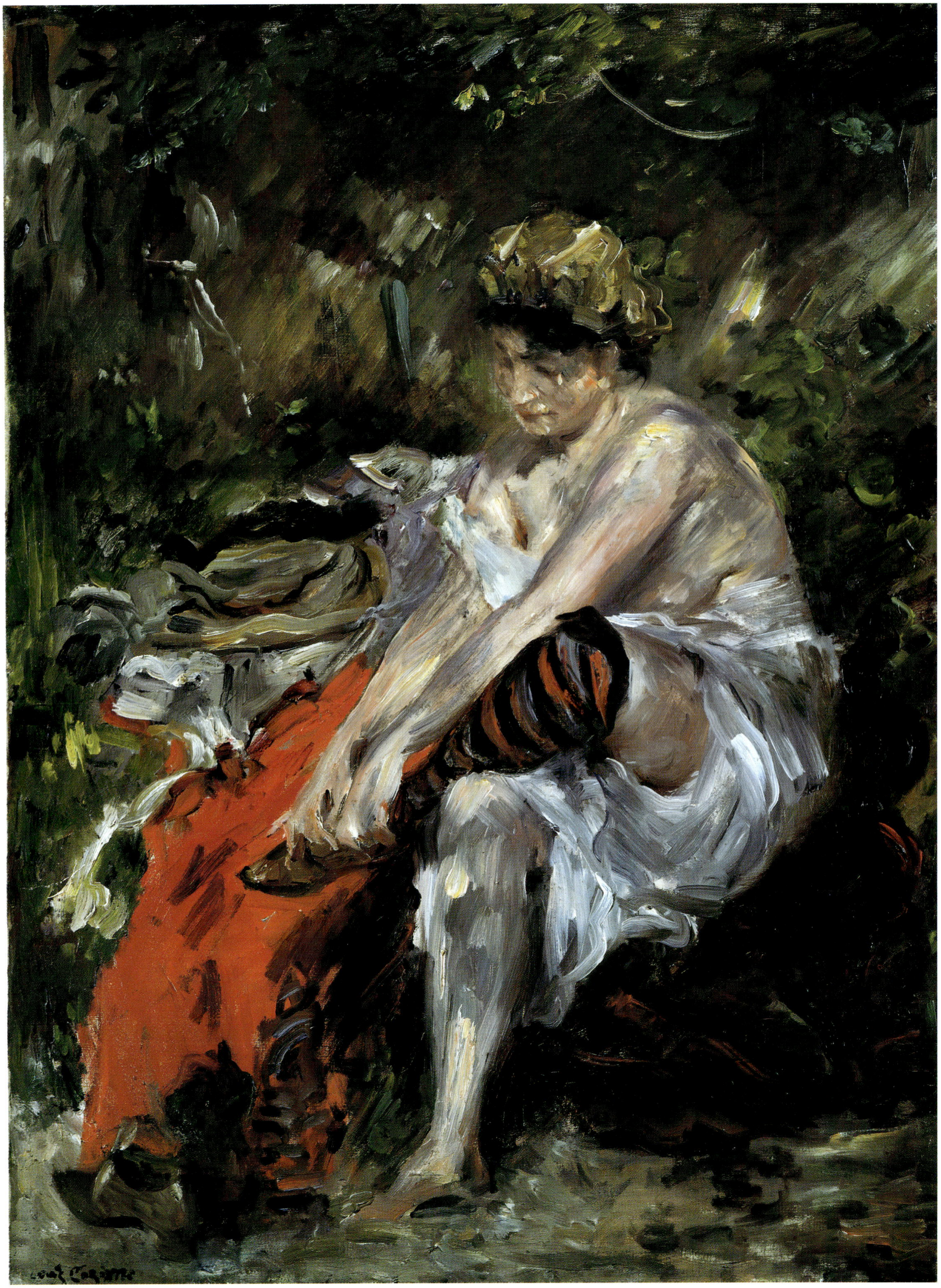

William N. Copley
The Devil in Miss Jones, 1972
Peinture acrylique sur toile, 130 x 97 cm
Anvers, Lens Fine Art

«Je possède une imagination extrêmement sale. Et pourtant, elle ne m'a rapporté ni succès ni échec.» W. N. C.

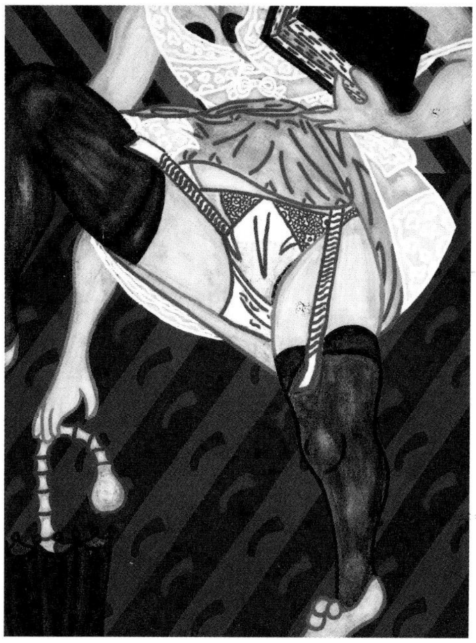

devant l'apparition triomphante du corps nu... De même, qu'il s'agisse de la version résolument agressive et anglo-saxonne d'Allen Jones (p. 12), de celle plus méditerranéenne et maternelle d'Aristide Maillol (p. 13), ou bien de la version morbide bien dans le style d'Otto Dix (p. 13), n'assiste-t-on pas au même phénomène qui est l'apanage de ces portraits de femmes qui tendent tous vers le nu comme vers la plus haute expression graphique. Nous, voyeurs, par la grâce de l'artiste, contemplons «cet obscur objet du désir». Ces corps féminins, merveilleux ou monstrueux suivant le goût de chacun, sont-ils conscients du désir qu'ils suscitent ou bien se contentent-ils d'exister, d'être là et d'inviter à leur insu? Ne soyons pas hypocrites à notre tour, les personnages sont peut-être ignorants, comme ceux de Klimt ou de Manet, les peintres, eux, ne sont jamais innocents lorsqu'ils proposent aux spectateurs ces images qui viennent de la lumière du désir et du tréfonds de leurs fantasmes.

Très rares sont les peintres qui ont pu léguer à la postérité un idéal féminin. Après Botticelli et Piero della Francesca, il a fallu attendre Véronèse et Le Tintoret. Puis Ingres dont l'idée demeurait toutefois cet ancien éternel féminin auquel il avait ajouté un goitre et quelques vertèbres en plus. Matisse est peut-être le premier de l'ère moderne à avoir permis de découvrir dans son œuvre un type de femme qui soit, non pas un idéal personnel à la façon des servantes de Renoir, des danseuses de Degas ou des femmes fatales de Klimt, mais au contraire celui de toute une époque. Qui en soit, en quelque sorte, le reflet le

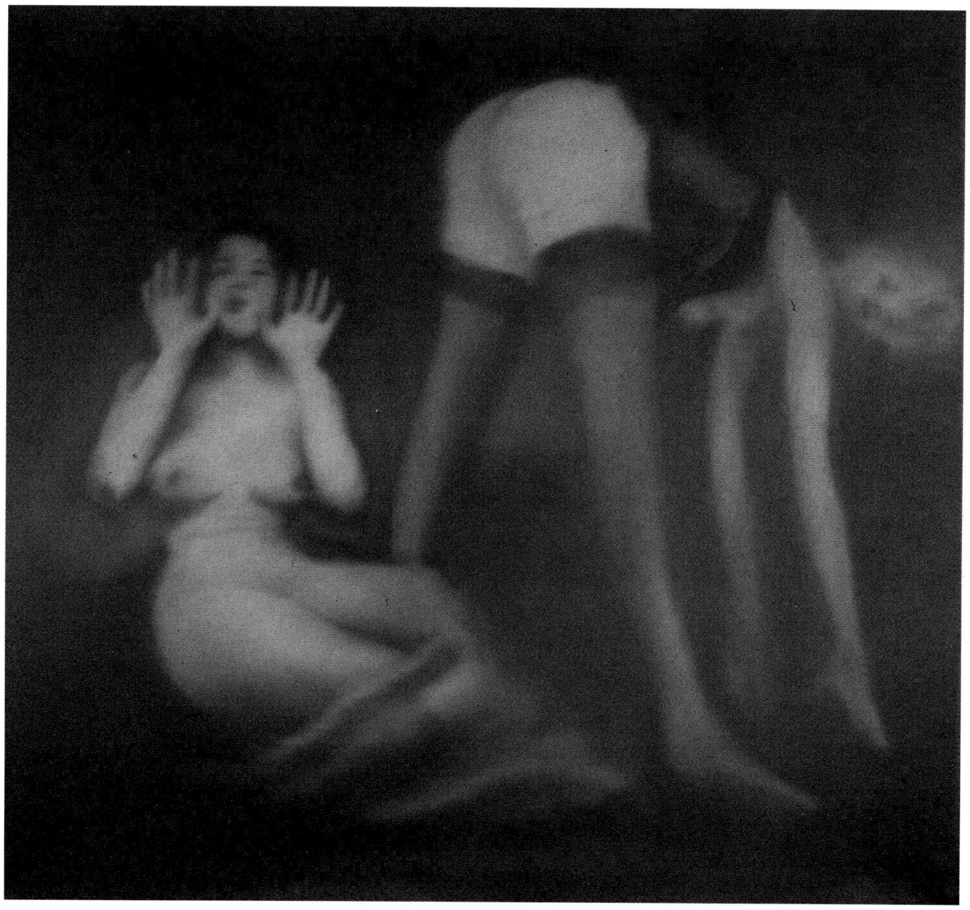

REPRODUCTION A GAUCHE:
Lovis Corinth
Après le bain, 1906
Nach dem Bade
Huile sur toile, 80 x 60 cm
Hambourg, Hamburger Kunsthalle

Gerhard Richter
Pi-Mädchen / Wee Girls, 1967
Huile sur toile, 90 x 100 cm
Collection privée

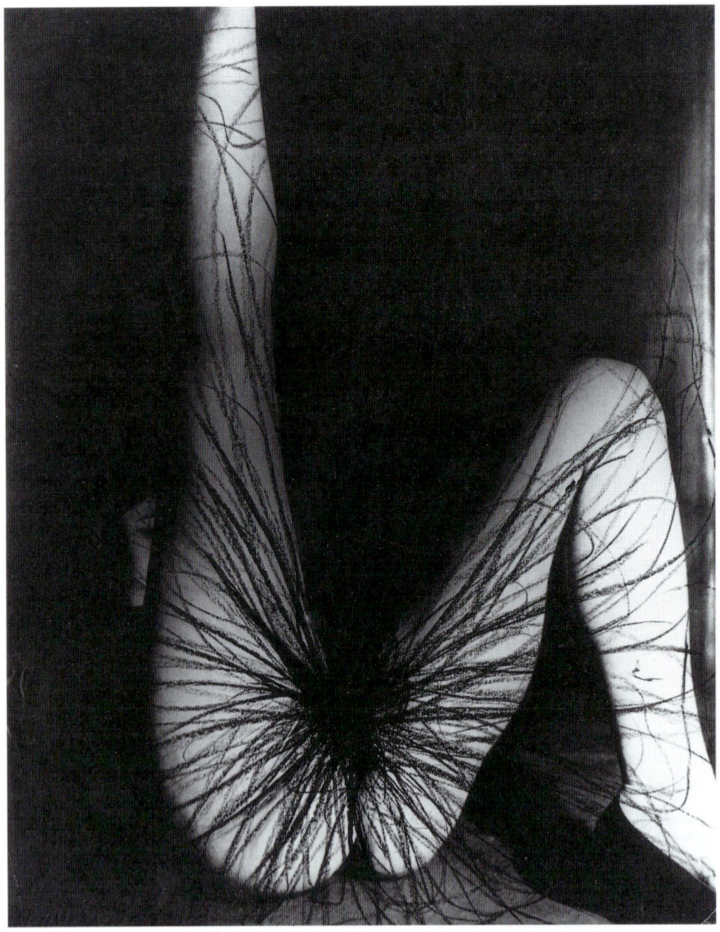

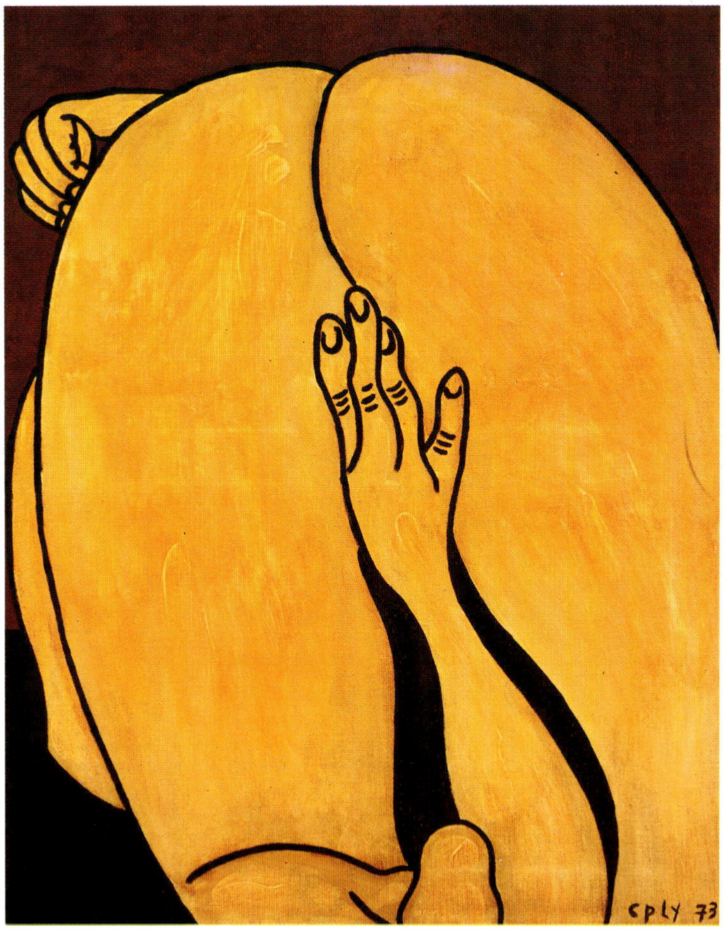

REPRODUCTION A GAUCHE:
Arnulf Rainer
Qu'est-ce qui naît ici?, 1979
Was wird hier geboren?
Craie grasse et photo, 60 x 50 cm
Vienne, Atelier Arnulf Rainer

REPRODUCTION A DROITE:
William N. Copley
Mc Queen, 1973
Peinture acrylique sur toile, 170 x 130 cm
New York, CPLY Art Trust

«La peinture est, à mon sentiment, l'intérêt que l'homme porte à la femme. Les hommes observent, les femmes palpent les sculptures.» W. N. C.

plus magnifique, le plus magnifié, tout en atteignant à l'intemporel à la façon de Proust, par la représentation de l'époque même. Depuis, des artistes comme Warhol, Wesselmann ou Jeff Koons ont pris le relais, proposant à leur tour l'Eve nouvelle qui caractérise le plus l'évolution des mentalités et des préoccupations de notre époque: l'avènement de la société de consommation puis de ce que l'on a appelé la civilisation des loisirs. Peut-on trouver mieux, en effet, que Marilyn Monroe ou la Cicciolina pour incarner la nouvelle Alice au pays des merveilles, pin up sous cellophane – puritanisme oblige – aussi artificielle qu'intouchable, impénétrable, affaire de voyeurs seulement. On montre tout, comme dans les strip-teases ou les clubs de petits lapins Playboy, mais défense d'y mettre la patte. C'est le «tout le monde est en plastique, j'adore le plastique» de Warhol. Aragon disait déjà, à propos de Léger: «Il y a plus de prodige dans un moulin à café que dans tous les séraphins du ciel.» C'est à leur façon d'incarner leur époque que l'on reconnaît toute l'importance de Warhol ou de Jeff Koons. Grâce à eux on est passé de la rusticité puritaine du XIXe siècle à la sophistication blasée de l'hypermodernité.

L'utilisation hypocrite du vêtement a de nombreux autres avantages. Ne serait-ce que de permettre la dissimulation du vieillissement progressif du corps ou de couvrir à la puberté, la poitrine qui se développe chez les jeunes filles et les poils qui apparaissent sur les pubis, alors que jusque-là tout le monde trouvait attendrissant de voir les petits enfants sans poils courir nus sur la plage. Peut-être l'homme a-t-il honte de ses poils parce qu'ils l'apparentent à l'animal encore que les poils de pubis n'existent généralement pas chez les animaux... non plus d'ailleurs que chez nombre d'Orientaux. Le tabou des poils de pubis vient seulement d'être levé dans les revues spécialisées occidentales, mais il subsiste plus que jamais au Japon, par exemple, où l'on doit considérer cette pilosité intempestive comme une monstruosité venue d'ailleurs.

D'après Hirschfeld, sur 1000 hommes, 350 seulement sont attirés par le corps de la femme entièrement nu tandis que 400 le préfèrent à moitié couvert et 250 ont une attirance marquée pour qu'il reste entièrement vêtu. En d'autres termes, 65% des individus masculins «nor-

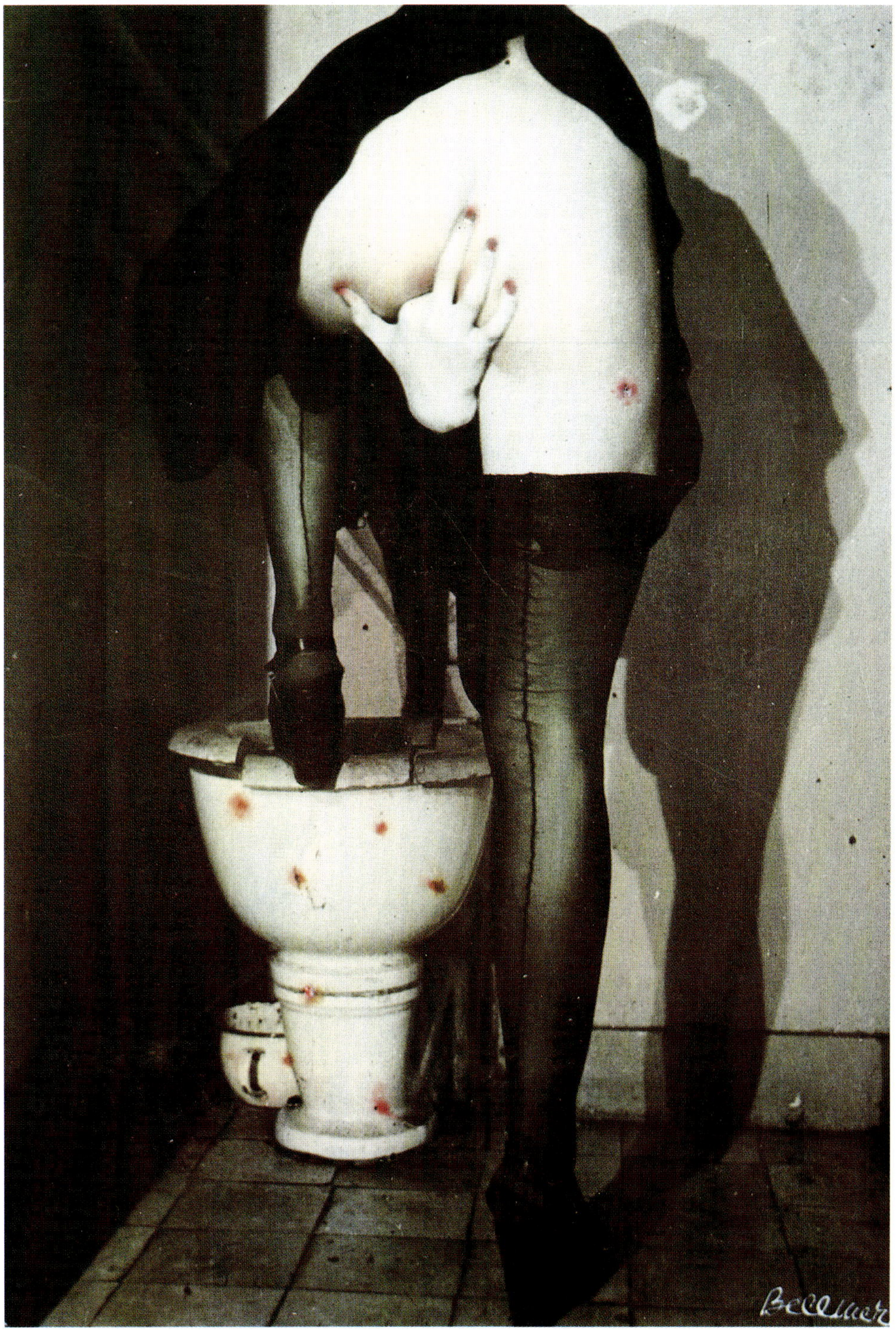

Hans Bellmer
Sans titre, 1946
Ohne Titel
Photo, coloriée, 17 x 12 cm

«Apparemment jusqu'ici, on n'a jamais assez considéré dans quelle mesure l'image de la femme désirée dépend de l'image de l'homme qui la désire, que cette image est en fin de compte une série de projections phalliques qui, progressivement, passent d'une partie de la femme à son ensemble, de telle sorte que le doigt, le bras, la jambe de la femme seraient le sexe de l'homme – que le sexe de l'homme serait la jambe ronde de la femme, comprimée dans un bas faisant jaillir la cuisse – qu'il serait la paire en forme d'œuf des rondeurs du fessier d'où la colonne vertébrale légèrement recourbée tire sa tension – qu'il serait les deux seins qui pendent du cou tendu ou librement au corps – qu'il serait enfin toute la femme entière, assise les reins cambrés, avec ou sans chapeau, se tenant debout...» H. B.

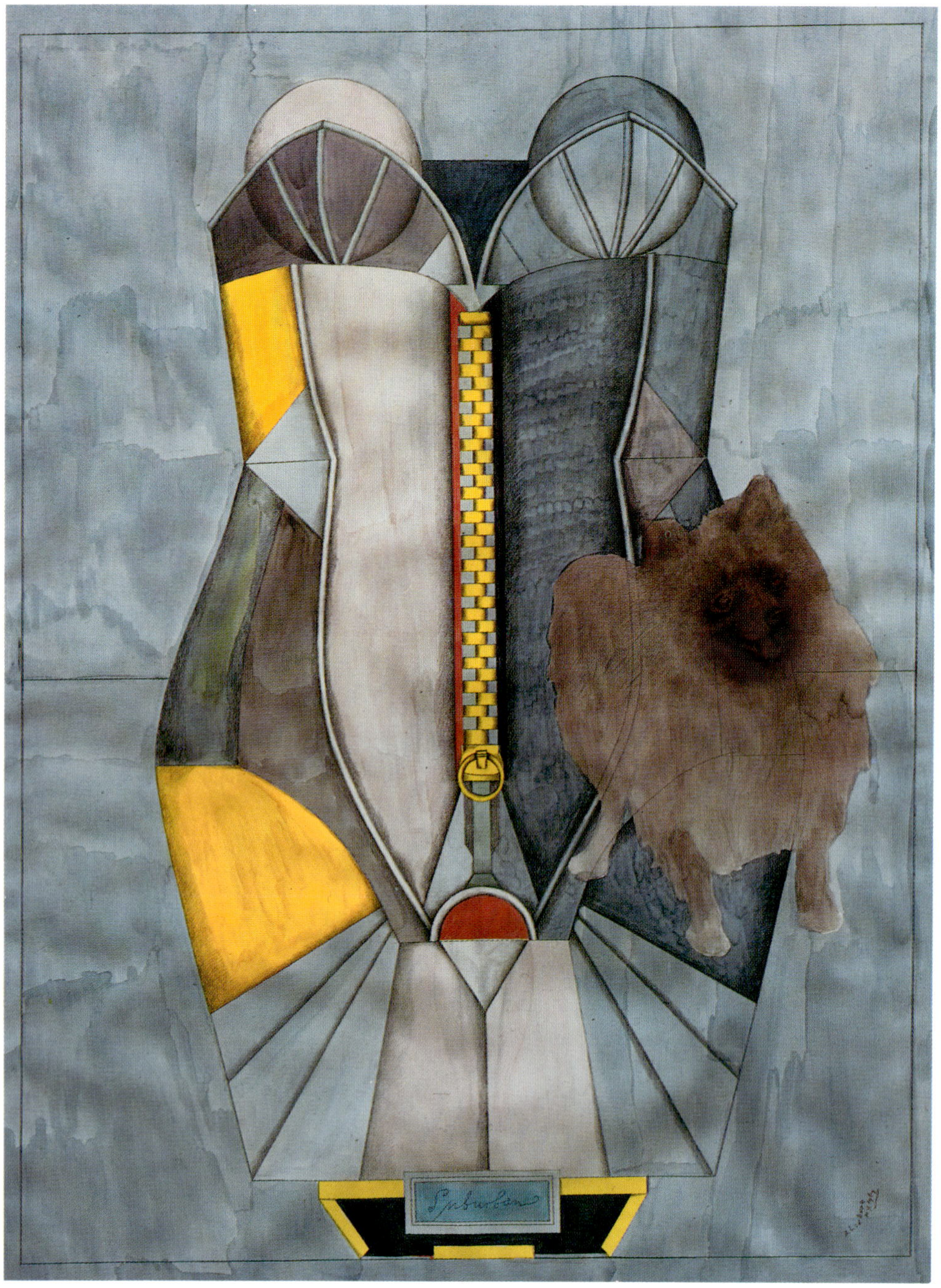

Richard Lindner
Suburban, 1969
Gouache, 152 x 116 cm
Paris, Galerie Maeght

maux» ont des tendances fétichistes. Si le porte-jarretelles, d'invention récente puisqu'il a l'âge de la tour Eiffel, est aujourd'hui encore la plus noble conquête érotique en Occident, il a d'illustres devanciers. Que l'on se souvienne du Faust de Goethe s'écriant dans un bel élan d'amour: «Apporte-moi un fichu, qui ait couvert son sein, un ruban de ma bien-aimée!» Anatole France, sévère vieillard et écrivain français couvert d'honneurs, fut enterré, selon ses dernières volontés, avec un petit coffret scellé qui contenait... la culotte que portait Madame Armand de Caillavet, femme de ministre, la première fois qu'elle se donna à lui. Glorieuse culotte qui eut ainsi, en même temps que son auguste collectionneur, les honneurs de funérailles nationales organisées par le gouvernement.

Dans ses poèmes en prose, Baudelaire, qui rêve lui-même de sa

Colombine, nous raconte les états d'âme de «Mademoiselle Bistouri» amoureuse d'un chirurgien: «Je voudrais qu'il vint me voir avec sa trousse et son tablier, même avec un peu de sang dessus!» Elle dit cela d'un air fort candide, comme un homme sensible dirait à une comédienne qu'il aimerait: «Je veux vous voir vêtue du costume que vous portiez dans ce fameux rôle que vous avez créé». Fantasme en effet que le dessous féminin qui révèle un monde qui doit rester caché. Fantasme que le fameux prestige de l'uniforme. Fantasme les blouses blanches d'hôpital. Fantasme même, la cravate. Oui, cette cravate anodine que les femmes adorent passer au cou des hommes et qui a un relent de dessous au même titre qu'une jarretelle. Fantasme la fourrure qui doit son intérêt de fétiche, selon Freud, à une analogie avec les poils du

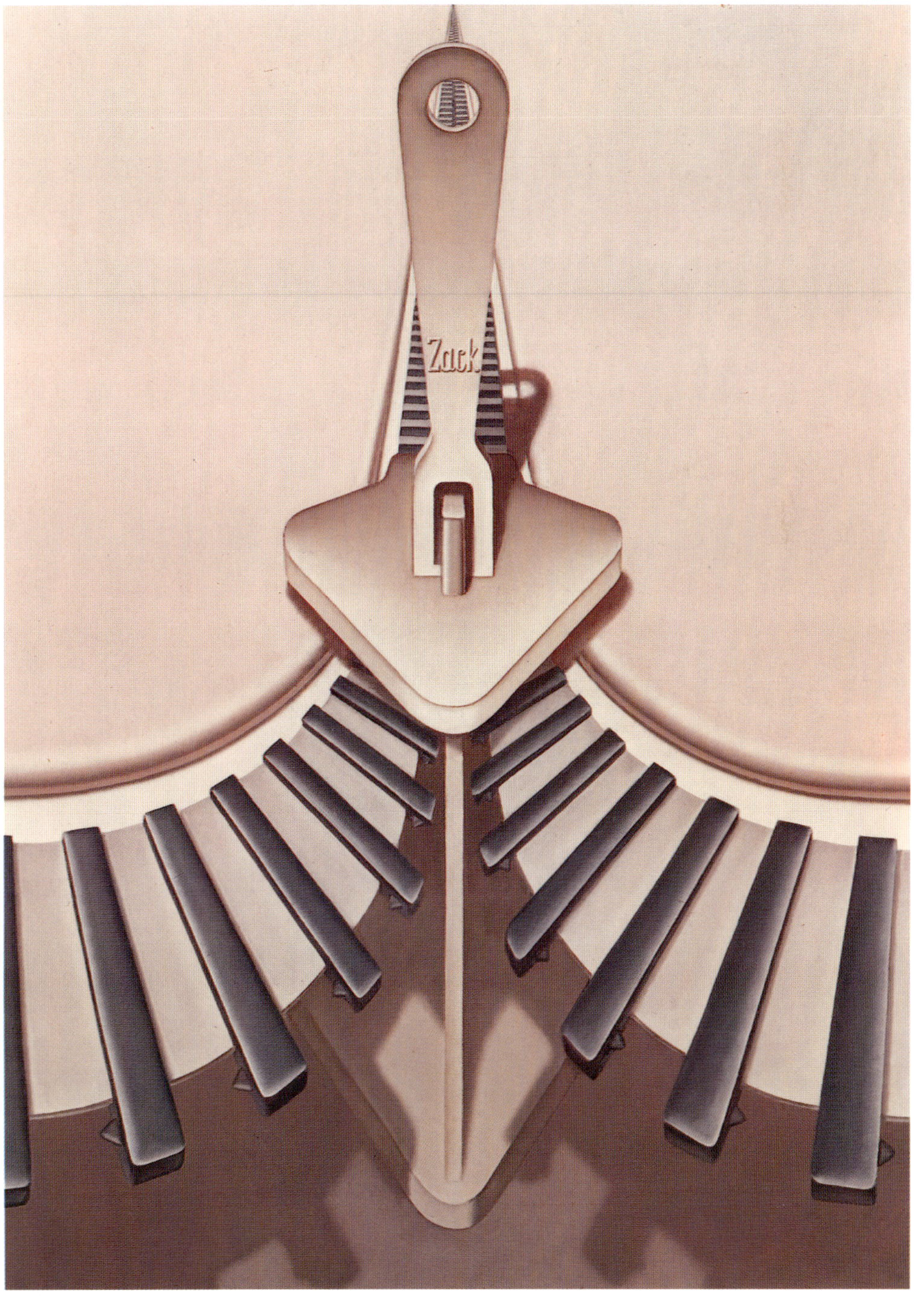

Konrad Klapheck
Le coureur de jupons, 1974
Der Schürzenjäger
Huile sur toile, 85 x 100 cm
Collection privée

«Le corset rose renforce l'atmosphère érotique du tableau, à laquelle le titre, dérivé de la fonction de l'objet, fait également allusion avec une ambiguïté humoristique.» Werner Hofmann

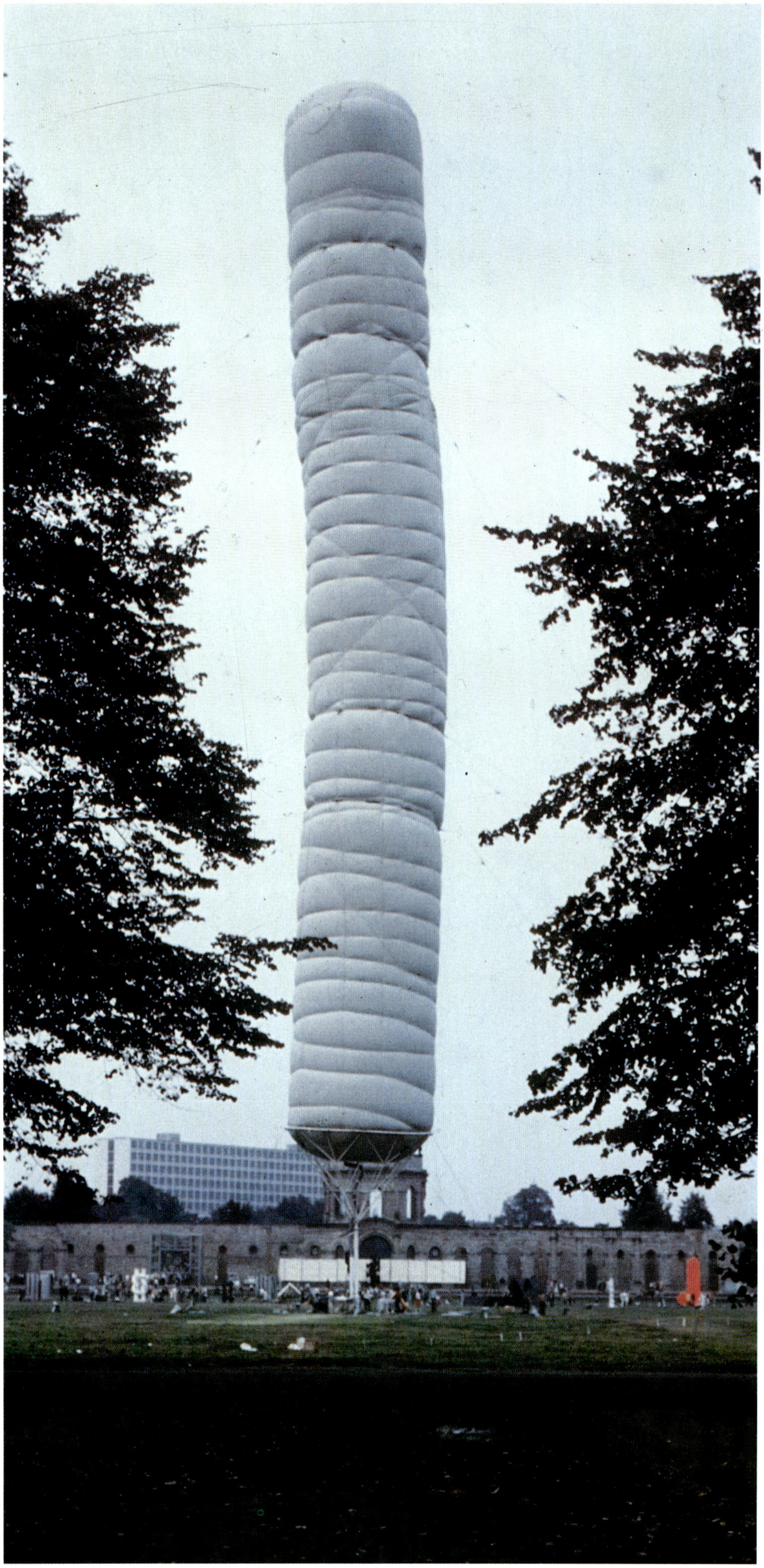

Christo
Paquet de 5,6 mètres cube, 1968
5,600 Cubicmeter Package
Installation (documenta 4, Kassel 1967–68),
82 x 10 m

Christo
Emballage d'une femme, 1963
Wrapping a Woman
Photo de l'action

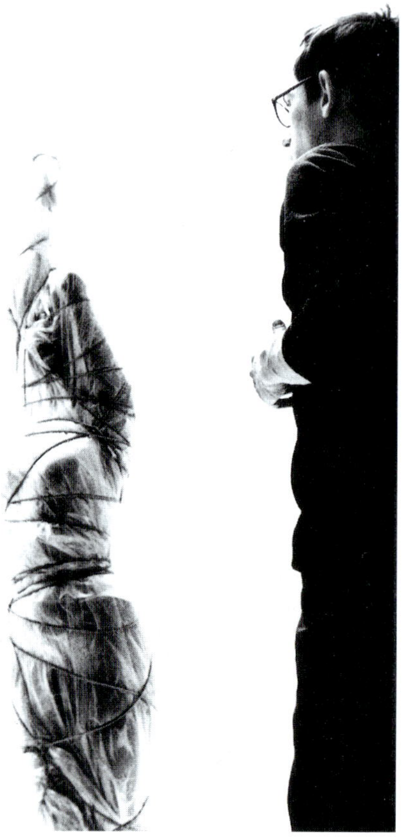

Mons Veneris. Fantasmes les bijoux, les tatouages, les chaussures, les pieds mutilés des Chinoises, les bossus qui portent bonheur, les putains unijambistes qui ne manquent jamais de clients. La liste s'étend à l'infini et on la retrouve au détour des tableaux.

A vrai dire, croire qu'il y a des objets spécifiques du désir sexuel, écrit Jean-Paul Sartre dans «L'enfance d'un chef», «. . .et que ces objets sont des femmes, parce qu'elles ont un trou entre les jambes, c'est la hideuse et volontaire erreur des assis . . . tout peut être objet de désir sexuel, une machine à coudre, une éprouvette, un cheval ou un soulier . . .» L'érotisme en art consiste, pour les artistes, ainsi que

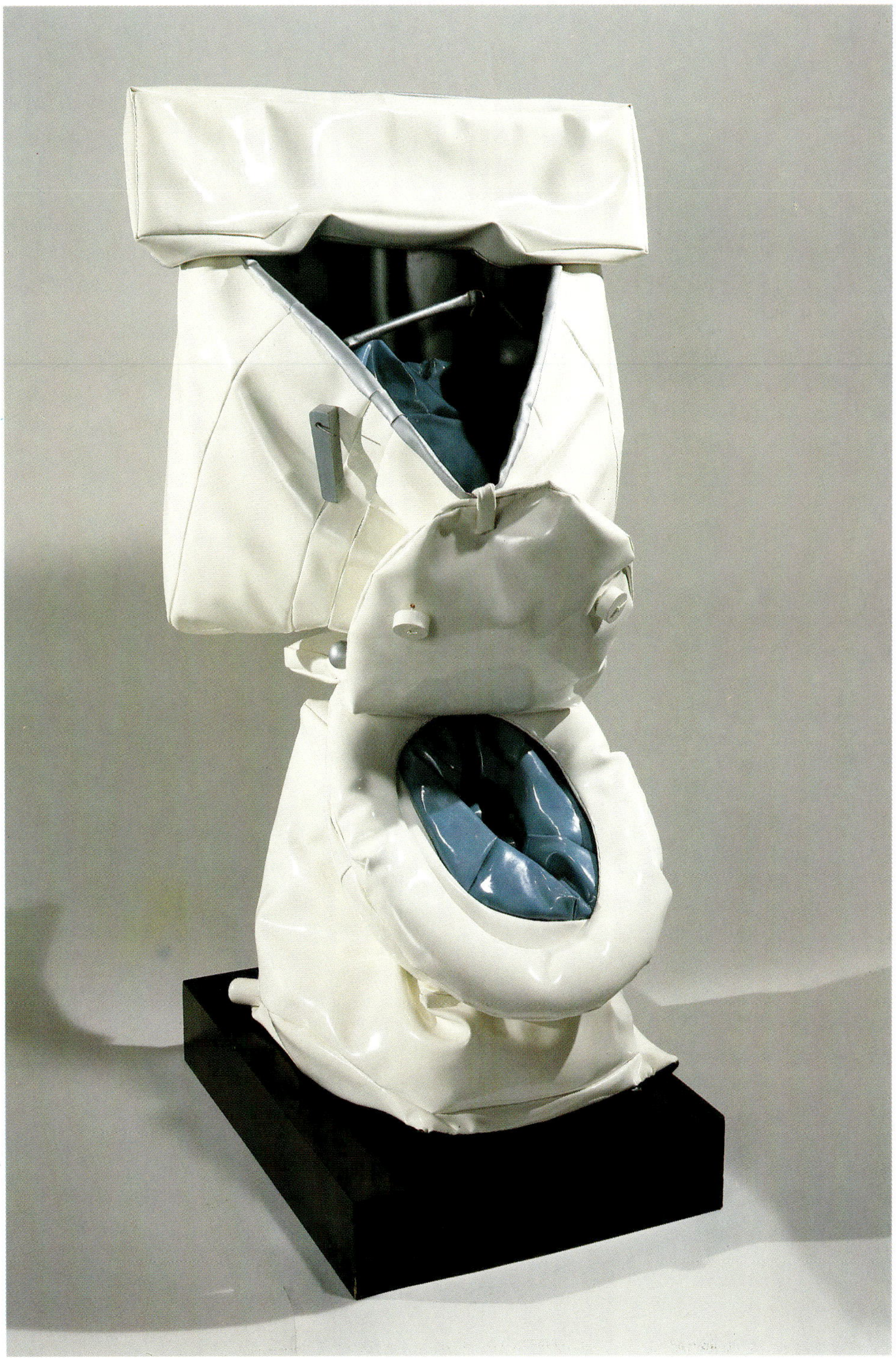

Claes Oldenburg
Toilette douce, 1966
Soft Toilet
Vinyl, kapok et bois peint,
132,08 x 81,28 x 76,2 cm
New York, Collection of Whitney Museum of American Art, don de Mr. et Mrs. Victor W. Gane pour le cinquantenaire

«Je suis pour un art qui soit politique, érotique et mystique à la fois, qui fasse autre chose que de s'asseoir sur son cul dans un musée.» C. O.

«Celui qui veut être aimé souhaite un monde flexible. Les matériaux durs empêchent le rapprochement, refusent le contact. Leur dureté dresse un mur d'indifférence. Si je m'appuie par contre sur un ballon, il cède, m'accueille et me répond, par le fait qu'il reprend sa forme d'origine. Un dialogue amical commence . . .» C. O.

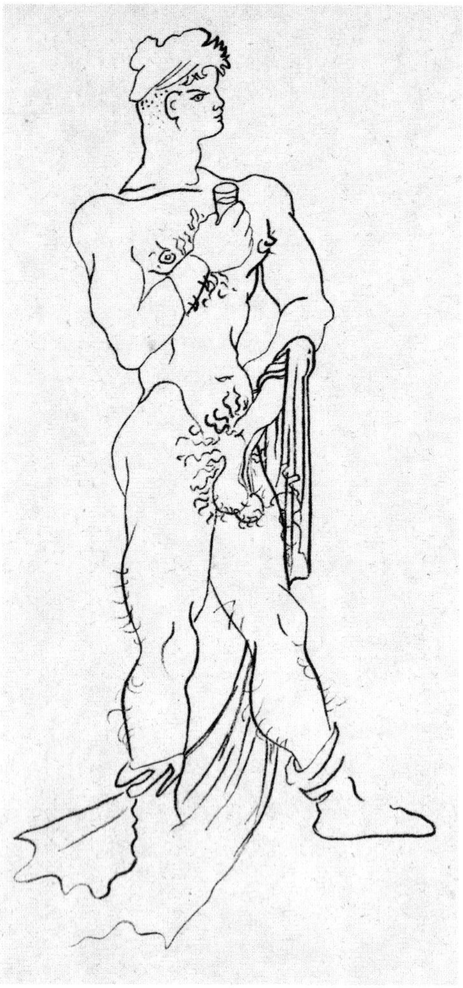

Jean Cocteau
Illustration pour Jean Genet «Querelle de Brest»

les surréalistes l'ont abondamment pratiqué, à rassembler plusieurs de ces objets – y compris le corps humain – à les faire contraster ou au contraire se renforcer l'un l'autre. Ainsi le fétichisme de *Colombine* de Beckmann (p. 15), consiste-t-il à faire se rencontrer la panoplie de cirque de l'héroïne, le jeu de cartes qui semble issu des dessous de sa robe et la pose indécente qu'elle adopte volontairement, les cuisses largement écartées que viennent souligner encore les bas noirs. L'énigme pourrait s'intituler: L'amour, jeu de hasard? Jeu sans importance ou au contraire chargé de mystère? Le porte-jarretelles de William N. Copley, dans *The Devil in Miss Jones* (titre repris d'un film pornographique célèbre – p. 19), semble se lever comme un rideau sur la mise en scène des deux gestes suggestifs de l'héroïne dont la tête est absente: le doigt enfoncé entre les pages du livre, la main qui saisit le manche du parapluie. On accole au réalisme de Balthus le terme de «magique». Cela fait mieux. Les écrivains les plus éminents se sont penchés sur son œuvre, de Rainer Maria Rilke et André Gide à André Breton, Antonin Artaud et Albert Camus. Les uns, comme Artaud, lui savent gré d'avoir réagi contre la «peinture d'embryons» des surréalistes. Les surréalistes comme Breton apprécient son érotisme subreptice. Camus le traite de «Barbe-Bleue» de la peinture. Une chose est certaine, Balthus qui ne se promène au naturel qu'en compagnie de très jeunes filles qu'il appelle «ses nièces» et qui s'accroupissent à ses pieds, comme des petits chats, en montrant leur culotte Petit-Bateau, les a prises pour leit-motiv de son œuvre. «Nous désirons tous», affirme René Char, «la caresse de cette guêpe matinale que les abeilles désignent du nom de jeune fille et qui cache dans son corsage la clé de Balthus.» Delvaux peuple son monde désertique de belles somnambules épanouies. Balthus préfère l'acidité et la perversion des adolescentes tour à tour «victimes et bourreaux», dans la plus pure tradition sado-baudelairienne.

Lindner, quant à lui, n'a même pas besoin de peindre la femme, mais seulement sa dépouille ou plutôt son armure de guerre (p. 22). Pourtant il est le maître habituel des images inquiétantes, à la fois stéréotypées et complexes de petites filles vicieuses, d'écuyères dominatrices, de dompteuses de toute évidence sadiques, toutes bardées de harnachements, sanglées de corsets et pourvues d'accessoires pour fétichistes qui donnent de la femme américaine érotiquement agressive, frustratrice et castratrice, le portrait le plus violent, le plus satirique et le plus enfantin à la fois. Il faut savoir qu'à remplir cette mission, Lindner est tout à fait préparé: depuis son enfance passée à Nuremberg, la ville du jouet, en passant par le fétichisme inséparable du climat moral et esthétique qui régnait en Allemagne à la veille de l'arrivée des nazis au pouvoir (du type L'Ange Bleu avec les jarretelles de Marlène Dietrich), jusqu'à cette imprégnation de New York où il voit ses fantasmes réalisés dans la vie quotidienne. Entre les frustrations les plus secrètes accumulées en Allemagne et la réalité assumée au contact de l'Amérique, la peinture de Lindner apporte une réponse où le spectacle de la vie, dans son avidité inquiète, se voit confronté au désir essentiel d'une certaine sublimation. Si le Pop Art a reconnu en lui l'un de ses «maî-

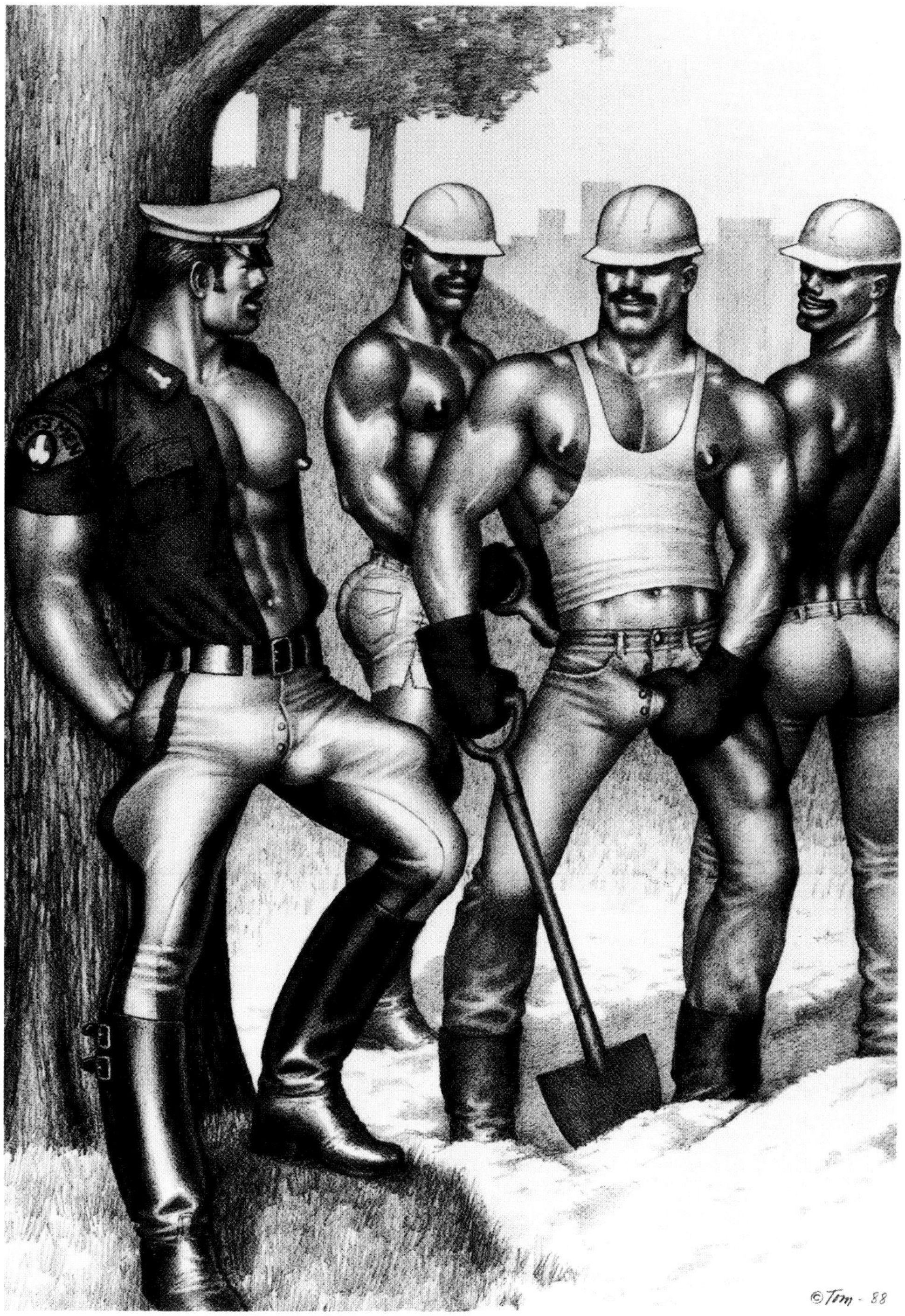

Tom of Finland
Bûcherons, 1988
Lumberjack
Crayon, 39,4 x 29,1 cm
Los Angeles, Courtesy The Tom of Finland Foundation

tres», c'est qu'il a eu, comme lui, à assumer ces deux contradictions fondamentales de notre époque.

Si les artistes prennent un malin plaisir à représenter le corset dans tous ses avatars, ce n'est pas seulement parce qu'il est un symbole d'érotisme, c'est aussi parce qu'il représente une forme d'incarcération de la femme. Vengeance chez l'un, désir de domination chez l'autre? Le corset est en effet le sous-vêtement carcéral par excellence. La femme est ligotée par ce corset dont le rôle est de lui comprimer au maximum le buste et les hanches et de l'obliger à marcher en gardant les cuisses rivées l'une contre l'autre, ce qui est aussi la fonction du kimono au Japon. Elle n'est même plus «troussable». Non seulement

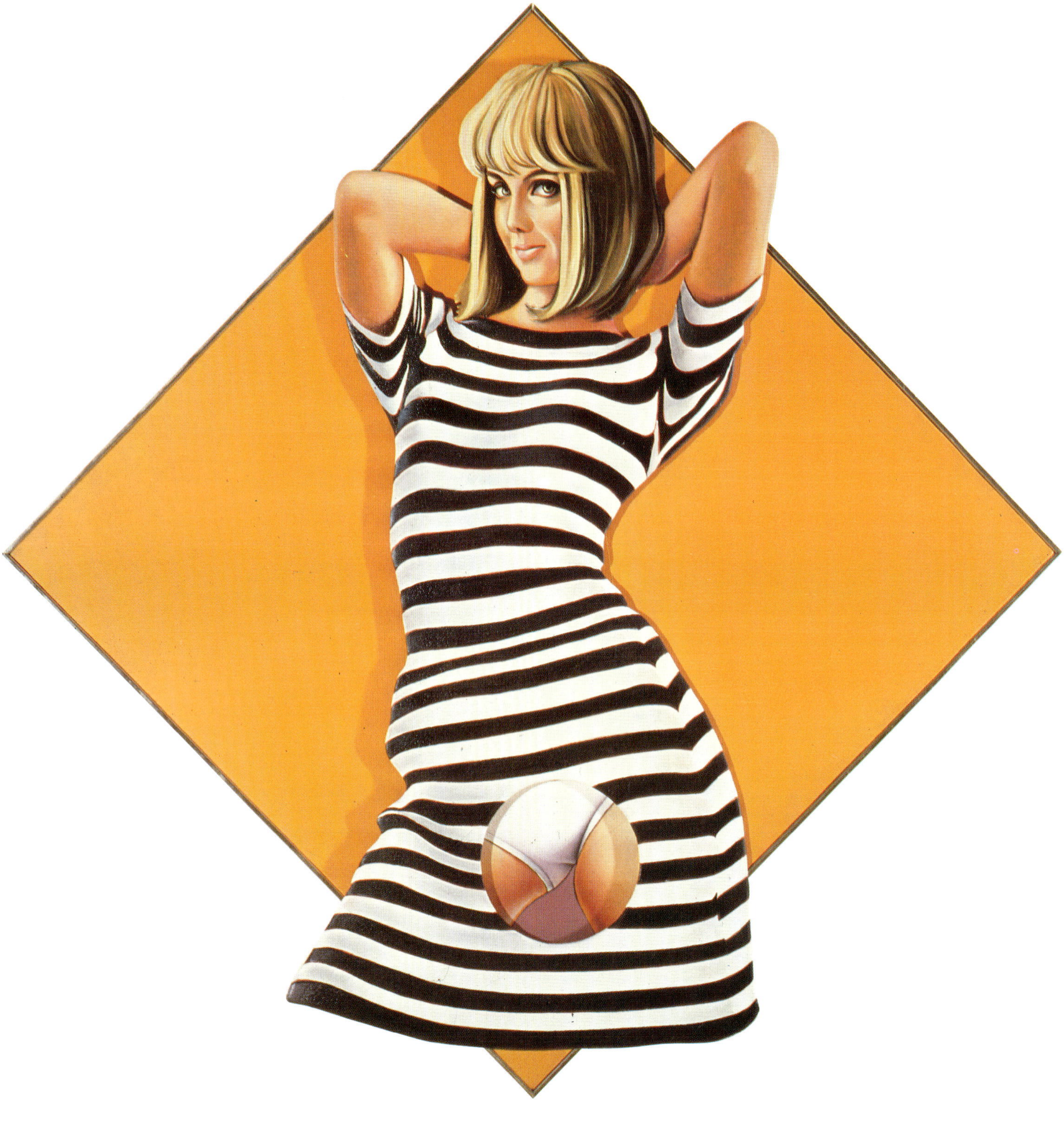

Mel Ramos
Beaver Shot, 1966
Huile sur toile, 111,7 x 121,9 cm
Fremont, Mr. and Mrs. Stan Schiffer
Collection

cet empaquetage est quasi hermétique mais les dessous qu'il comprime sont autant de remparts contre d'impossibles assauts. C'est le moment où Verlaine fait rimer jupe avec dupe. On comprend mieux comment sont nés les travaux de Freud lorsqu'on connaît l'époque à laquelle il les poursuivit: lorsque le corset avait pour mission d'enfermer et de cuirasser le corps féminin et de s'opposer aux élans amoureux, matérialisant un interdit dans lequel l'homme était maintenu par le pouvoir défensif du dessous féminin. «Le désir est condamné à n'exister que dans la durée, prolongé et secrété qu'il est par la multiplicité des écrans qui s'opposent à lui», note Jacques Laurent.

Ainsi la «crise de l'objet», propre au XXe siècle, que déclencha Picasso en associant un guidon de vélo et une selle pour faire une tête de taureau, débouche-t-elle sur sa glorification. L'objet, corps simple, devenu machine, corps complexe, affirme sa domination sur l'homme. Klapheck (p. 23) et Klasen en établissent la nomenclature, passant outre à leur usage spécifique, de manière à en imposer l'image magnifiée. Freud, c'est bien connu, a montré que tous les objets sont susceptibles d'être investis d'une signification érotique et plus particulièrement les objets qui fonctionnent. Le Duchamp du *Moulin à café*, de la *Broyeuse de chocolat* et de *La mariée mise à nu*, pratique comme nul autre l'«humour objectif» et fait confiance à la machine non seulement pour

Max Ernst
Le jardin de la France, 1962
Huile sur toile, 114 x 168 cm
Paris, Musée National d'Art Moderne, Centre Georges Pompidou

«La Touraine est couramment nommée le jardin de la France. Max Ernst a longtemps habité à Huismes près de Chinon, sur cette langue de terre entre l'Indre et la Loire dans le département du même nom. En retouchant un tableau de salon qui représentait un nu pour ne laisser visibles que les zones érogènes, l'artiste transforme cette région en paysage anthropomorphe. Il a ainsi recours à un procédé de voyeur qui était surtout utilisé chez les groupes semi-mythologiques au début de l'ère américaine.»

Günter Metken

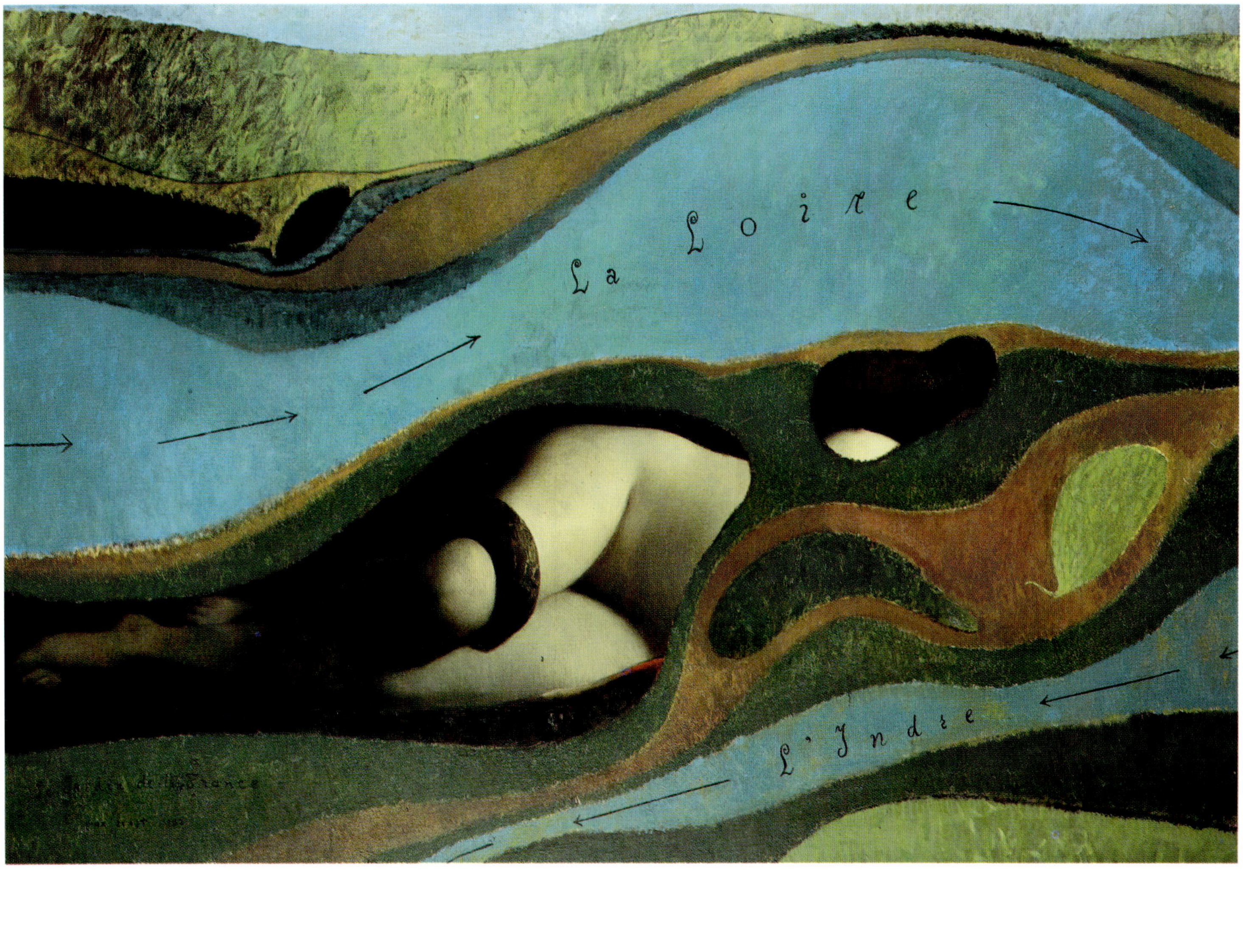

René Magritte
La philosophie dans le boudoir, 1947
Huile sur toile, 80 x 60 cm
Washington (DC), collection privée

rendre compte de son interprétation «mécaniste cynique» du phénomène amoureux avec toutes les conséquences philosophiques, esthétiques, que cela suppose, mais aussi pour révéler l'espace virtuel où tous les objets peuvent être «trouvés» par le psychisme humain, où tous les objets peuvent fonctionner en raison du caractère traditionnel qui, le cas échéant, leur est dévolu par les mécanismes du désir. Havelock Ellis avait déja souligné l'usage d'outils ordinaires, d'objets usuels, tels que la bicyclette ou la machine à coudre, pour obtenir une jouissance auto-érotique, et la phrase de Lautréamont, récupérée par les surréalistes, est dans toutes les mémoires: «Beau comme la rencontre fortuite, sur une table de dissection, d'une machine à coudre et d'un parapluie», qui engendra toutes les machines à fonctionnement symbolique.

Dès lors le corps de la femme, objet de tous les désirs de l'homme, ne redevient-il pas, par la force de création, ou plutôt de re-création de l'artiste, la mécanique triomphante qu'il n'a jamais cessé d'être? Qu'elle s'affronte à l'idole – Picabia, ou qu'elle attende passivement – Schiele (p. 53). Qu'elle s'offre dans toutes les positions – Gerhard Richter (p. 19), ou qu'elle fasse semblant d'interdire d'une main plus provocatrice que défensive – Arnulf Rainer, William N. Copley (p. 20), Hans Bellmer (p. 21), tout en remettant en question les apparences et les moyens qu'offre la peinture de les représenter, n'est-ce pas une sorte d'autobiographie d'une ère mécanique qui s'inscrit sous ses doigts? «Tant que le désir du progrès technique règne sur le monde», a écrit Jacques Vaché sur sa «pieuvre-machine à écrire», «on ne peut s'attendre à ce que la machine renonce à son rôle de vamp, qu'elle soit démasquée ou non.»

L'homme, dans ce monde artistique voué à Eros, joue les seconds rôles. Tantôt en solitaire – Cocteau (p. 26), tantôt en groupe, lorsqu'on lui permet de jouer avec ses petits camarades – Tom of Finland, *Bûcherons* (p. 27). Mais lorsqu'il s'agit de fourbir et d'affûter les armes de l'érotisme, c'est bien au corps de la femme que s'en prend l'artiste, quitte à le couper en morceaux, à le tronçonner – Max Ernst (p. 29). Quitte à en modifier l'anatomie pour en faire un objet à fonction purement érotique en n'en gardant que les morceaux essentiels comme ces seins et ce mont de Vénus qui subsistent encore, tels le sourire du chat d'«Alice au pays des merveilles», comme moulés, bien réels, sur la chemise pendue de *La philosophie dans le boudoir* de Magritte (p. 31), alors que la femme s'en est retirée. Cas de castration? se sont interrogés les exégètes freudiens. En tout cas, toile dont le titre rend hommage à Sade, héros plus que jamais moderne et qui paya très cher la libre imagination de son écriture et la simple existence des fantasmes inhérents à son art.

REPRODUCTION PAGES 32/33:
Robert Gober
Papiers peints génitaux féminins et masculins avec deux écoulements d'eau, 1991
Male and Female Genital Wallpaper and Two Drains
Sérigraphie sur papier, écoulements, 20 x 12 x 16,5 cm
New York, Courtesy Paula Cooper Gallery

«Dans la deuxième pièce également, le papier peint aux parties génitales masculines/féminines possédait à la fois un design décoratif et un contenu impressionnant. Dans cette pièce, les orifices d'écoulement ménagés dans les murs évoquaient toute une série de métaphores. Ils incarnaient l'absence et la fissure. Dans les murs, il y avait des ouvertures qui faisaient penser à des judas, des trous du cul et à des vagins.» Gregg Bondowitz

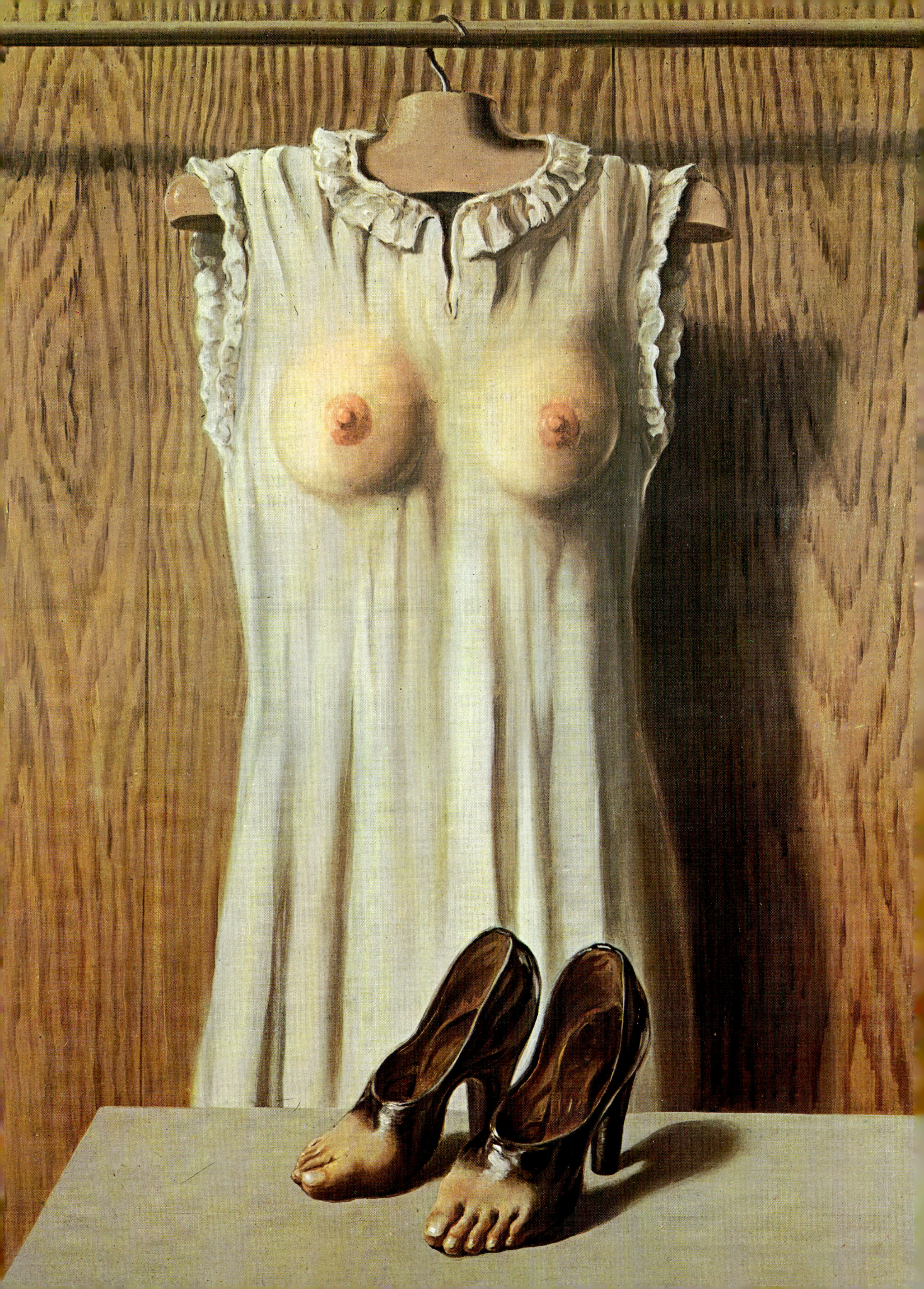

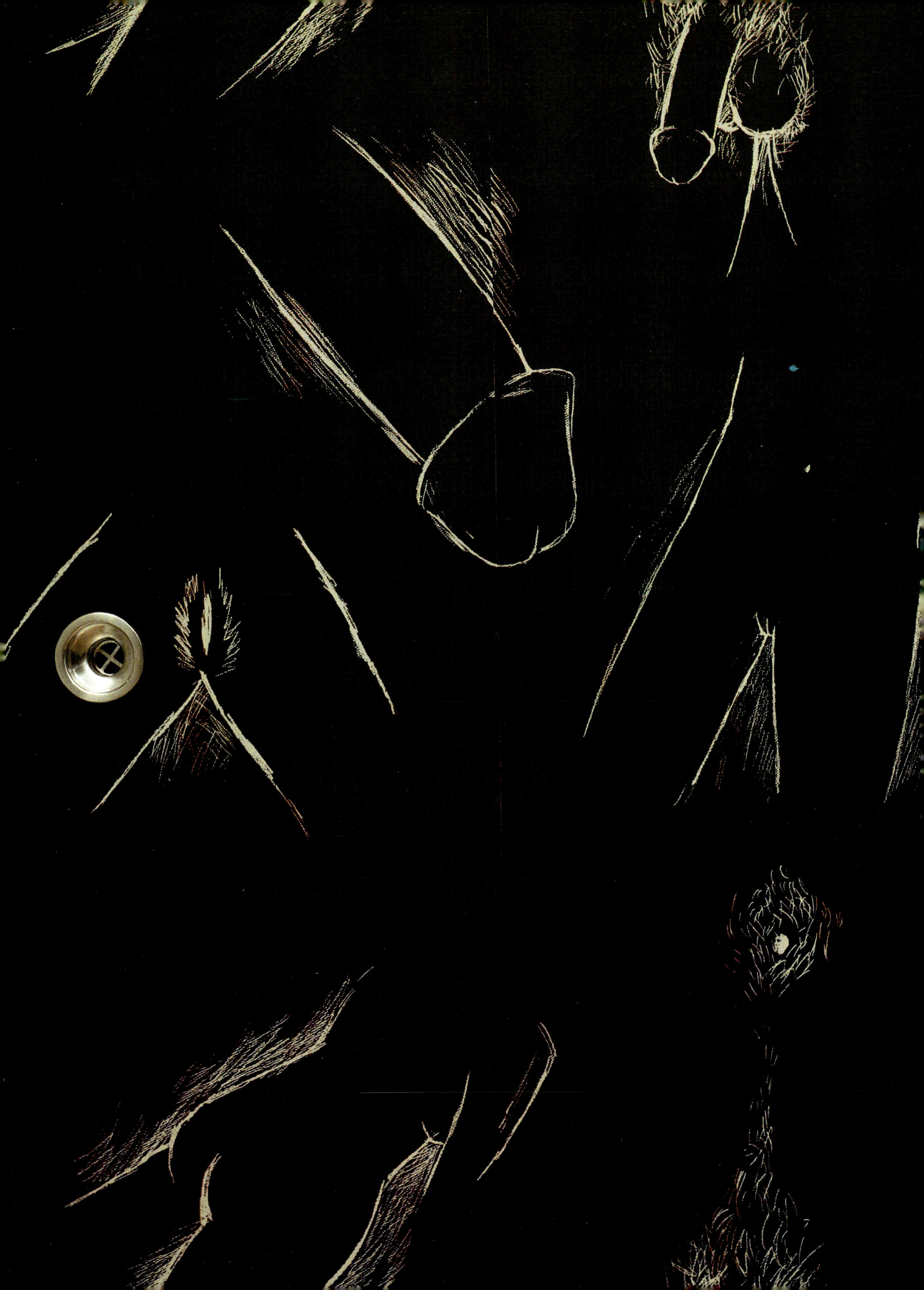

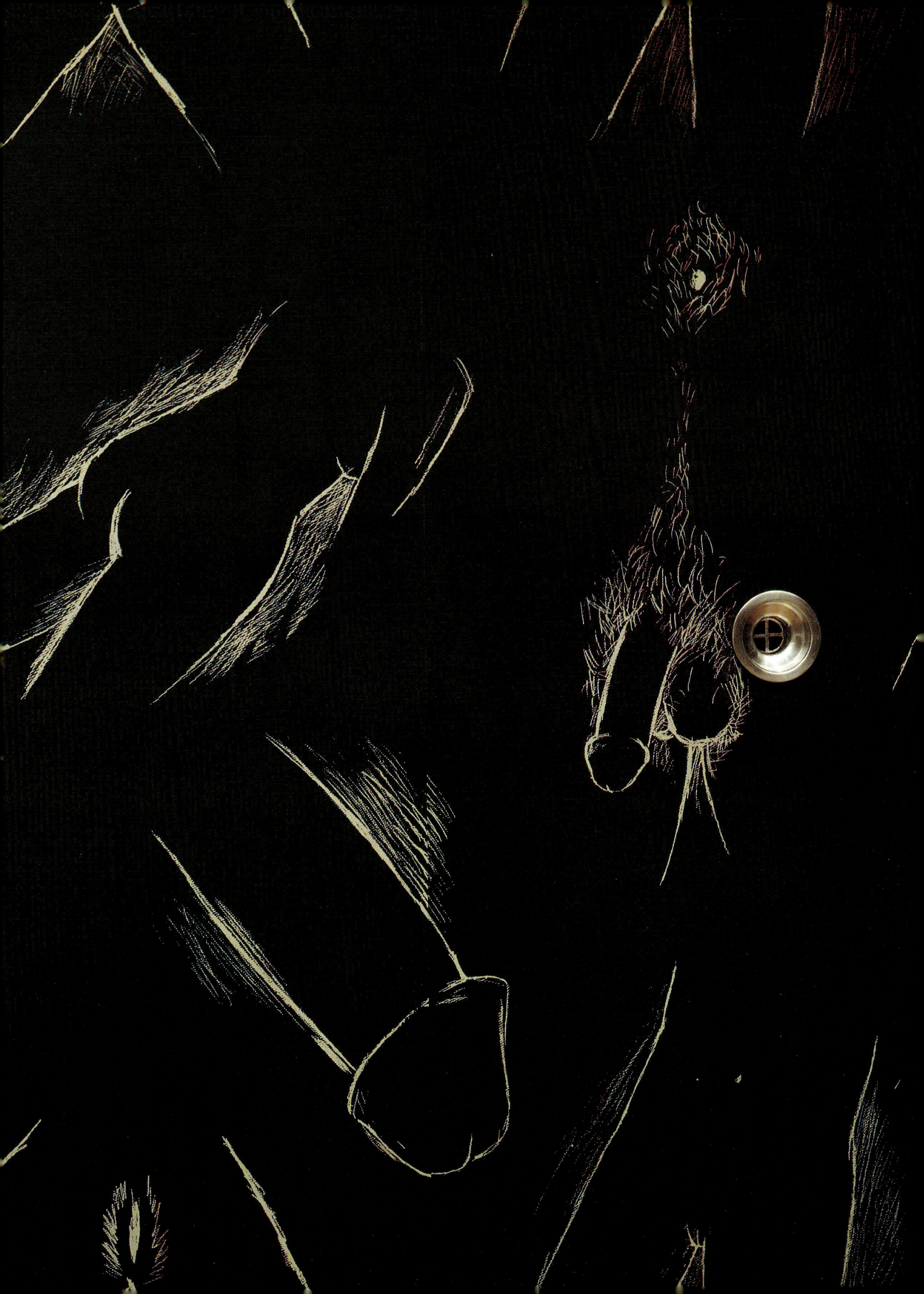

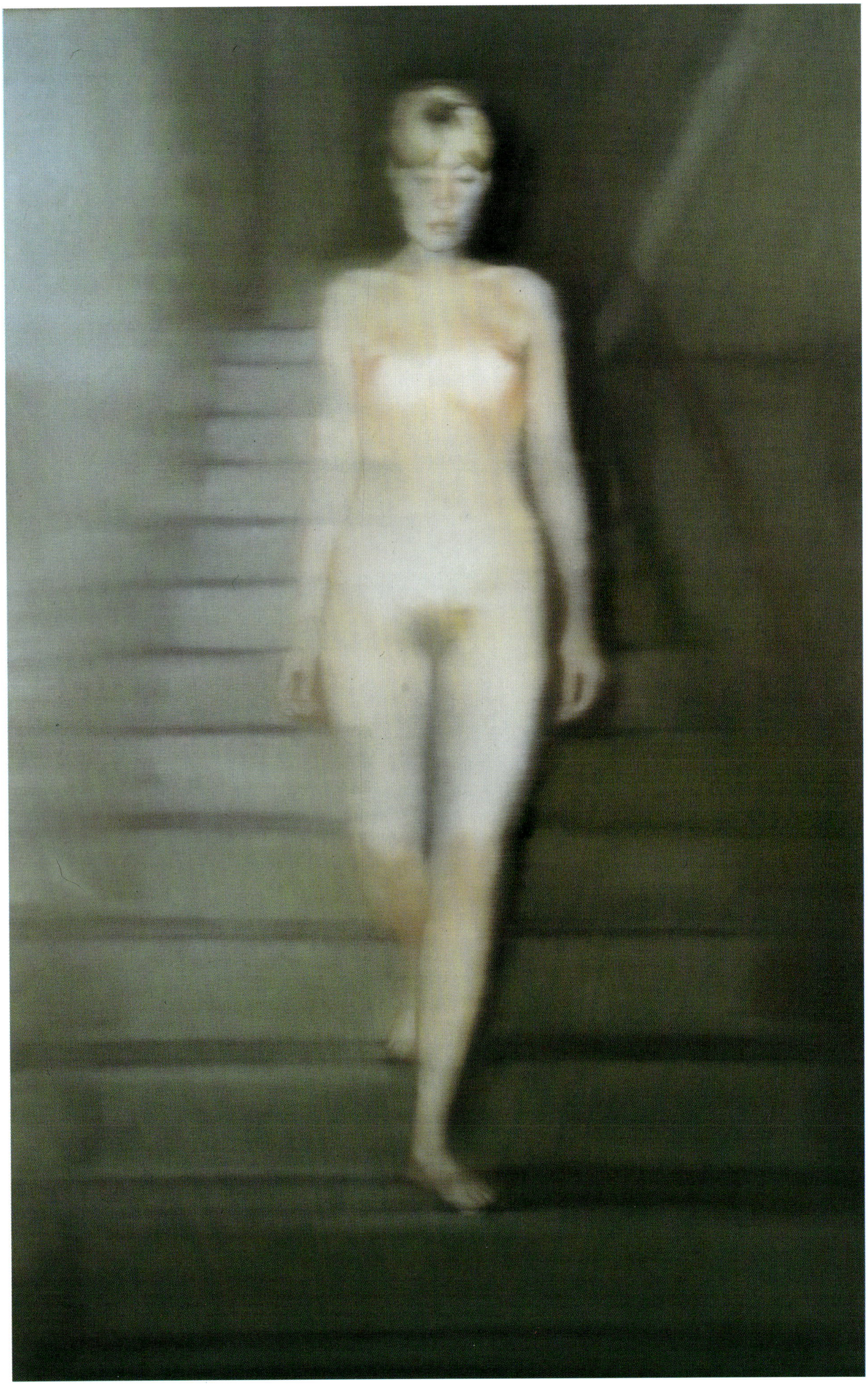

Narcisse ou le nu en tant qu'autoportrait

Chaque artiste, tel Narcisse, fait toujours son autoportrait, même lorsqu'il peint une femme nue qui s'offre. En filigrane, à travers le corps peint ou sculpté, c'est le corps du créateur qui apparaît. Ainsi que le note France Borel dans «Le Modèle», «L'œuvre s'alimente des désirs de l'artiste: désir de l'autre, son modèle, la femme nue qui pose devant lui; et désir narcissique de lui-même. L'acte de création est par excellence un acte amoureux. La peinture et la sculpture sont constituées de zones érogènes, de matières tactiles. Par essence, elles prennent forme humaine. Ce sont des sortes de fétiches, à la fois substituts et supports des projections corporelles. Naissant du corps et de l'esprit de leur géniteur, elles deviennent indépendantes pour s'offrir ensuite comme moyen de jouissance au spectateur.»

Selon la légende, la première peinture serait due à Gygès de Lydie qui, se tenant près d'un foyer, prit un morceau de charbon de bois afin de fixer sur le mur sa propre ombre. Créer, n'est-ce pas aussi revendiquer une part d'immortalité, et l'érotisme n'est-il pas l'outil propre à transgresser les interdits de mort? C'est avec son sang, avec son sperme que le peintre réalise son œuvre, tel le Pollock des Drippings. Et cela est si vrai, hier comme aujourd'hui, que déjà des peintres célèbres pour la qualité exceptionnelle du rendu des carnations, comme Titien par exemple, furent accusés de mêler réellement à leurs pigments sang ou sperme, c'est-à-dire les substances vitales de leur être.

Paul Klee pose ce problème fondamental de l'artiste dans son Journal: «Au début, le motif, insertion de l'énergie, sperme. L'œuvre en tant que créatrice de la forme matérielle: foncièrement féminine. L'œuvre en tant que sperme décidant de la forme: foncièrement mâle.» Il n'y a pas d'artiste, pas plus que d'être humain, qui soit cent pour cent mâle ou femelle. Mais un mélange subtil, propre à chacun, de féminité et de masculinité. C'est l'osmose de ces deux principes qui engendre l'œuvre d'art, laquelle a pour thème majeur et sempiternel le nu, engendré lui-même par la nudité.

On l'a vu déjà, l'artiste choisit ses modèles conformément à un «type» qui l'habite, à moins qu'il ne recherche, à travers ce «type», un modèle qui lui ressemble. «L'œuvre se tisse dans la peau de son créateur, double de chair», écrit Jean-Paul Sartre. «Madame Bovary, c'est

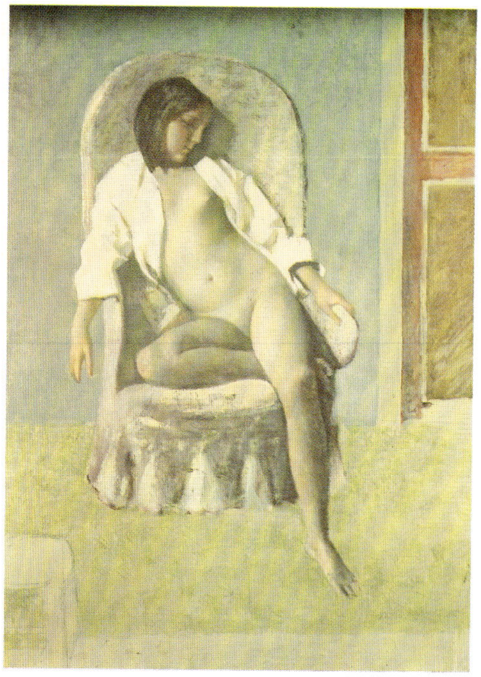

Balthus
Nu au repos, 1977
Huile sur toile, 200 x 150 cm
Paris, Collection Claude Bernard

REPRODUCTION A GAUCHE:
Gerhard Richter
Ema. Nu sur un escalier, 1966
Ema – Akt auf einer Treppe
Huile sur toile, 200 x 130 cm
Cologne, Museum Ludwig

«Je ne suis aucune intention, aucun système, aucune direction. Je n'ai ni programme, ni style, ni requête. Je ne pense aucun bien des problèmes professionnels, des thèmes du travail, des variations jusqu'à la perfection. Je fuis tout engagement, je ne sais pas ce que je veux, je suis inconséquent, indifférent, passif; j'aime l'indéfini, l'interminable et l'incertitude continuelle.»

G. R.

moi», disait aussi Flaubert. «Ecris avec ton sang», professe encore Nietzsche «et tu verras que le sang est esprit.» Ce «double», corps métaphorique, réceptacle ouvert aux fantasmes, l'artiste en fait son leitmotiv omniprésent, le centre de l'iconographie occidentale. Il le vêt ou le dévêt à sa guise, en multiplie les apparences, y retourne continuellement, lui appliquant toutes les mises en scène, tous les artifices, toutes les références qu'il peut trouver. Il va même jusqu'à lui arracher la peau afin de mieux connaître ses muscles, jusqu'à lui ôter ses muscles afin de mieux connaître son squelette.

Toutes les déformations de l'art, les membres démesurés, les vertèbres ajoutées à son *Odalisque* par Ingres, les visages en amande de Modigliani, les silhouettes étirées du Greco, les squelettes de Giacometti, les héros aux muscles hypertrophiés de la Chapelle Sixtine, les prostituées fardées aux cheveux roux de Toulouse-Lautrec, les géantes cuirassées de Lindner, les nymphettes lubriques de Balthus, les pin up sous cellophane de Wesselmann procèdent de cette recherche du «double». Sachant qu'aucun modèle vivant ne correspondra parfaitement à ses images mentales, l'artiste n'hésite pas à triturer les anatomies de son pinceau ou de son ciseau, à les faire tantôt lisses, tantôt déchirées, allongées ou épaisses, fragmentées ou éclatées, allant, comme Picasso ou Magritte, jusqu'à n'en garder que les morceaux qui lui conviennent le plus.

L'anthropomorphisme de Robert Gober qui consiste à s'emparer des objets industriels pour leur donner une connotation érotique à travers leur symbolisme d'une partie du corps, obéit à cette règle générale. Ce sont des objets familiers, issus de l'enfance, tels un évier, un robinet, un lit d'enfant, une robe, une chaussure, un donut, un simple orifice d'écoulement des eaux, un urinoir... dont la seule différence avec l'urinoir montré par Duchamp il y a soixante-dix ans provient du fait que Gober, lui, ses urinoirs, ses lavabos, il les confectionne au lieu de les acheter tout faits.

Nuance! L'anthropomorphisme direct de ces lavabos est «cognitivement renforcé par leur situation, au bas du mur le plus souvent», remarque le critique. On allait le dire. Pour la bonde d'évier, Gober fait une exception, il l'achète chez le quincailler pour l'encastrer dans un mur nu. La bonde, à l'évidence, est sexe. Un appel vers l'égout, donc vers le monde extérieur. Selon le même critique de service, elle représente «un voyage esthétique très complexe. Le détournement du quotidien permet à Gober de parler de lui-même ...» Le même Robert Gober, homosexuel, n'hésitant pas à s'engager plus avant pour stigmatiser «l'indifférence du président Reagan devant le sida». Lorsqu'il donne dans le graffiti (p. 32), Gober nous ramène au commencement de l'art plastique qui était le sexe. Au même titre que l'homme primitif, il semble découvrir le pouvoir de l'image, en traçant la partie du corps essentielle pour l'espèce, expérimentant ainsi l'universelle, irrésistible et féconde pulsion sexuelle qui a toujours guidé les hommes. C'est le retour aux sources... L'homo eroticus avant qu'il ne devienne homo sapiens. A ce titre, l'artiste moderne, en rejoignant l'homme primitif et créateur, sur le chemin de la sublimation,

Jeff Koons
Nu, 1988
Naked
Porcelaine, 115,6 x 68,6 x 68,8 cm
Collection privée

Otto Mueller
Garçon debout et fillette, 1914–18
Stehender Knabe und Mädchen
Lithographie, 43 x 32 cm
Berlin, Galerie Nierendorf

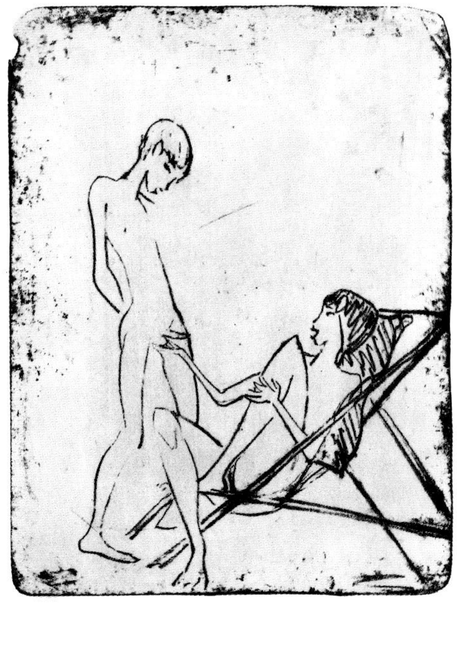

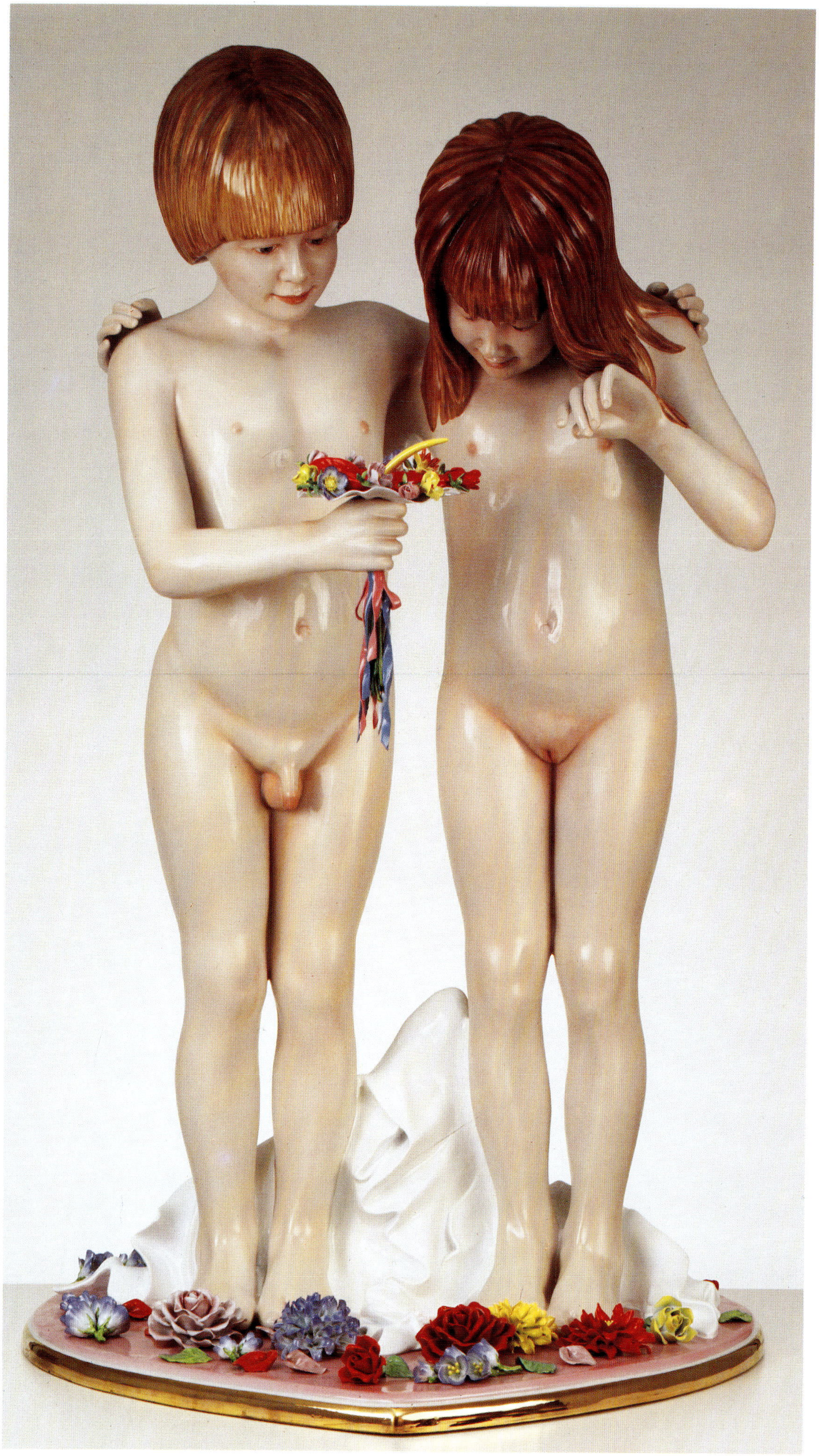

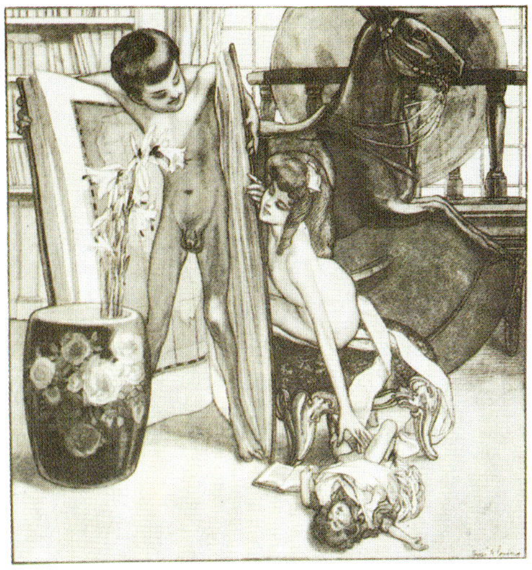

Franz von Bayros
Ex libris de la bibliothèque du pensionnat, 1912
Illustration pour «Le Murex»

maître d'un royaume intermédiaire entre la réalité et le rêve, l'emporte sur le pédant et le censeur qui lui succèderont.

A la différence des primitifs des cavernes, les Européens sont d'incorrigibles cérébraux qui, dans leur démarche artistique, ne peuvent s'empêcher d'intégrer des préoccupations sociales ou politiques. Ainsi, ses premières œuvres, Richter les expose-t-il sous le titre *Une démonstration pour le réalisme capitaliste*. Sa belle dame qui descend l'escalier serait-elle une proie offerte au spectateur? L'intention se double d'une autre interrogation: il s'agit d'amener le spectateur, en dépit de l'image reconnaissable du réel qu'on lui propose, à s'interroger sur le concept même de la réalité. L'image floue est-elle formellement identifiable au réel? Double interrogation qui porte, en même temps que sur les apparences et leur degré de vérité, sur les moyens qu'offre la peinture de les représenter et, de ce fait, sur leur validité.

On le voit, le strip-tease des artistes n'est pas simple. En particulier celui des artistes contemporains dont l'intention est claire: remettre en question les apparences et les moyens qu'offre la peinture de les représenter. Technicien de la photo, Gerhard Richter utilise souvent en effet des documents photographiques comme base de ses tableaux, ce qui l'apparente parfois aux hyperréalistes comme c'est le cas ici. Mais à vrai dire, c'est la seule chose qu'il ait en commun avec eux. Son propos va bien au-delà d'une vérité digne de Mme Tussaud ou du Musée Grévin. En effet, non seulement le choix des sujets est différent, mais surtout, par un «flou» progressif – semblable à celui obtenu en photographie par suite d'une mise au point défectueuse ou parce que l'opérateur a bougé – obtenu par une superposition de traits, il aboutit à une redécouverte de la gestualité informelle, à l'annulation progressive de l'image. Le réalisme ainsi obtenu d'une belle femme descendant vers son destin et qui semble s'offrir – tout au moins aux regards – est des plus suspects et Jean Clair peut parler, à propos de cette nouvelle vague de peintres, de «peintres de l'imaginaire» et autres «arpenteurs de l'absence».

«Je fais corps avec la peinture comme une bête avec ce qu'elle aime» déclare le sage Matisse qui avoue: «Avant tout, je ne crée pas une femme, je fais un tableau ... Le modèle, pour les autres, c'est un renseignement, moi, c'est quelque chose qui m'arrête. C'est le foyer de mon énergie ... Je dessine tout près du modèle – en lui-même – les yeux à moins d'un mètre du modèle et le genou pouvant toucher le genou. Je me considère comme ayant fait des progrès quand je constate dans mon travail un détachement de plus en plus évident du soutien du modèle, de la présence du modèle qui compte non comme une possibilité de renseignements sur sa constitution mais pour me tenir en émotion, en état d'une sorte de flirt qui finit par aboutir à un viol. Viol de qui? De moi-même dans un certain attendrissement devant l'objet sympathique ... Ce modèle est pour moi un tremplin, c'est une porte que je dois enfoncer pour accéder au jardin dans lequel je suis seul et si bien, même le modèle n'existe que pour ce qu'il me sert. Ce qui m'importe le plus? De travailler mon modèle jusqu'à ce que je l'aie suffisamment en moi pour pouvoir improviser, laisser courir ma main

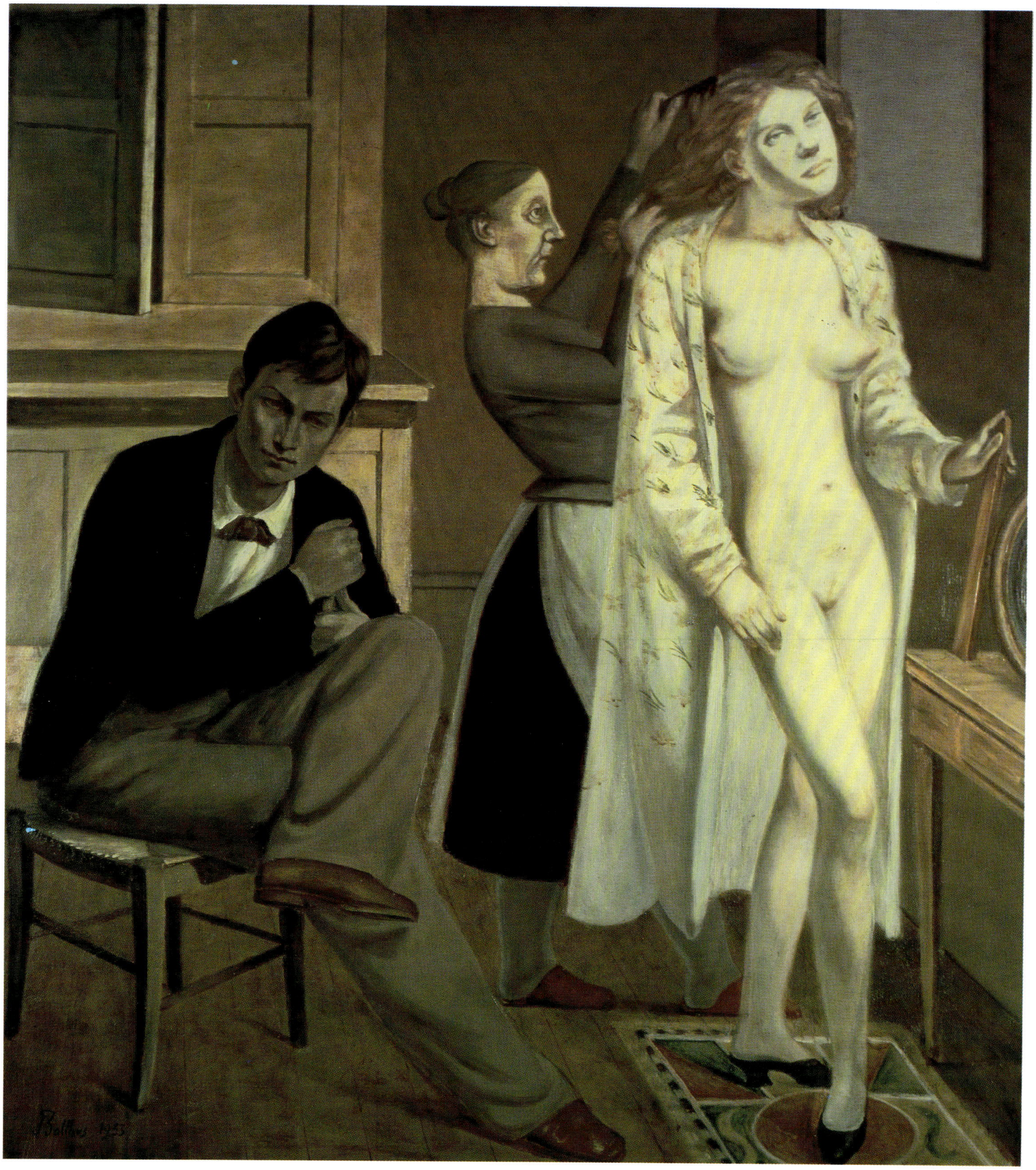

Balthus
La toilette de Cathy, 1933
Huile sur toile, 165 x 150 cm
Paris, Musée National d'Art Moderne,
Centre Georges Pompidou

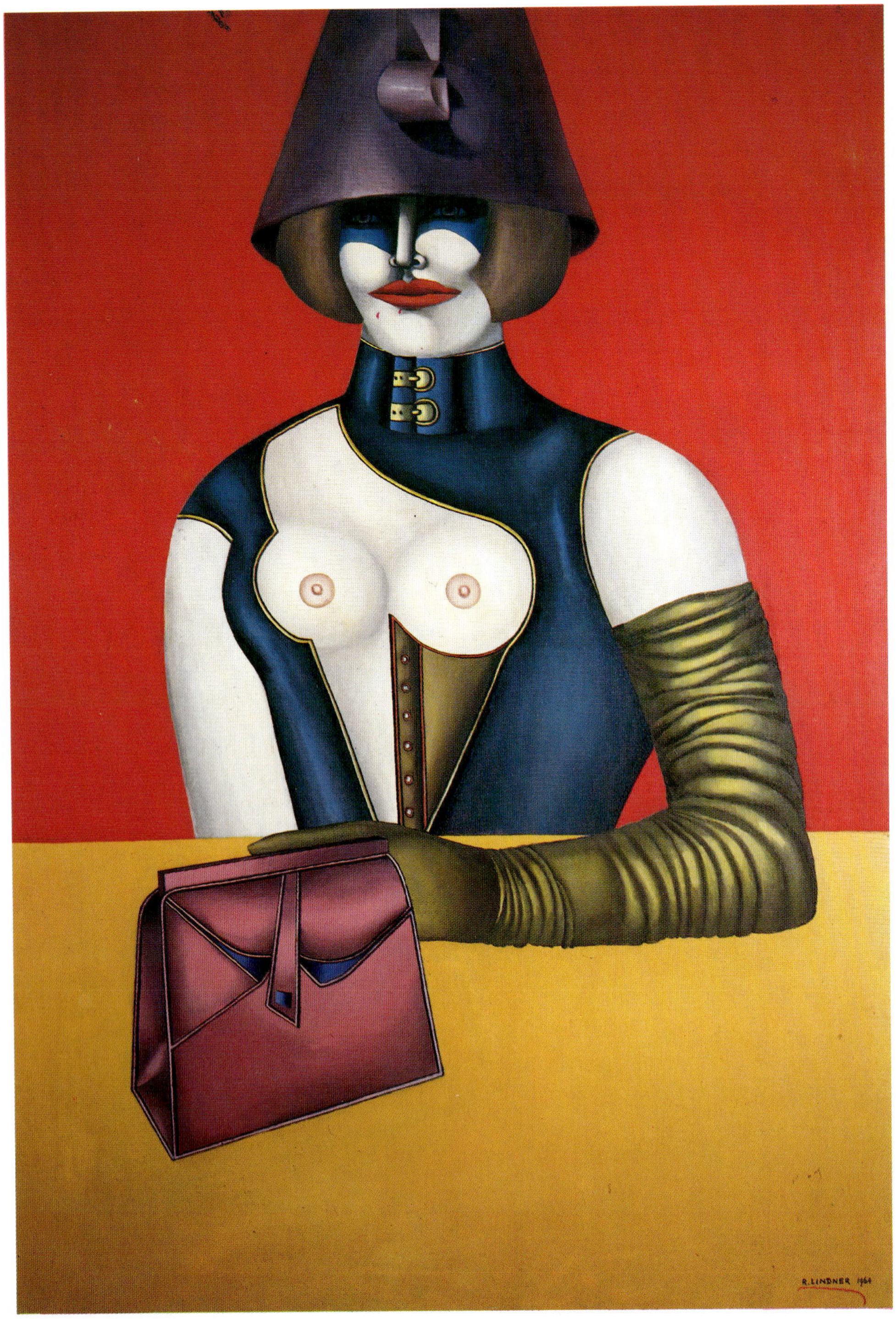

Richard Lindner
West 48th Street, 1964
Huile sur toile, 178 x 127 cm
Los Angeles, Mr. and Mrs. Max Pawlewsk
Collection

en parvenant à respecter la grandeur et le caractère sacré de toute chose vivante.»

Est-il plus bel aveu et plus direct de symbiose avec le modèle, avec le sujet que ce texte de Matisse qui n'hésite pas à parler de faire du genou, puis de viol, puis enfin de pénétrer le modèle pour se retrouver «seul et si bien» dans son jardin secret? Matisse qui, une fois cet exploit accompli, s'oblige à dessiner les yeux bandés pour mieux vérifier cette possession intime, cette appropriation du modèle. «Les seuls portraits auxquels on croit sont ceux où il y a peu du modèle et beaucoup de l'artiste» a dit, en connaisseur, Oscar Wilde.

Ainsi le corps de la femme est-il omniprésent dans la représentation

Kees van Dongen
Femme fatale, vers 1905
Huile sur toile, 82 x 61 cm
Londres, Christie's Colour Library

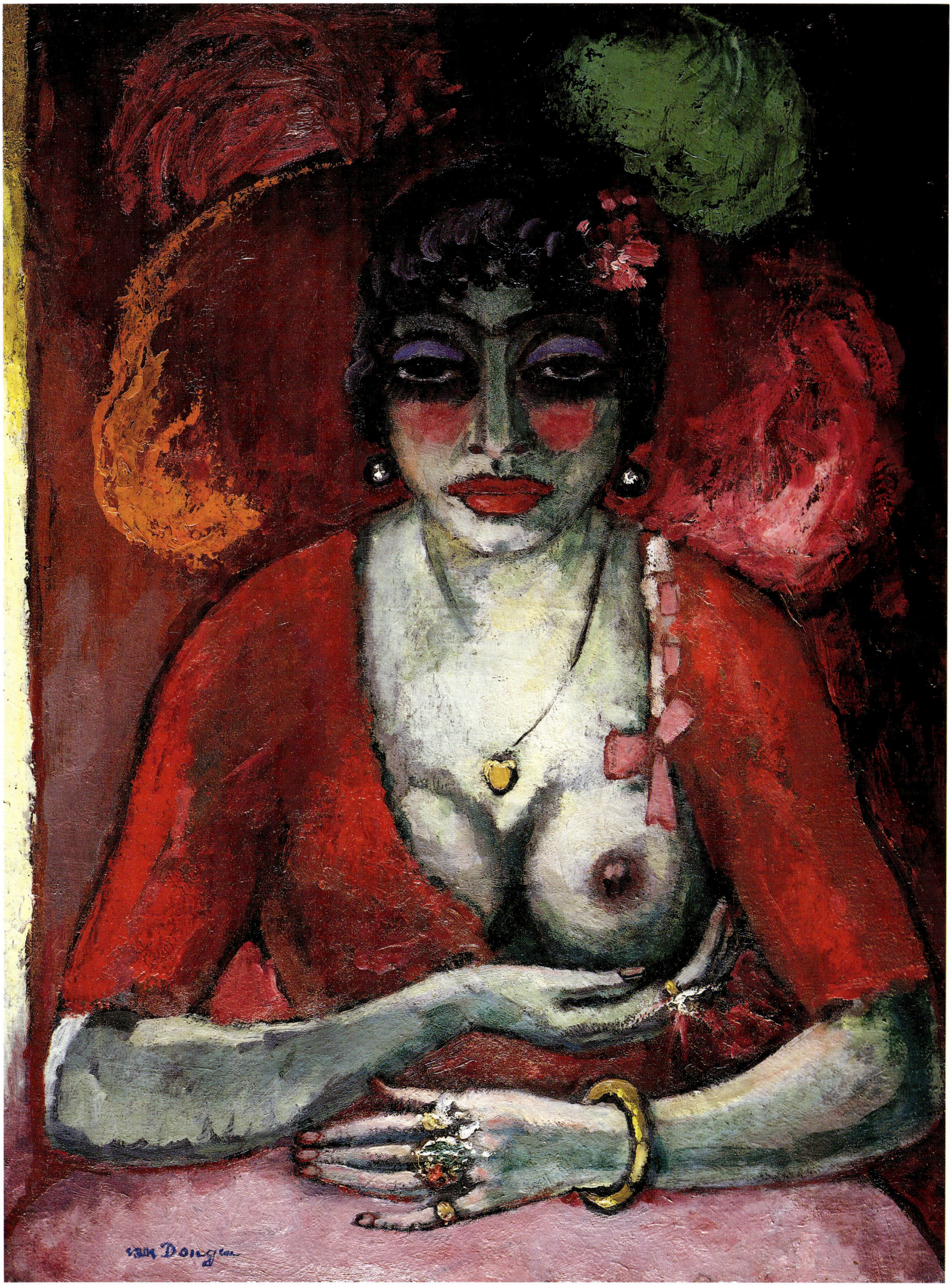
van Dongen

plastique, projection de l'artiste qui lui donne l'apparence qui lui est la plus chère. Double charnel tantôt petite fille, tantôt femme fatale, putain ou déesse. «Ce que fut l'amour aux conteurs et aux poètes, le nu le fut aux artistes» écrit quelque part Paul Valéry. Et en se projetant dans l'œuvre, l'artiste provoque – et c'est aussi son but – les projections des spectateurs. D'intime, le phénomène devient collectif et le spectateur peut s'écrier comme Renoir: «Moi, devant un chef-d'œuvre, je me contente de jouir...»

Il y a, par exemple, les sentiments troubles qu'inspirent à beaucoup d'hommes, passé la quarantaine, les gamines impubères ou que tourmente la puberté. Ces nymphettes que Vladimir Nabokov a popularisées dans son roman célèbre, «Lolita», qui décrit les transes, les alarmes, les angoisses et les délices d'un quadragénaire subjugué par une petite fille de douze ans, on en trouve les équivalents en peinture. Mais les «Lolita» varient suivant les artistes qui les campent. A Balthus, à Dix, à Schiele, à Heckel d'être hantés par un monde de l'adolescence fait de moments de trouble, d'hésitation, de délire, que tout adolescent a connus devant un monde à conquérir, un monde où les adultes ont promulgué des lois qu'il faut trahir pour se créer une vie aventureuse et respirable. On sent qu'ils ne sont pas seulement troublés par le mystère des jeunes filles en fleur. Ils donnent aussi à voir la terrible grandeur de toute solitude, particulièrement lorsqu'elle est enfantine. Ils représentent le monde qui les entoure, univers de grisaille où l'on s'ennuie majestueusement. Leurs jeunes filles sont là, offertes à tous nos désirs, dans un monde clos, tantôt paradis mélancolique et cruel, tantôt enfer carcéral et secret. Elles s'y livrent, pour notre plaisir de «voyeur», à tous leurs fantasmes, à toutes leurs turpitudes de petites filles, à leur exhibitionnisme, montrant leur sexe à peine duveté ou leur petite culotte. Attendant de leur petite camarade la caresse décisive, mirant leur féminité au plus près. Elles ont le goût acidulé et pervers de l'«Alice au pays des merveilles» du révérend Dodgson, dit Lewis Carroll, adepte, lui aussi, des petites filles ambiguës qu'il ne peignait pas mais qu'il photographiait allègrement. Quel air de guitare peut-on jouer sur la fente d'une fillette (Balthus: *La leçon de guitare,* p. 119)? Pour quelle raison Cathy se fait-elle belle (Balthus: *La toilette de Cathy,* p. 38)?

Là où Balthus se complait à décrire les délices d'un monde interdit, peuplé de jeunes filles vicieuses et rêveuses, Dix, lui, se sert des mêmes «Lolita» pour s'attaquer au monde ridicule du bourgeois stupide et madré qui patauge dans la boue grasse de la vulgarité étouffante. Sa *Vénus aux gants noirs*, par exemple, nous regarde comme si elle avait percé à jour le monde et le bluff des sentiments simulés. Elle est nue, mais nous nous sentons nus devant elle. Elle ne croit déja plus aux extases et regarde la bassesse en face, comme pour lui tendre le double miroir de ses grands yeux. En renonçant à la psychologie, Dix se livre au constat. C'est «le ventre enflé de Weimar» qu'il perce. On ne retient le plus souvent de son œuvre que le plus attrayant érotiquement: les portraits de cocottes frisant l'obscénité, les prostituées dont celle, par exemple, dont la robe elle-même est un énorme sexe (p. 69). Mais en réalité, à travers tout ce kitsch, il met aussi en accusation l'ensemble de

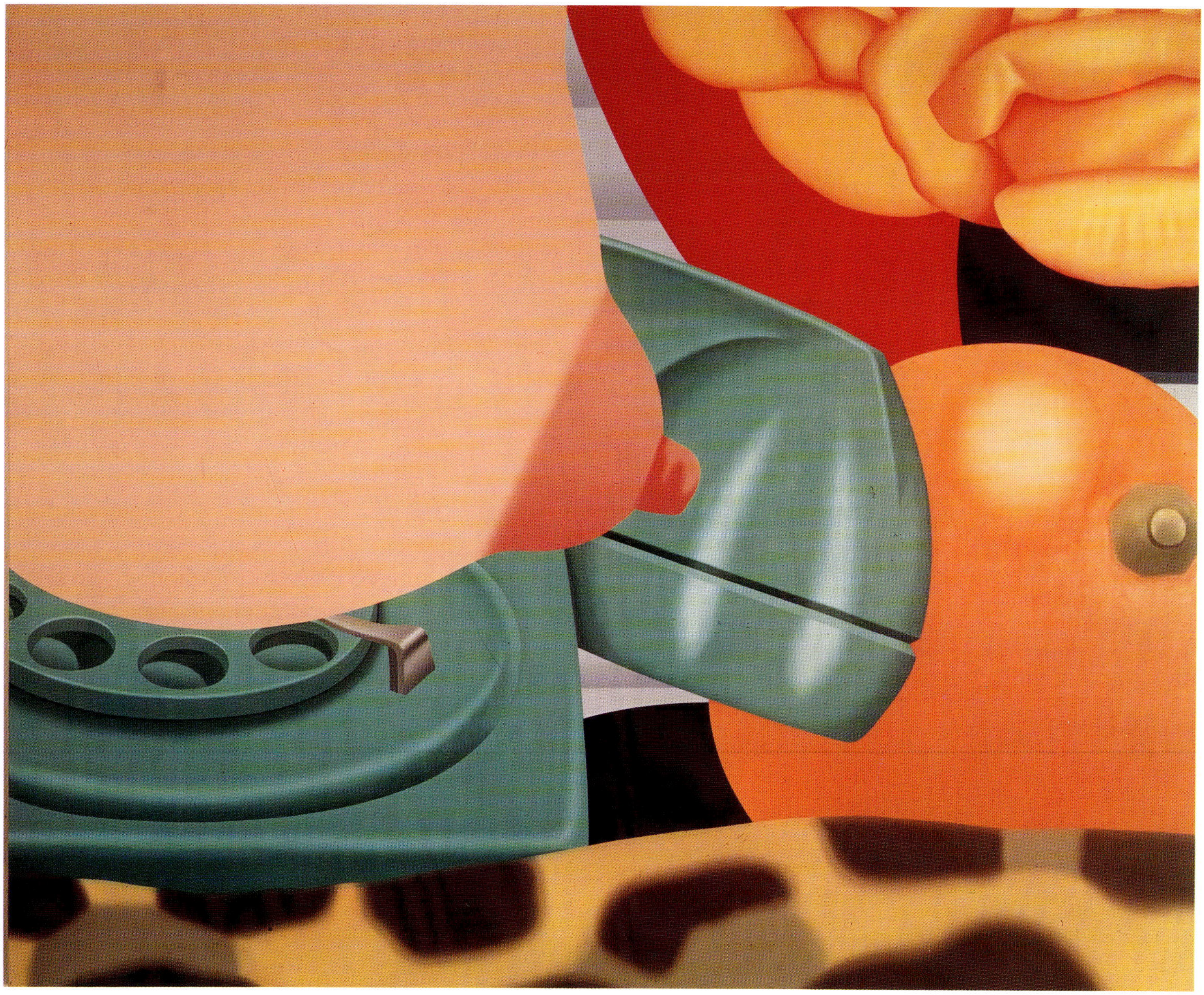

ce qui rebute, la grossièreté des sentiments et la monstruosité de l'époque. Car l'art, toujours, reflète son époque. Ainsi qu'il le dit lui-même, pour lui «le quoi prime le comment qui découle du quoi». Il n'en reste pas moins que la brûlante et l'insistante sexualité qui se dégagent des nus de Dix, Schiele, Grosz, Schad, Heckel, de même que l'insistance pathologique dans l'exhibition des sexes, précisés dans leurs œuvres jusqu'aux limites de l'art, leur ont valu durablement une réputation de pornographes.

Apparemment plus éloignés des odeurs de soufre que dégagent les œuvres de ces artistes, il en est d'autres, sans doute non moins hypocrites, qui paraissent à côté de meilleure compagnie et en meilleure santé. Les héros de Jeff Koons (p. 37), d'Otto Mueller (p. 36) et même de Franz von Bayros (p. 38) semblent occupés à des jeux bien innocents. Mais pour qu'un tableau soit aussi idyllique et innocent il faudrait compter sans l'artiste qui s'empresse de détourner l'image à son profit. Il faudrait aussi le séparer de son contexte.

Tom Wesselmann
Peinture de chambre à coucher n° 9, 1969
Bedroom Painting No. 9
Huile sur toile
© New York, Tom Wesselmann/VAGA

«Pour moi, un téton est érotique, mais pas son tableau.» T. W.

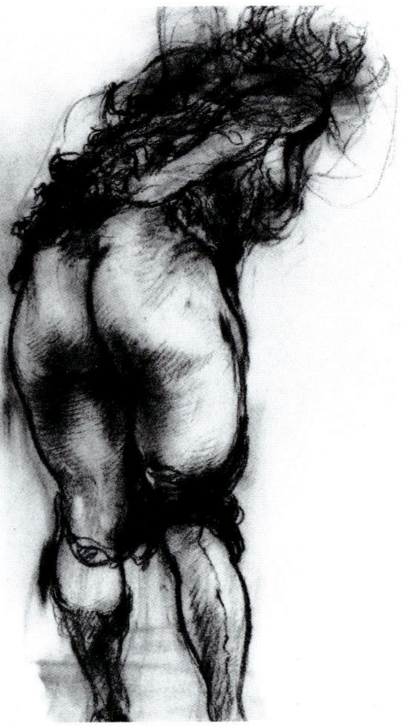

George Grosz
Femme se dévêtant, 1939
Sich entkleidende Frau
Fusain, 58,4 x 40 cm
La Haye, Collection P.B. van Voorst van Beest

Qu'en est-il du charmant petit couple de Jeff Koons (p. 37), qui par sa banalité même, son côté kitsch tuant le pittoresque, l'esthétisme, la sensibilité, nous rend infiniment présente notre propre image, réduite à ses communs dénominateurs, à ses fonctions vitales, aux gestes dérisoires et nécessaires du rituel quotidien. Il n'y a que deux manières, en effet, de passer à la postérité. Soit inventer quelque chose dont personne auparavant n'aurait eu le soupçon. Soit s'identifier à une image si galvaudée qu'elle en devient inévitable. Dans le premier cas, l'artiste est associé à ce qui définit son apport. Dans le second, il se confond avec le signe de la plus large reconnaissance. Jeff Koons, le mari de la Cicciolina – à la fois star du porno et député au Parlement italien, c'est-à-dire incarnation de l'Eve de notre temps sous ses aspects les plus divers – on le verra par la suite, «donne valeur de monument à ses pénétrations vaginales et conjugales», signe de la plus large reconnaissance.

C'est tout un univers sexuel mécanisé, fait de morcellements et de croisements (seins découpés et transplantés, sexes isolés), qui révèle l'agressivité érotique de la société du XXe siècle et souligne la violence d'une civilisation livrée aux surenchères de la publicité et incapable de briser la solitude dans laquelle ses membres se trouvent enfermés. Les artistes du pop art américain, pour qui la société de consommation a remplacé l'Eglise des primitifs, semblent s'être répartis les spécialités. Aux uns le domaine alimentaire, les boîtes de conserve, les bouteilles de Coca-Cola. A d'autres la poésie des autoroutes, des billets de banque, du drapeau américain, de la bande dessinée, des objets mous à la Dalí. Il apparaît qu'à Richard Lindner, cet Allemand réfugié à New York, ait été dévolue la mission d'assumer, grâce à sa double appartenance, le domaine des fantasmes et de la sexualité parmi ces artistes qui ont en commun un refus de devenir adulte et le culte de l'imagerie

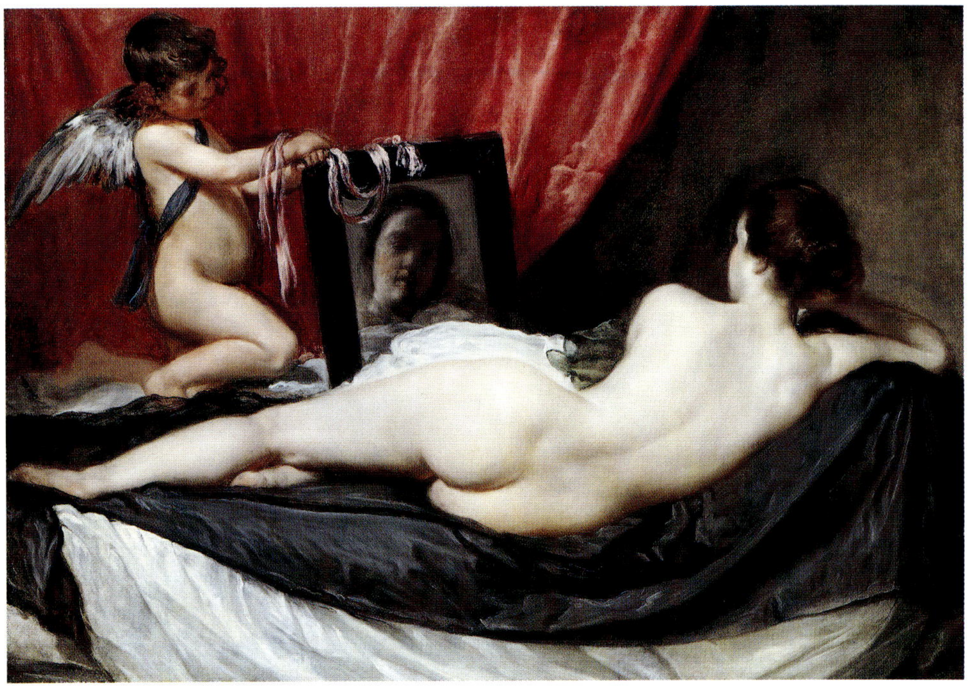

Diego Vélasquez
Vénus au miroir, vers 1648
La Venus del espejo
Huile sur toile, 122,5 x 177 cm
Londres, The National Gallery

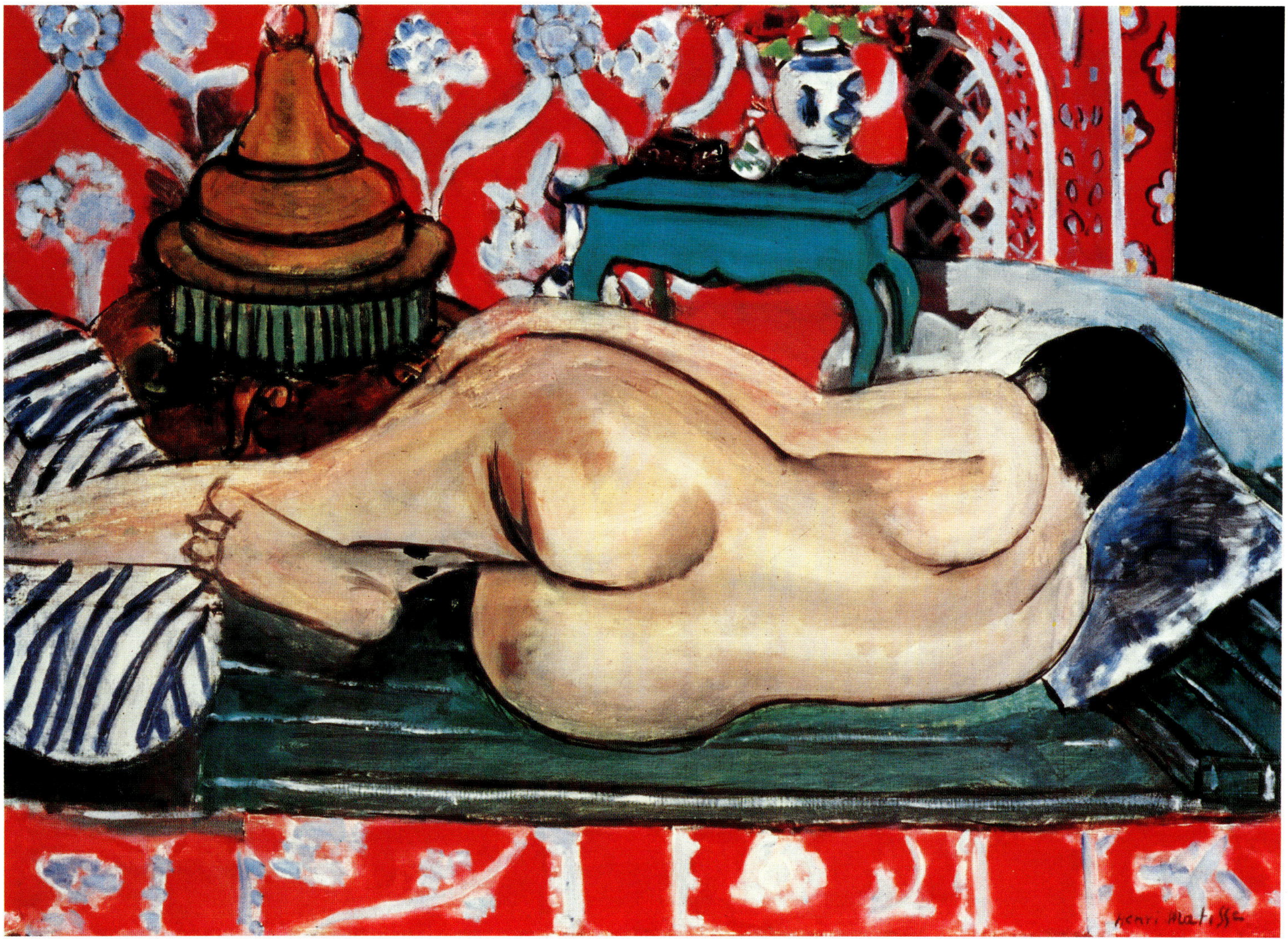

publicitaire et du délire alimentaire. Au service de cette quête de la Vénus du pop, figure, dans la panoplie de Lindner, l'utilisation de cette même imagerie publicitaire. Les pops américains ont en effet, pour la plupart, débuté leur carrière dans la publicité. Warhol faisait des affiches pour les chaussures Miller et des vitrines pour le grand magasin Bonwit's. Rosenquist exécutait des panneaux géants vantant les mérites des biens de consommation les plus divers. Lindner, lors de son arrivée aux Etats-Unis, a commencé à gagner sa vie comme illustrateur de magazines. Lorsqu'il passera à la peinture, il reportera son expérience d'illustrateur sur ses toiles, mais au lieu de représenter la mode, il puisera dans le catalogue fétichiste de tous les accessoires sado-masochistes pour maniaques que l'on peut imaginer et qui vont des corsets aux chaînes, aux anneaux, aux jarretelles et autres instruments de torture soft, affichant ainsi ses obsessions érotiques. Traitant les volumes géométriquement en une technique très particulière qui n'est pas sans rappeler celle de Léger (qui passa les années de guerre à New York), il fournit dès lors à profusion des images inquiétantes, exagérant les attributs sexuels, bouches, seins, cuisses, sexes et surtout jambes énormes, comme vues d'en bas par un petit garçon pour qui les

Henri Matisse
Nu couché de dos, 1927
Huile sur toile, 76 x 60 cm
Paris, Les Héritiers Matisse

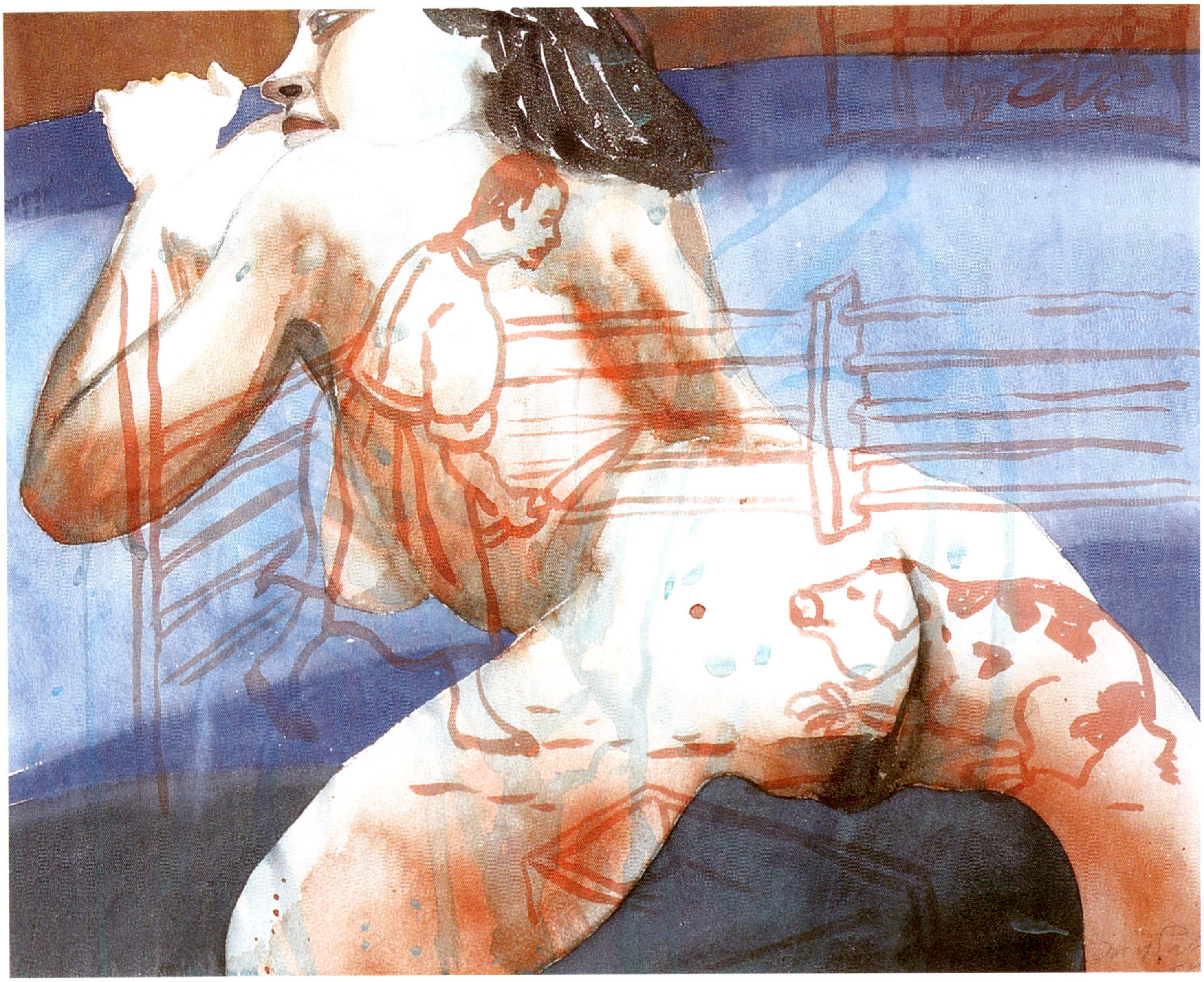

David Salle
Sans titre, 1984
Untitled
Aquarelle, 63,5 x 78,7 cm
New York, Courtesy Mary Boone Gallery

femmes sont toutes des sortes de tours Eiffel monstrueuses, aux pieds gigantesques et qui relèvent bien d'une iconographie à base de souvenirs de jeunesse et d'un refus de grandir. On cherche toujours à retrouver les premières émotions sexuelles que l'on a ressenties.

Dans cette iconographie «à l'américaine», il est évident que les seins jouent le rôle de super-vedette. On sait en effet que les Italiens s'intéressent d'abord à la largeur du bassin ou que les Français sont particulièrement sensibles au galbe des jambes. Les Anglo-Saxons, pour leur part, font une fixation sur les seins lourds et serrés. L'hypertrophie mammaire apparaît en effet comme le summum de l'Art et de la félicité aux mâles américains, attachés aux superstitions nourricières et au dogme de la Mère collective. Ces énormes poitrines sont à différencier totalement de l'école italienne, adepte de la poitrine plantée bas, «à la louve»; de l'école allemande: la poitrine triomphante, type Walkyrie; et de l'école française dont le choix, comme toujours, nécessite mille et un calculs savants, résultat d'une addition des mesures telles que l'écart entre les mamelons et l'écart entre la clavicule et les tétons, le triangle d'or en somme de la sculpture française traditionnelle, type Maillol. Il est intéressant de noter que cette répartition géographique des blasons du corps féminin se trouve fidèlement reflétée par les œuvres des peintres et des sculpteurs selon leur nationalité. Rien de plus différent en effet qu'un sein de glace – que l'on a seulement le droit de contempler – dessiné comme une épure de fusée interstellaire par le publicitaire Lindner (p. 40) et un sein à l'érotisme brûlant – que l'on brûle de toucher – dû à la sensualité rayonnante d'un Van Dongen (p. 41). Et pourtant Van Dongen professe que «la peinture n'est pas la nature, c'est quelque chose d'essentiellement artificiel... L'art com-

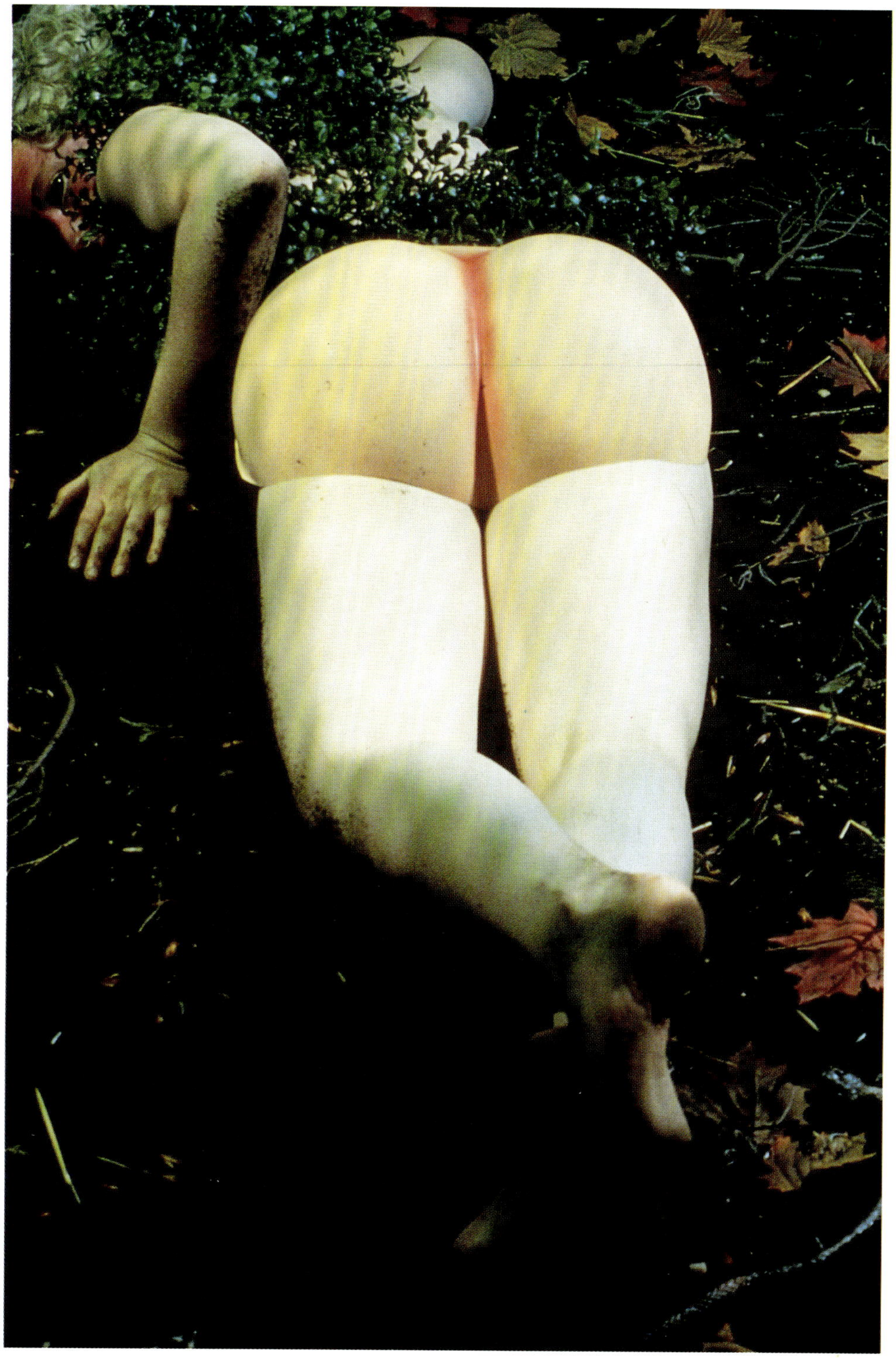

Cindy Sherman
Sans titre n°155, 1985
Untitled No.155
Photographie en couleur, 184,2 x 125 cm
New York, Courtesy Metro Pictures

«Je me sens attiré par la ruse de Sherman qui parvient, comme beaucoup d'autres actrices, à démontrer la vulnérabilité féminine et ainsi à éveiller le désir (masculin) de viol et/ou de protection.»
Peter Schjeldahl

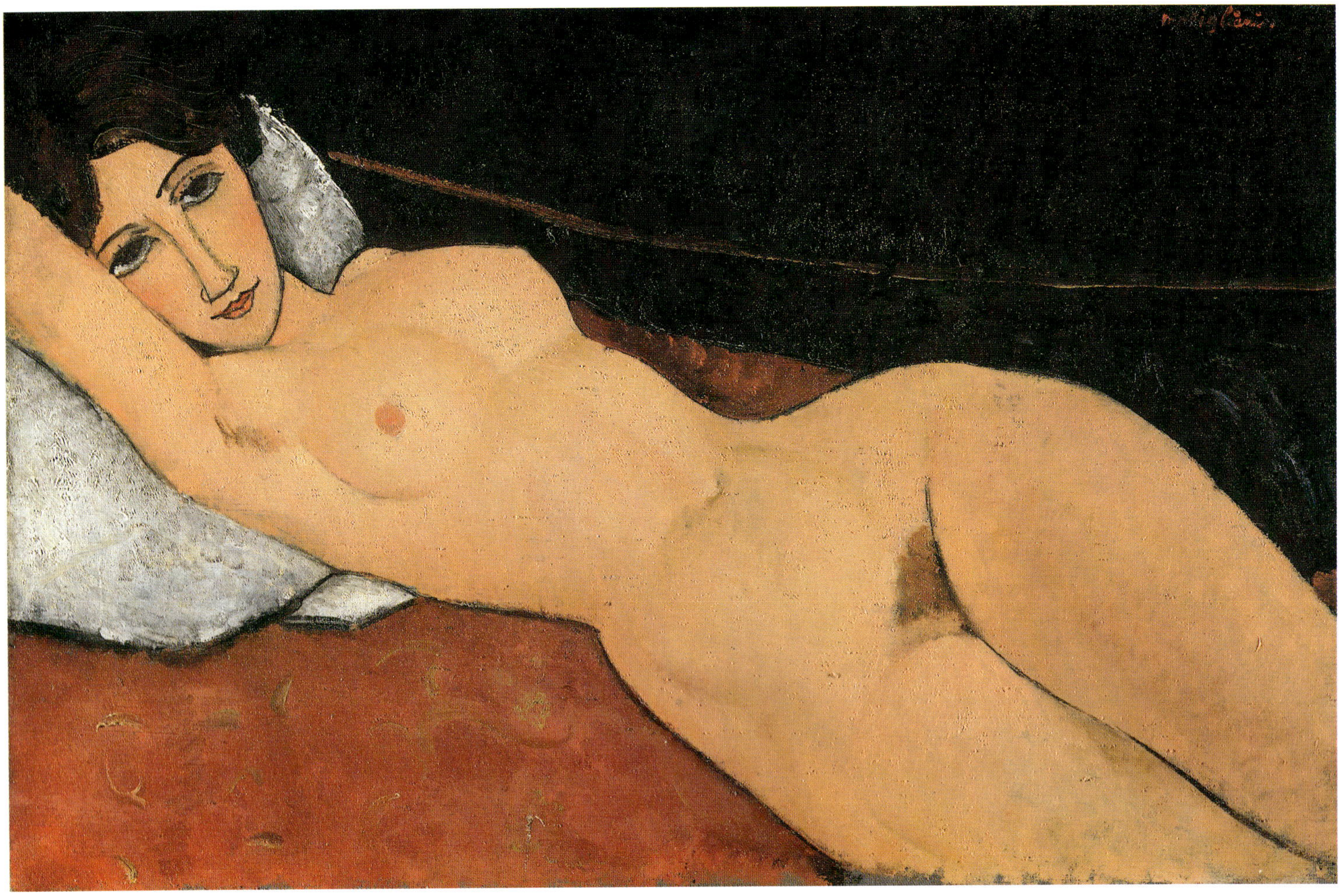

Amedeo Modigliani
Nu couché au coussin blanc, 1917
Huile sur toile, 60 x 92 cm
Stuttgart, Staatsgalerie Stuttgart

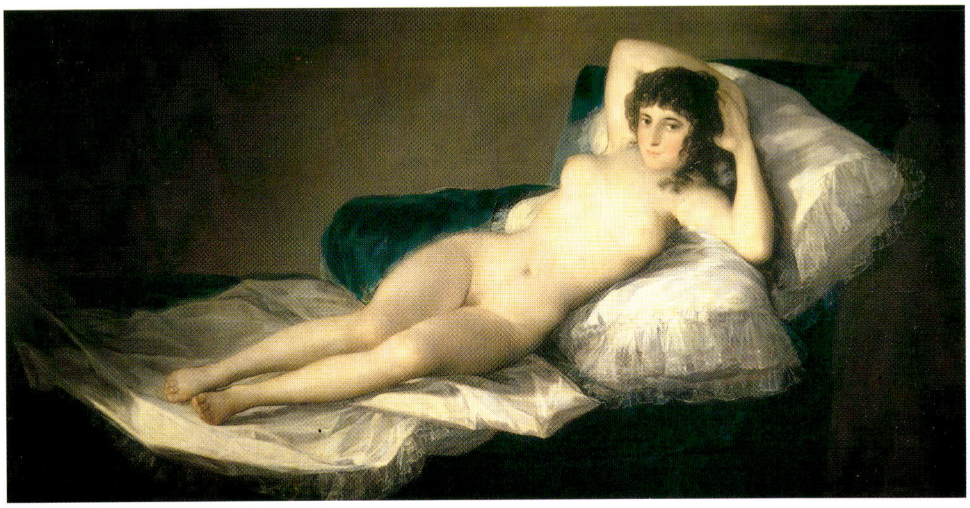

Francisco de Goya
La Maya nue, 1800
La maja desnuda
Huile sur toile, 97 x 190 cm
Madrid, Derechos reservados
© Museo del Prado

REPRODUCTION A DROITE:
Willem de Kooning
Femme, Sag Harbor, 1964
Woman, Sag Harbor
Huile sur bois, 203,2 x 91,4 cm
Washington (DC), Hirshhorn Museum and Sculpture Garden, Smithsonian Institution, don de Joseph H. Hirshhorn, 1966

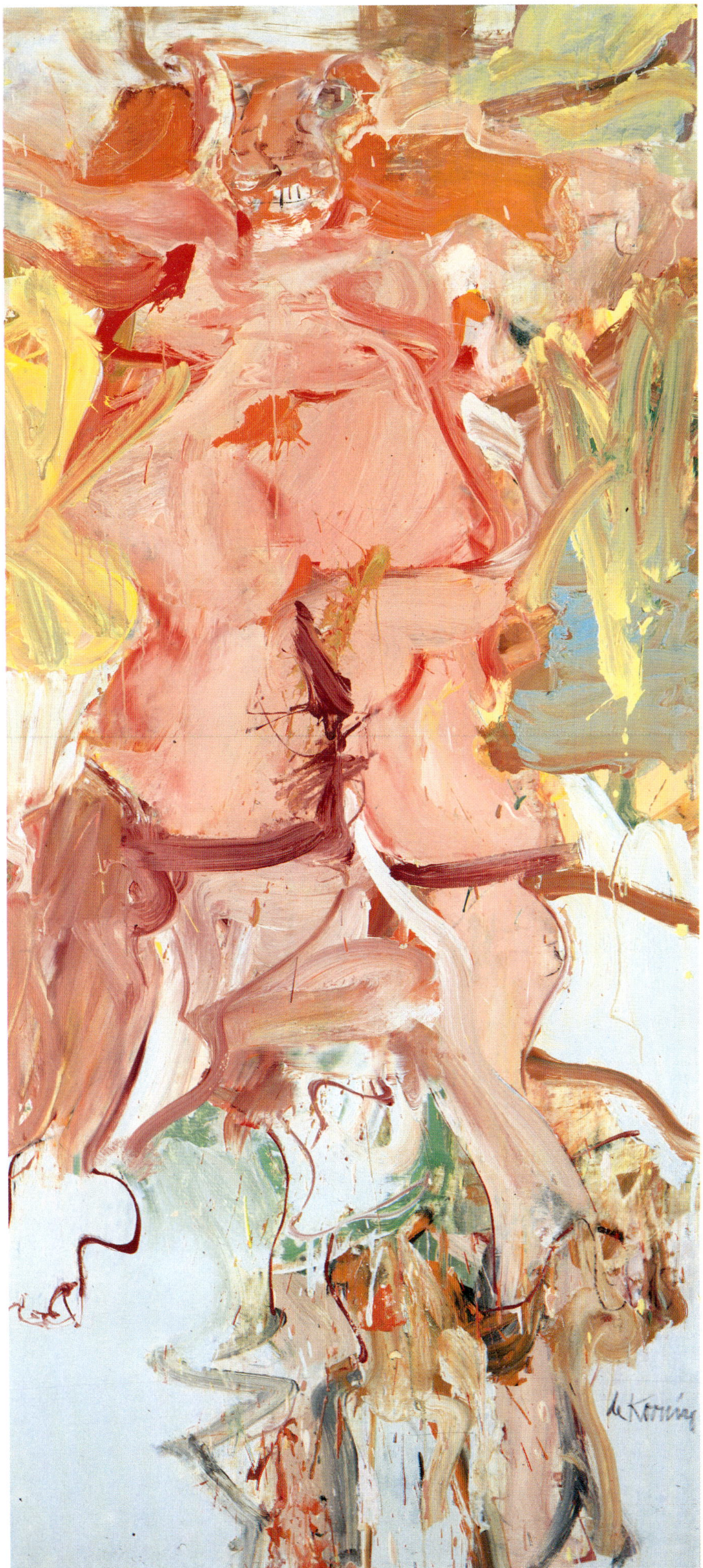
de Kooning

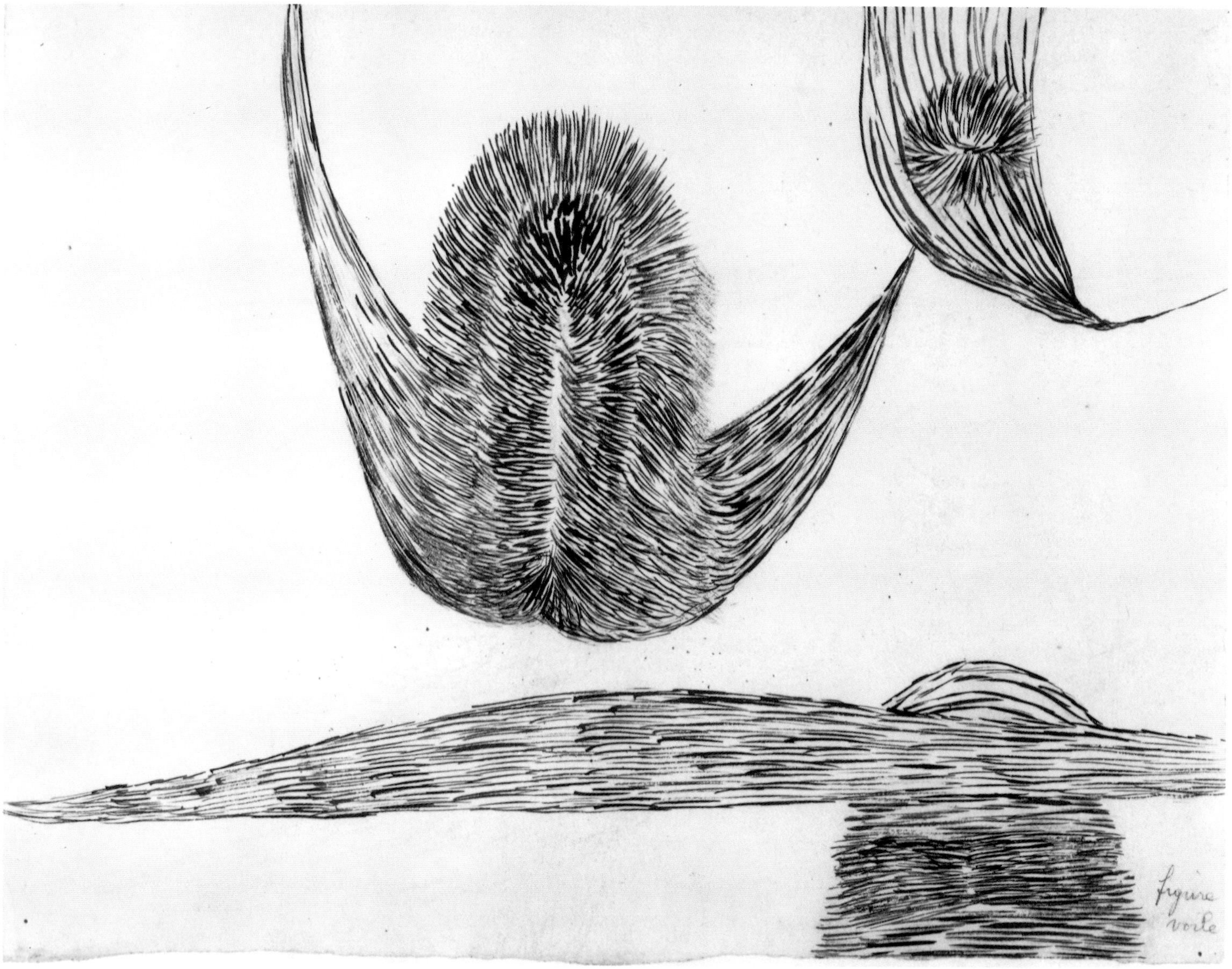

Louise Bourgeois
Figure voile, vers 1949
Encre de Chine, 24,8 x 32,4 cm
New York, Courtesy Robert Miller Gallery

«La vie de l'artiste est la négation du sexe. L'art procède de l'incapacité de séduire. Je ne suis pas capable d'amener quelqu'un à m'aimer. En réalité, l'équation est la suivante: sexe et meurtre, sexe et mort.»
L. B.

mence là où la nature et la raison cessent». Il n'en reste pas moins que les nus de ce Hollandais plus français que nature, rejoignent l'érotisme et la sensualité des plus chaleureux Renoir. Grâce à leurs formes et à leurs volumes diversifiés, les seins échappent donc à la monotonie et sont, en conséquence, aptes à déterminer une sélection fétichiste. A charge pour le spectateur de choisir entre les Niagara qui ruissellent et les petits tétons affûtés.

Aux antipodes des seins, l'on rencontre les fesses, qui vont aussi par deux, et dont l'aspect et la grosseur interviennent, eux aussi, dans l'élection fétichiste de l'artiste, et par suite, du spectateur. Nous sommes là parmi les fétichismes que les doctes spécialistes qualifient de «mineurs», assimilables pour les rotondités fessières à la contemplation d'une poitrine bien formée. Là encore, l'Océan Atlantique sépare deux types de fesses principaux. Question poids, c'est l'Europe qui l'emporte cette fois. «En Amérique», écrit un spécialiste, «on façonne un type féminin aux cuisses aussi longues que celles des joueurs de basket. On amincit leur taille; on discipline les formes des girls qui se rapprochent

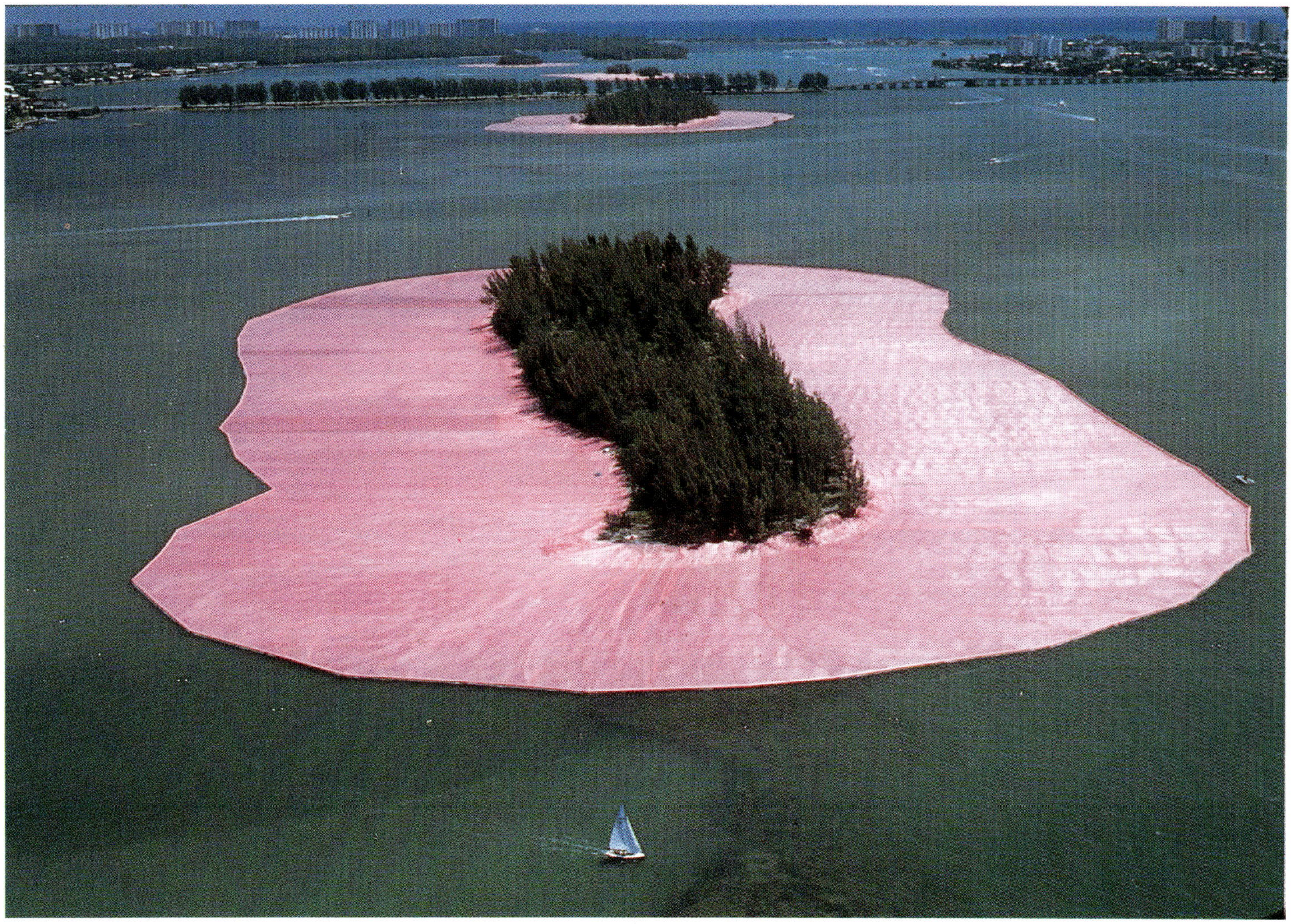

Christo
Surrounded Islands, Biscayne Bay,
Greater Miami, Floride, 1983
Installation
© 1983 Christo

«Mes moyens ne sont pas seulement le paysage, la mer et l'eau, mais aussi ce ferment humain.» C.

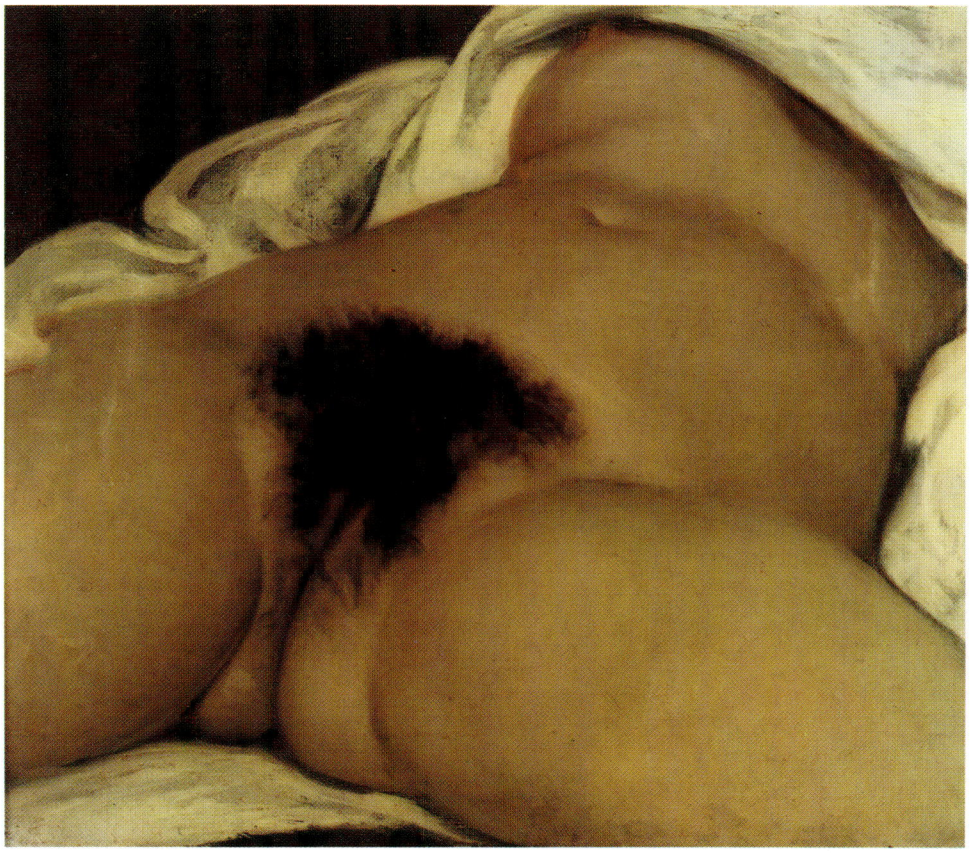

Gustave Courbet
L'origine du monde, 1866
Huile sur toile, 46 x 55 cm
Paris, collection privée

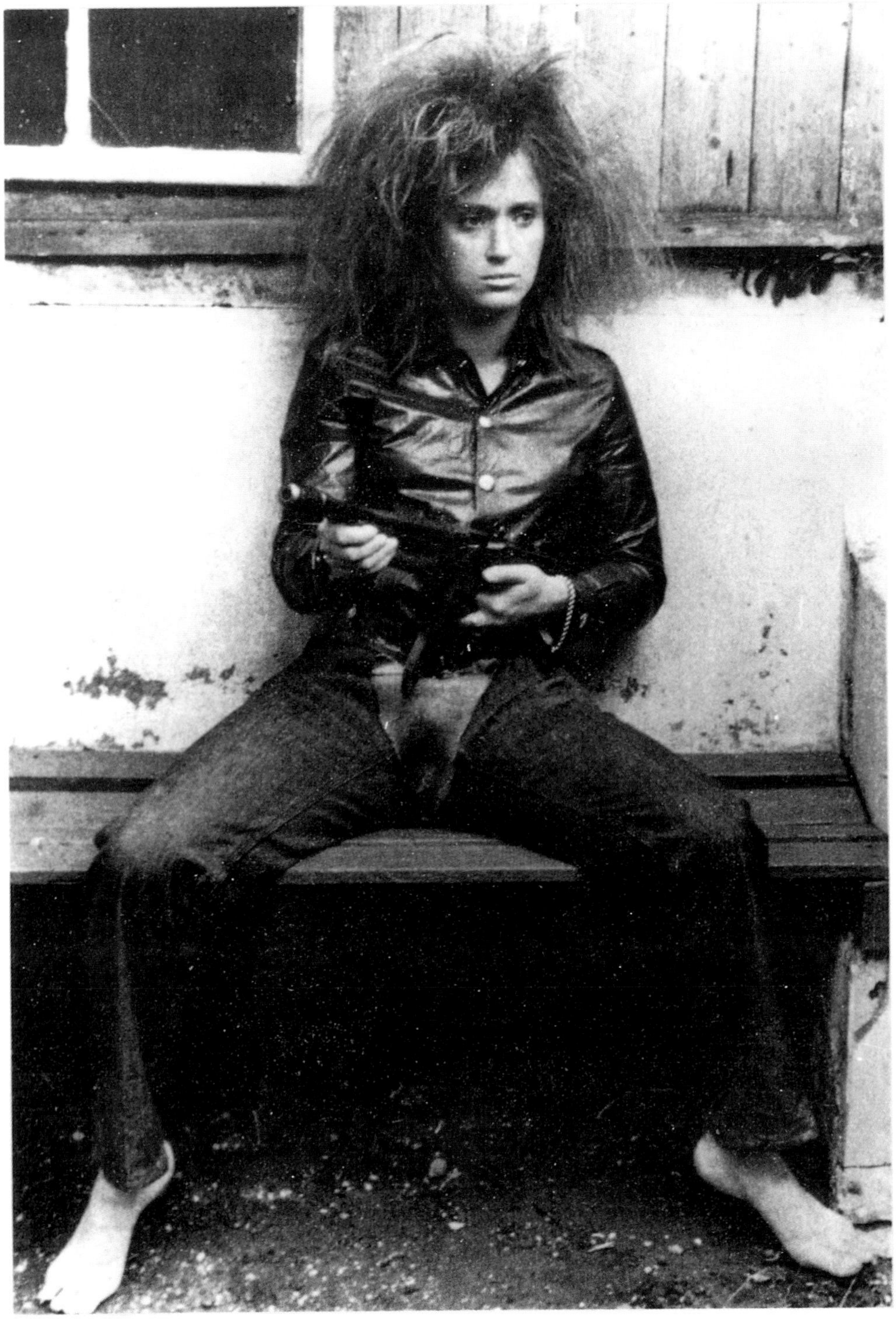

Valie Export
Panique génitale, 1969
Genitalpanik
Photo d'action
Vienne, Valie Export

«L'action Panique génitale, où Valie Export était vêtue d'un blue jean coupé en triangle à la hauteur des parties génitales, eut lieu dans le cadre d'une campagne artistique de guerre. En passsant à travers les rangées assises, elle voulait avec ce jean découpé établir un contact (‹indirectement sexuel›) avec le public.»
Anita Prammer

des boys, au point que, par comparaison, les modèles de Pascin ou de Picasso avec leurs courtes cuisses et leur bassin démétrique, semblent appartenir à une autre planète.» Nul doute que peintes par Boucher, Renoir, Matisse ou Grosz, les fesses de leurs héroïnes ont quelque chose de familier et de rassurant, tout au moins pour les mâles de la vieille Europe!

Mais rendons hommage au «peintre des peintres», Vélasquez, qui fit de Vénus une vraie femme en peignant le premier nu païen, voire philosophique, de la peinture ibérique et surtout le premier podex qui soit le centre d'un chef-d'œuvre, le sujet d'une démarche picturale. Le

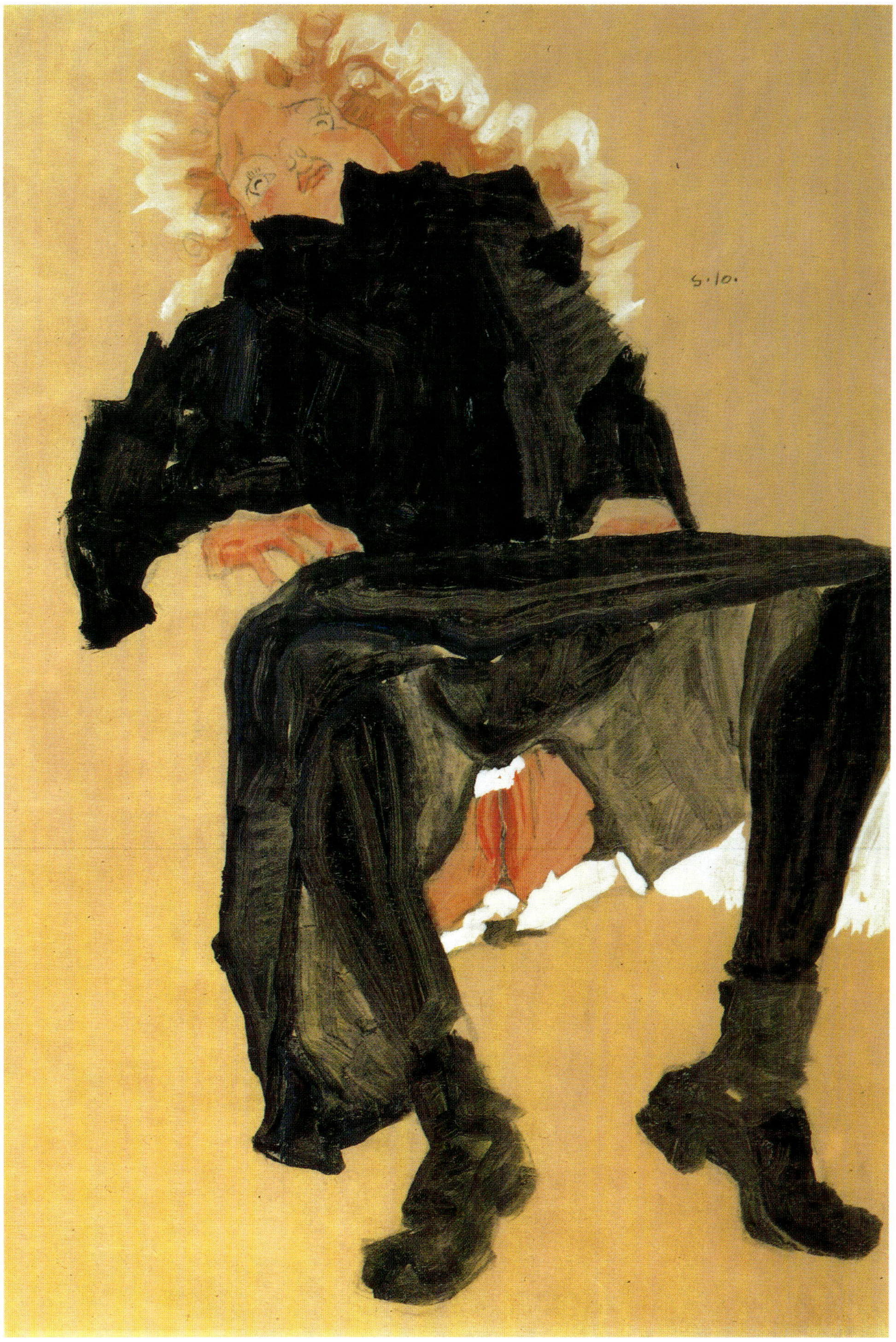

Egon Schiele
Fillette au repos en robe bleu foncé, 1910
Ruhendes Mädchen in dunkelblauem Kleid
Aquarelle, gouache et plomb, rehaussé de blanc, 45 x 31,3 cm
New York, Courtesy Galerie St. Etienne

Karl Hubbuch
Nu, 1923/24
Halbakt
Lithographie, 34,8 x 20,9 cm
Collection privée

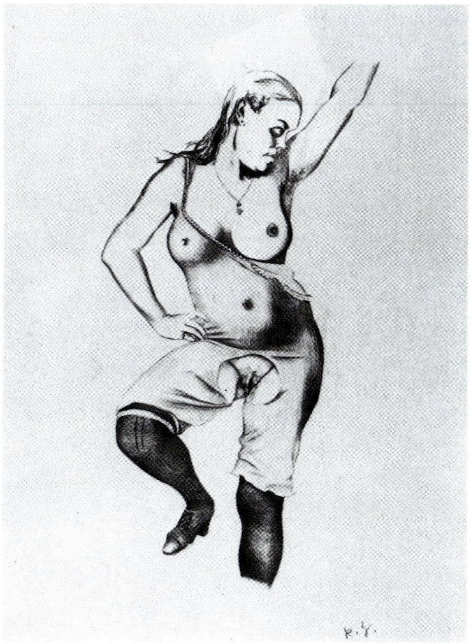

sublime fessier de sa *Vénus au miroir* (p. 44) a fait et fera toujours rêver plus d'un spectateur mais aussi plus d'un peintre. Les fesses, ne l'oublions pas, constituent aussi le plus bel écrin que l'on puisse imaginer du sexe féminin. De Grosz (p. 44) à David Salle (p. 46), on le voit apparaître, puis triompher. La notation, en filigrane, d'un boucher s'apprêtant à «saigner» un cochon – dans le tableau de Salle – n'est-elle pas là pour rappeler que depuis le paléolithique, vulve et blessure sont équivalentes? Toutes deux saignent. C'est une femme, Cindy Sherman (p. 47), qui entretient le doute. On peut se demander, en effet, devant l'anonymat du derrière qu'elle nous présente, s'il est masculin ou fé-

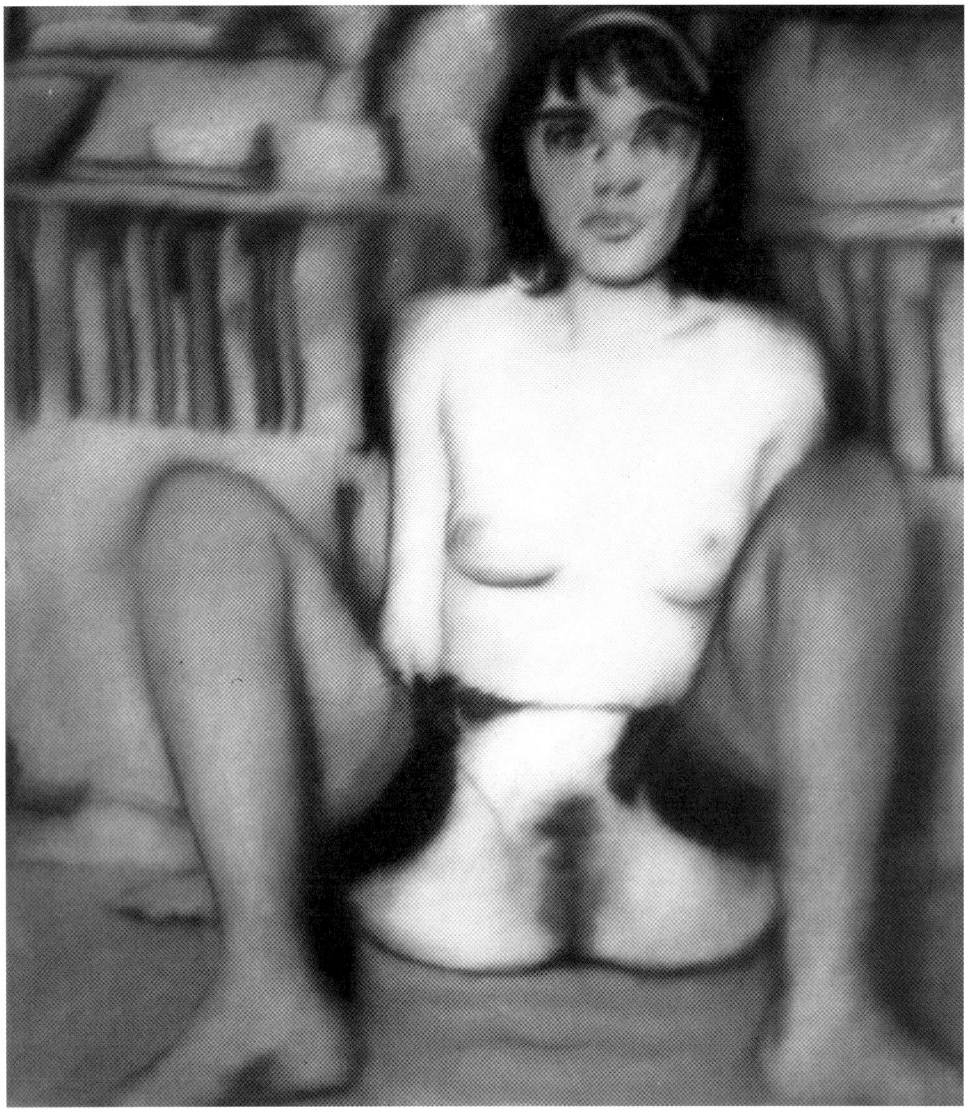

Gerhard Richter
Etudiante, 1967
Studentin
Huile sur toile, 105 x 95 cm
Friedrichshafen, Galerie Bernd Lutze

minin. Elle nous rappelle, par la même occasion, que l'intérêt érotique que l'homme – et la femme – sont capables d'éprouver pour le train arrière d'un congénère impubère ou adulte procède d'une même attirance. Après tout la fixation amoureuse peut aussi bien s'adresser à un podex féminin que masculin et certains de professer: «A quoi bon courir les garçons quand une fille peut vous offrir des plaisirs comparables...» et vice versa.

Des seins, des fesses... voilà qui annonce la représentation suprême; le sexe lui-même. L'art n'est-il pas principalement un vaste catalogue vantant le corps de la femme et les diverses pièces qui le composent? Comment ne pas s'apercevoir que le peintre, le sculpteur n'aient cherché, mûs par leur virile libido, à représenter l'objet de leur désir, de leur convoitise: un corps féminin, à leur goût, paré de tous les attributs, de toutes les séductions de son sexe? Et parmi eux, bien sûr et avant tout, cette fente sexuelle annonçant le creux chaud du vagin où s'assouvit ce désir. Si tout art est érotique, on peut dire aussi qu'au commencement (de l'art plastique) était le sexe.

Aux temps «préhistoriques», les représentations féminines ne souffraient d'aucune censure. Ainsi les Egyptiennes, les Persanes, les Assy-

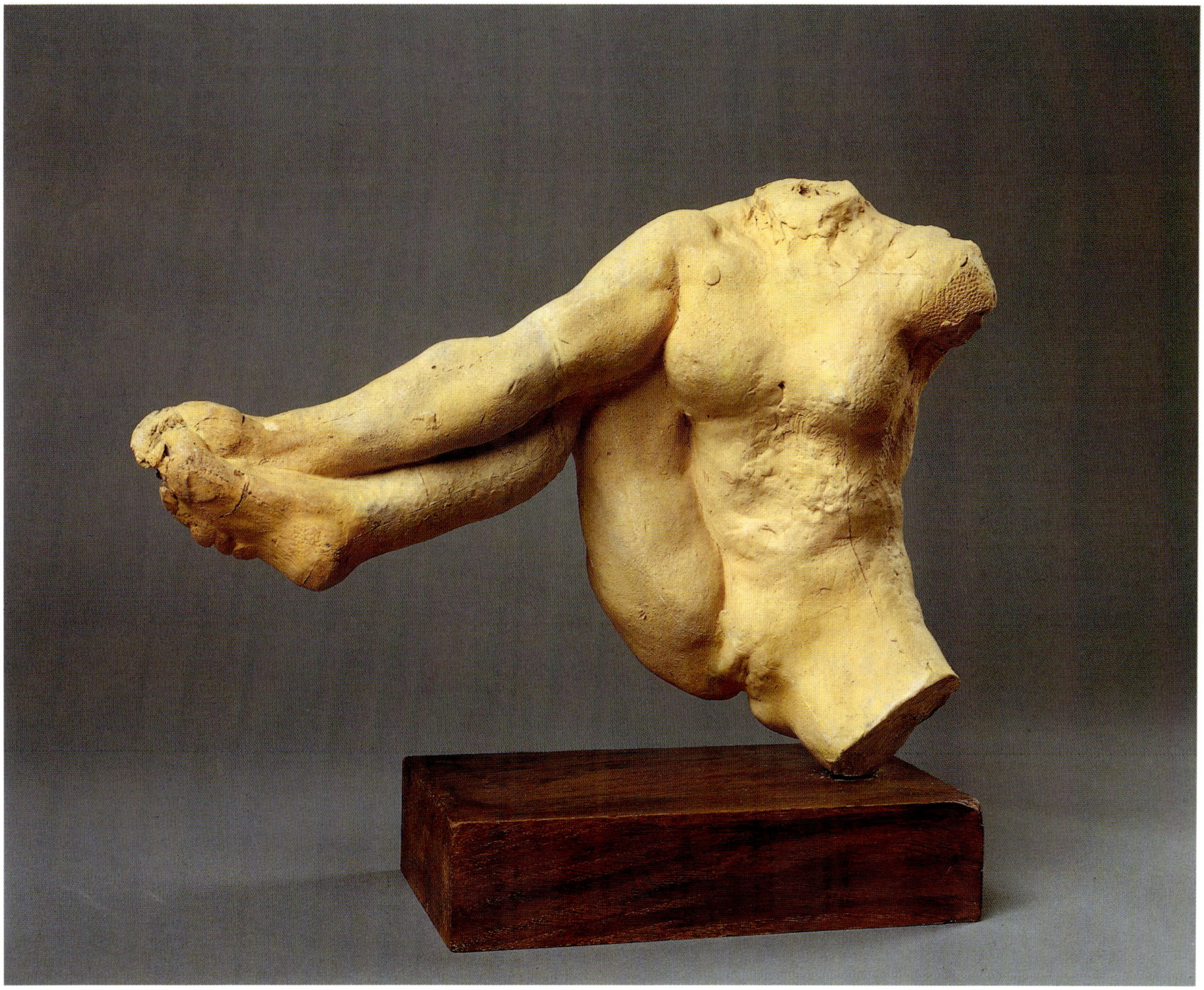

Auguste Rodin
Iris messagère des Dieux, 1890
Terre cuite, 24,7 x 35,3 x 13,1 cm
Paris, Musée Rodin

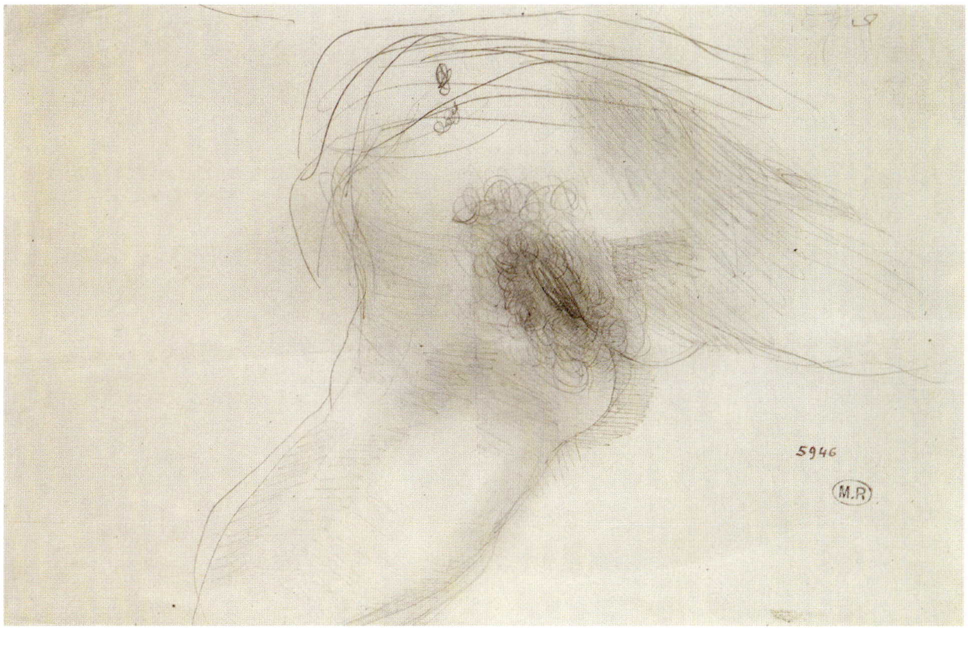

Auguste Rodin
Sexe de femme
Crayon
Paris, Musée Rodin

riennes, les proto-Grecques, les négro-Africaines, les Polynésiennes, etc... s'ornaient-elles, nues, de la fente caractéristique, souvent du triangle fendu et velu. L'art raffiné et antique des Chinois, plus récent des Japonais, leur a fait reproduire, avec justesse ou ironie, ces particularités sexuelles de la femme que les Hindous ont su idéaliser. Chez les plus primitifs, on pratiquait déja le morcellement et l'on représentait à l'état isolé, phallus et triangles fendus en guise d'amulettes magiques, de porte-bonheurs ou de symboles décoratifs.

Seul au monde, l'art de l'Occident se singularise par un étonnant refus: cachez ce sexe que l'on ne saurait voir... C'est aux Grecs que l'on peut reprocher, par leur scandaleux mauvais exemple, d'avoir inauguré deux millénaires de mensonge plastique. Car la Mort, on le sait, pour les Grecs, était «creuse et obscure comme la femme». Pour eux, c'est par une sombre caverne que l'on parvenait au monde souterrain des Enfers, vaste réseau marécageux creusé sous nos pieds et pouvant à tout instant nous engloutir. Ce trou mortel, les Grecs ont créé un mot difficilement surpassable pour le dépeindre: le Barathre. Au milieu de son corps, la femme porte un barathre. Y pénétrer, c'est retourner dans la nuit prénatale, c'est mourir. C'est l'accouplement d'Eros et de Thanatos, concept qui domine tout l'art occidental – et l'art moderne en particulier, surtout depuis Freud – en mêlant les pulsions érotiques et les pulsions de mort, concept dont Georges Bataille est le chantre suprême.

Ce n'est que depuis quelques décades que la pilosité féminine commence à apparaître sous le pinceau des peintres, que la fente du sexe n'est plus omise par le ciseau du sculpteur. Il fallait le génie d'un Goya, d'un Rodin, pionniers d'une très lente libération esthétique, pour braver ce que l'on peut considérer comme un véritable tabou de l'art

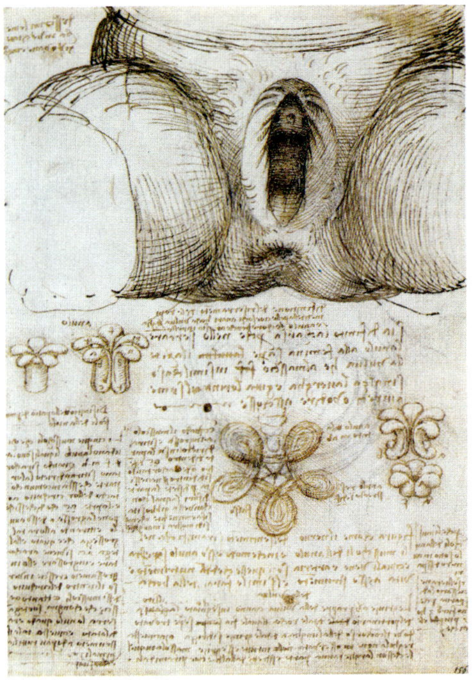

Léonard de Vinci
Vulve, 1504/09
Plume et encre de Chine brune sur craie noire, 19,1 x 13,8 cm
Windsor Castle, Royal Library.
© 1992 Her Majesty Queen Elizabeth II

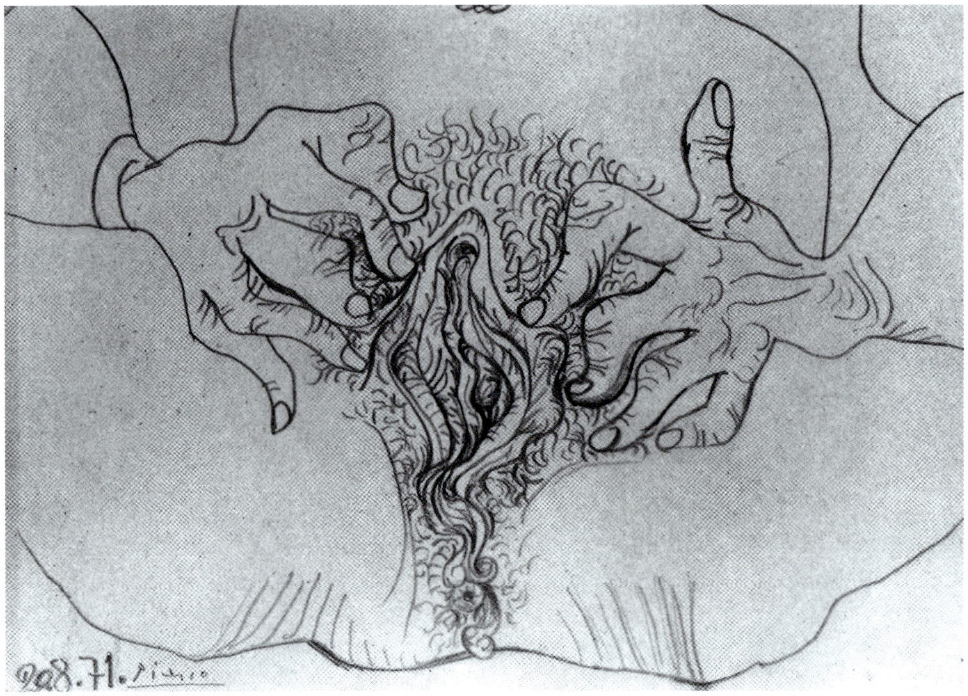

Pablo Picasso
Sans titre, 1971
Crayon sur carton, 21,7 x 31,3 cm
Paris, Galerie Louise Leiris

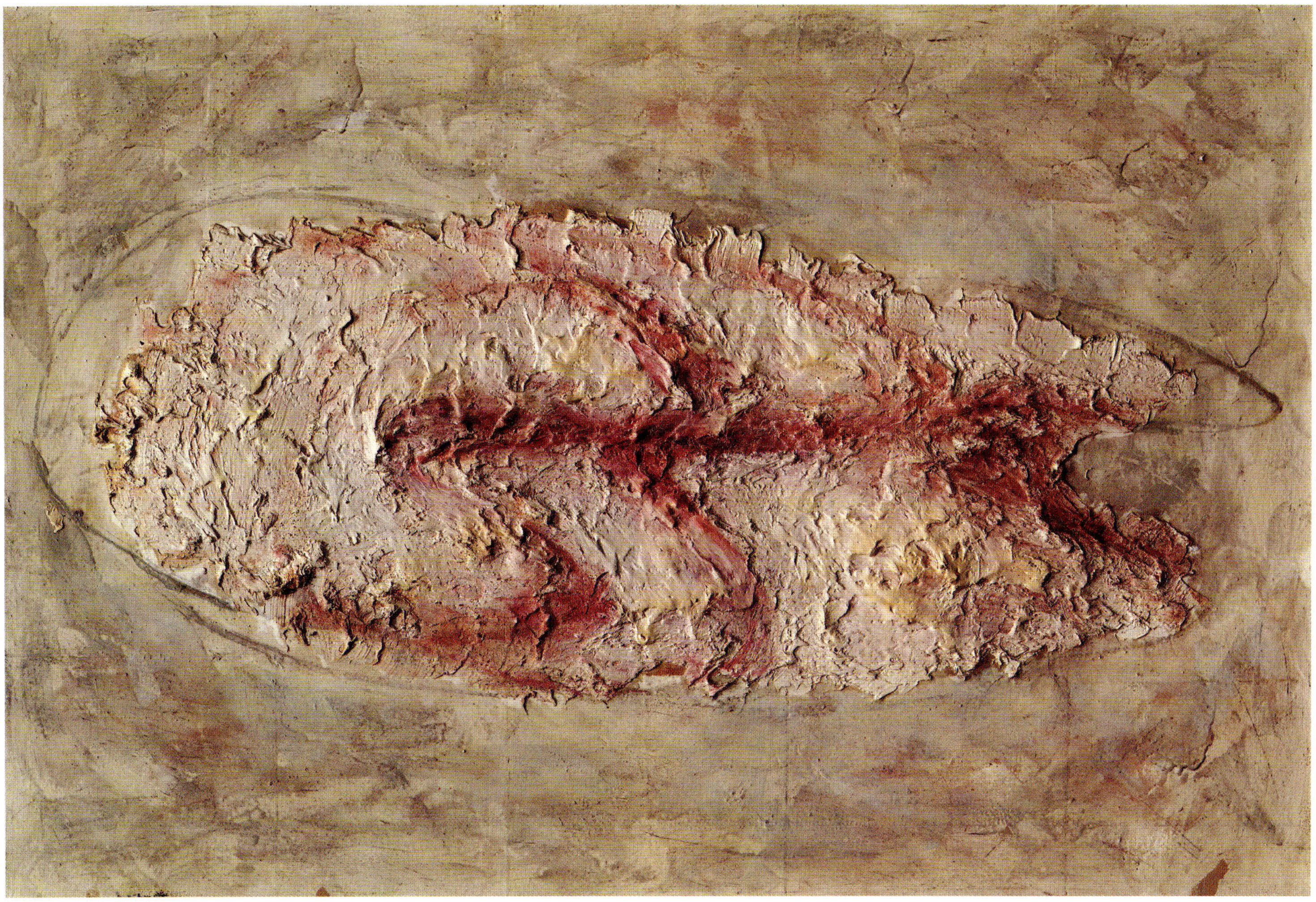

Jean Fautrier
It's how you feel, 1958
Huile sur papier tendu sur toile,
97,5 x 146 cm
Paris, Musée National d'Art Moderne,
Centre Georges Pompidou

occidental . Avant ces «phares» situés aux deux pôles du Romantisme, les trois étapes marquantes de notre esthétique: civilisation grecque, moralisme chrétien et pensée renaissante se partagent la responsabilité d'avoir engendré cette plastique mensongère, celle de notre fonds culturel, pour qui la femme n'est ni velue ni fendue (Gérard Zwang).

Il y a heureusement les «grands précurseurs». Les adeptes du divin cul et de l'herbe follette. Vélasquez qui a mis sur orbite l'un des plus beaux podex de l'histoire de la peinture. Goya qui a osé orner sa *Maya nue* (p. 48) de véritables poils. Les cubistes, Modigliani, les surréalistes qui consacrent à leur façon la séparation de l'Eglise et de l'Etat. Courbet, Picasso, qui ont su retrouver le naturel de l'époque proto-historique, vengeant enfin les blanches nudités assexuées du temps jadis. La «reine», telle le roi des contes d'Andersen, est devenue peu à peu véritablement «nue». Ce n'est pas sans utiliser de multiples subterfuges que tous ces grands artistes ont ainsi fait patiemment la conquête de l'érotisme, jouant à cache-cache avec la religion redoutable, puisant dans la Bible, dans la mythologie, dans les mythes éternels, les prétextes «nobles» leur permettant de donner libre cours à leurs pulsions, à leurs fantasmes, à leur génie, sans tomber sous les coups de la vigilante et féroce censure.

Déjà Platon expliquait dans «Le Banquet» qu'il y avait deux sortes de Vénus, la céleste et la vulgaire. Renoir devait dire plus rondement la même chose: «La femme nue sortira de la mer ou de son lit; elle s'appellera Vénus ou Nini, on n'inventera rien de mieux». Jadis, un nu pouvait être parfaitement érotique, à la condition qu'il s'intitule «la Naissance de Vénus» ou «Suzanne au bain». Avec l'art moderne, ce sont de «vraies» femmes au quotidien qui sont représentées. C'est la distinction que l'on fait en anglais entre le «nude» et le «naked». «Nude» signifiant la nudité artistique. «Naked», en revanche, ne pouvant se traduire que par l'expression vulgaire «à poil». Or, le nu, dans l'art moderne, est «à poil».

Avec l'art moderne, on passe en effet de la déesse inaccessible à la voisine de palier. «Que nous sommes grands et poétiques dans nos cravates et nos bottes vernies», résume Baudelaire à la recherche de la modernité. Il est évident, en effet, que les nus de Courbet ne sont pas des nymphes. On a toujours l'impression que leurs modèles viennent de se déshabiller. Que dans un coin de l'atelier s'entassent un châle effrangé, des jupons douteux, des bottines crottées. «Si vous voulez que je vous fasse des déesses, montrez-moi-z'en!» se moque Courbet. Qualifié de «peintre de l'ignoble», il préfère en effet le réalisme des corps vigoureux et leurs pulpes veloutées chargées d'intentions érotiques. Il veut «encanailler» le nu. Il est, selon Zola, «un faiseur de chair», un «sur-Vélasquez». Son «type» de femme, sa «projection», a toujours les mêmes yeux en amandes, la chair épanouie, la chevelure lourde, le soupçon de double menton des Florentines. Qu'elles incarnent la pa-

Tom Wesselmann
Grand nu américain n° 91, 1967
Great American Nude No.91
Huile sur toile, 151,1 x 262,9 cm
© New York, Tom Wesselmann/VAGA

«Il se peut que mon programme à long terme sur le thème du sexe me fasse entrer en prison dans cinq ans . . . Je m'occupe certes d'érotisme mais encore plus de peinture. On pourrait dire que le rayonnement érotique de mes nus augmente avec le temps.»

T. W.

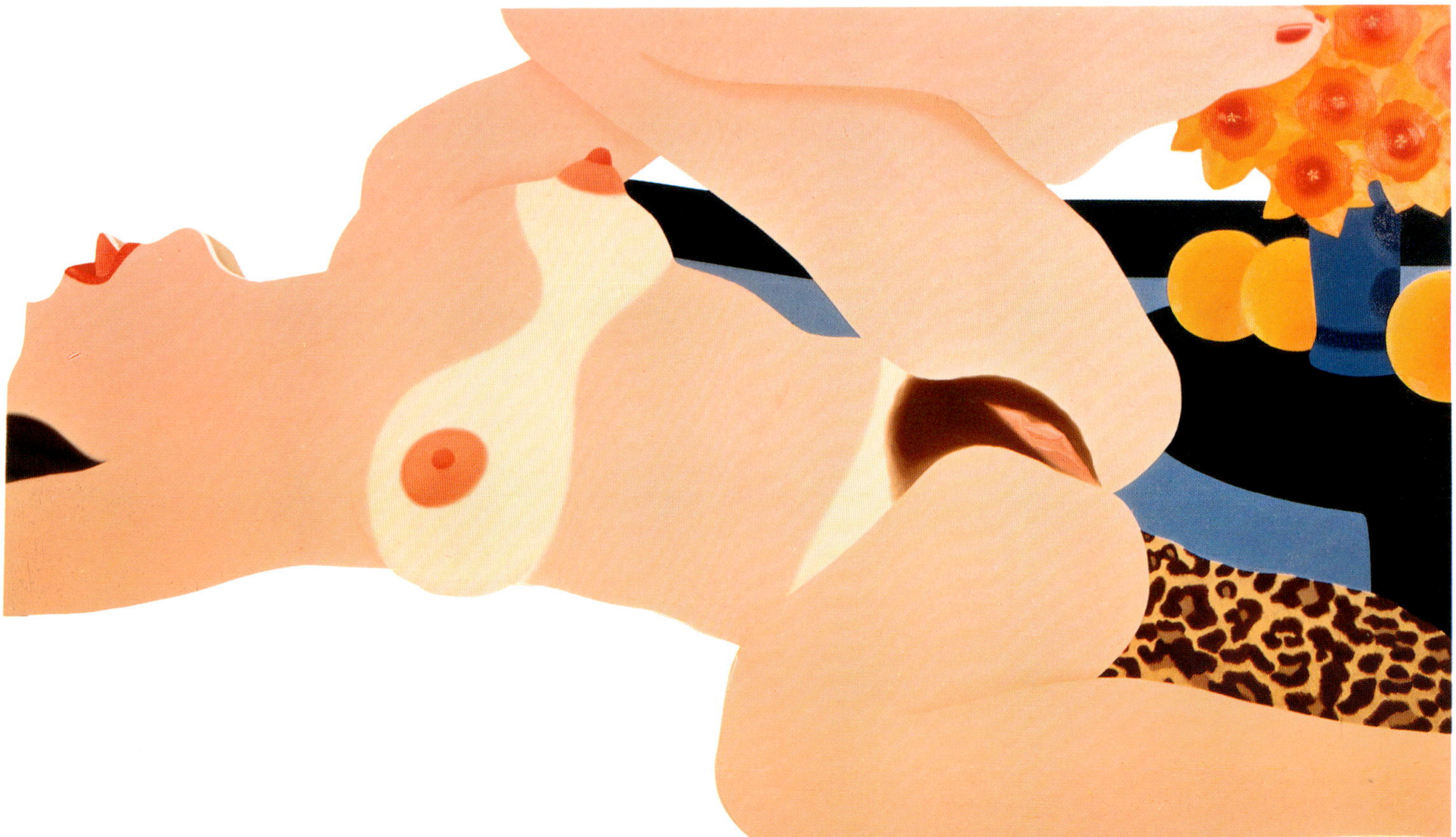

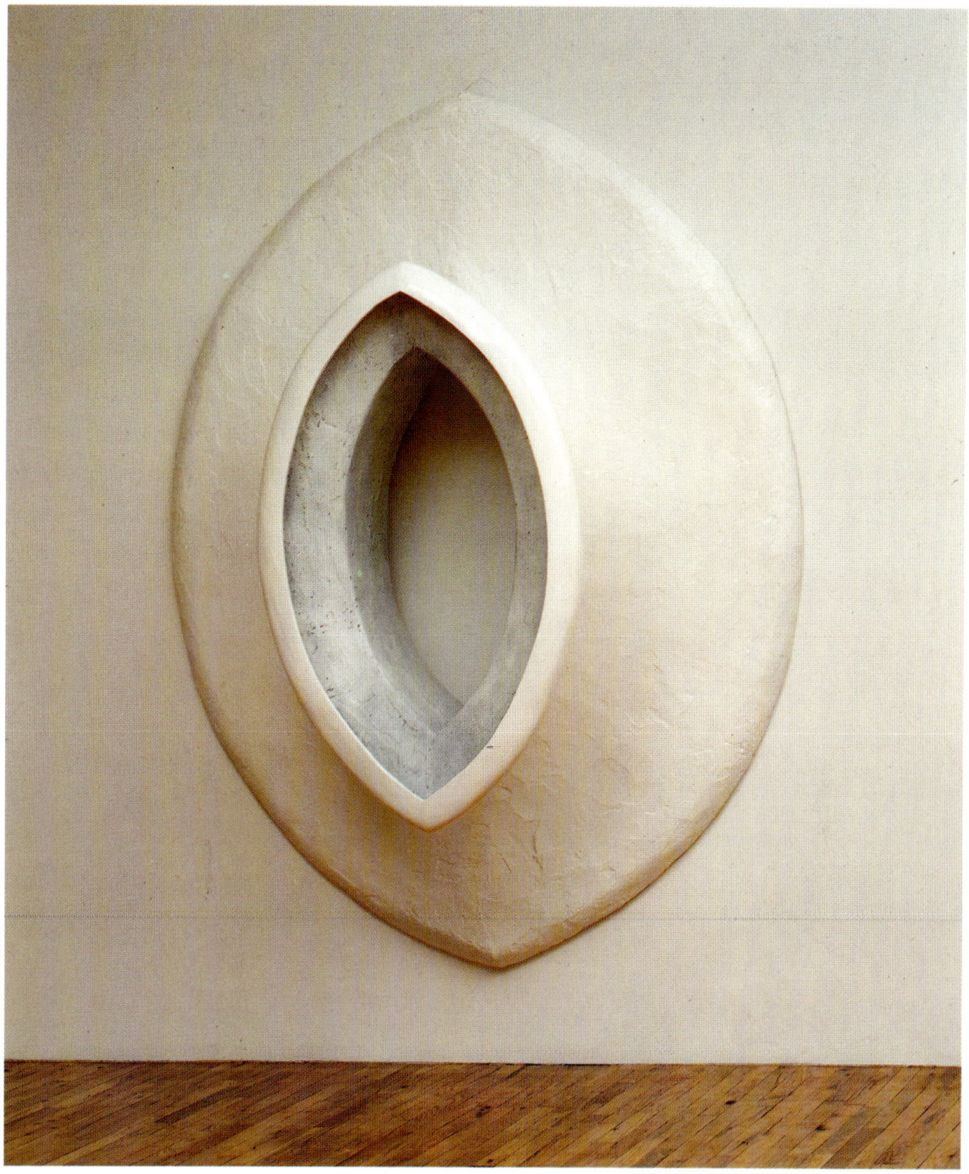

Robert Gober
Deux éviers courbés, 1985
Two Bent Sinks
Technique mixte, 244 x 191 x 66 cm
Suisse, collection privée

«La distanciation, la froideur manifeste de la forme qui caractérise ces objets, et le temps investi dans leur lecture exigent beaucoup de vide dans la pièce où ils seront placés. Ce fait peut avoir induit certaines personnes à voir dans cette œuvre des éléments minimalistes. Le fait est que Gober a employé toutes les formes de présentation des sculptures minimalistes qui exigent un vaste espace autour d'elles. Toutefois, son intention était bien plus de concrétiser la pulsation érotique des choses, pulsation qui s'élargit, comme chez Marcel Duchamp, en un circuit fermé par l'intermédiaire de l'oberservateur. Gober ne se cache pas derrière des mécanismes qui représentent l'érotisme mais en imprègne ses abréviations directement afin qu'elles soient complétées par les sens: il est impossible de ne pas avoir les mains humides et le cœur qui bat devant tant de subtilité et de stratégie évocatrice.»
Harald Szeeman

resse ou la luxure, il y a chez elles, d'une figure à l'autre, une parenté évidente. Elles prennent place dans ce qui est bien un univers personnel. Courbet est une force de la nature, un homme de plein air. Ses femmes s'en ressentent. Avec *L'origine du monde* (p. 51), ce ventre et ce sexe, beaux «comme la chair d'un Corrège» (Goncourt), Courbet va encore plus loin. Non seulement en étant le premier à prendre le sexe de la femme comme unique sujet d'un tableau, mais en l'assimilant à la nature; cette grotte primitive, à la forêt foisonnante, est bien à l'origine du monde. Cet entrecuisse sublime – dont on ne sait s'il est celui d'une duchesse ou d'une souillon – nous mène de la femme à la Genèse, de la chair au sacré, via le plus intime des plaisirs amoureux. Constante que l'on retrouve chez quantité de grands artistes dont les pulsions les retiennent prisonniers de la chair et dont les aspirations les font transcender cette chair pour en faire un «sésame», un passage obligé, une porte ouverte sur un autre monde. Une des grandes hardiesses de Courbet – qui inaugure l'ère moderne – aura été de représenter, par ce qu'il appelle des «allégories réelles», des personnages

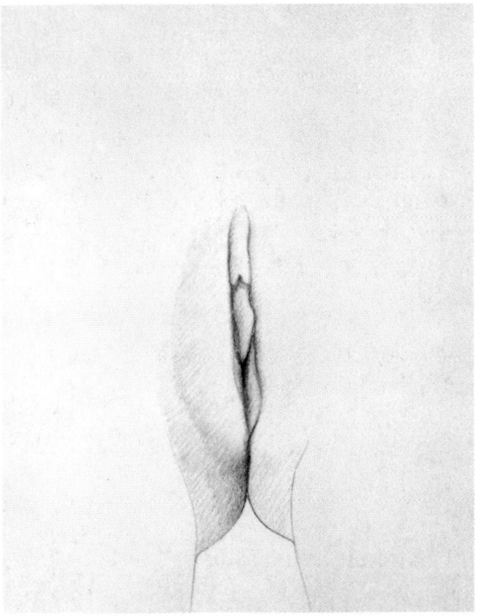

Tom Wesselmann
Con rasé, 1966
Shaved Cunt
Crayon, 36,8 x 29,2 cm
© New York, Tom Wesselmann/VAGA

Allen Jones
Femme en chute, 1964
Falling Woman
Huile sur toile, 122 x 76 cm
Londres, Waddington Galleries

«J'ai de bonnes raisons d'exagérer le personnage féminin. Il est bien évident que ces figures ne sont pas de véritables personnes mais des signes peints, et un signe devrait être clair. Mes tableaux représentent une manipulation de ces signes, qui doit susciter des émotions diverses. Mon intérêt se porte sur la création d'une actualité totémique.» A. J.

considérés comme insignifiants et qui n'avaient, jusqu'à lui, guère eu droit aux honneurs de la peinture. C'est lui qui a, pour la première fois, utilisé l'expression d'«art vivant».

C'est grâce aux enfonceurs de portes, aux défonceurs de sexes, aux clés magiques d'un Courbet, d'un Rodin, d'un Modigliani, d'un Picasso, d'un Brancusi que l'art moderne a pu, peu à peu, se libérer des tabous, ouvrir les fentes et faire repousser du poil aux statues. Rodin, par exemple, paraît bien avoir été le premier à fendre ses statues comme la vérité l'exige. Il a su insinuer son regard dans ce qui existe de plus privé, remontant à l'origine de l'univers. A Rilke, il raconte qu'en lisant un livre religieux, il s'est amusé à remplacer le mot Dieu par celui de sculpture et que cela marchait «parfaitement»! Modèles, femmes du monde, riches étrangères, admiratrices d'âge mûr ou à peine nubiles, pas forcément jolies, s'offrent à celui que certaines considèrent comme la réincarnation du dieu Pan et que d'autres appellent «le sultan de Meudon». Isadora Duncan a raconté comment il la faisait danser nue devant lui et comment il lui «sculptait la chair» avant de reporter ses doigts brûlants sur la glaise. Le sexe, lorsqu'il le dessine, il le retravaille par des «taches» d'aquarelle très diluée, sève à laquelle le regard du dessinateur s'abreuve (p. 55). «Rarement humidité fut aussi bouleversante et fécondante», note France Borel enthousiaste et que le phénomène ne laisse pas indifférente. «Le crayon ému griffe et fouaille à l'intérieur des vulves. La tache, souillure sublime, mouille les pubis. L'émotion coule. Le trait ondule et fait danser les jouisseuses, il scrute l'extase, déflorant le papier et le maculant; il suit la cadence des émotions, des pulsations. L'eau et le pigment giclent, signent la jouissance. Embarquement immédiat pour Cythère. Le nu est ravissement et le désir, source de création, d'ivresse. Les corps vibrent, se déroulent, s'arc-boutent dans l'orgasme, défient les lois de la pesanteur, les sexes offerts frémissent et ruissellent au creux des jambes largement écartées...»

Le courage de Rodin fut considérable, encore n'alla-t-il pas, dans ses sculptures, jusqu'à la figuration de la toison, et du contenu clitorido-nymphéal de la vulve: *Iris messagère des Dieux* (p. 55) écarquille les cuisses sur une fente désespérément vide. Mais c'est par cette fente que Bellmer, Lachaise ou Louise Bourgeois pourront faire passer leurs inquiétants jouets sculptés, nous rappelant que les peintres et les sculpteurs ne demandent qu'à succomber à l'attrait de la vérité.

Qu'est-ce qu'un censeur, en effet, sinon un pauvre hère, qui jeûne ou fait maigre chère à la maison et ne supporte pas que les autres fassent ripaille? Cette race existera toujours. Au temps de Modigliani, ses représentants sont vigilants. Ainsi, le 3 décembre 1917, rue Taitbout, à Paris, un commissaire divisionnaire de la police, M. Rousselet, ne supporte pas le spectacle qu'il aperçoit des fenêtres de son bureau, de l'autre côté de la rue et admoneste sans nuances une petite femme enjouée: «Madame, je vous ordonne de me décrocher toutes ces ordures!» De quelles «ordures» s'agit-il? D'une vingtaine de tableaux d'un peintre obscur que Berthe Weill, marchande avisée, vient de découvrir. «Pourquoi?» demande-t-elle. «Mais parce que ces nus, ils ont des ppp...oils, madame!», répond le policier qui en bégaye de rage et

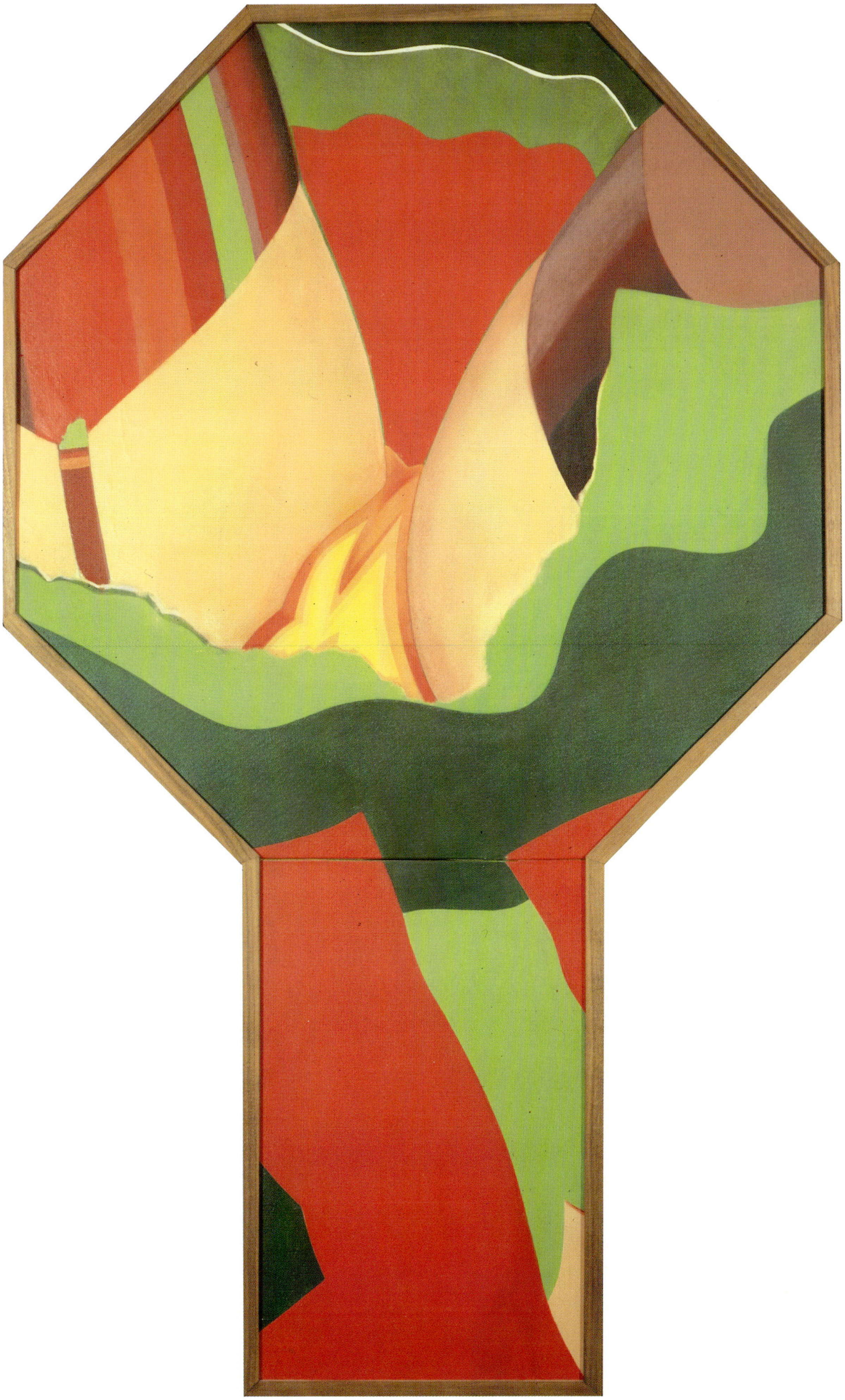

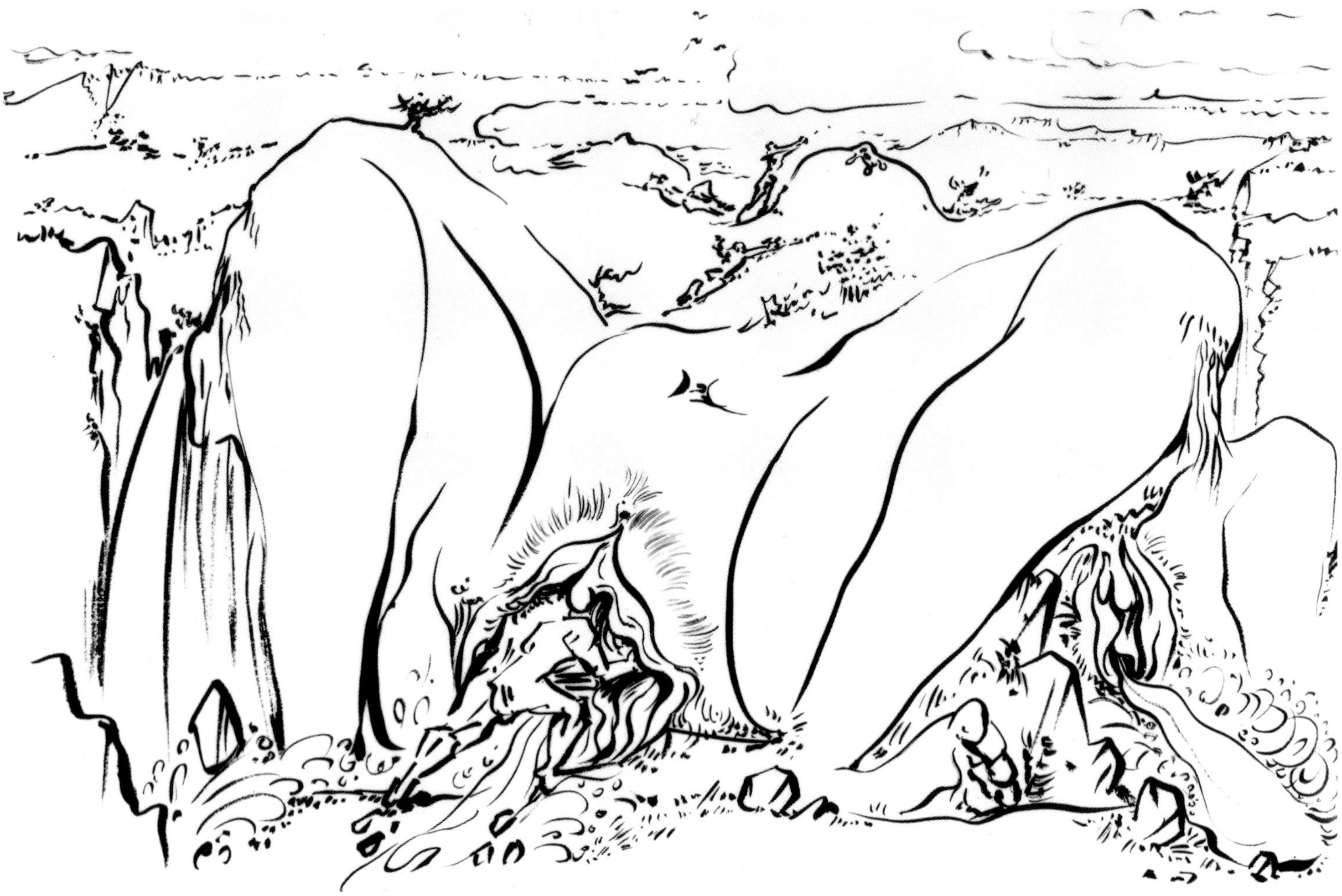

André Masson
Terre érotique, 1939
Plume, 31,5 x 49 cm
Paris, Galerie Louise Leiris

continue à lorgner du côté du péché. Il n'est pas le seul. Une foule se presse au «vernissage» de la seule exposition personnelle consacrée à Amedeo Modigliani de son vivant. Quant aux nus, scandale! il y en a d'autres à l'intérieur, tout aussi indécents et poilus que celui exposé dans la vitrine: *Nu couché au coussin blanc* (p. 48), sur fond rouge, qui a fait voir rouge au représentant de la censure en uniforme.

Les artistes qui ont suivi ne se sont pas contentés de s'engouffrer ainsi par la brèche ouverte, ils se sont aussi nourris et reflètent tout ce qui les a précédés. Ils ont aussi rencontré la censure, sous une forme ou une autre, puisque celle-ci perdurera tant que la bêtise ne sera pas officiellement abrogée. Ainsi de Louise Bourgeois (p. 50), artiste de l'immédiat après-guerre, qui expose à la fin des années quarante et pendant les années cinquante. Dont une œuvre comme *Fillette* (p. 76) s'inscrit dans une problématique qui l'apparente directement à la *Princesse x* de Brancusi – qui fit dire à Matisse en la voyant: «Tiens, voilà le phallus…» – et qui fut retirée sans autre forme de procès du Salon des Indépendants de 1920. Le scandale, dans les deux cas, tient au fait que si la pudibonderie générale accepte les corps morcelés, portraits en buste, symboles phalliques que nous a légués l'Antiquité, elle ressent comme une provocation la segmentation du corps en seins, cuisses, pénis qui caractérise la sculpture moderne et notamment les œuvres de Maillol, Rodin et Brancusi et que les modernes ont généralisée au point d'en faire le fondement même de la sculpture moderne. Pour tourner la difficulté, certains ont même parlé d'«abstraction», au sens moderne et formel du terme, à propos des œuvres, ou «objets partiels», aux titres évocateurs, de Louise Bourgeois, qui évoquent tour à tour les seins (*Trani Episode*), le pénis (*Pregnant Woman*), le clitoris (*Femme-couteau*), le vagin (*Janus fleuri*), l'utérus (*La destruction du Père*), et où le choix du support – latex, plastique, plâtre, cire, résine ou chanvre – va constamment dans le sens d'une évocation des organes, et où le traitement de certains matériaux traditionnels, comme le marbre et le bronze, permet de restituer la turgescence de la chair, l'aspect luisant des tissus membraneux, bref, la réalité des organes.

Lorsqu'elle dessine, Louise Bourgeois reflète l'expérience de l'art schizophrène, qu'André Breton a largement contribué à faire connaître. Elle n'est pas la seule puisque les enchaînements d'images et le coup de crayon rigide de certains malades mentaux désormais illustres, comme Aloyse, Klotz, Wölffli et Neter contribua à former la pensée

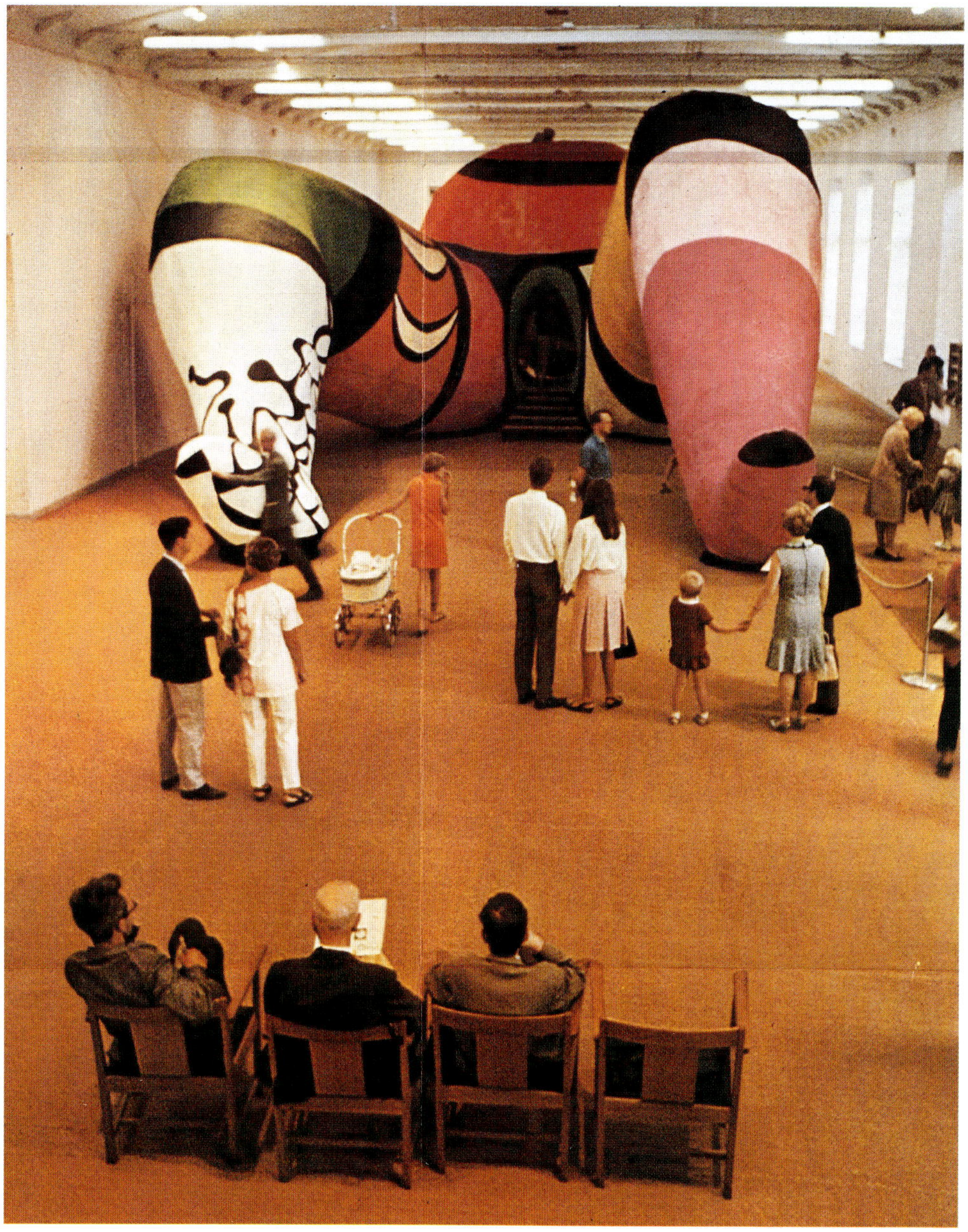

Niki de Saint-Phalle
La figure Hon (= elle), 1966
Installation, 23,5 m de longueur, 6 m de hauteur, 10 m de largeur
Stockholm, Moderna Museet

REPRODUCTION A DROITE:
Georgia O'Keeffe
Iris clair, 1924
Light Iris
Huile sur toile, 101,6 x 76,2 cm
Richmond (VA), Virginia Museum of Fine Arts, don de Mr. et Mrs. Bruce C. Gottwald

«Beaucoup de personnes les ont trouvés (les tableaux-fleurs) outrageusement sensuels, dans certains cas même débordant d'érotisme. D'autres, par contre, les ont trouvés extrêmement pudiques. Certains parents se servent des fleurs d'O'Keeffe pour l'éducation sexuelle de leurs enfants. En fin de compte, chacun doit décider lui-même quel est le degré de sexualité et de religion contenu dans ces tableaux.»
Nicholas Callaway

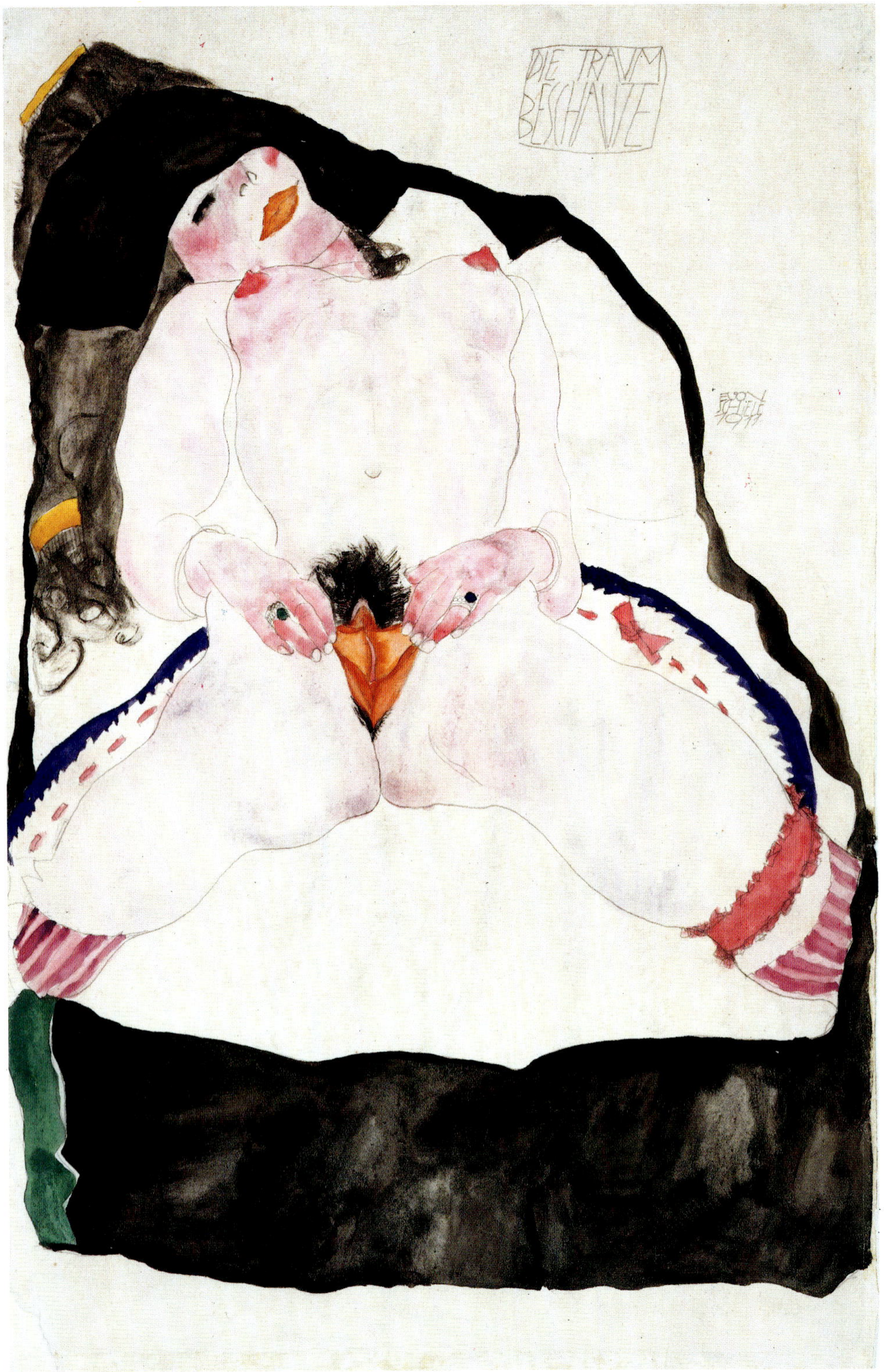

Egon Schiele
Contemplée en rêve, 1911
Die Traumbeschaute
Aquarelle et crayon, 48 x 32 cm
New York, Collection, The Metropolitan Museum of Art. Bequest of Scofield Thayer, 1982

de peintres comme Ernst et Masson, d'écrivains comme Artaud et aussi d'intellectuels comme Roger Caillois, voire de psychanalistes comme Jacques Lacan.

Ainsi que le note Rosalind Krauss, c'est précisément la logique de «l'objet partiel» que Gilles Deleuze et Félix Guattari analysent dans «Les machines désirantes», premier chapitre de «L'Anti-Œdipe», leur étude sur le capitalisme et la schizophrénie. «La promenade du schizophrène: c'est un meilleur modèle que le névrosé couché sur le divan», affirment d'emblée Deleuze et Guattari. Le corps n'est plus vécu comme un tout.

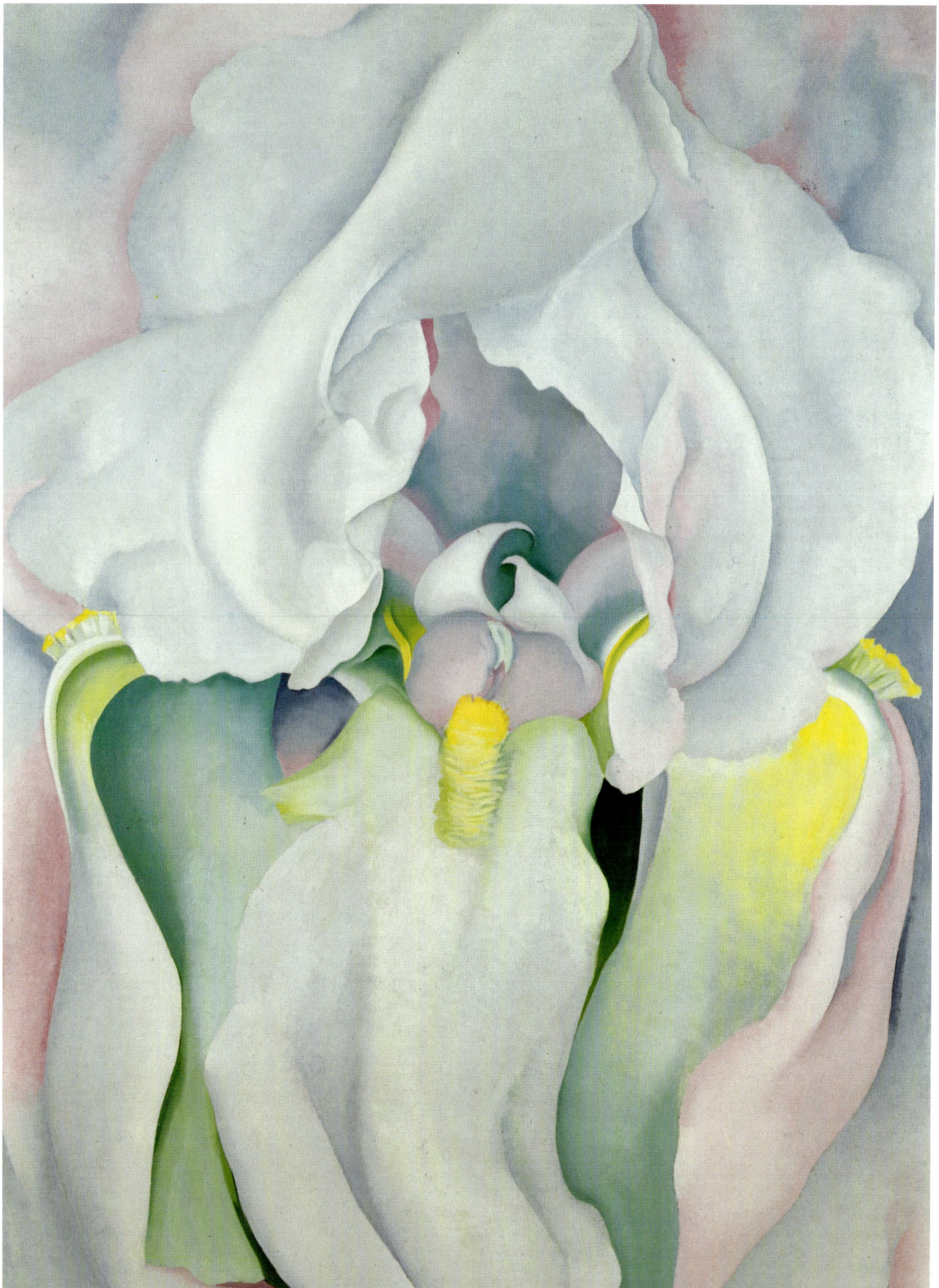

L'individu complet a disparu. Il a fait place à une série d'organes – seins, anus, bouche, pénis – qui ressentent tous des besoins impérieux. Ce sont ces organes, ces objets partiels qui cherchent tous un objet partiel auquel se rattacher, que Deleuze et Guattari appellent les «machines désirantes». C'est en interceptant les flux continus de lait, d'urine, de sperme et de merde que les machines désirantes produisent; elles interrompent un flux pour en produire un autre, que la machine suivante interrompra à son tour afin d'en fabriquer un, et ainsi de suite. Chaque machine est un objet partiel: machine-sein, machine-bouche, machine-estomac, machine-intestin, machine-anus, etc. Et les connexions qui s'établissent entre les machines tiennent au fait que chaque machine produit le flux désiré par la machine suivante. Ainsi l'art évolue-t-il maintenant au même rythme que la philosophie. Pour Deleuze et Guattari, cette découverte d'une logique nouvelle de la machine, du flux, de la connexion et de la production, non seulement est capitale mais se retrouve inscrite dans les manifestations artistiques actuelles. Capitale, parce qu'elle opère un déplacement: le fantasme et le désir quittent la sphère de l'idéalité dans laquelle la psychanalyse les avait cantonnés pour venir s'ancrer dans l'univers tangible. Le désir (ou le fantasme) n'est plus quelque chose qui se produit dans la tête (dans l'inconscient, dans les rêves), mais dans la réalité. Ainsi, si Deleuze et

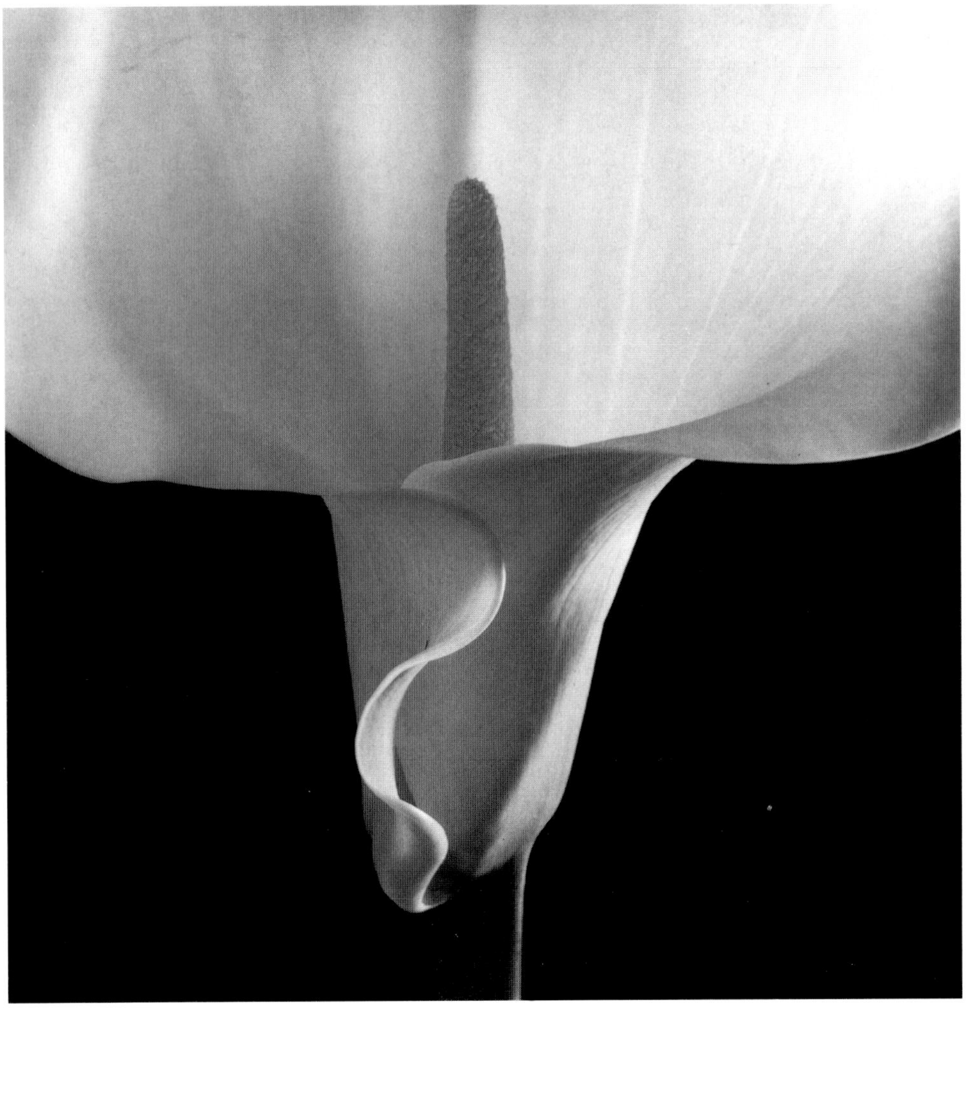

Robert Mapplethorpe
Calla Lily, 1988
Photo en noir et blanc
New York, © 1988 The Estate of
Robert Mapplethorpe

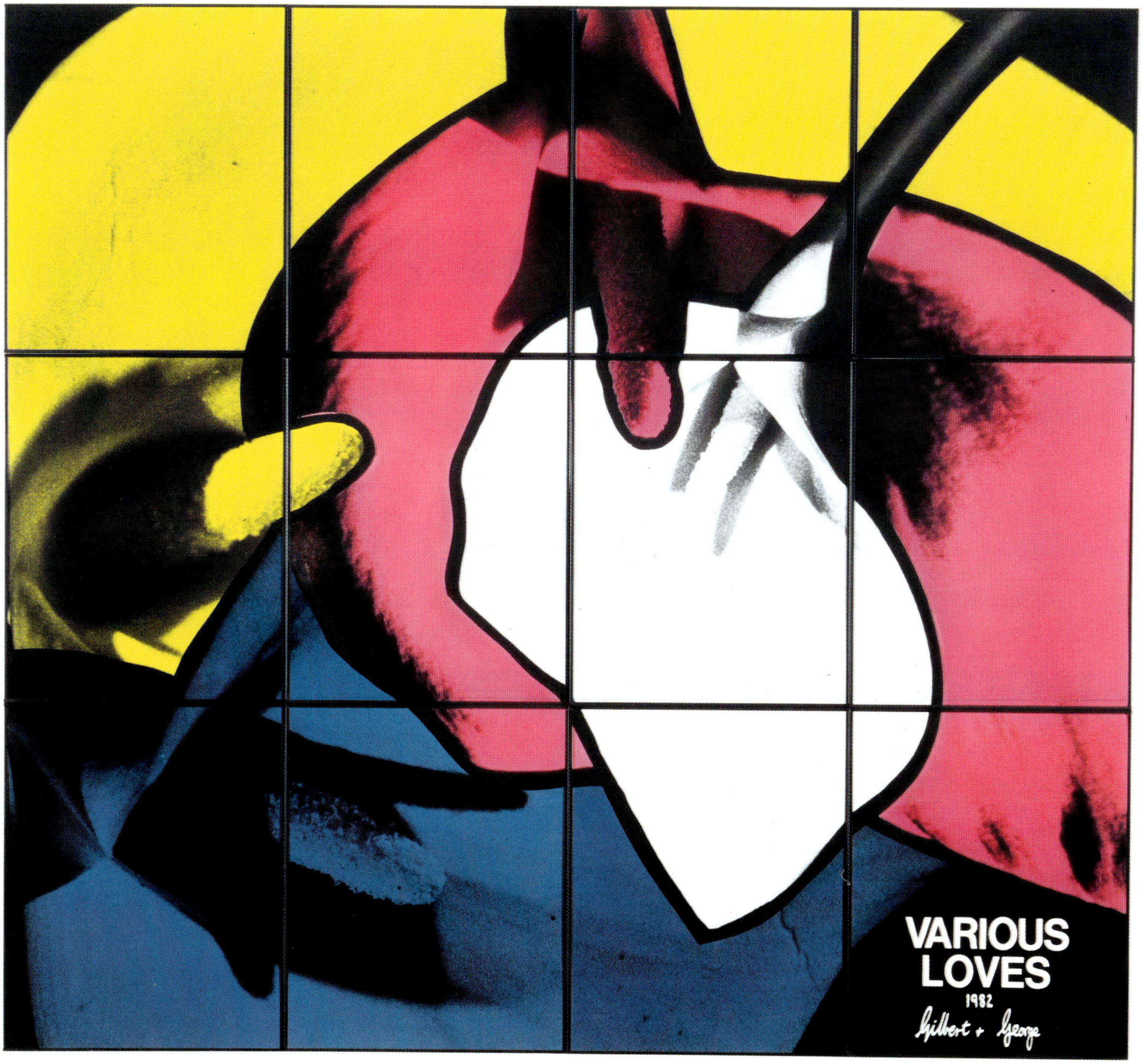

Gilbert and George
Amours variées, 1982
Various Loves
181 x 201 cm
Londres, Anthony d'Offay Gallery

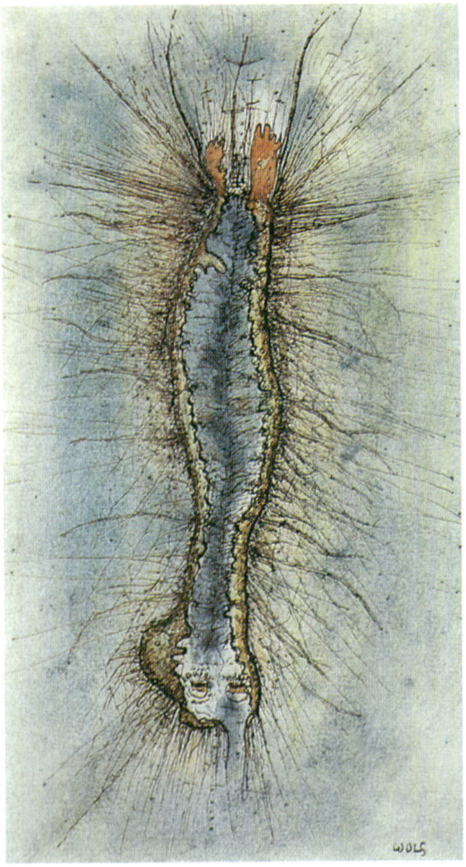

Wols
La grande façade, vers 1941
Die große Fassade
Encre de Chine et aquarelle, 17 x 9,5 cm
Collection privée

Guattari font de «l'objet partiel» une «machine désirante», c'est pour insister sur le caractère bien réel de la production de la machine et pour s'opposer à Freud et à Mélanie Klein, qui considèrent son activité comme purement symbolique.

Que les artistes modernes jouent aux fous et tentent désespérément de retrouver la pureté originelle de l'enfance, nul doute. Mais il reste bien difficile d'oublier ce que l'on a appris et que l'on appelle culture. Tels De Kooning, ils s'acharnent sur les silhouettes féminines dépoitraillées, grimaçantes, déchiquetées par les zébrures colorées de la brosse. Ils défigurent joyeusement le corps humain avec parfois un humour féroce qui les fait rétrograder vers une espèce de barbarie par un retour volontaire au dessin infantile, que l'on voit utiliser par Dubuffet et ses protégés de l'Art Brut. «Le génie est l'enfance douée de tous les moyens de s'exprimer», affirmait déja Baudelaire. A propos de De Kooning et de ses *Femmes* (p. 49), on a beau parler d'expressionnisme abstrait et de «non-signifiance», il n'en est pas moins vrai que l'artiste reste obsédé, comme ses ancêtres restés en Hollande, par les formes féminines plantureuses qu'il n'oublie pas de balafrer d'une fente géante. On ne peut s'empêcher, en les voyant, de penser aussi aux filles publiques de Rouault, son autre ancêtre quelque part.

De Léonard de Vinci (p. 56) à Picasso (p. 120), de Fautrier (p. 57) à Wols (p. 68), de Wesselmann (p. 58) à Gober (p. 59), de Masson (p. 62) à Niki de Saint-Phalle (p. 63), la femme s'offre, exhibe ses attributs, s'allonge, se love, explose par la volonté de l'artiste qui est à la fois l'ordonnateur, l'initiateur, l'observateur, le grand prêtre ... ou le schizophrène. Le «double» féminin devient même , à son gré, géante maternelle ou anthropophage, sorte de Saturne femelle qui «avale» le spectateur ou le rejette non par la bouche, mais par son sexe monumental et béant (Niki de Saint-Phalle, Masson ...). Ludique chez Niki de Saint-Phalle, le désir, chez Masson, a l'ampleur des forces naturelles. La femme n'y peut être qu'un paysage ... un fantastique paysage vulvaire orné de cavernes velues et béantes, un temple vulvo-vaginal orné de clitoris-stalagtites. On dirait de Masson quelque archéologue parti, à l'appel de la Toison d'or, fouiller l'inépuisable trésor caché que récèle la femme au chaud de son giron. C'est sa façon lyrique d'affronter les terres vierges de la spontanéité lyrique. Tel l'un de ces aventuriers de la légende antique, partant pour le jardin des Hespérides, Masson chemine, prêt à tous les incidents, accidents et rencontres miraculeuses. Le corps féminin est tout à la fois le navire qu'emprunte cet Ulysse moderne et la mer où se risque le navire. Il s'égare dans les forêts légendaires de ses rêves où gît la femme désirée, telle la Belle au bois dormant des contes d'enfant.

Que ne peut-il faire, ce corps féminin, tantôt soumis à la volonté de l'artiste, tantôt le dominant, le torturant à son tour, dans le désordre, comme un «objet partiel», au terme d'une déformation biomorphe élaborée, sorte d'écho au dérèglement de tous les sens de Rimbaud, et qui est autant destiné à atteindre l'inconnu qu'à explorer de nouvelles possibilités formelles. «Dans *Les Demoiselles d'Avignon*», explique Picasso, «j'ai peint un nez de profil dans un visage de face, il fallait bien le

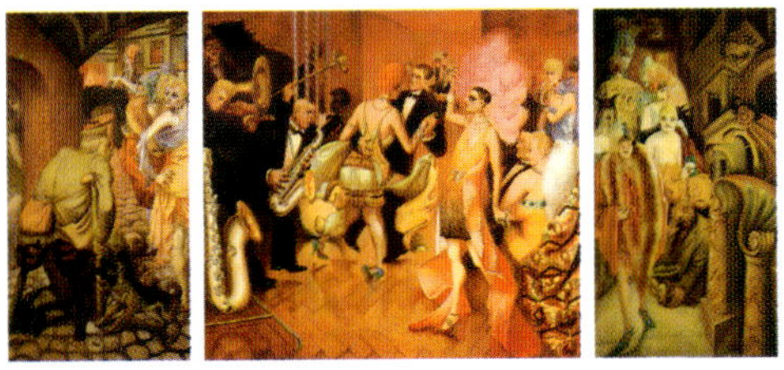

REPRODUCTION A DROITE:
Otto Dix
Métropole (triptyque, aile droite), 1927–28
Großstadt (Triptychon)
Technique mixte sur bois, ailes g. et dr., 181 x 101 cm, panneau central 181 x 200 cm
Stuttgart, Galerie der Stadt Stuttgart

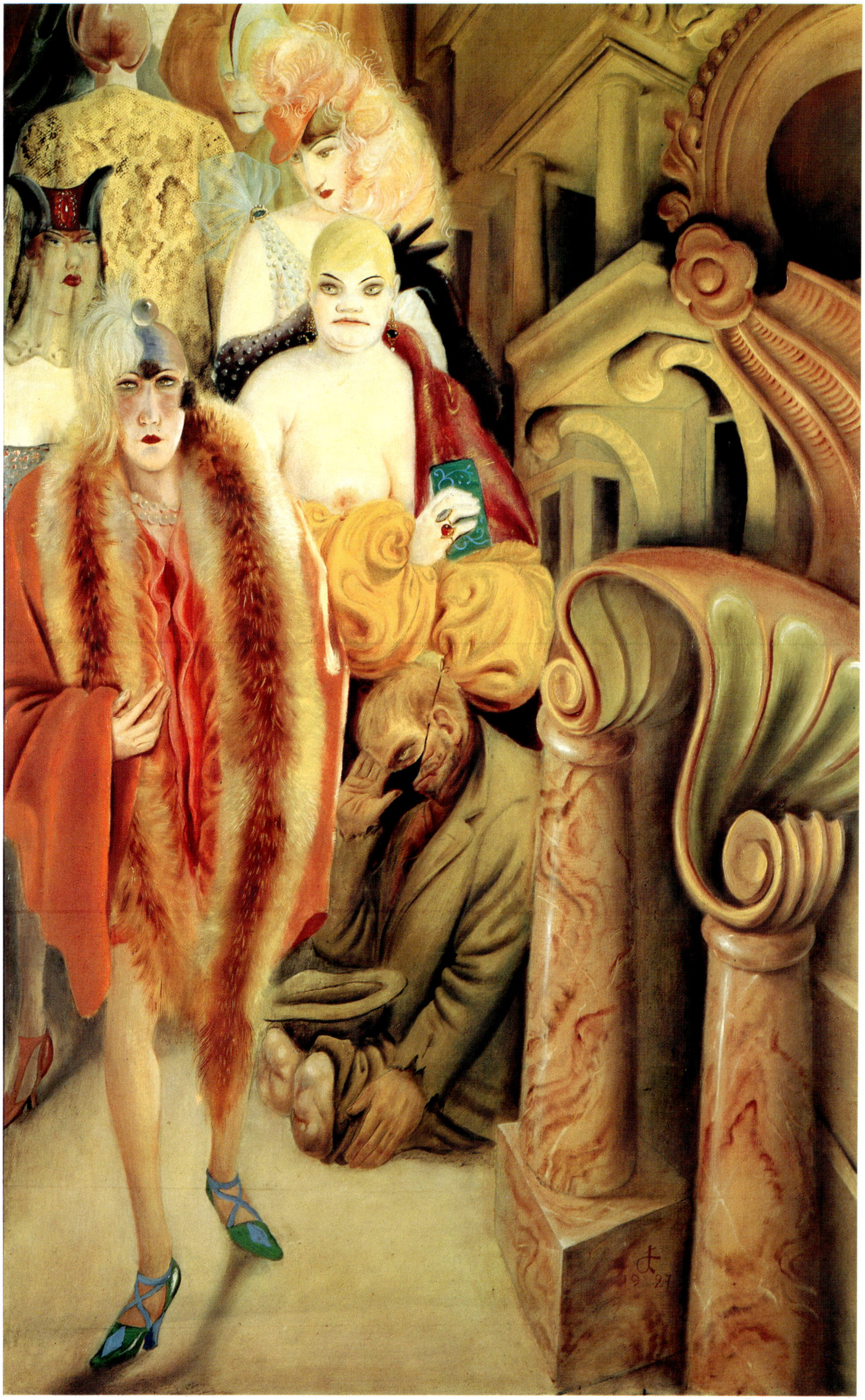

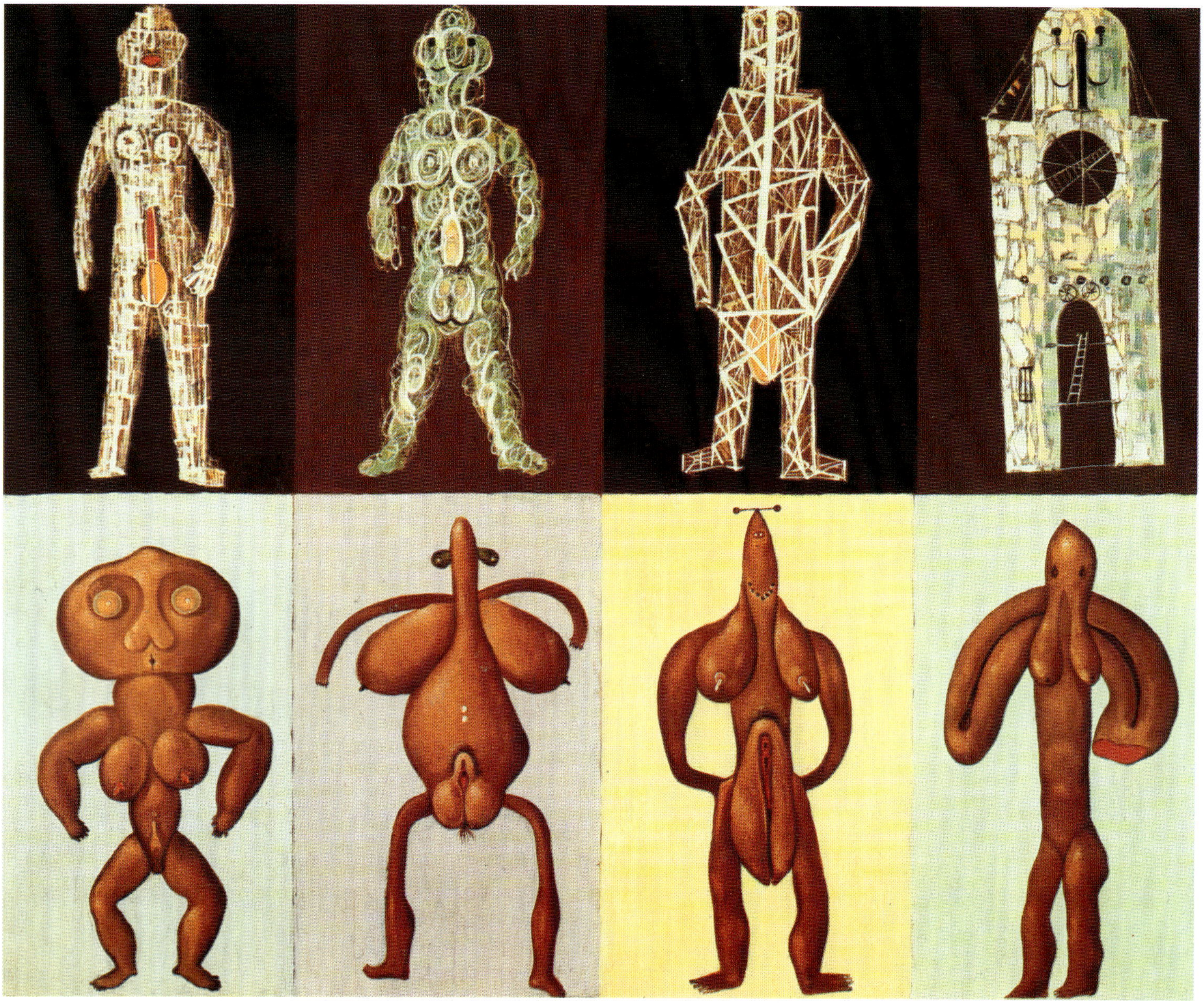

Victor Brauner
Petite morphologie, 1934
Kleine Morphologie
Huile sur toile, 53 x 63 cm
Paris, Collection A.F. Petit

REPRODUCTION A DROITE:
René Magritte
Le viol, 1934
Huile sur toile, 25 x 18 cm
Courtesy Galerie Isy Brachot,
Bruxelles-Paris

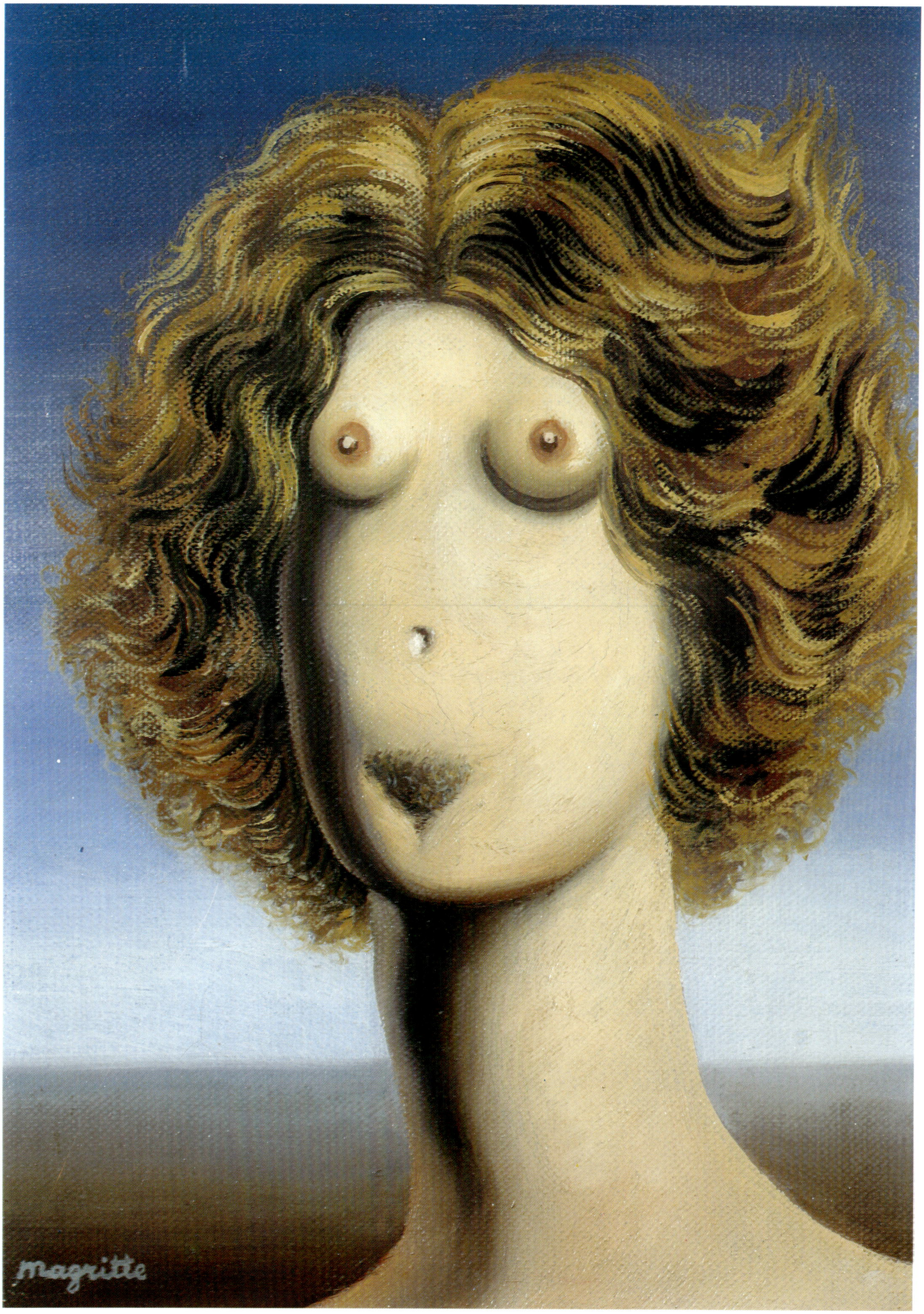
magritte

mettre de travers, pour le nommer, pour l'appeler: nez!... C'est comme les marchandes de quat' saisons. Vous voulez deux seins? Eh bien! Voilà deux seins... Ce qu'il faut, c'est que le monsieur qui regarde ait sous la main toutes les choses dont il a besoin. Alors il les mettra lui-même à leur place, avec ses yeux.» En somme l'artiste propose et le spectateur dispose. Il est prié de travailler lui aussi. Il doit y avoir dialogue, base de tout l'art moderne.

L'obsession du sexe de la femme ne se traduit pas seulement de façon explosive chez l'artiste. Ce dernier peut aussi développer naturellement l'analogie qui lie la vulve à l'une des plus émouvantes inventions de la nature: la fleur. La fleur n'est-elle pas l'organe sexuel de la plante? Une sorte de double de la femme? Fleur d'amour, fleur de Vénus, fleur de volupté, fleur de chair, rose, œillet, pivoine, marguerite tout ce règne végétal que l'on retrouve de Georgia O'Keeffe (p. 65) à Gilbert et George (p. 67), se rapporte à l'intimité féminine, à ce calice que l'homme pourchasse. C'est «sa fleur» que la vierge accorde à son pre-

Paul Delvaux
Pygmalion, 1939
Huile sur toile, 135 x 165 cm
Bruxelles, Musées Royaux des Beaux-Arts

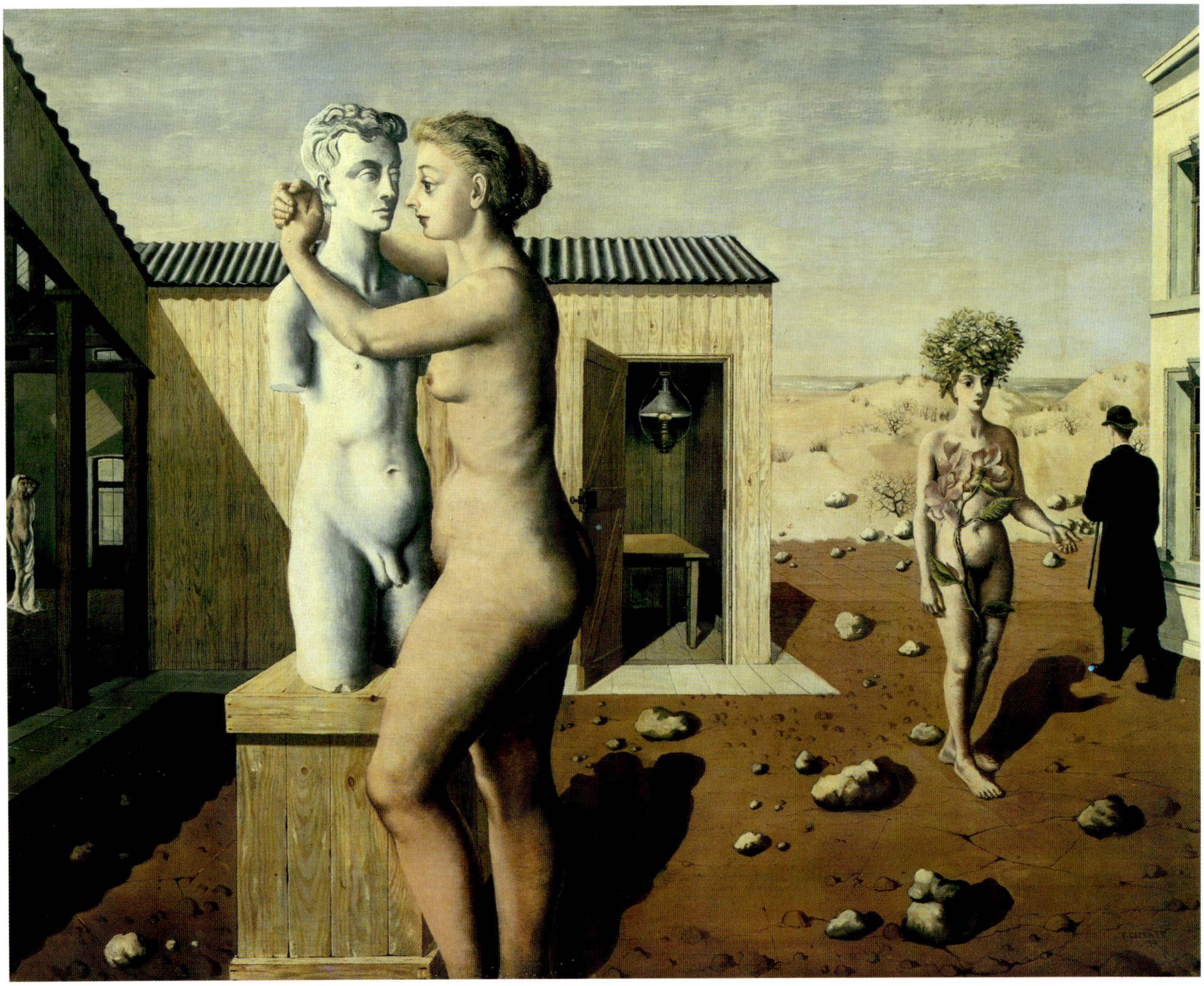

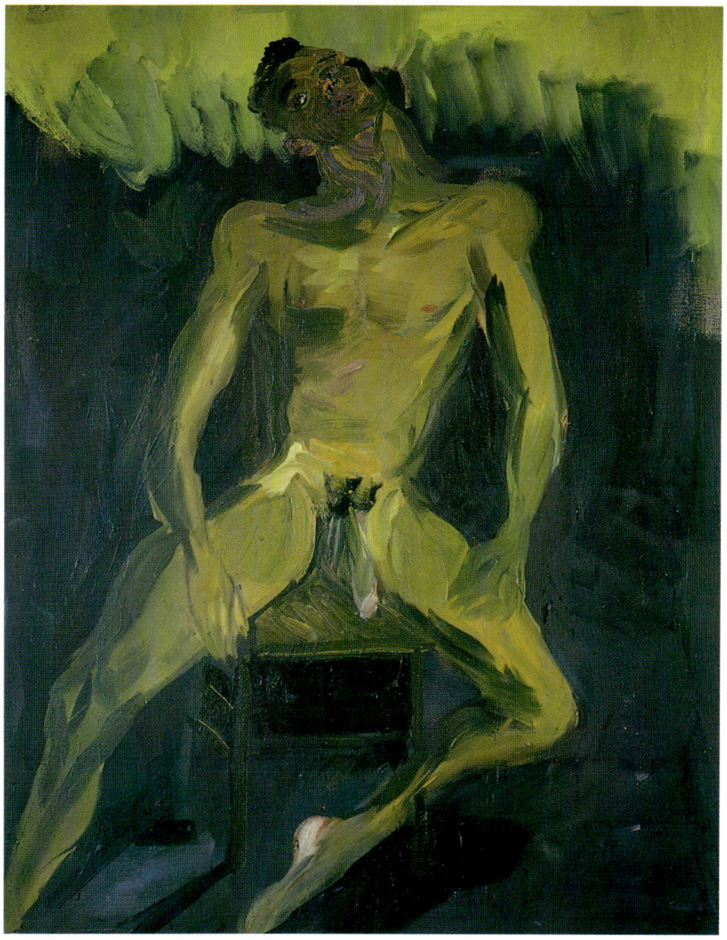

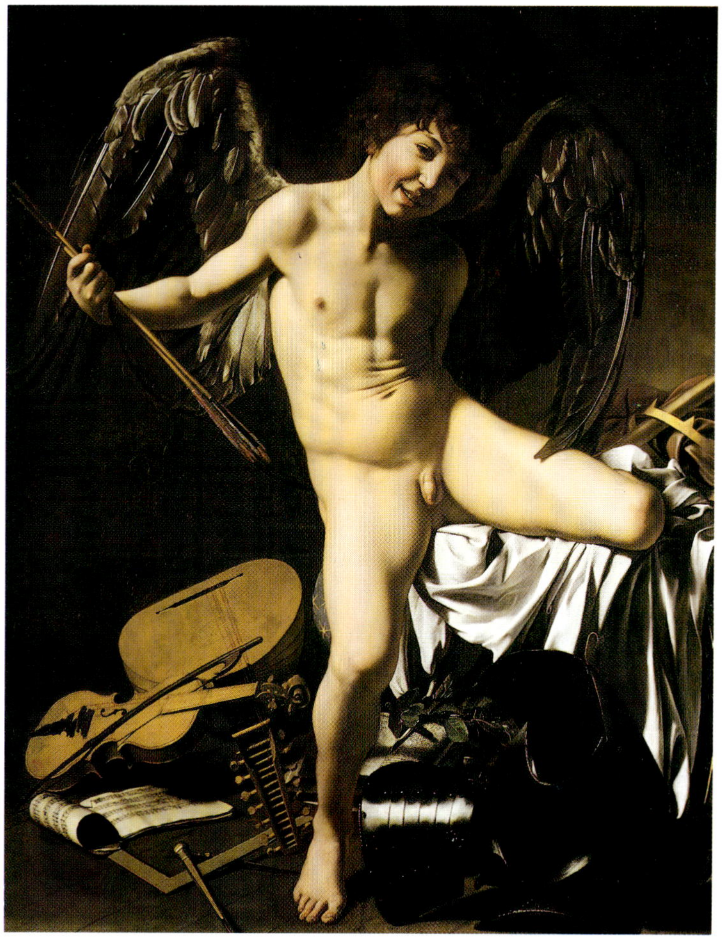

mier amant. C'est avec elle que l'on «effeuille la marguerite» pour savoir si l'on s'aime un peu, passionnément, à la folie. On offre des fleurs à celle que l'on convoite, à celle que l'on aime, signifiant ainsi son désir ou sa joie de posséder sa fleur intime. Les artistes ont toujours été frappés par cette ressemblance entre la femme et la fleur qui n'est pas seulement invention de poète. La physiologie de la fleur ne révèle-t-elle pas qu'elle aussi respire, transpire et que sa fonction essentielle est d'assurer la reproduction de l'espèce grâce à ses organes spécialisés? Outre ses étamines, son pistil, ses pétales qui sont comme un écho fidèle du sexe de la femme, ne possède-t-elle pas un ovule et un ovaire? Sous l'effet du pollen, son œuf ne se transforme-t-il pas en embryon, puis en fruit? Depuis les fleurs stylisées de Mésopotamie, fleur de lotus d'Egypte, palmette de Grèce jusqu'à l'orchidée qu'affectionnent les artistes de l'Art Nouveau pour le symbole érotique qu'elle représente avec ses feuilles veinées de pourpre, son étamine agressive et sa langue roulée, on a toujours connu cette symbolique de la fleur.

Man Ray, Edward Weston, Robert Mapplethorpe (p. 66), ont souvent photographié la fleur dans son analogie avec le sexe féminin mais aussi dans son état érectile, gorgée de liquide; faisant dériver leur recherche vers les fruits plus semblables au sexe de l'homme (végétations, tiges, poivrons, courgettes...). Mapplethorpe joue explicitement de ces analogies en exposant et en publiant ses travaux, juxtaposant ses études de fleurs et ses nus membrés. On a souvent comparé Mapple-

REPRODUCTION A GAUCHE:
Rainer Fetting
Desmond B., 1984
Huile sur toile, 223 x 179 cm
Collection privée

«Quand je vois un corps, comment il est bâti, c'est la sensualité qui m'intéresse et après je veux peindre le tableau.»
R. F.

REPRODUCTION A DROITE:
Le Caravage
Amour victorieux, 1602
Amore vittorioso
Huile sur toile, 156 x 113 cm
Berlin, Staatliche Museen zu Berlin – Preußischer Kulturbesitz, Gemäldegalerie

Albrecht Dürer
Autoportrait nu, 1503/06
Nacktes Selbstbildnis
Plume et encre de Chine sur papier
à fond vert
Weimar, Staatliche Kunstsammlungen zu
Weimar, Schloßmuseum

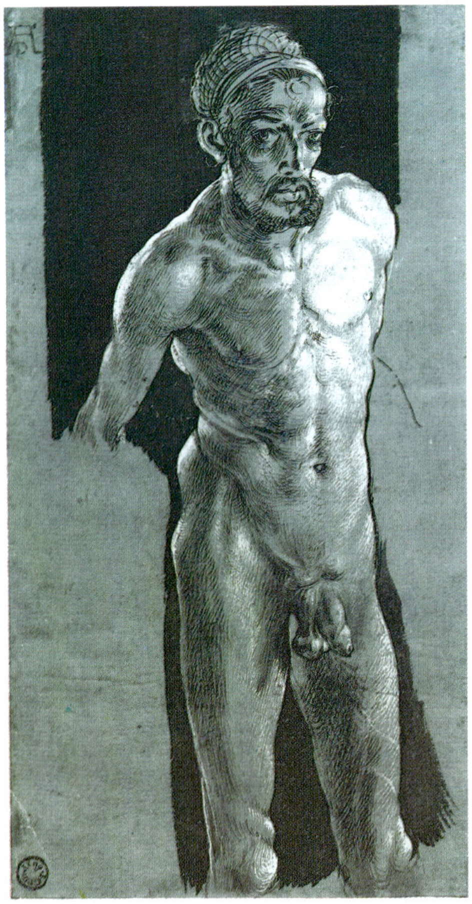

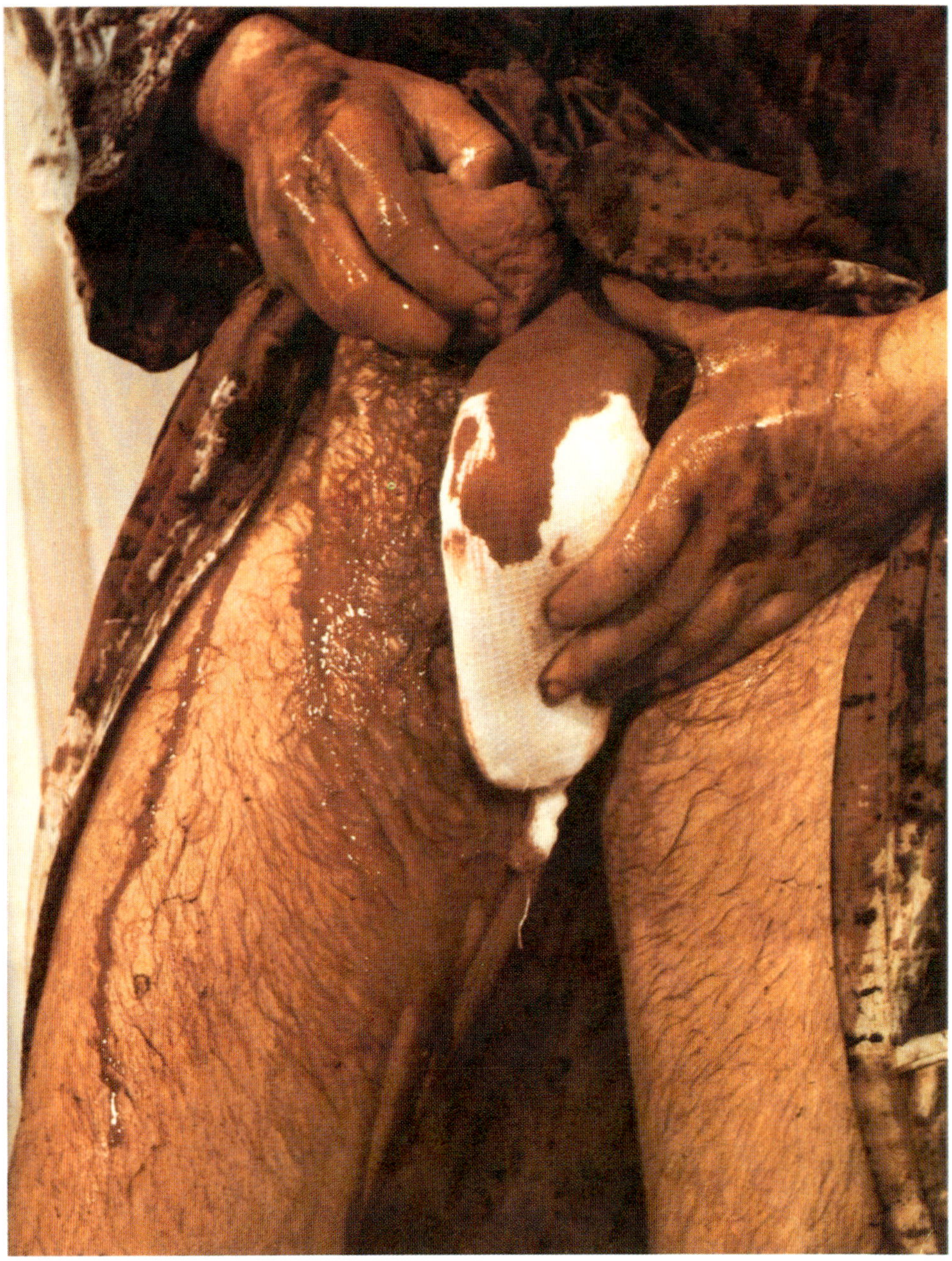

Hermann Nitsch
5ème Action 1964, 1964
5. Aktion 1964
Photo en couleur
Collection privée

thorpe à Rodin pour son adoration des formes du corps et pour sa façon de faire rimer un muscle et une étamine, la chair irriguée de ses modèles et la robe veinée de ses fleurs. C'est là que la «condition botanique» rejoint la «condition humaine» sous sa forme la plus érotique, mais aussi la plus parfaite. Les fleurs, comme les sexes, ne sont pas dramatisées mais lyriques, quasi sacrées. Nul doute que, tel Cocteau, lorsque Mapplethorpe photographie une fleur, c'est un sexe d'homme qui apparaît sur son cliché et vice versa. Et tant est à la fois étonnant et surprenant le résultat qu'après on ne peut plus voir les mêmes fleurs ou des sexes masculins de la même façon. On est bien là en présence d'une suite d'autoportraits, devant Narcisse, une fois encore, changé en fleur.

Cependant si les artistes sont de si grands consommateurs et producteurs de nus, dans lesquels ils se projettent plus ou moins en filigrane, il semble bien qu'un relatif interdit persiste sur la représentation offi-

REPRODUCTION A DROITE:
Robert Mapplethorpe
L'Homme au complet de polyester, 1980
Man in Polyester Suite
Photo en noir et blanc
New York, © 1980 The Estate of Robert
Mapplethorpe

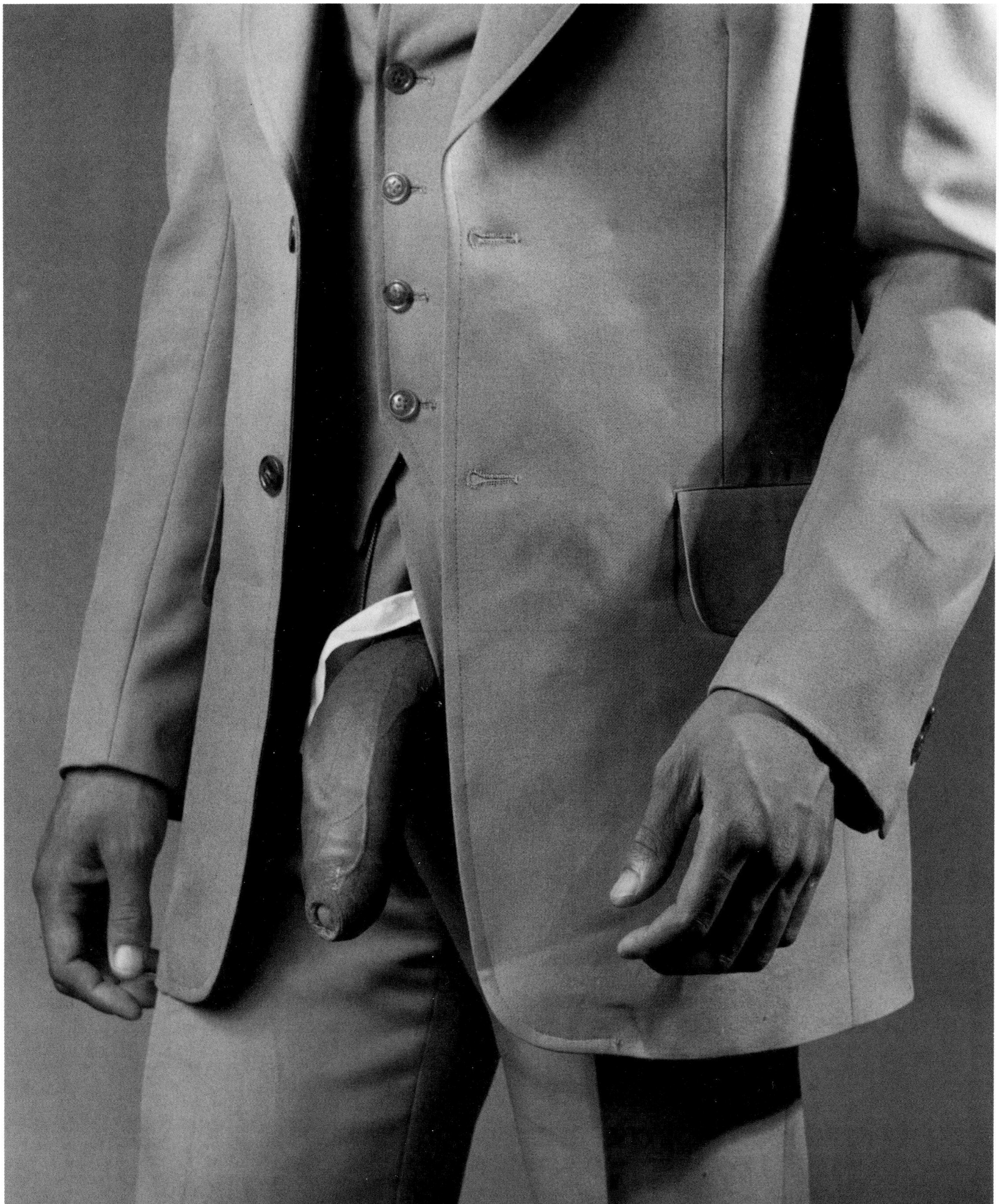

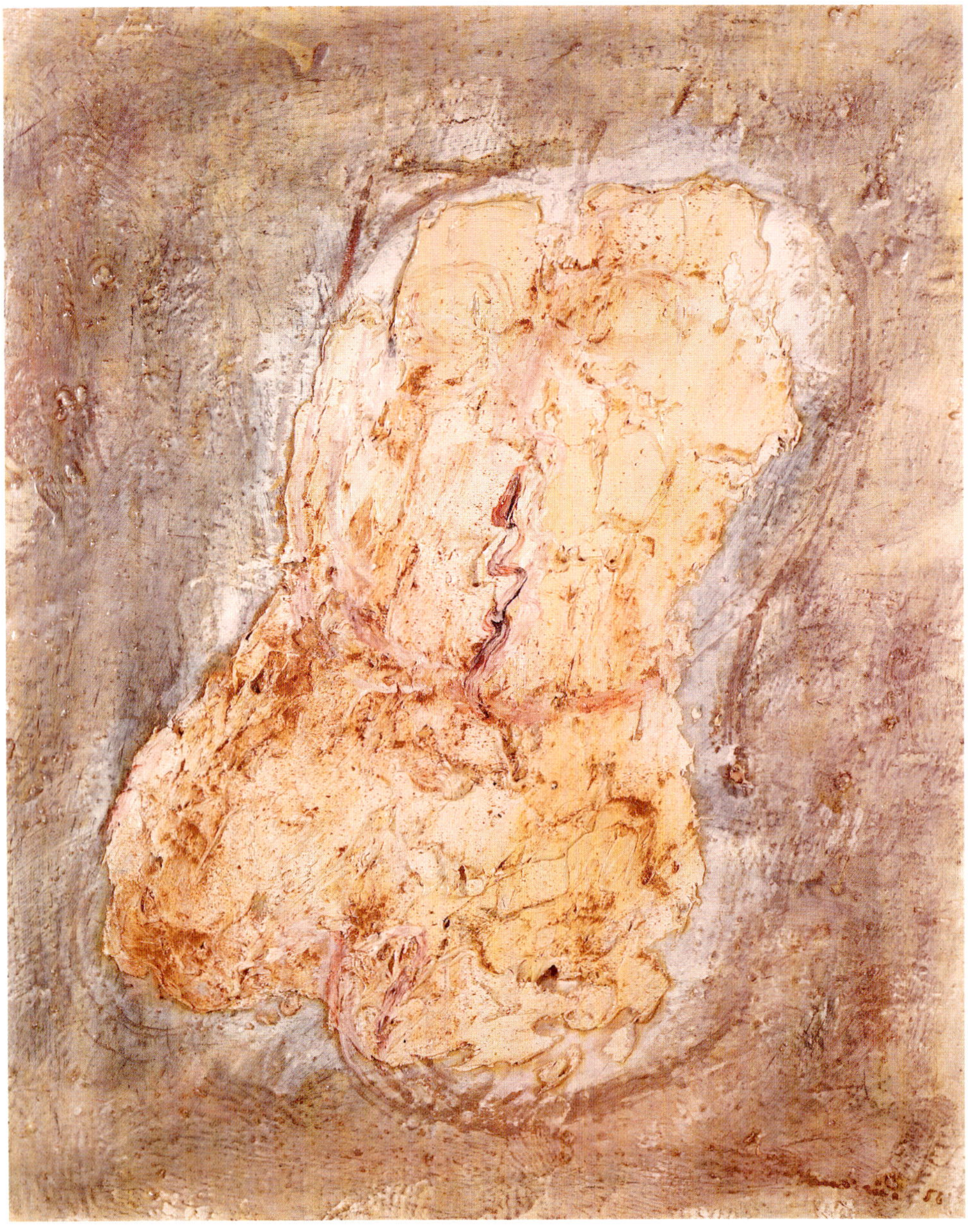

REPRODUCTION A GAUCHE:
Jean Fautrier
Pour mes mains, 1955
Huile sur carton sur toile, 55 x 46 cm
Collection privée

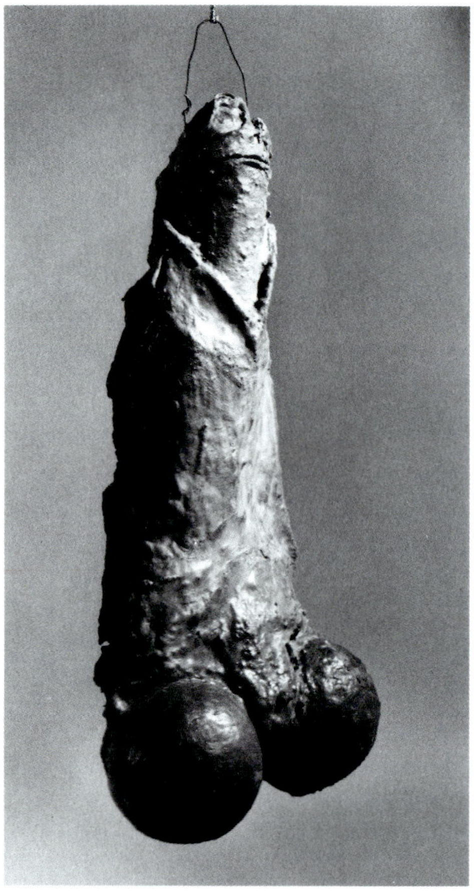

Louise Bourgeois
Fillette, 1968
Latex, 59,7 x 26,7 x 19,7 cm
New York, Courtesy Robert Miller Gallery

«Pour Bourgeois, l'érotisme est une projection de l'observateur, une projection dont elle se sert, il faut bien l'admettre, en parodiant cette charge sexuelle vis-à-vis de laquelle elle se distancie.» Mignon Nixon

cielle de leur propre nudité dans l'histoire de la peinture. Certes, Le Caravage se peint en Goliath décapité par David et se fait la tête de Méduse ruisselante de serpents. Michel-Ange choisit, pour trôner au plafond de la Sixtine, la peau pantelante de saint-Barthélémy. Gauguin est le *Christ au jardin des oliviers* et Raphaël fait partie de l'assemblée des philosophes et des penseurs de l'*Ecole d'Athènes* au Vatican. Mais il s'agit là de déguisements, de rôles d'acteurs, de miroirs à fantasmes. Même *Dalí dans l'œuf* (photographie de Philippe Halsman), prend bien soin de cacher son sexe. Paul Eluard avance une explication: «Quand ils faisaient leur portrait, c'était en se regardant dans un miroir sans songer qu'ils étaient eux-mêmes un miroir.» Dürer est l'un des rares à avoir réalisé des autoportraits nus (p. 74). Montrant son anatomie dans les moindres recoins, le sexe détaillé avec autant de précision que le visage. On n'imagine guère Rembrandt ou Van Gogh, malgré leurs nombreux autoportraits, en faire autant. Encore faut-il noter que ces autoportraits n'étaient nullement destinés au public. Celui-ci montre

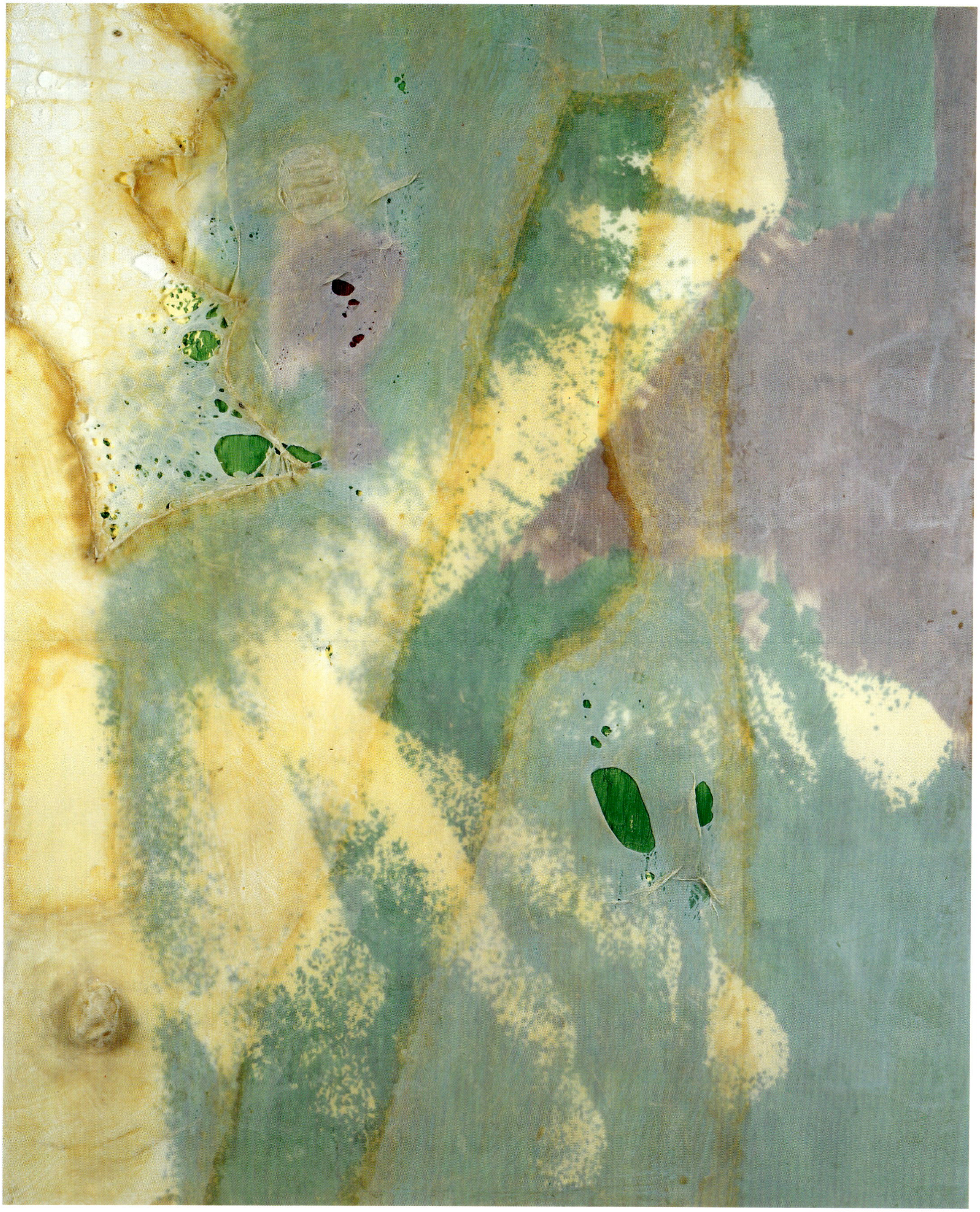

Martin Kippenberger
Support, 1990
Ständer
Huile sur toile recouverte de latex,
150 x 180 cm
Cologne, collection privée

Aubrey Beardsley
Les ambassadeurs lacédémoniens, 1896
The Lacedemonian Ambassador
Illustration pour «Lysistrate»

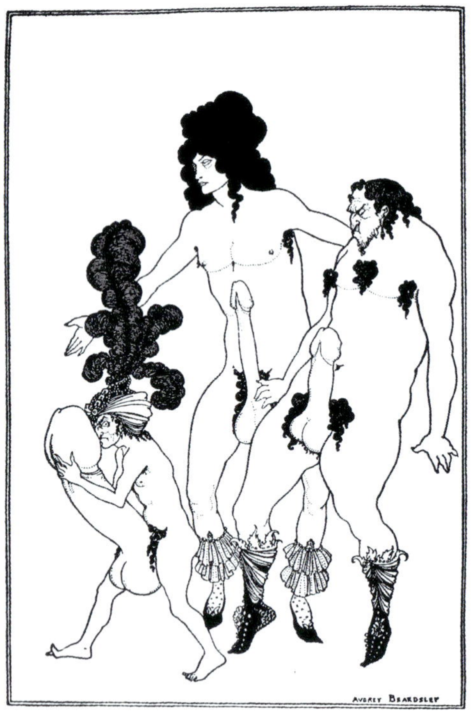

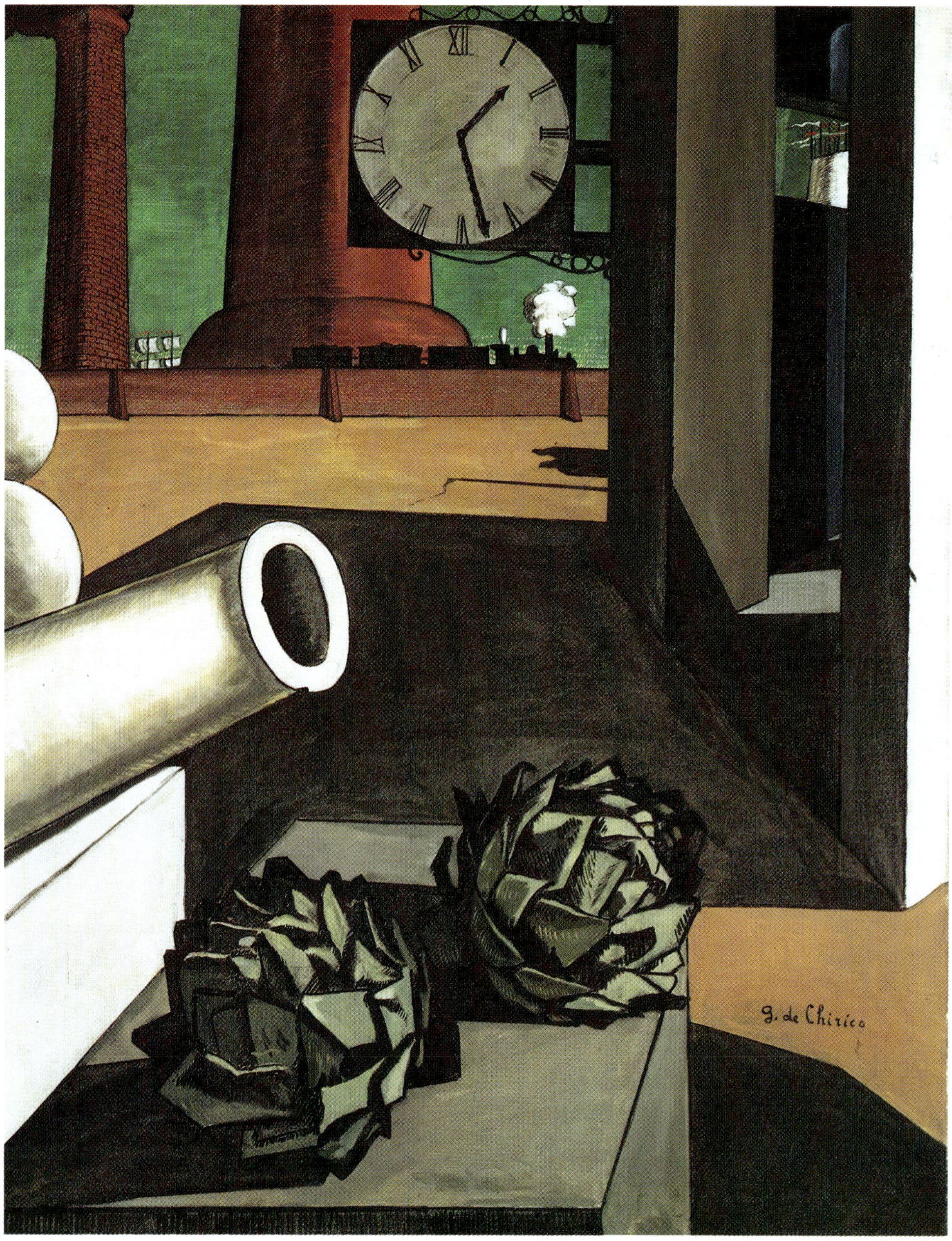

Giorgio de Chirico
La conquête du philosophe, 1914
La conquista del filosofo
Huile sur toile, 125,1 x 99,1 cm
Chicago (IL), The Art Institute of Chicago,
Joseph Winterbotham Collection

un Dürer mûr, athlétique. Un autre le représente indiquant de l'index sa rate. Dessous est écrit: «L'endroit où se trouve la tache jaune indiquée par mon doigt est celui où j'ai mal». Si l'on sait que la rate était considérée à l'époque comme le siège de la mélancolie, on peut se demander si Dürer n'exprime pas ainsi, avant la lettre, le spleen des romantiques ou s'il s'agit d'un bulletin de santé à l'usage de son médecin.

Mais le «double» de l'artiste n'est pas un simple sosie. Ne dit-on pas que c'est Narcisse qui est l'inventeur de la peinture? Léon Battista Alberti, dans son «Traité sur la peinture», affirme catégoriquement cette origine: «J'ai coutume de dire à mes amis, selon la formule des poètes, que c'est Narcisse, celui qui fut converti en fleur, qui aura été l'inventeur de tout art, c'est toute l'histoire de Narcisse qui vient ici à propos. Diras-tu en effet que peindre soit autre chose qu'embrasser de la sorte avec art, cette surface-ci de la source?»

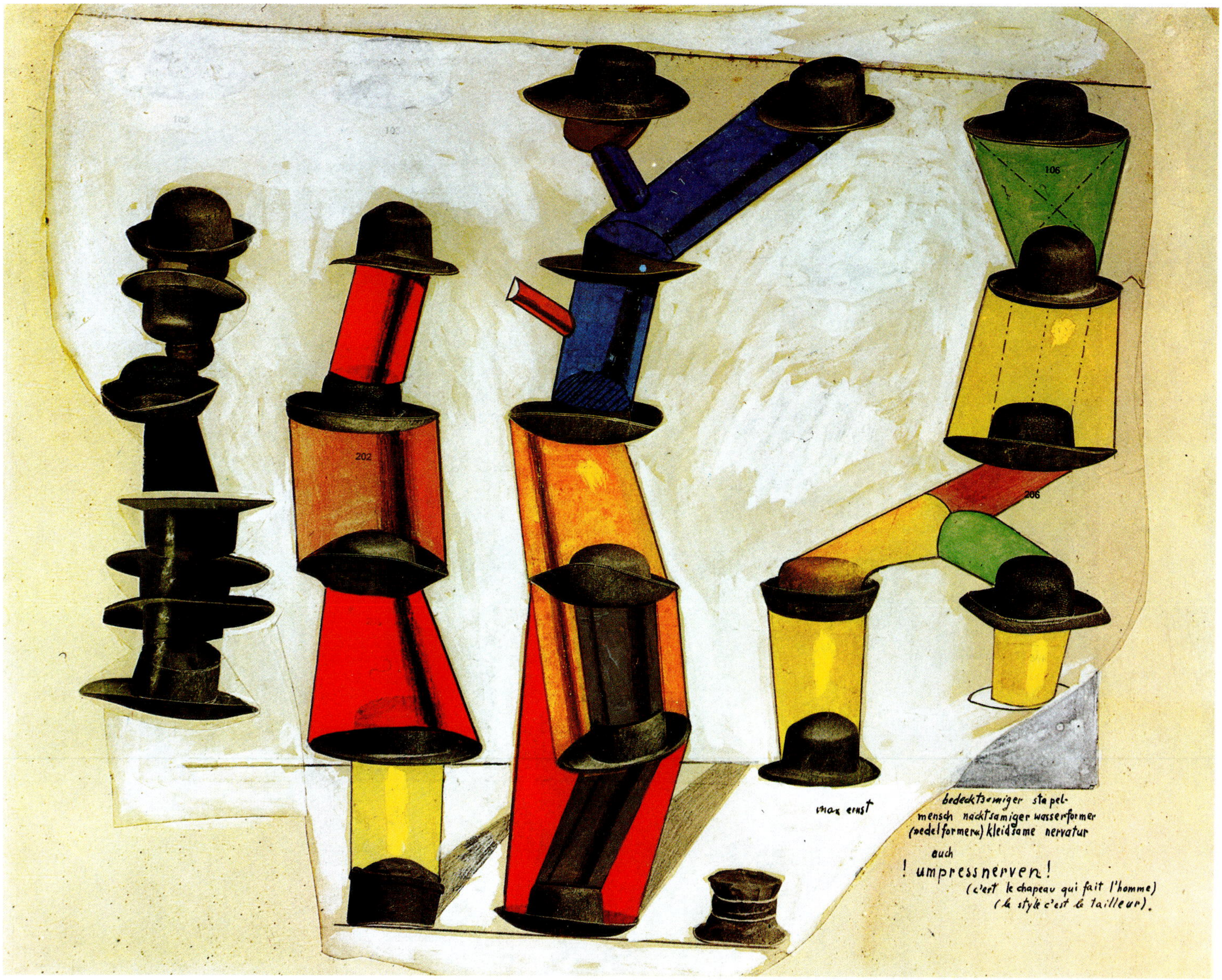

Max Ernst
C'est le chapeau qui fait l'homme (Le style c'est le tailleur), 1920
Der Hut macht den Mann (Der Stil kommt vom Anzug)
Collage et gouache sur carton,
35,6 x 45,7 cm
New York, Collection, The Museum of Modern Art

«La consommation de la débauche naturelle, l'interruption de la débauche contre nature, la baise dans les bois et dans les prés, la baise du connaisseur, la prostitution, le viol, l'accouplement forcé, l'abstention par impuissance, les baisers sur des parties du corps inhabituelles, les baisers sur des parties du corps avouables, les baisers de tourtereaux, les baisers sans arrière-pensée, les baisers mondains, l'éjaculation, l'onanisme simple et recherché, les désirs masochistes, la chasteté, l'éjaculation involontaire ou l'éjaculation voulue, la pollution nocturne, le danger de pollution, la sodomie, la bestialité, les attouchements impudiques, les caresses entre époux, le vase naturel de la femme, le vase avant, le vase arrière, les récipients sacrés, les spectacles, les danses, les mouvements gênés, l'art du chevauchement, le dégoulinement calculé, le sperme inachevé, les esprits du sexe, le démon, l'incontinence, l'aiguillon de la chair, la création du genre humain, l'embryologie sacrée – et toutes les saletés des Pères de l'Eglise.

Nous connaissons la valeurs des mots, nous sommes tellement habitués aux dangers de pollution que nous nous y complaisons par urbanité. Les Pères de l'Eglise ont eu soin de tracer avec une précision écœurante sur le corps féminin des frontières qui séparent les parties honteuses des parties non honteuses. Une violente passion peut parfois faire disparaître ces frontières qui, toutefois, ne cessent de réapparaître avec une rigueur abjecte, et ce jusqu'au jour béni où un heureux massacre nettoiera pour toujours la Terre de cette vermine cléricale. L'amour est l'ennemi mortel de la morale chrétienne. En pénétrant de force dans le conscient et le subconscient des hommes avec ses rituels de pénitences ou de confessions, l'Eglise a trouvé l'instrument le plus sûr pour écraser sur le champ et sans difficultés tout ce qui touche à l'amour.»

M. E.

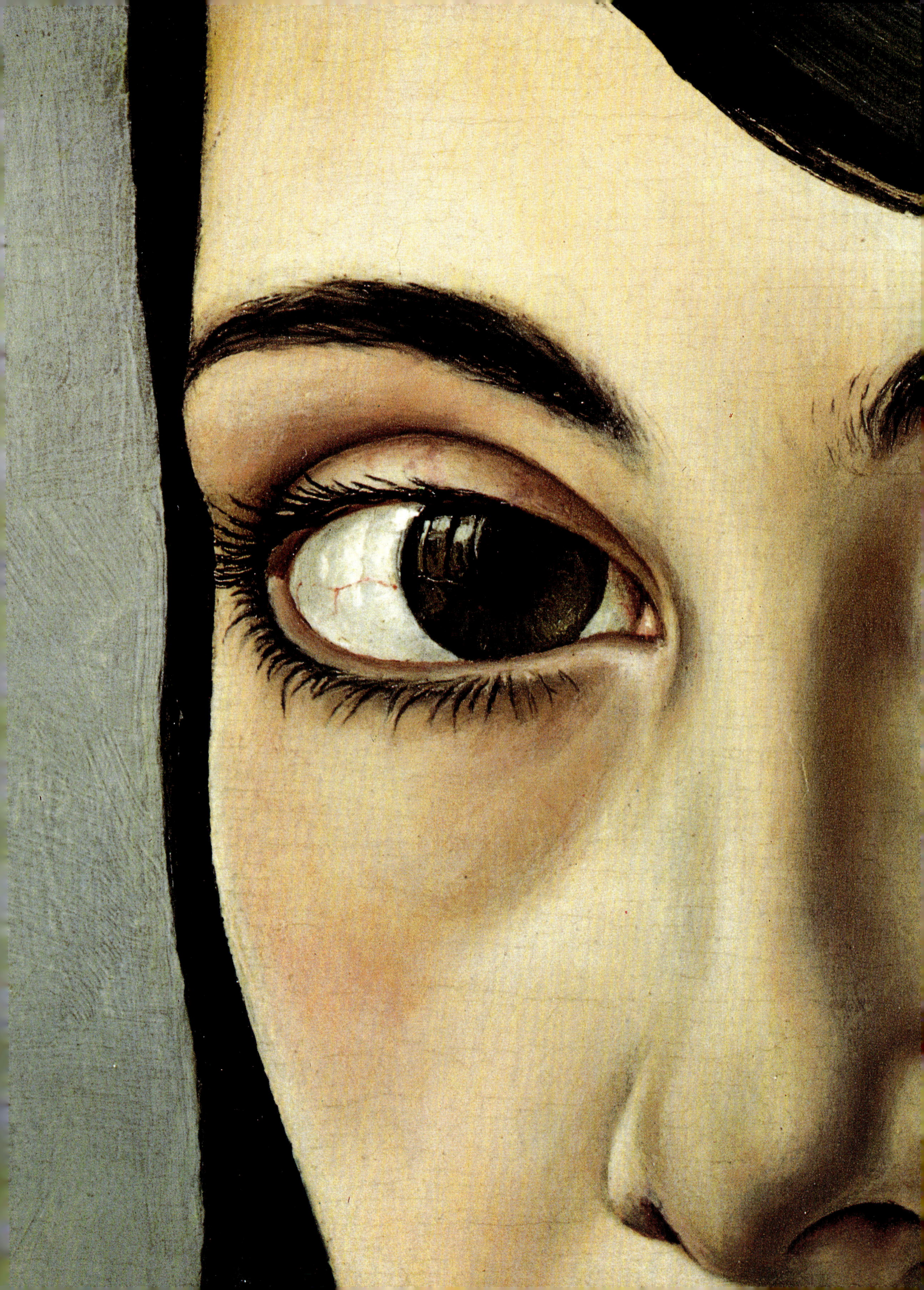

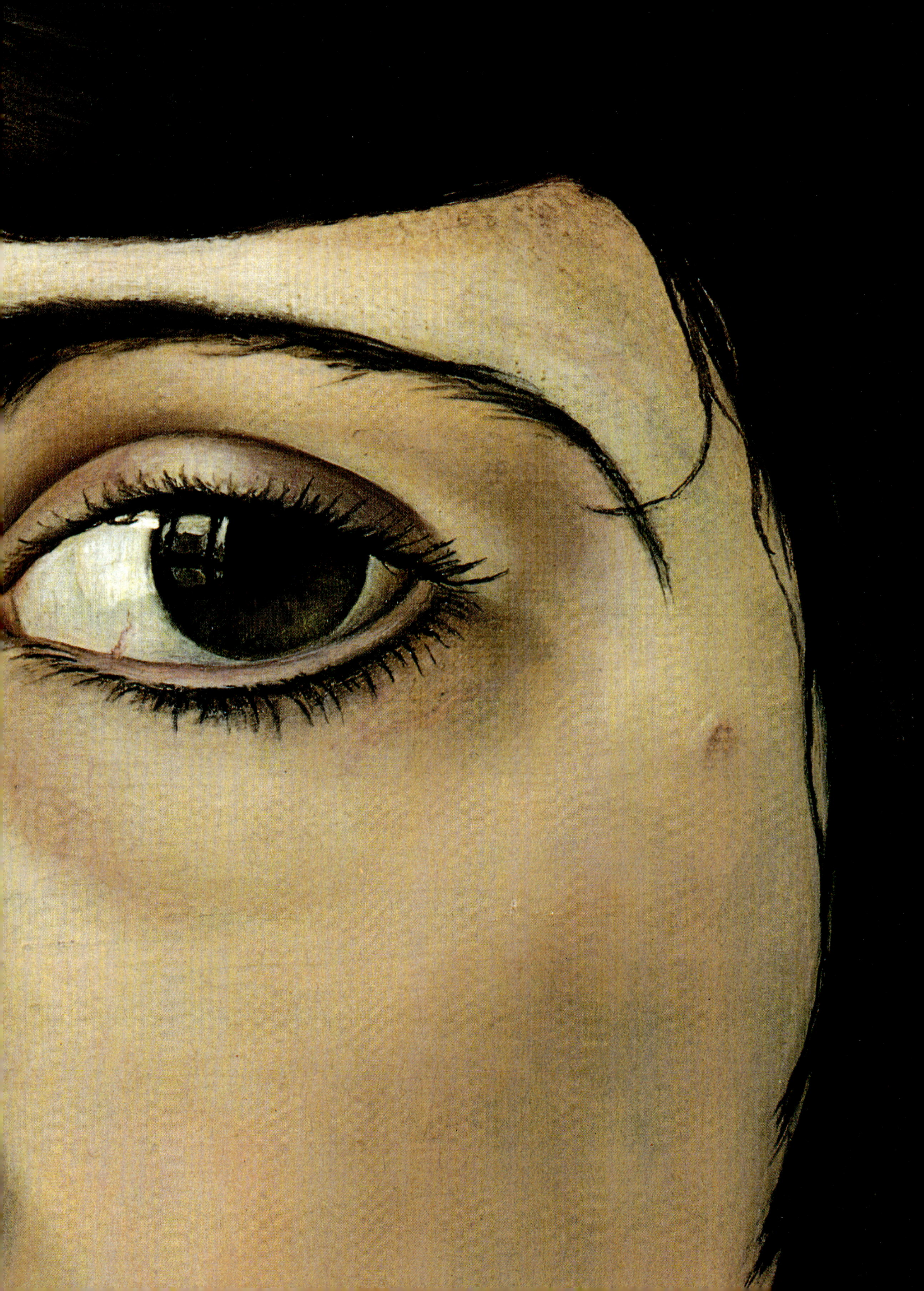

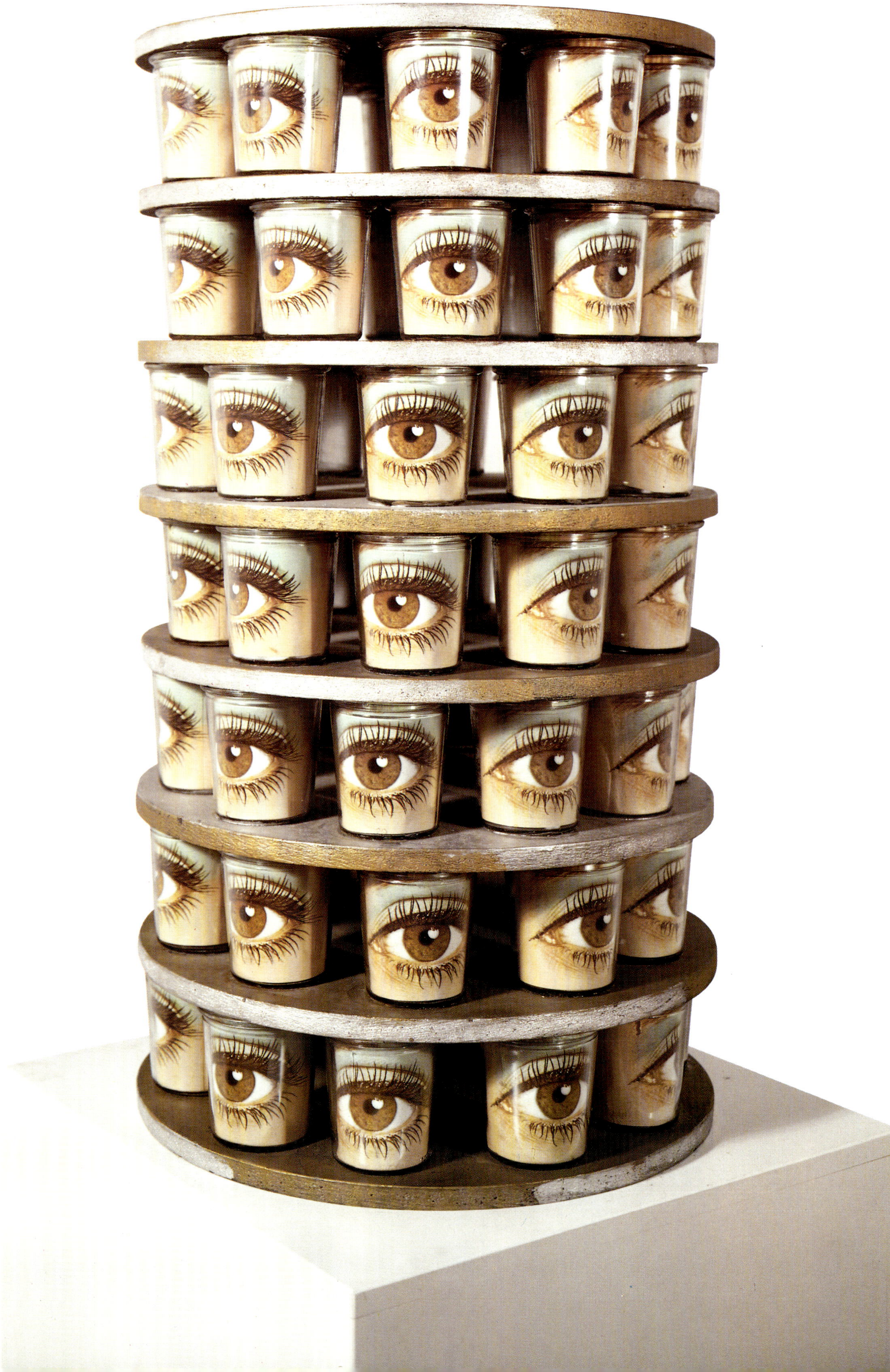

Histoire de l'œil et des cinq sens

«‹Mettez-le moi dans le cul›, cria Simone. Sir Edmond mit le globe dans la fente et poussa. Me levant, j'écartai les cuisses de Simone: elle gisait étendue sur le côté; je me trouvai alors en face de ce que – j'imagine – j'attendais depuis toujours: comme une guillotine attend la tête à trancher. Mes yeux, me semblait-il, étaient érectiles à force d'horreur; je vis , dans la vulve velue de Simone, l'œil bleu pâle de Marcelle me regarder en pleurant des larmes d'urine. Des trainées de foutre dans le poil fumant achevaient de donner à cette vision un caractère de tristesse douloureuse. Je maintenais les cuisses de Simone ouvertes: l'urine brûlante ruisselait sous l'œil sur la cuisse la plus basse...»

Georges Bataille donne quelques explications sur la genèse de son livre, «Histoire de l'œil», dont ce passage significatif est extrait. Il avait assisté, en compagnie d'Hemingway qui y a fait allusion à plusieurs reprises dans ses livres, à l'arrachement de l'œil d'un toréador, Granero, par la corne d'un taureau. C'est le souvenir de cet accident mortel qui ressurgissait dans l'«Histoire de l'œil» «sous une forme méconnaissable, dès l'instant où j'avais recherché l'obscénité la plus grande... Je n'avais jamais vu les testicules dépouillés d'un taureau. Je les représentais d'abord d'un rouge vif analogue à celui du vit. Ces testicules, à ce moment, me paraissaient étrangers à l'association de l'œil et de l'œuf. Mon ami (médecin) me montra mon erreur. Nous ouvrimes un traité d'anatomie, où je vis que les testicules des animaux ou des hommes sont de forme ovoïde et qu'ils ont l'aspect et la couleur du globe oculaire...»

En biologie, les principaux organes des sens sont: l'œil, qui est adapté aux excitations lumineuses; l'oreille, aux excitations sonores; la langue (organe du goût), aux saveurs; le nez (organe de l'olfaction), à l'excitation par des particules odoriférantes; la peau et certaines muqueuses (organes du tact), aux sensations de chaud et de froid, de contact, de pression, etc. Ce n'est donc que par les organes des fameux cinq sens – sans lesquels il serait sans intérêt véritable de faire l'amour – que nous prenons connaissance du monde extérieur, du corps de l'autre, et nous ne pouvons, par suite, en connaître que ce qui est capable de les impressionner d'une manière quelconque.

Dans la classification de ces «objets partiels» investigateurs, l'œil vient

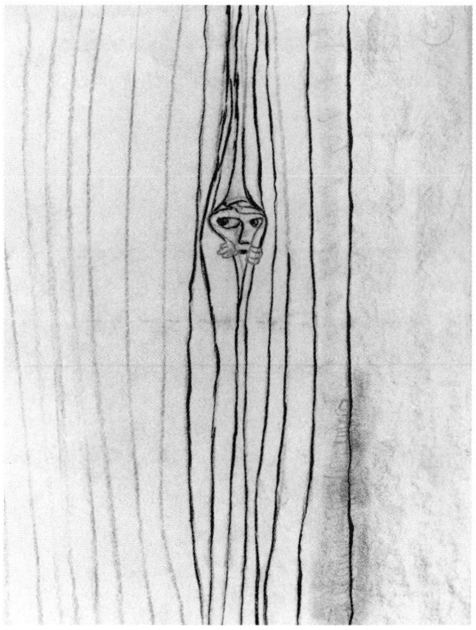

Louise Bourgeois
Sans titre, 1950
Encre de Chine et fusain, 35,5 x 27,9 cm
New York, Courtesy Robert Miller Gallery

«Tous les actes symboliques ont quelque chose de voluptueux. Seulement, les gens ne veulent pas l'admettre.» L. B.

REPRODUCTIONS PAGES 80/81:
Christian Schad
Détail de: *Maika*
Voir page 85

Marcel Broodthaers
Tour visuelle, 1966
Mixed media, 88 x 50 cm
Edimbourg, Scottish National Gallery of Modern Art

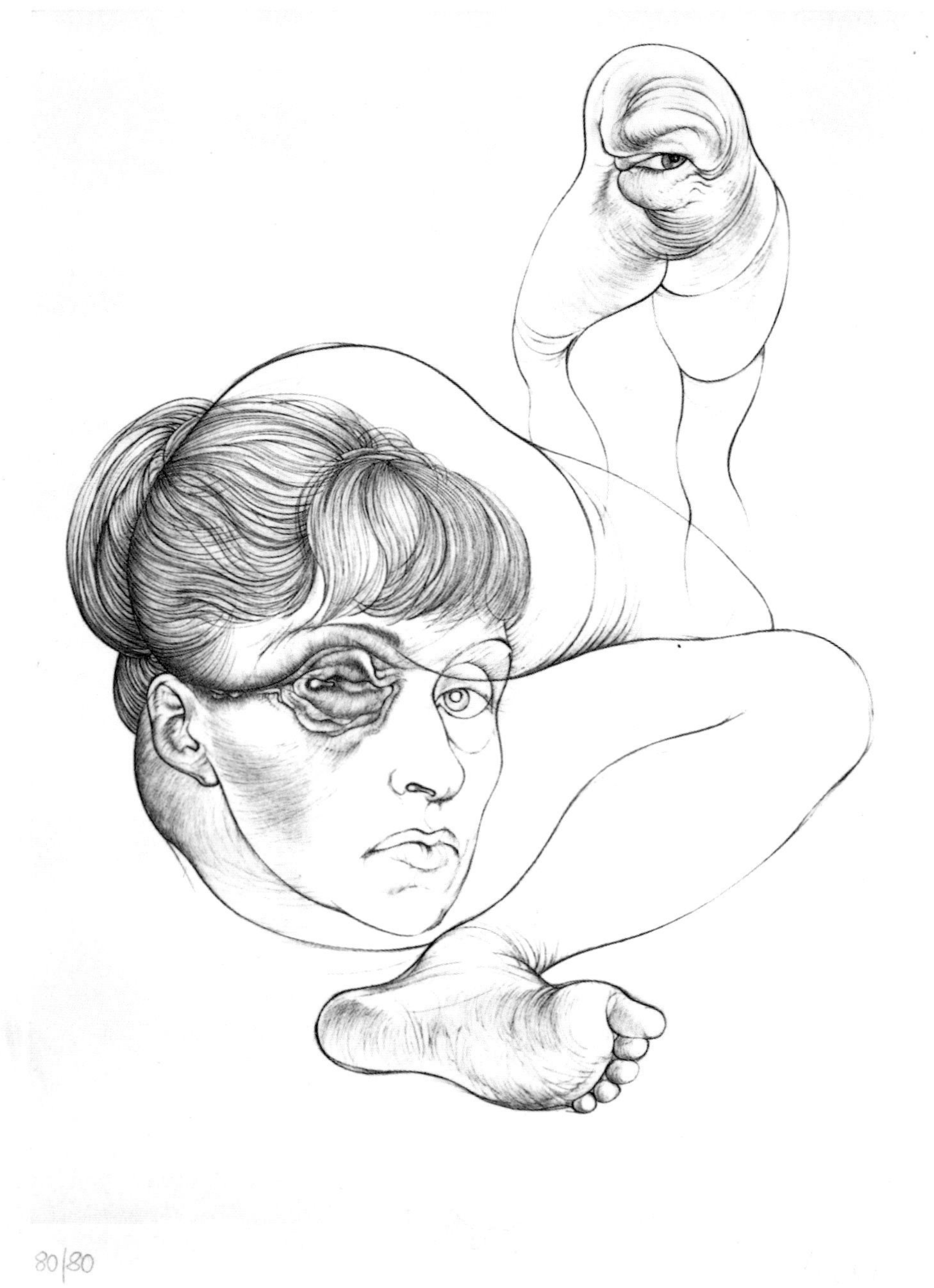

Hans Bellmer
Initiation à la sexualité I, feuille 2, 1974
Unterweisungen der Sexualität I, Blatt 2
Gravure, 31,5 x 24 cm
Francfort/Main, Courtesy Graphisches Kabinett im Westend

«Afin de saisir le motif de la deuxième et évidente transposition, celle de l'œil sur la main par exemple, il faut supposer que l'œil, accablé par l'idée du sexe, n'était pas capable de masquer complètement ce contenu supplémentaire et compromettant: nous pouvons supposer, sans que nous commettions une erreur trop lourde, que les choses intimes sont vues, entendues et senties de telle manière que sous l'influence d'un choc, d'une aversion et d'une culpabilité, le refoulement ou tout simplement d'abord la négation de la vue doit signifier: ‹Je ne veux rien voir, je ne veux plus rien voir.› C'est ainsi que l'œil, l'oreille et le nez sont soumis à des mesures d'oppression et sont devenus de nouveaux centres de conflit, des ‹foyers d'excitation› auxquels s'oppose nécessairement un foyer d'excitation virtuel, à savoir la main ou le talon.» H. B.

largement en tête. Classification qui va d'ailleurs des organes les plus nobles, placés dans la tête, aux organes les plus marqués sexuellement, en passant par l'appareil décoratif du tronc (les seins), les membres et leurs extrémités (mains, doigts). Encore les analogies, ainsi qu'on vient de le voir et qu'on le verra encore, jouent-elles un grand rôle. Pour le poète, ce qui frappe le plus dans un visage, ce sont les yeux. Il y trouve la citerne où boivent ses ennuis, l'inspiration d'un immortel amour, la source même de l'amour. «Les yeux!» s'exclame Charles Vellay… «nous apprennent tous les mystères de l'amour, car l'amour n'est ni dans la chair, ni dans l'âme, l'amour est dans les yeux qui frôlent, qui caressent, qui ressentent toutes les nuances des sensations et des extases, dans les yeux où les désirs se magnifient et s'idéalisent. Oh! vivre la vie des yeux où toutes les formes terrestres s'effacent et s'annulent: rire, chanter, pleurer avec les yeux, se mirer dans les yeux, s'y noyer comme Narcisse à la fontaine.»

Simone, la sadienne héroïne de Bataille, éprouve une passion morbide pour tout ce qui rappelle le globe oculaire. Des œufs qu'elle casse sur le rebord des bidets, aux testicules des taureaux de l'arène que l'on fait griller pour les manger, après la corrida: «Ces glandes de la grosseur et de la forme d'un oeuf, étaient d'une blancheur nacrée, rosée de sang, analogue à celle du globe oculaire.» Elle en vient à arracher l'œil d'un prêtre, et le pousse dans son fondement. Le fétichisme seul explique les conditions atroces de l'énucléation, du sacrilège et des tortures. Il ne s'agit, heureusement, que d'un récit d'imagination délirante, mais plus d'un dévoyé en fera ses délices. Le fétichisme n'est-il pas lui aussi délirant, lorsque le monomane, obsédé par la femme, ne regarde absolument que ses yeux ?

Bataille, et son complice et ami Bellmer – «L'art de Hans Bellmer», a écrit André Pieyre de Mandiargues, «bien entendu, est de caractère

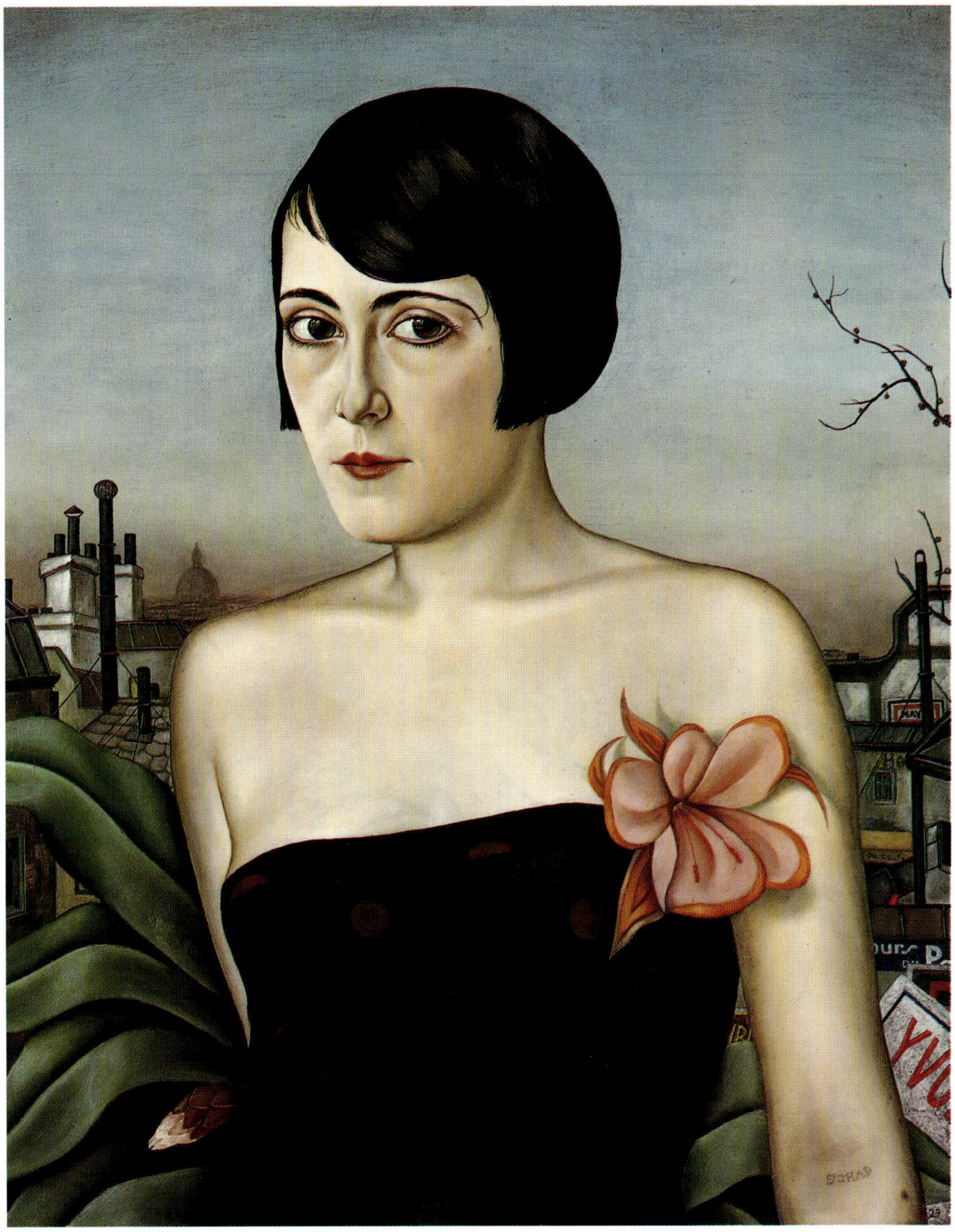

Christian Schad
Maika, 1929
Huile sur toile, 65 x 53 cm
Collection privée

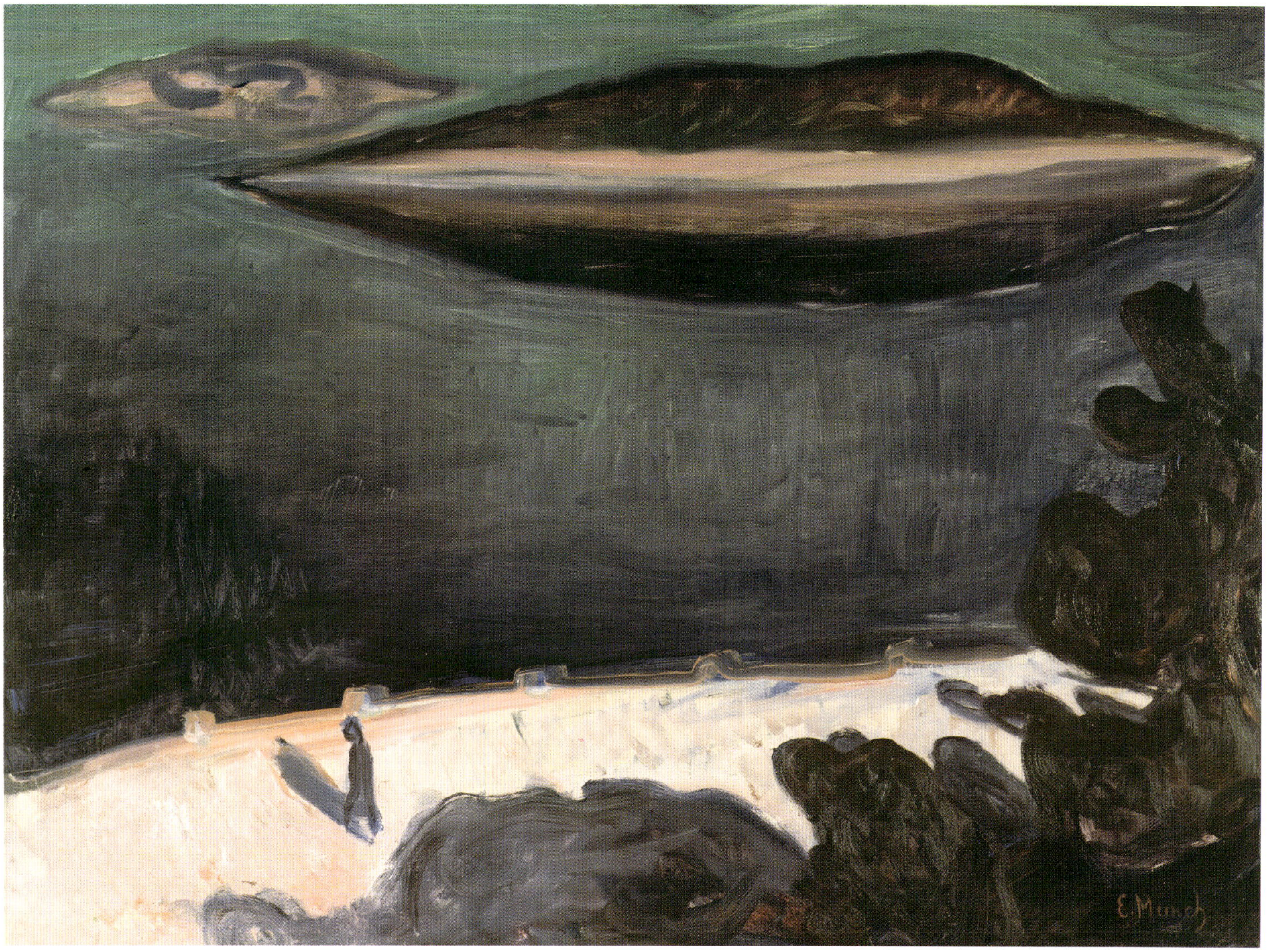
E. Munch

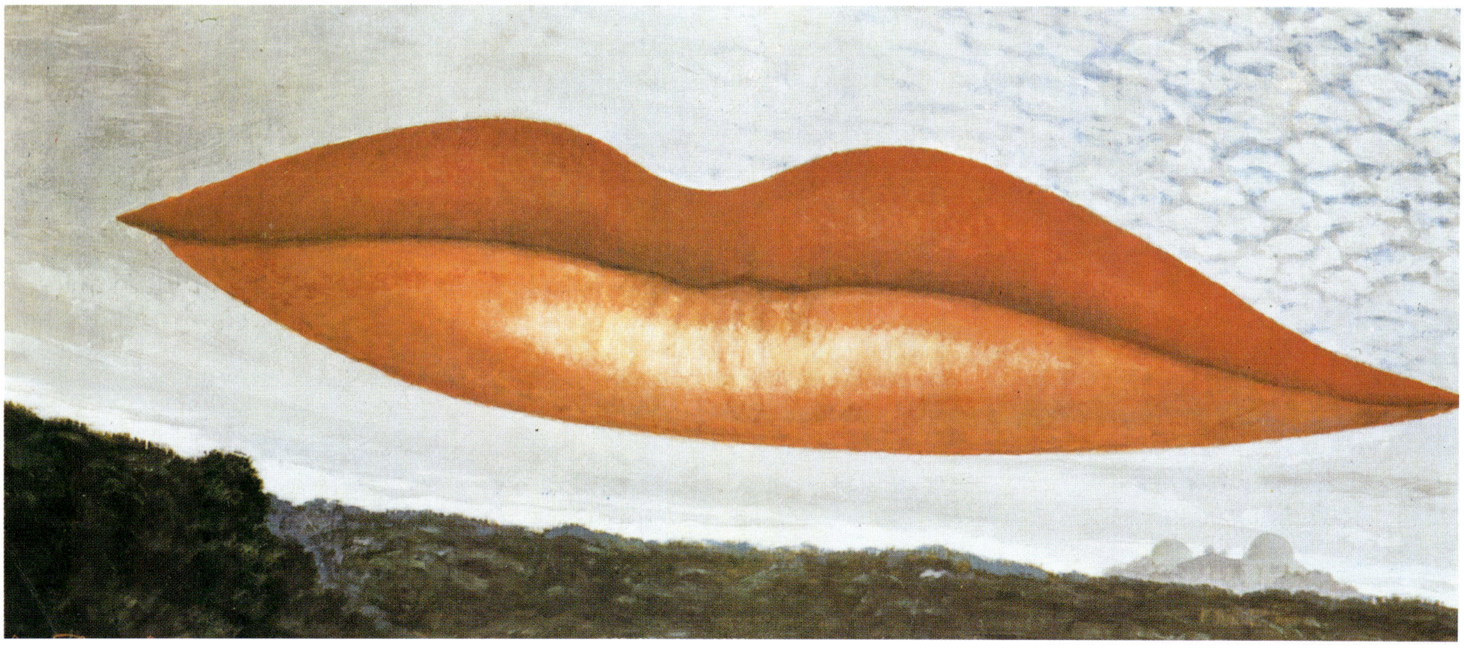

érotique, sado-masochiste, fétichiste et pervers» – en font une véritable philosophie basée sur le cycle de vie d'Eros et Thanatos. L'un comme l'autre partent en guerre contre la société qui, considérant la mort et la sexualité comme facteurs de désordre, les a frappés d'interdit, appelant ainsi la transgression dans les religions (par le sacrifice et l'orgie) ou la révolte des individus (la notion de plaisir chez Sade ou Gilles de Rais). Ils ont choisi «la voie ardue, mouvementée, celle de l'homme entier, non mutilé». Ils rendent ainsi compte dans leurs œuvres complémentaires de cette expérience qui récuse toute présupposition morale, religieuse ou mystique. Or, «l'homme ignorant de l'érotisme n'est pas moins étranger, au bout du possible, qu'il ne l'est sans expérience intérieure». Recherchant «l'outrance du désir ..., la joie suppliciante ...» jusqu'à cet extrême où la volupté et le dégoût coïncident et s'annulent, utilisant leur art comme moyen de provocation, une violence nécessaire, tendant à la limite à substituer à l'art «une contemplation silencieuse, (celle) de l'être au sommet de l'être». C'est ainsi qu'inlassablement, Bellmer inventorie le domaine interdit de l'érotisme, où concourent l'obsession adolescente, le rêve freudien, la rancune virile et le dégoût de la satiété. Parfois influencé par certains procédés surréalistes (jeux perspectifs, associations incongrues), il n'est jamais plus efficace – de son trait hérité de la grande tradition germanique, celle de Matthias Grünewald et de Hans Baldung Grien – que lorsqu'il concentre sa nostalgie aiguë sur l'élément féminin pur. Ses courbes chantantes et dures, modelant volumes et cavités, témoignent en faveur d'une lancinante absence ou d'une évidence chaotique aussi désespérée. Visionnaire et voyeur, ses recherches sur les «transferts anatomiques» (nez-phallus, narines-testicules, visages-

REPRODUCTION A GAUCH.
Edvard Munch
Nuit d'été sur le Ostafjord, vers 1900
Huile sur toile, 71,5 x 100 cm
Mannheim, Städtische Kunsthalle Mannheim

Man Ray
A l'heure de l'observatoire – Les amants, 1932/34
Huile sur toile, 100 x 250,4 cm
New York, collection privée

«Quand il fut achevé, le tableau trouva pendant quelques temps sa place au-dessus de mon lit, comme une fenêtre ouverte sur l'univers. Les lèvres rouges surplombaient dans un ciel bleu gris un paysage crépusculaire comprenant un observatoire et ses deux coupoles, celles-ci se détachant comme des seins sur l'horizon. Du fait de leur grosseur, les lèvres évoquaient incontestablement deux corps étroitement enlacés.»
M. R.

Andy Warhol
Les lèvres de Marilyn Monroe, 1962
Marilyn Monroe's Lips
Sérigraphie sur peinture acrylique et crayon sur toile, deux panneaux: 210,2 x 205,1 cm et 211,8 x 210,8 cm
Washington (DC), Hirshhorn Museum and Sculpture Garden, Smithsonian Institution, don de Joseph H. Hirshhorn

«Les lèvres de Marilyn n'étaient pas très attrayantes, mais photogèniques.»
A. W.

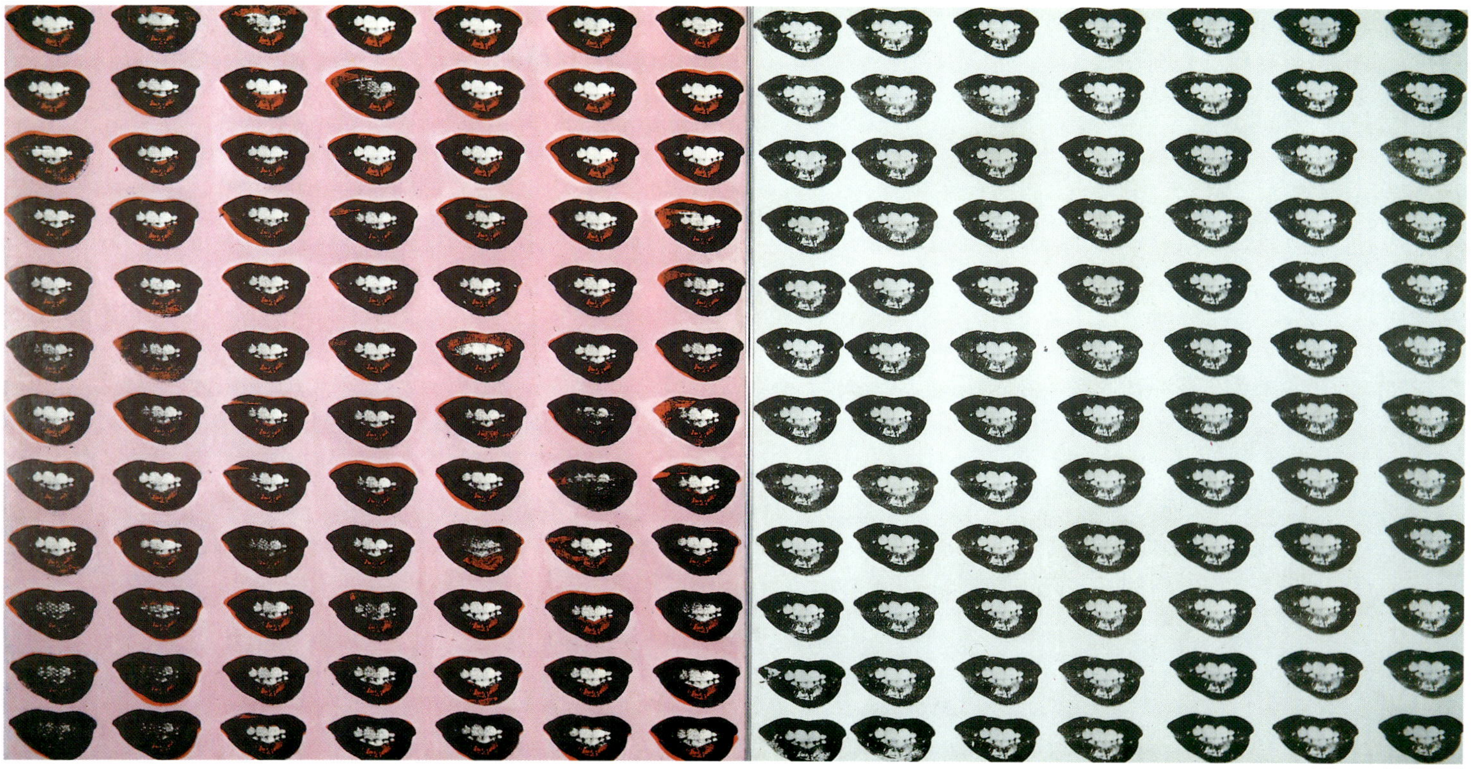

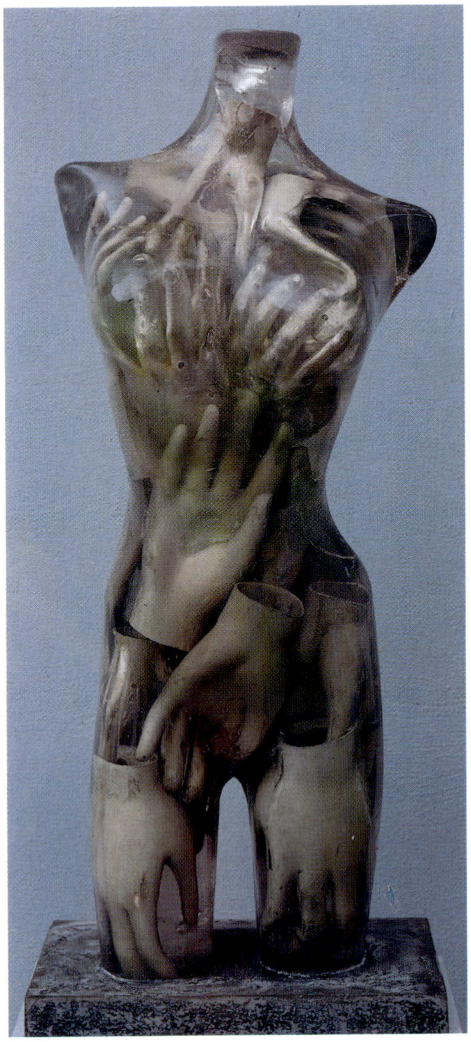

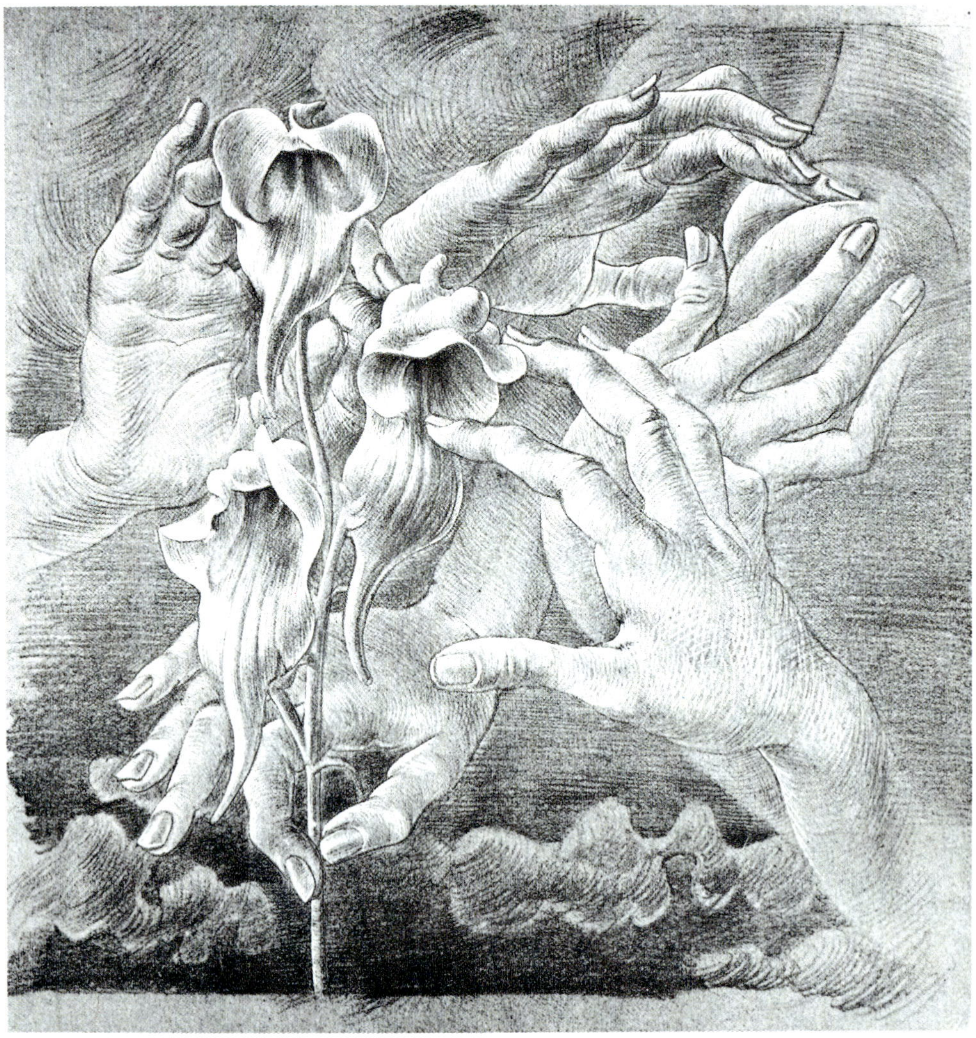

REPRODUCTION A GAUCHE:
Arman
Torse aux gants, 1967
Polyester, 88 x 37 x 29 cm
Cologne, Museum Ludwig

REPRODUCTION A DROITE:
Hans Bellmer
Sans titre
Crayon, 32 x 30 cm
Collection privée

fesses), témoignent de la richesse associative d'une imagination qui n'a rien à envier à celle de Bataille et qui, dit-il, «puise exclusivement dans l'expérience corporelle». Tout au long de son œuvre, il a pu jouer ainsi avec sa *Poupée*, mannequin de petite fille dont les membres disloqués et l'expression sentimentalement niaise ou équivoque offrent le contraste le plus saisissant et l'aliment le plus vivace à la troublante imagination érotique.

Dans «Phantomas», Marcel Broodthaers note: «Une plus belle forme que la coquille d'œuf? Non. Si, la coquille de moule. La coque. Deux formes complètes, équilibrées, riches en germes... Objets formés à l'aide de coquilles, objets en œuf représentant le monde et les étoiles. (Peindre? construire? travailler?). Références aux estampes de Bosch, de Breughel et aux tableaux de Magritte. Ces œufs chevauchés, ces œufs habités, ces œufs qui trompent l'œil et raviront les poètes de nature maudite. Tout est œuf. Le monde est œuf. Le monde est né du grand jaune, le soleil. Notre mère, la lune, est écailleuse. Et le ventre d'une vague d'eau est blanc. En écailles d'œufs pilés, la lune. Poussières d'œufs, les étoiles. Tout, œufs morts. Et, perdus, les poètes. En dépit des grades, ce monde-soleil, cette lune, étoiles de trains entiers. Vides. D'œufs vides...» Et Broodthaers d'entasser les œufs, les moules, les yeux (*La tour visuelle*, p. 82).

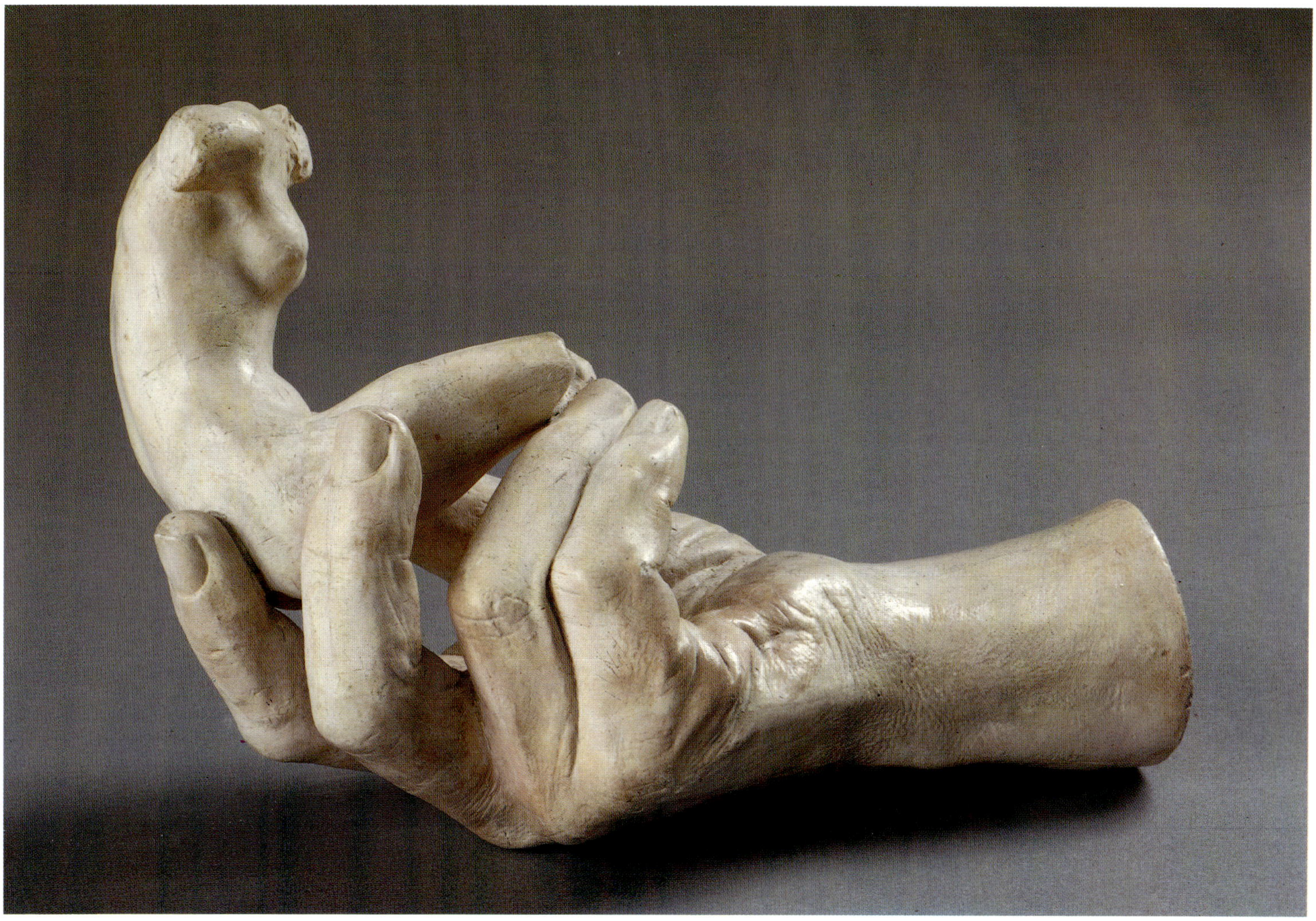

Auguste Rodin
Main de Rodin tenant un torse de femme, 1917
Plâtre, 14,9 x 22,9 x 11,8 cm
Paris, Musée Rodin

«C'est comme si Rodin ressentait le visage de la femme comme une partie de son beau corps, comme s'il voulait que ses yeux soient les yeux du corps et sa bouche, la bouche du corps.» R. M. Rilke

Dans son «Traité des sensations» (Paris, 1754), le philosophe sensualiste Etienne Bonnot de Condillac s'efforce de démontrer comment toutes nos connaissances et toutes nos facultés viennent des sensations. Pour lui, l'attention est une sensation plus vive que les autres; la mémoire est la sensation conservée; la comparaison est une double attention, le jugement en résulte; l'abstraction est l'attention qui se porte sur une qualité d'un objet; l'imagination est la combinaison des images. Condillac a supposé, pour démontrer son système, une statue dans laquelle il fait naître successivement les diverses sensations. Hans Bellmer jouant avec sa poupée, Robert Mapplethorpe photographiant *Lisa Lyon* se pinçant les pointes des seins (p. 92), Man Ray transformant le dos d'une femme en *Violon d'Ingres* (p. 90), Piero Manzoni signant sa *Sculpture vivante* (p. 91), Helmut Newton (p. 98), Peter Paul Rubens (p. 96), Eva Hesse (p. 96) et Meret Oppenheim (p. 99) passant en revue les pilosités les plus diverses, Rodin caressant sa créature (p. 89), Gabrielle d'Estrée (p. 94) batifolant avec sa sœur... font-ils autre chose que provoquer et observer les diverses sensations qu'ils font naître? Dès lors, le fétichisme corporel correspondant à cette recherche des sensations peut prendre l'aspect de n'importe quel «objet partiel» ou «machine désirante» selon Gilles Deleuze et Félix Guattari. Tel détail anatomique peut être pris pour l'ensemble et le reste du corps n'agit qu'à

Jean-Auguste-Dominique Ingres
La baigneuse de Valpinçon, 1808
Huile sur toile, 146 x 97 cm
Paris, Musée du Louvre

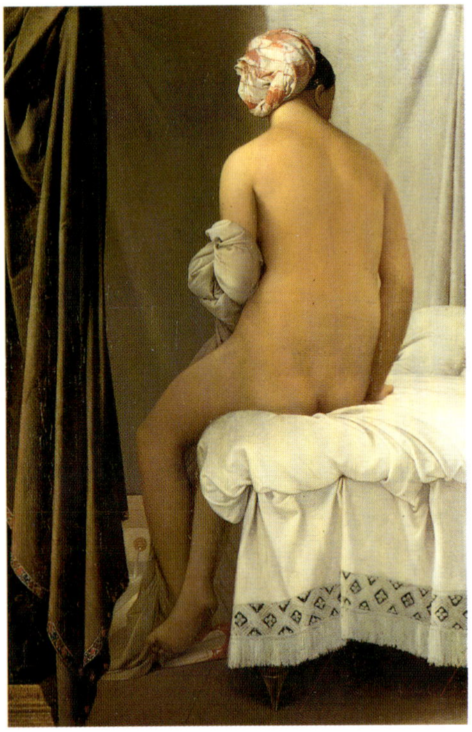

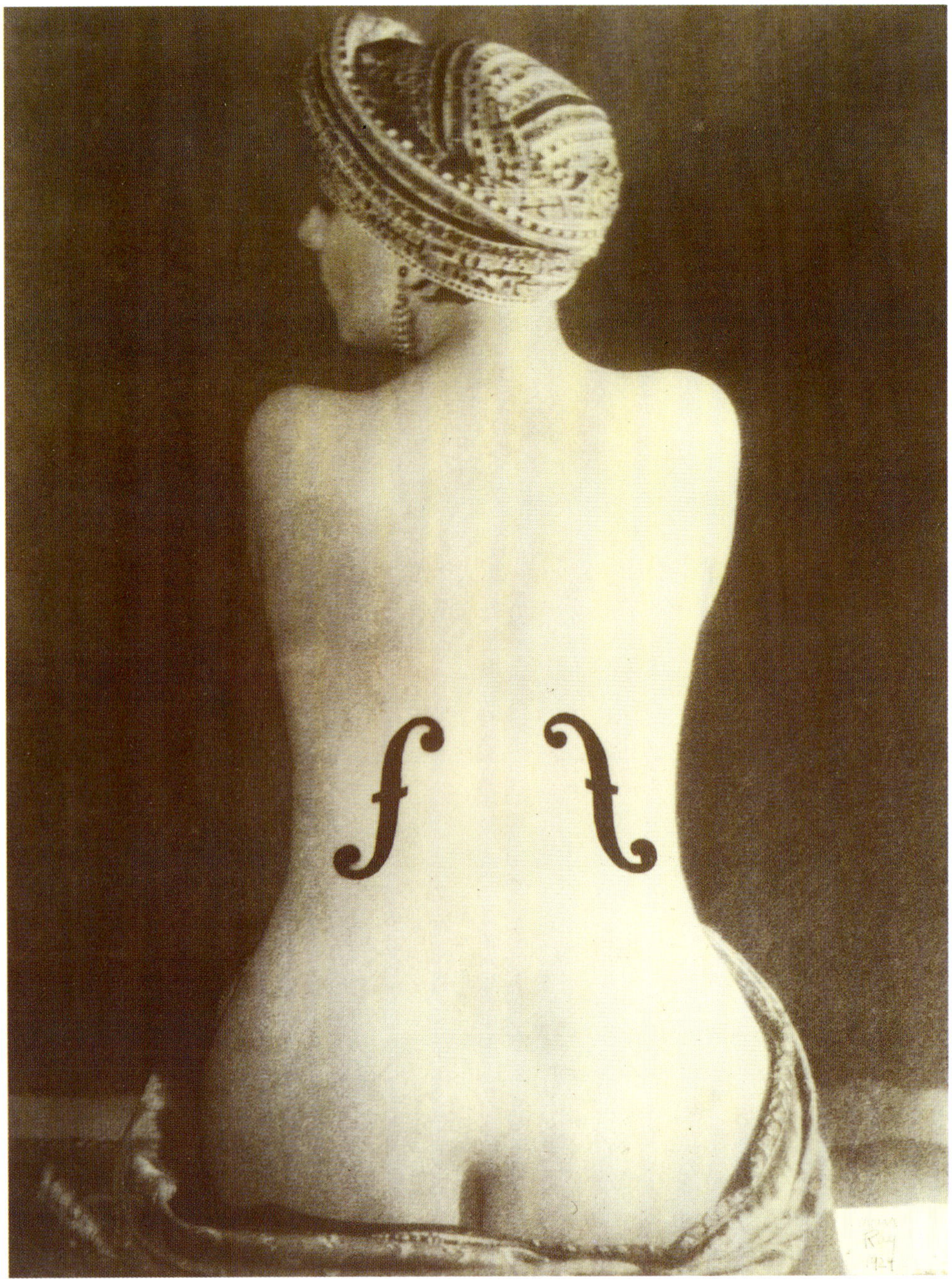

Man Ray
Le violon d'Ingres, 1924
Photo en noir et blanc
New York, Courtesy Robert Miller Gallery

«En ce qui concerne les nus, ils ont toujours constitué pour moi un thème de prédilection, aussi bien dans mes peintures que dans mes photos, et je dois avouer que ceci n'est pas seulement dû à des raisons purement artistiques.» M. R.

la manière d'un complément de la partie existante. L'amoureux des pieds, par exemple, pourra l'être aussi des jambes et du mollet; celui des yeux ne restera pas insensible à la bouche et aux cheveux. D'autres, en revanche, subiront l'attrait unique des ailes du nez ou du nombril. «Existe-t-il une seule partie du corps qui ne puisse devenir fétiche et déployer un attrait de détail?» demande Wilhelm Stekel. Et Havelock Ellis de répondre: «Il n'y a pas une partie du corps qui ne puisse être érogène.» Ainsi que le note Roland Villeneuve, «La peau, à elle seule, devient fétiche quand sa couleur échappe à l'ordinaire; quand elle s'orne de grains de beauté et de tatouages, ou qu'elle attire la concupiscence cannibale...»

La majorité des fétichistes, notamment des fétichistes homosexuels, n'ignore pas la liaison existant entre la longueur de la verge et celle du nez. C'est le nez des statues géantes de l'Ile de Pâques qui en fait tout l'attrait. Et que dire de la longueur des nez peints par Modigliani. Avec les artistes pop, on l'a vu, on est en plein délire culinaire, délire qui englobe le nu ou des morceaux magnifiés de nu. New York, c'est «Alice au pays des merveilles», avec une Alice qui rencontre à chaque coin de rue un flacon marqué «Bois-moi» et un petit gâteau où s'inscrivent les mots «Mange-moi» très joliment tracés avec des raisins de Corinthe. Les grandes bouches à demi ouvertes, à demi offertes de Wesselmann constituent une réclame ambiguë. Elles semblent appeler le dentifrice ou prêtes à assouvir leur faim, sans cesser de sourire («Cheese!»), pour affirmer leur bonheur d'être américaines. Mais elles font en même temps songer, inutile de le cacher, à des pratiques érotiques orales... Erotisme et gourmandise se trouvent en effet mêlés dans le fétichisme de la bouche, fréquemment comparée à un fruit mûrissant. Mais avec Wesselmann, avec Warhol (p. 87), on est en Amérique justement: le puritanisme l'emporte toujours, avec la frus-

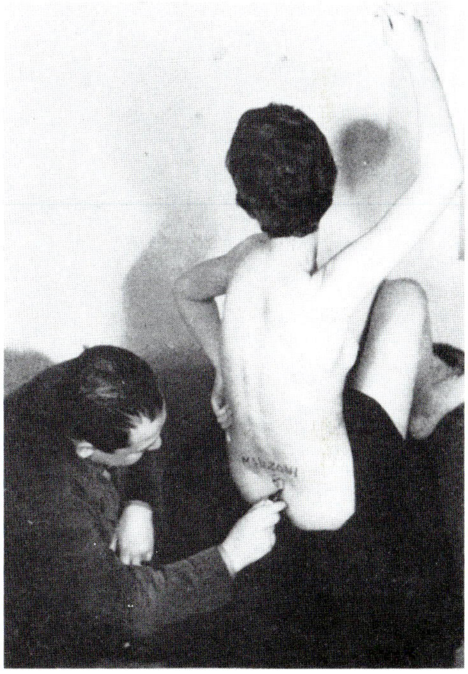

Piero Manzoni
Sculpture vivante, 1961
Scultura viventa
Photo d'action

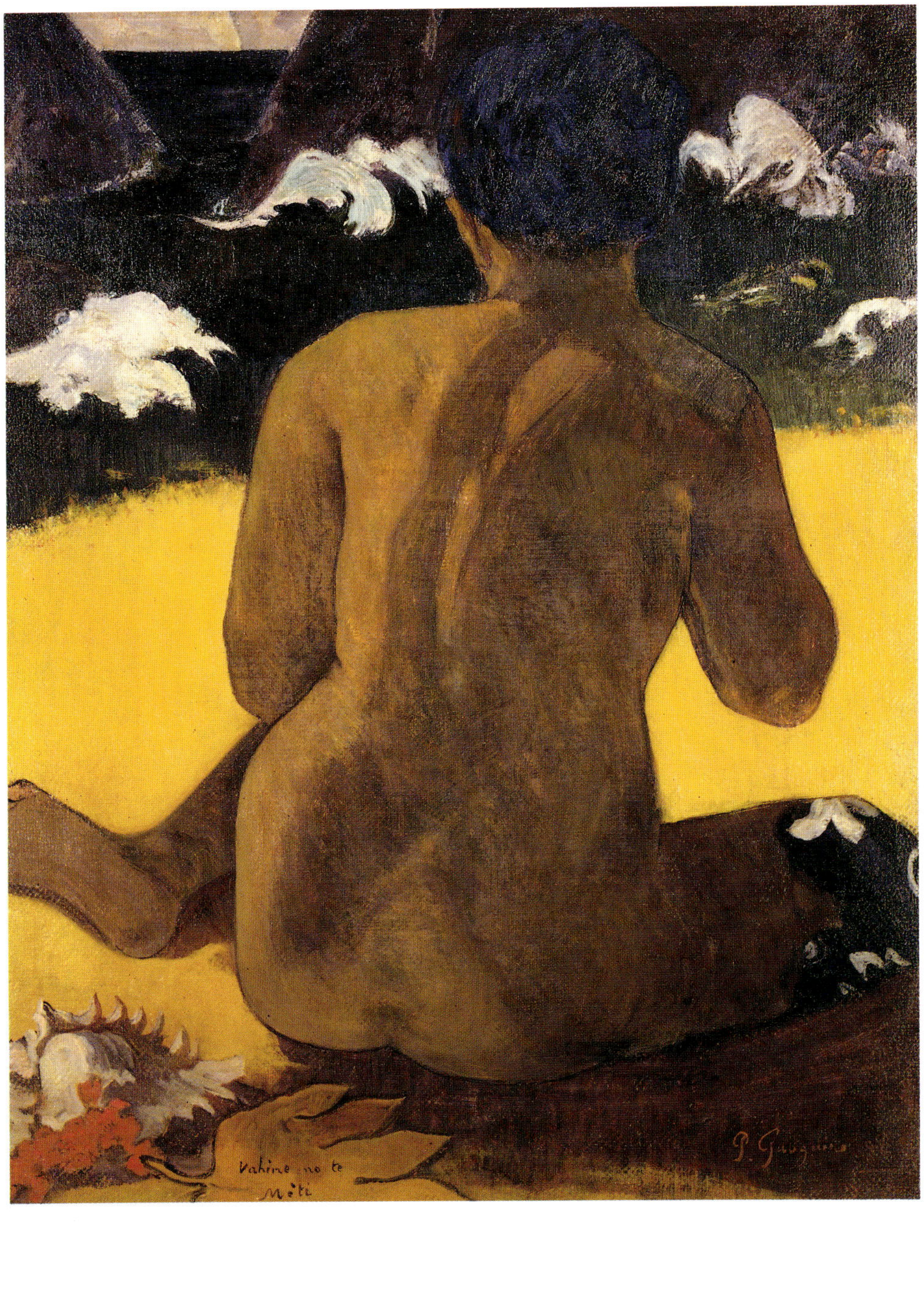

Paul Gauguin
Femme sur la rive, 1892
Vahine no to miti
Huile sur toile, 92,5 x 74 cm
Buenos Aires, Museo
Nacional de Bellas Artes

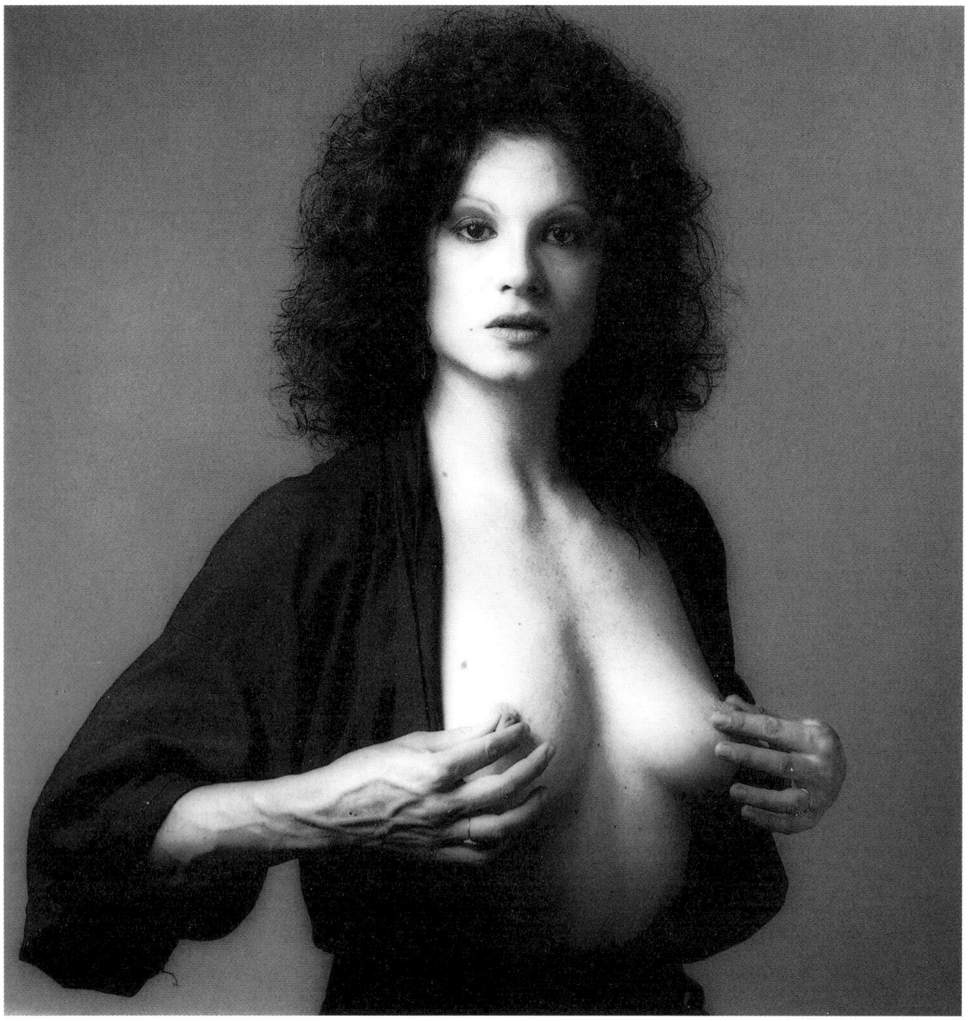

Robert Mapplethorpe
Lisa Lyon, 1982
Photo en noir et blanc
New York, © 1982 The Estate of
Robert Mapplethorpe

tration pour compagne. Ce n'est pas un hasard si la plupart des bouteilles et des boîtes de Warhol sont fermées. Si hot-dogs, gâteaux, glaces affriolantes sont en plastique, derrière des vitrines, nourritures pour l'œil; de même que les femmes des *Nus américains* de Wesselmann, lavées, désodorisées, hygiéniques et artificielles sont intouchables, «impénétrables», affaire de voyeurs seulement. On est loin des surréalistes qui utilisaient les lèvres de Mae West comme Dalí, pour s'asseoir ou se vautrer, voir forniquer dessus; ou comme Man Ray qui fait de sa bouche géante (*Les amants*, p. 86), le véhicule idéal pour aller au septième ciel.

Narcisse, dans l'art contemporain, reste plus vivant que jamais. On ne tue pas les pulsions. Il s'élève même au rang de star, d'objet d'art lui-même. A l'occasion d'une exposition Broodthaers à Bruxelles, en 1962, Manzoni déclare que celui-ci est bien une «œuvre d'art authentique et véritable» et signe la carte d'authenticité n° O71: «This is to certify that Marcel Broodthaers has been signed by my hand and therefore is to be considered as an authentic work of art for all intents and purposes as of the date below. Bruxelles the 23.2.62, Piero Manzoni.» Broodthaers dira plus tard: «Nous nous sommes rencontrés comme si nous étions des comédiens. Cette rencontre avec Manzoni, le 23.2.62, date du certificat selon lequel je suis ‹objet d'art›, m'a permis d'appré-

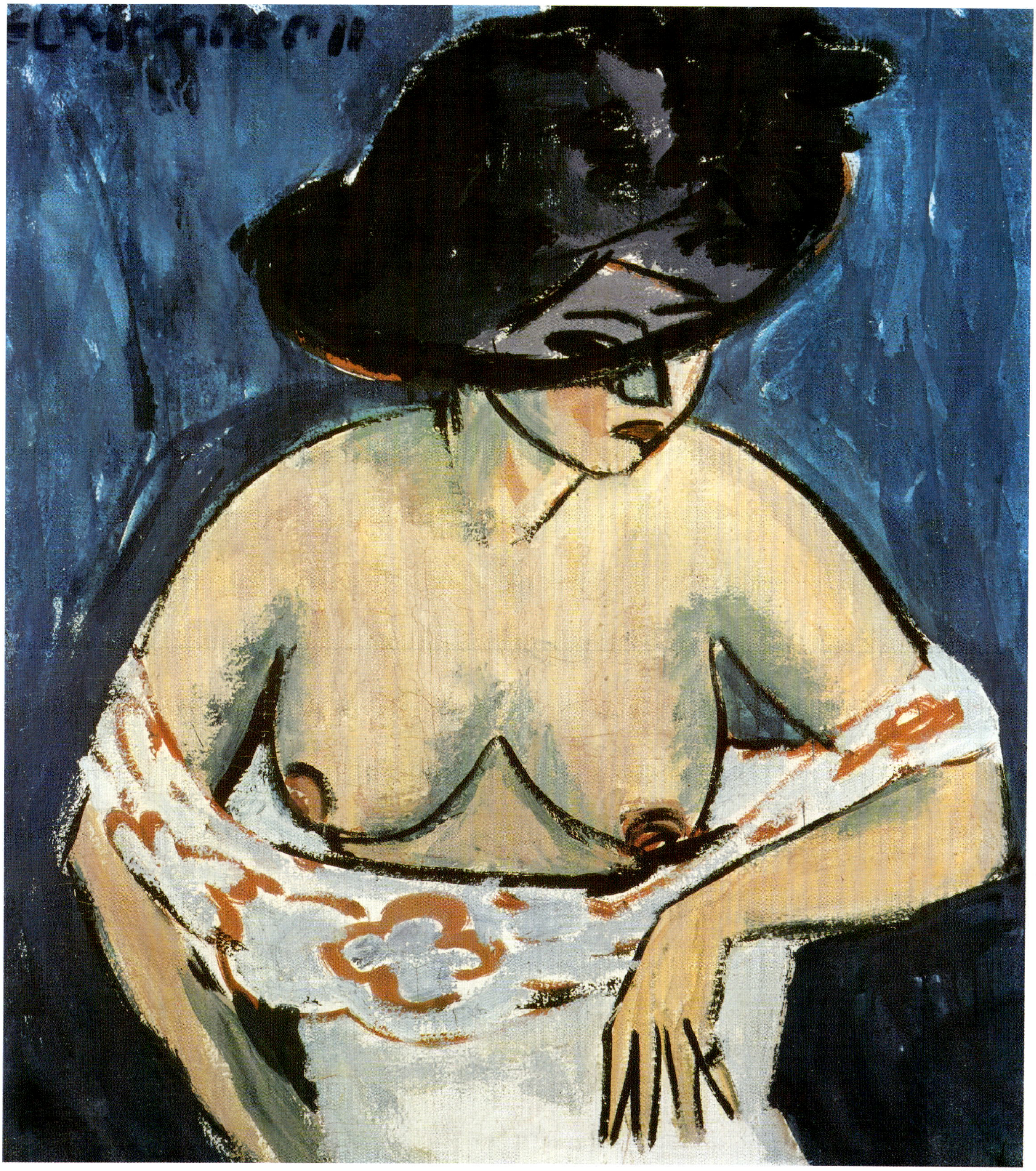

Ernst Ludwig Kirchner
Nu féminin avec chapeau, 1911
Weiblicher Halbakt mit Hut
Huile sur toile, 76 x 70 cm
Cologne, Museum Ludwig

«Ma femme ne cesse de répéter que je ne suis jamais parvenu à refaire un tel tableau de femme. En cela, elle fait certainement preuve d'un peu de jalousie, car il existe d'elle également de très beaux nus. Mais peut-être a-t-elle raison dans la mesure où, dans ce tableau, je fis entrer mon profond amour du corps féminin, amour éprouvé pour la première fois et par conséquent unique.» E. L. K.

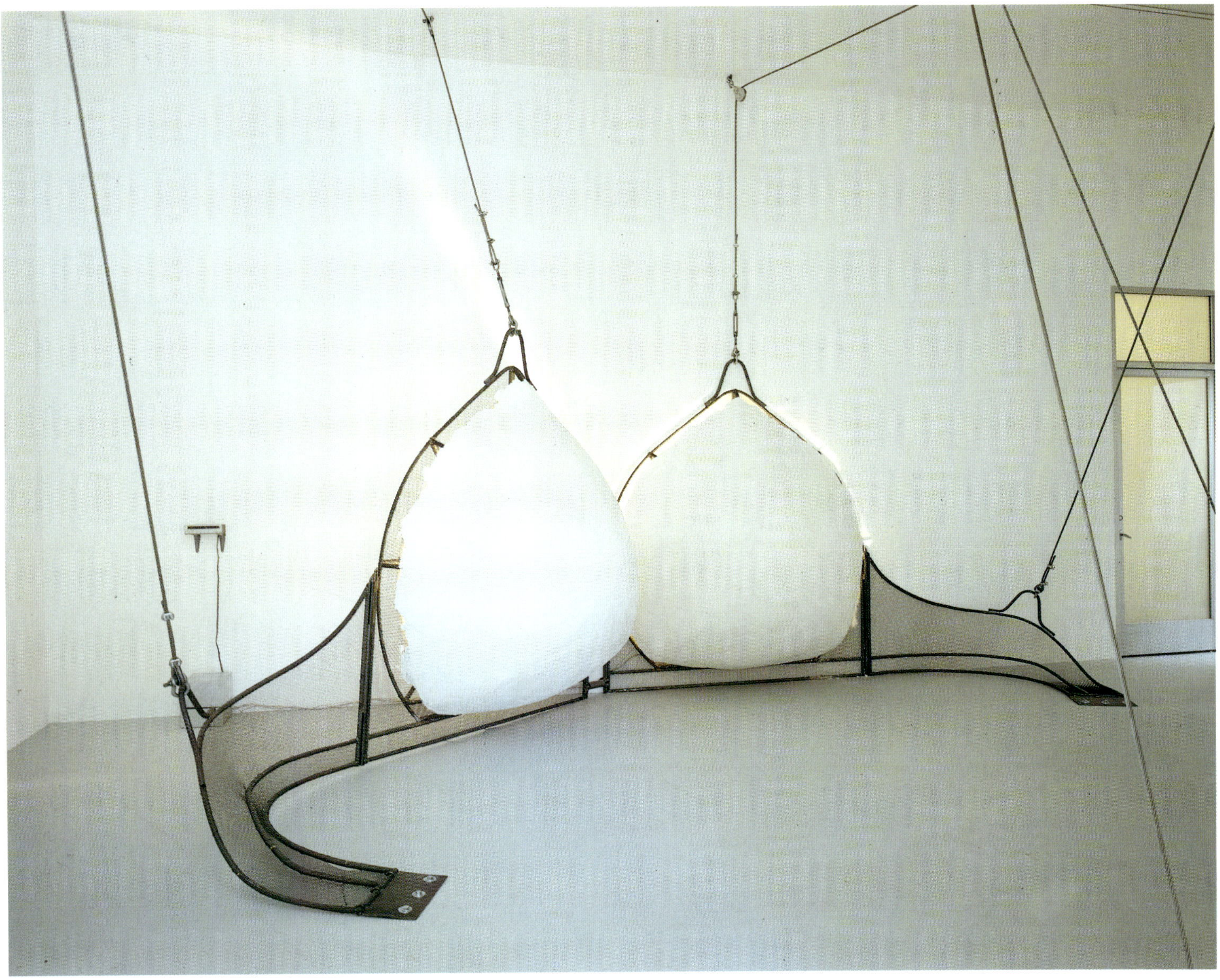

Vito Acconci
Mur soutien-gorge, 1990–91
Adjustable Wall Bra
Mixed media, 731,5 x 243,8 x 152,4 cm
Santa Monica (CA), Courtesy of James Corcoran Gallery

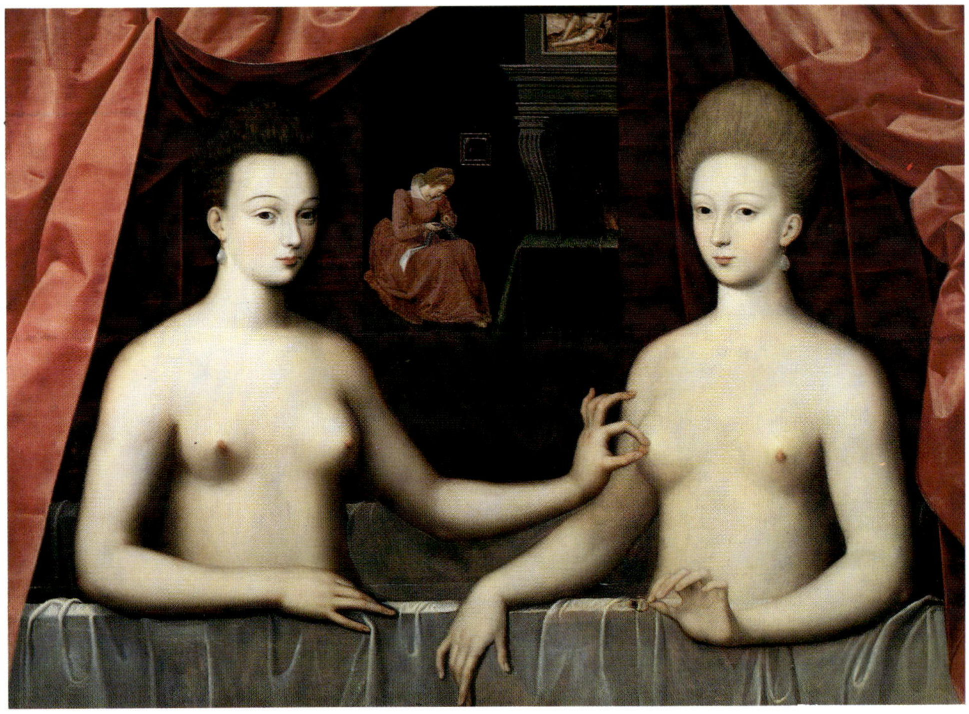

Ecole de Fontainebleau
Gabrielle d'Estrées et une de ses sœurs, 1595
Huile sur bois, 96 x 125 cm
Paris, Musée du Louvre

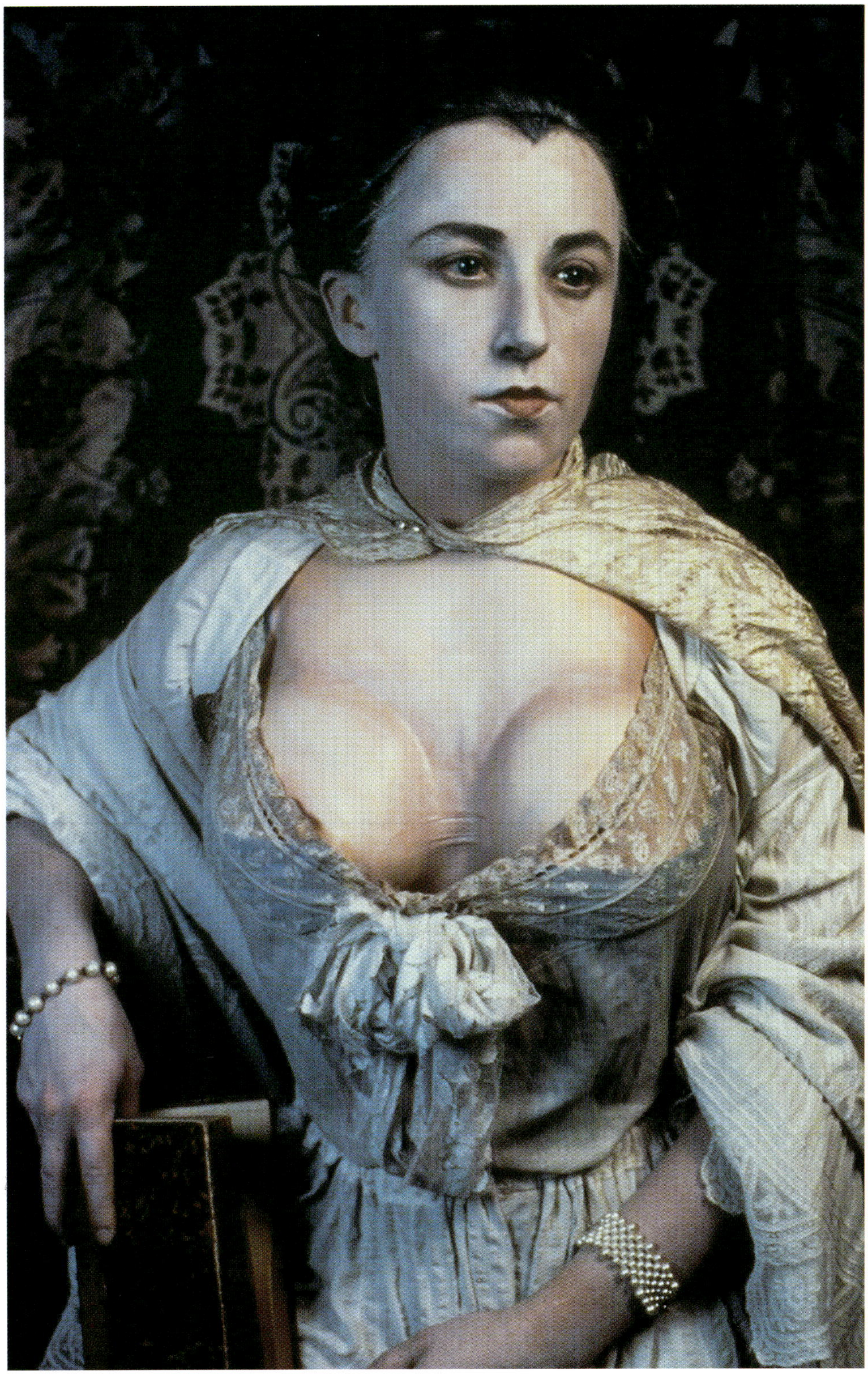

Cindy Sherman
Sans titre n° 183, 1988
Untitled No.183
Photo en couleur, 108 x 72 cm
New York, Courtesy Metro Pictures

cier la distance qui sépare le poème d'une œuvre matérielle mettant en cause l'espace ‹fine arts›. Autrement dit, la valeur du message avec seulement la notion de marchandise identifié à la marchandise.»

Ce crédo (hérité de Duchamp, Dalí et Léger), implique que n'importe quoi, a priori, est virtuellement œuvre d'art et que, de ce point de vue, il n'y a effectivement aucune différence entre *La Joconde* et une bouteille de Coca-Cola (Joconde aux moustaches de Duchamp, Joconde aux clés de Léger). Il ne s'agit pas d'une entreprise de démysti-

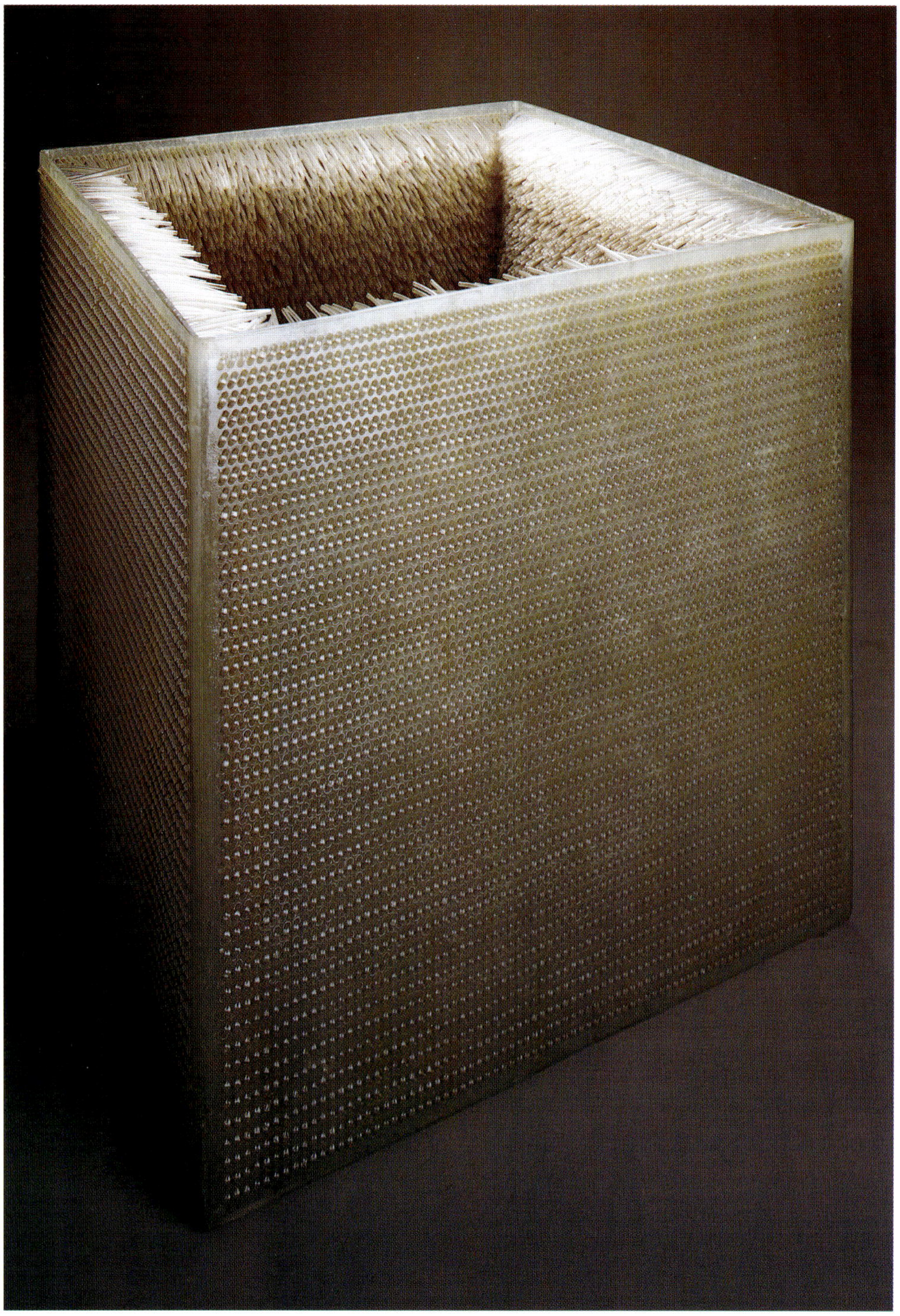

Peter Paul Rubens
Hélène Fourment à la fourrure, vers 1638
Das Pelzchen
Huile sur bois de chêne, 176 x 83 cm
Vienne, Kunsthistorisches Museum

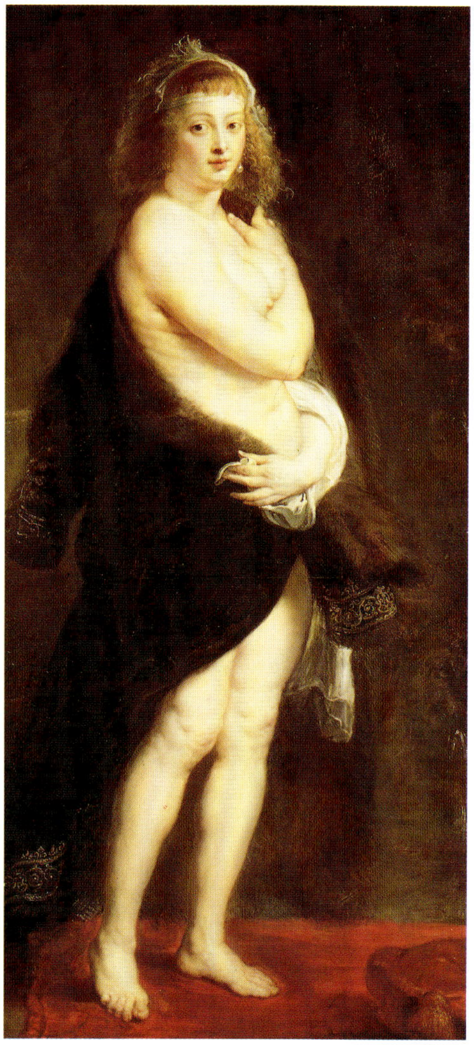

fication mais d'une mise à plat des valeurs, des mythes ou des légendes qui agitent une société: celle de New York, c'est-à-dire, dans les années 60, celle du monde entier, baignant dans l'abondance et l'optimisme béat. Par extension, Warhol, qui les prend pour thème dans ses œuvres, peut-il imprimer à la chaîne et signer des lèvres, des billets de banque, des tickets de métro, des chèques, des T-shirts, des cigares. Il signa même «un bébé qui venait de naître à New York. J'ai écrit ‹Andy Warhol› dessus afin qu'il devienne une œuvre d'art… Mais souvent on me fait signer des faux Warhol, ça m'amuse beaucoup». De la même façon, Manzoni signe un dos (p. 91). On voit pointer, une fois de plus, le nez de Duchamp (qu'il avait long), tenant en laisse son urinoir signé

Eva Hesse
Accession III, 1967–68
Mixed media, 80 x 80 x 80 cm
Cologne, Museum Ludwig

REPRODUCTION A DROITE:
Helmut Newton
Femme en fourrure, 1976
Woman in a Fur Coat
Photo en couleur
© Helmut Newton

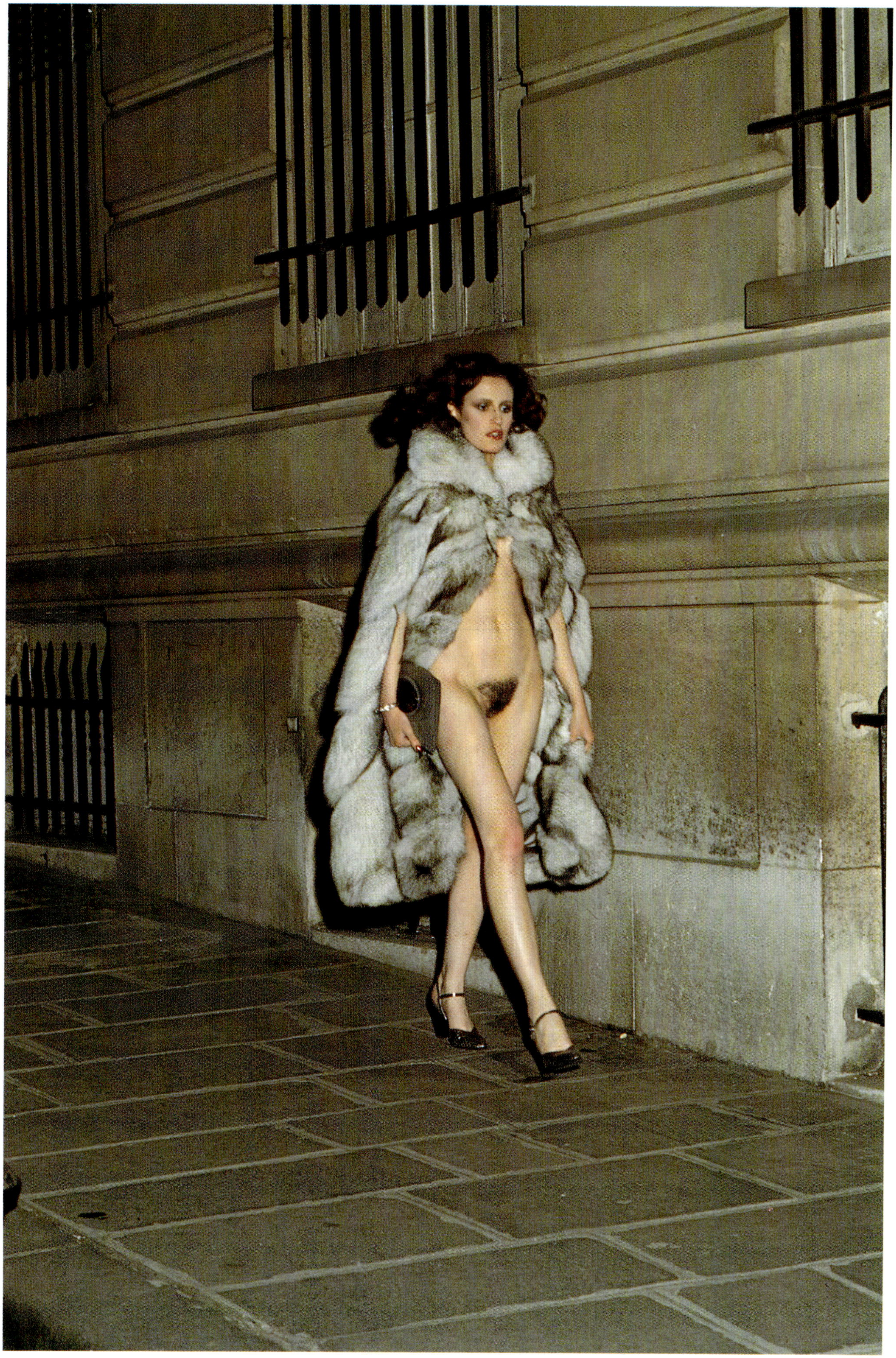

Tilman Riemenschneider
Marie-Madeleine avec les anges, 1490/92
Hl. Magdalena mit Engeln
Bois sculpté
Munich, Bayerisches Nationalmuseum

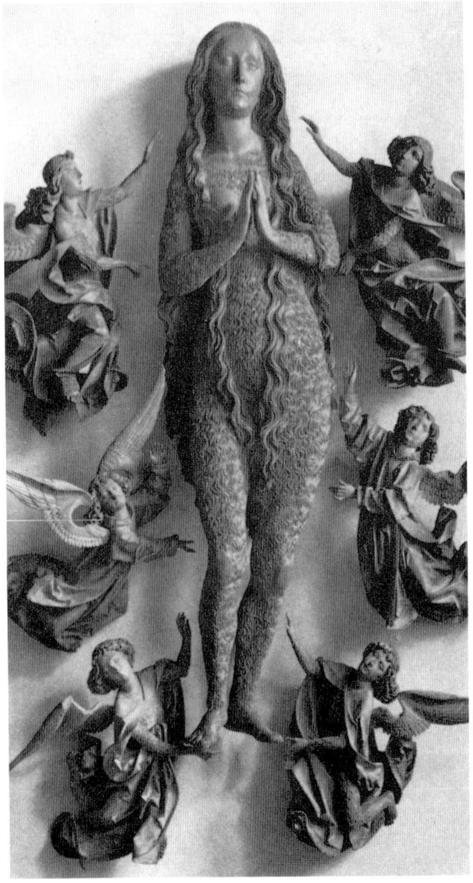

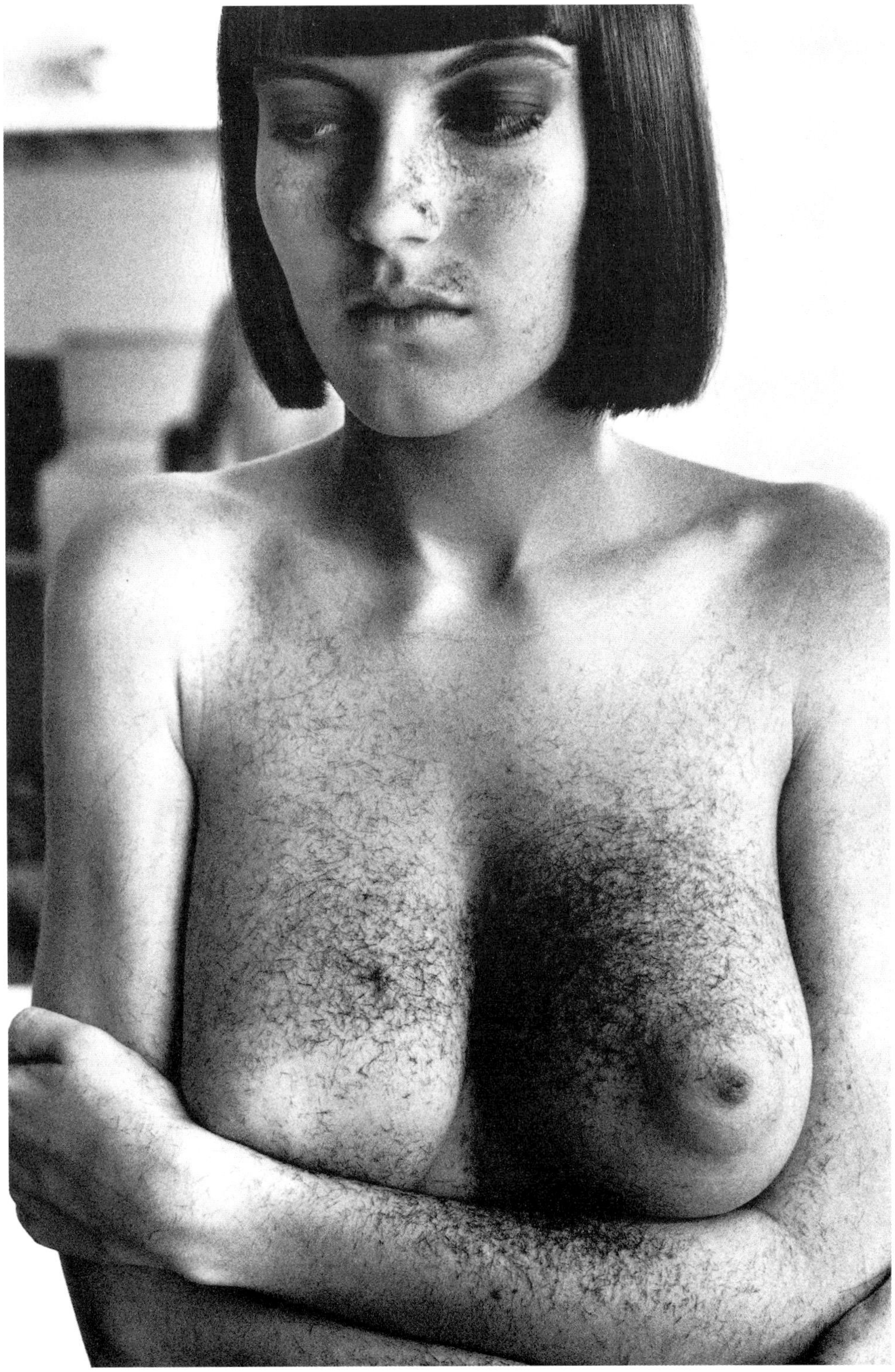

Helmut Newton
Arielle s'est fait couper les cheveux, Paris, 1982
Arielle after a Haircut, Paris
Photo en noir et blanc
© Helmut Newton

«Les femmes que je photographie doivent exprimer une certaine disponibilité. Une femme qui donne l'impression d'être accessible est pour moi beaucoup plus excitante du point de vue sexuel que celle qui se renferme entièrement. C'est cette disponibilité que je trouve érotique.» Helmut Newton

comme une sculpture, ainsi que la meute de tous ses autres readymade.

Roland Villeneuve, qui passe en revue les divers fétichismes corporels, assigne au grand pouce une place de choix, notant qu'il réjouit intérieurement l'homosexuel passif, cette image en suggérant une autre. C'est la longueur du pouce, dit-il, qui chez le fétichiste déterminera l'intensité véritable du plaisir. Certains rêvent même d'ongles démesurés, dignes de ceux des mandarins. La main, avec ses cinq doigts, forme un objet très érotique en soi. La longeur du pouce a, paraît-il, un rapport direct, lui aussi, avec celle du membre viril. Lorsque c'est la main de Rodin, qui sculpte dans la chair (p. 89), on est ému. Lorsque les longs doigts de Bellmer (p. 88) écartent les lèvres des sexes-fleurs, en titillent le clitoris-pistil ou s'enfoncent dans des anus de fruits, on frissonne. On est en plein univers tactile, l'un des sens essentiels à l'amour et à l'érotisme. Enfin, lorsque les mains se transforment en gants, se multiplient, s'accumulent et fouaillent ou caressent le corps féminin de l'intérieur (Arman: *Torse aux gants*, p. 88), on crie.

Avec la fascination du dos, on quitte la philosophie pour une sensualité de la plastique pure. Man Ray, en transformant son dos en

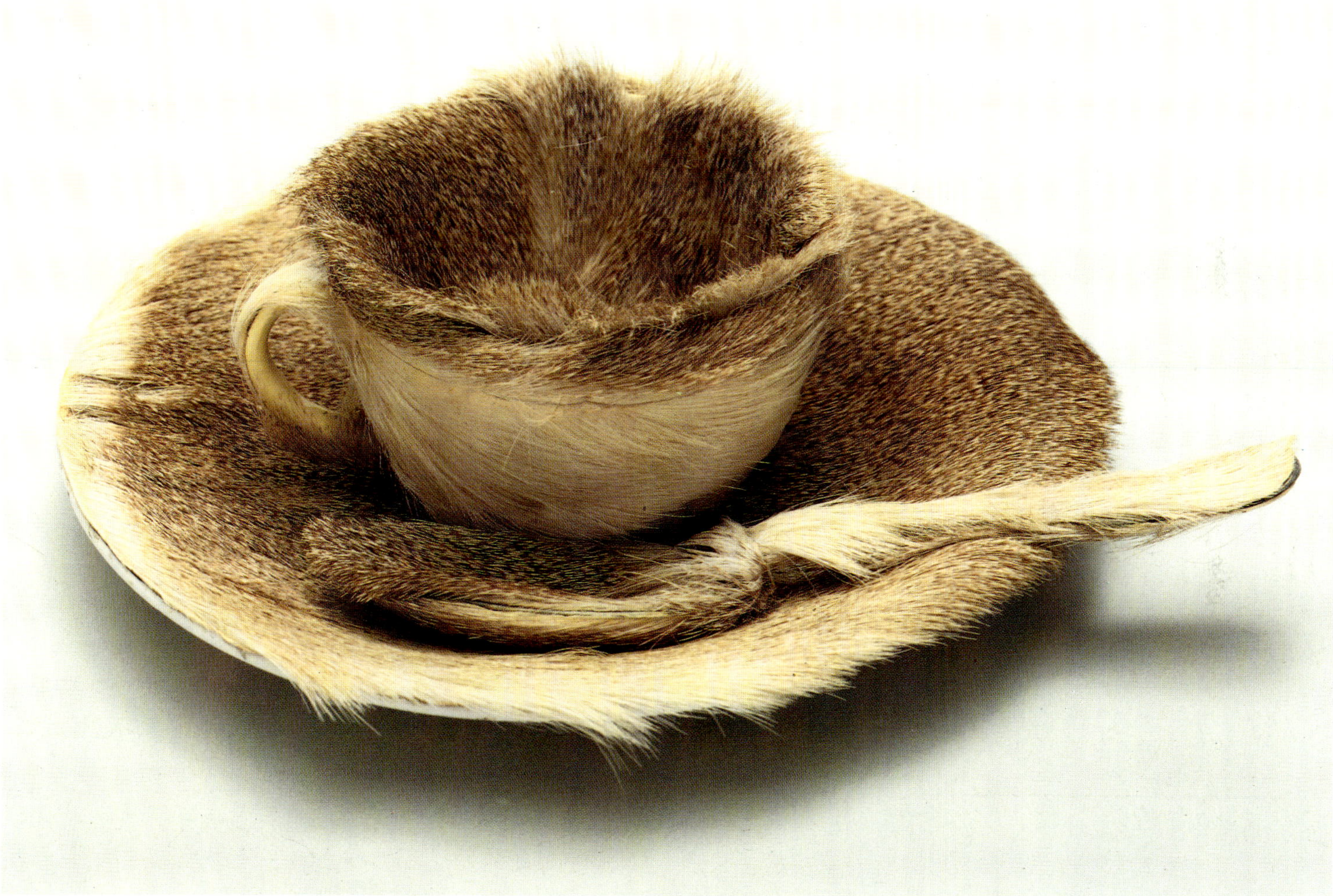

Meret Oppenheim
Object (Déjeuner en fourrure), 1936
Tasse recouverte de fourrure, soucoupe et cuiller
New York, Collection, The Museum of Modern Art, Purchase

violon (p. 90), ne rend pas seulement hommage à Ingres, mais aussi à la femme dont il compare les formes à celles de l'un des instruments les plus achevés. Là encore, «la nature imite l'art». Ingres – qui jouait effectivement du violon – a dû en être ému, lui qui prônait l'exagération de la ligne, ce qu'il appelait «corriger la nature par elle-même» et ordonnait à ses élèves: «Insistez sur les traits dominants du modèle… Poussez-les s'il le faut jusqu'à la caricature. Je dis caricature afin de mieux faire sentir l'importance d'un principe si vrai». Quel modernisme chez Ingres. Baudelaire, le critiquant, semble parler d'un Picasso: «Ici, nous trouvons un nombril qui s'égare vers les côtes, là un sein qui pointe trop vers l'aisselle.» La photographie de Man Ray, comme *La baigneuse de Valpinçon* d'Ingres (p. 90), marient la perfection des formes avec l'érotisme le plus raffiné. On peut parler de libertinage sérieux et plein de conviction.

Les dos, et leur complément indispensable, les fesses, sont aussi une spécialité de Gauguin qui en parsème toute son œuvre, de *Femme sur la rive* (p. 91) et *Ondine* (ses premiers nus de Bretagne), à *Fatata te miti* (Près de la mer) ou le magnifique *Manao Tupapan* (Elle pense aux revenants) qui montre Téhura, sa vahiné, tremblant de peur, étendue sur le ventre, nue, terrorisée, le corps raide, le regard halluciné, parce qu'elle a vu les Tupapaus – esprits des morts – aux yeux phosphorescents, qui, la nuit, viennent de la montagne. Version tahitienne et vue de dos de *L'Olympia* de Manet. Au contraire de Ingres, Gauguin ne cache pas qu'il ne pense qu'à «ça». N'a-t-il pas baptisé sa case en

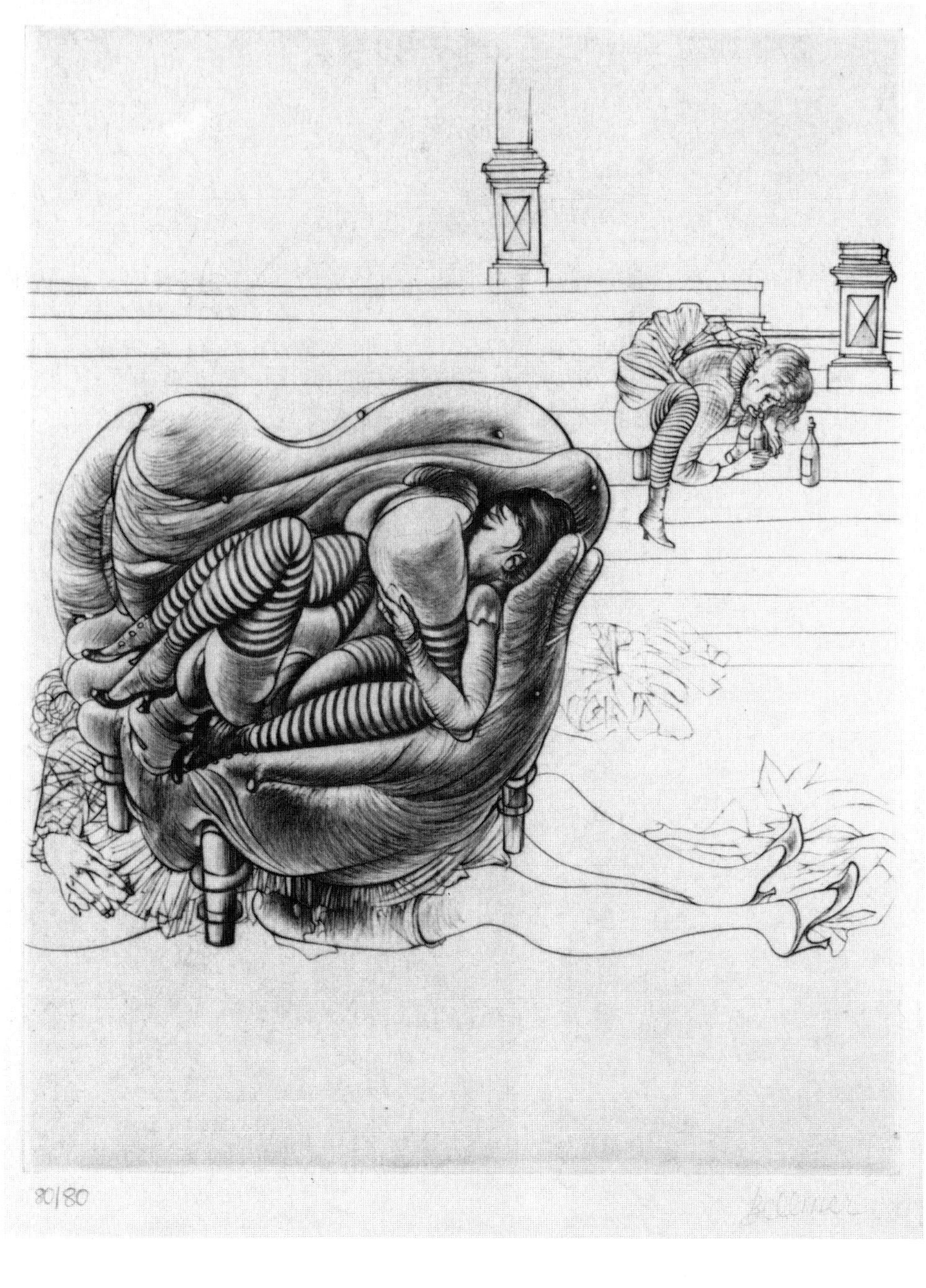

Hans Bellmer
Initiation à la sexualité I, feuille 5, 1974
Unterweisungen der Sexualität I, Blatt 5
Gravure, 31,7 x 24,9 cm
Francfort/Main, Courtesy Graphisches Kabinett im Westend

«Ne serait-ce pas le triomphe définitif sur la jeune fille qui détourne ses grands yeux, quand le regard volontaire se saisit de son charme, quand les doigts agressifs et avides de former font lentement apparaître, membre par membre, ce que les sens et l'esprit avaient distillé? Joindre une articulation à une autre articulation, épuiser toutes les possibilités de torsion extrême pour des poses enfantines, suivre avec précaution les formes incurvées, goûter les plaisir des rotondités, se perdre dans le pavillon de l'oreille, faire quelque chose de joli et s'adonner avec un peu de vengeance aussi au piquant de la déformation.» H. B.

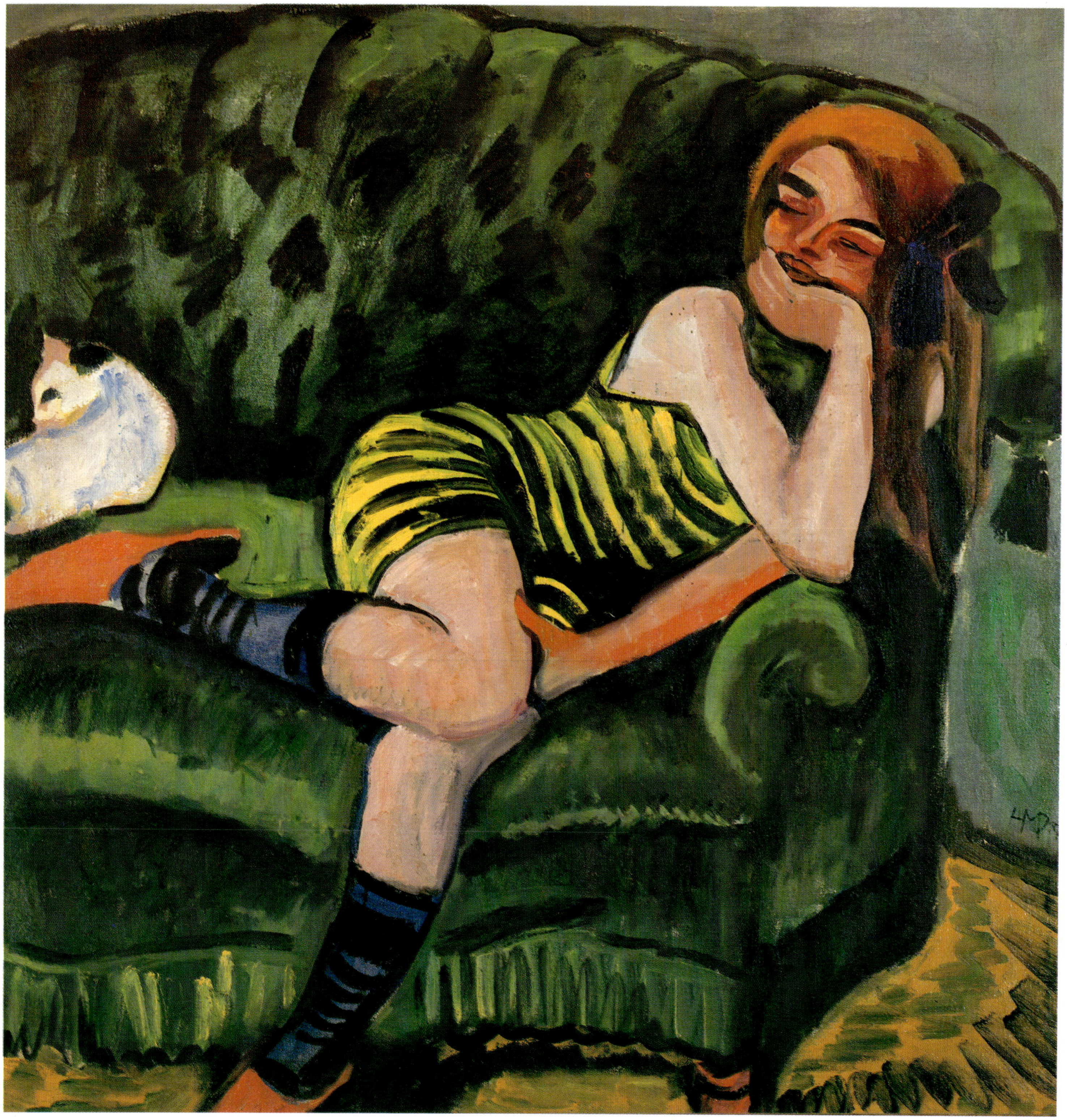

bambous des îles Marquises «La maison du jouir»? «Toutes les nuits», écrit-il vers la fin de sa vie à son complice, l'écrivain et navigateur Henri de Monfreid, «des gamines endiablées envahissent mon lit, j'en avais hier trois pour fonctionner.» Ses cinq sens, il s'en sert de toutes les manières. Un tonneau de vin est installé en permanence devant sa case et sans interruption, avec ses amis et ses vahinés: c'est la «bringue». Celles-ci circulent d'ailleurs en permanence complètement nues, à la disposition de chacun.

Max Pechstein
Le Sofa vert, 1910
Das grüne Sofa
Huile sur toile, 96,5 x 96,5 cm
Cologne, Museum Ludwig

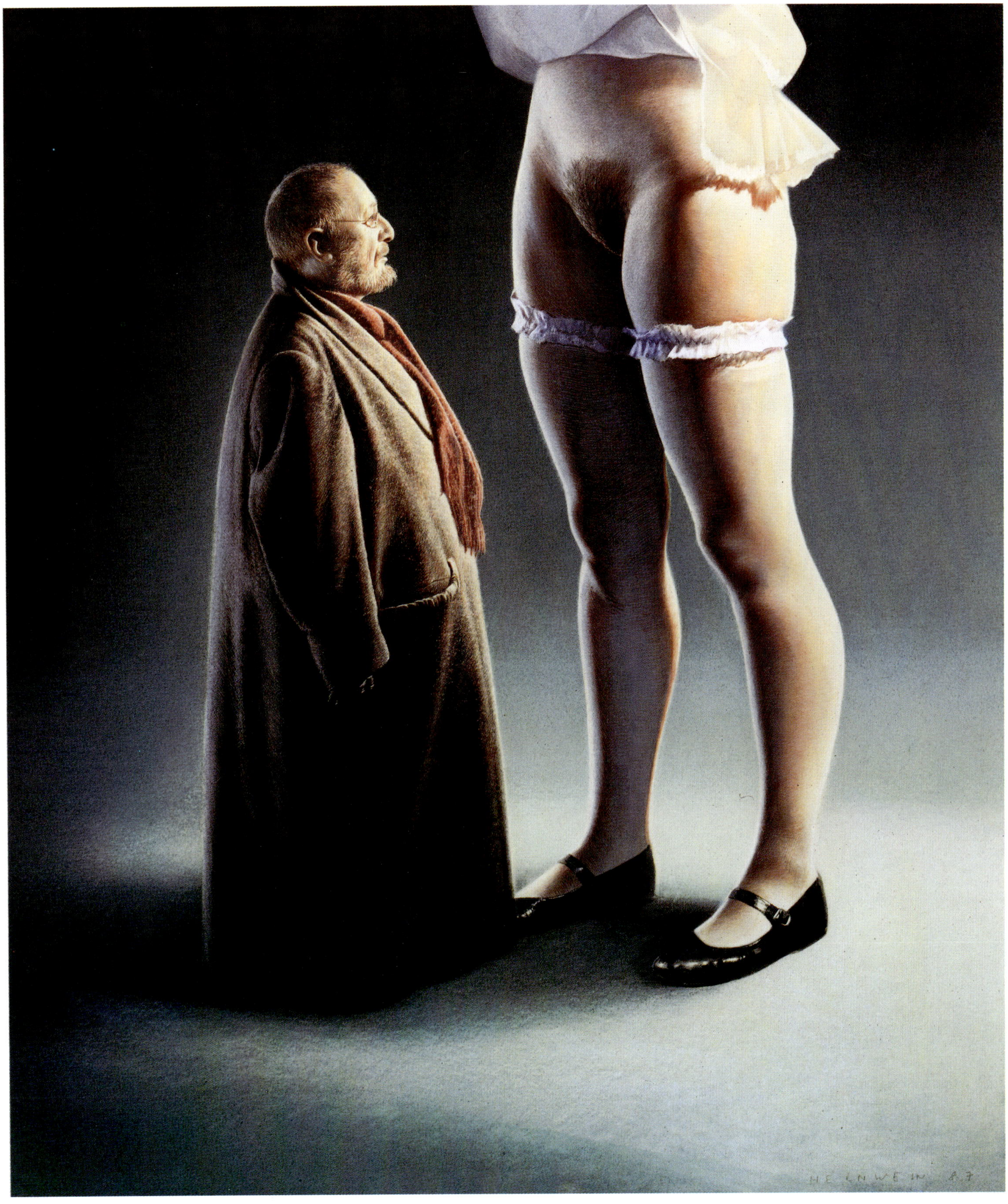

Gottfried Helnwein
Lulu, 1988
Aquarelle sur carton, 63 x 55 cm
Collection Georg Lutz

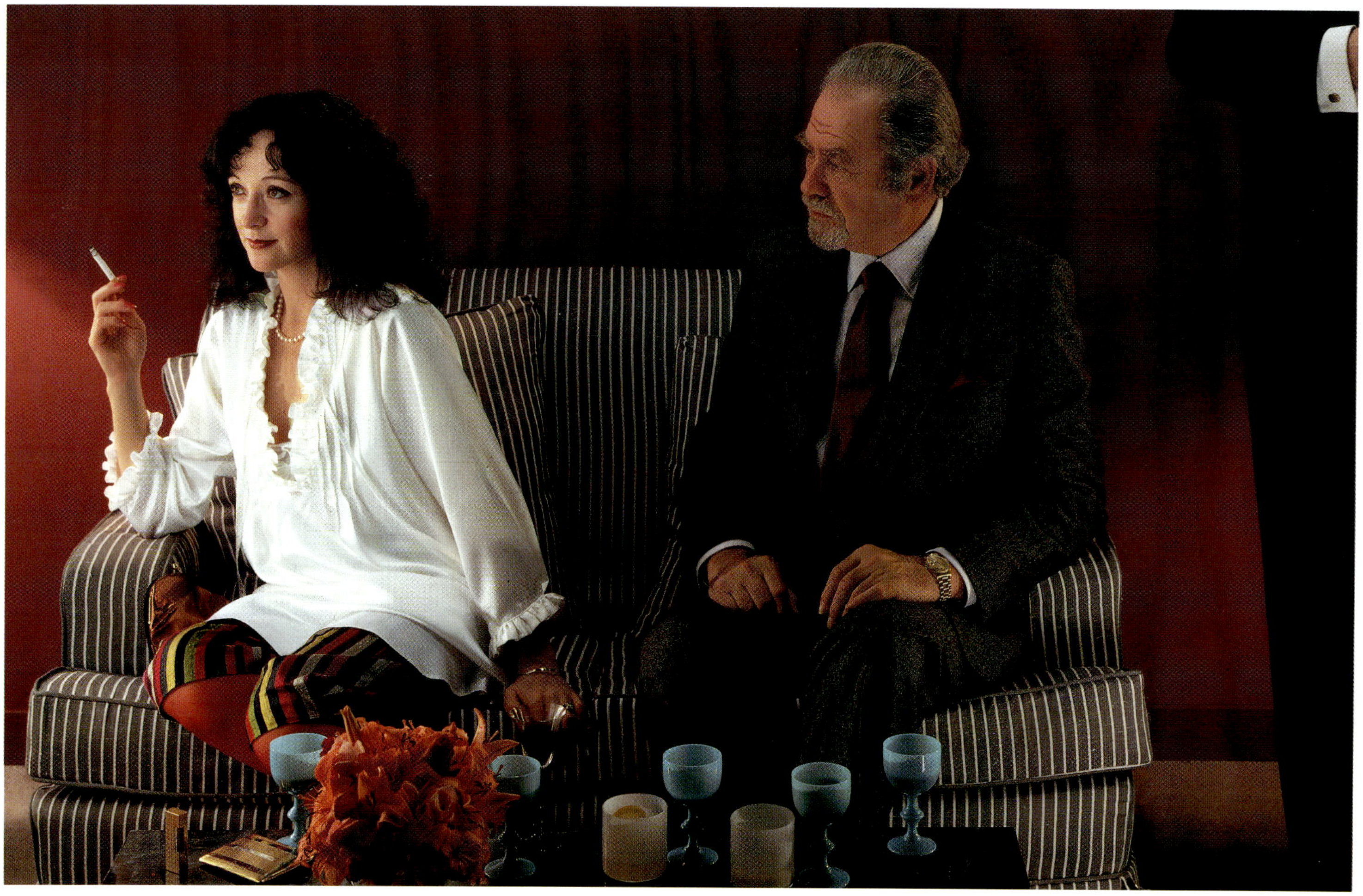

Jeff Wall
Femme et son médecin, 1980/81
Woman and her Doctor
Photo en couleur
Cologne, Collection Jörg Johnen

«La base de mon travail est la représentation du corps humain. En photographie, cette représentation est subordonnée à des gestes expressifs ayant un caractère symbolique. Le contenu doit transparaître à travers l'apparence extérieure, dit Hegel, et dans la représentation du corps il se manifeste sous forme de geste qui se reconnaît lui-même comme apparence extérieure.»
J. W.

Si les yeux fascinent, si la bouche séduit, si les poitrines affolent, les cheveux demeurent le véritable siège de la beauté du diable: depuis l'antiquité, les poètes n'ont cessé d'exalter les pilosités. Pour Homère, Aphrodite est la déesse d'or et l'Art grec exigeait que l'on peignit en or les cheveux d'Apollon, de Dionysos, d'Artémis et des héros. Dante, Milton et Musset encensent les cheveux blonds, tandis que la Bible (Histoire de la Sunamite), Ovide, Lucain et Chénier leur préfèrent les bruns. Plus près de nous, Toulouse-Lautrec ou Klimt, par exemple, ne supportent que les femmes rousses. Dans les «Métamorphoses» d'Apulée, un amant supplie déjà: «Allons, sois complaisante jusqu'au bout, dénoue tes cheveux et que leurs boucles ondoyantes nous caressent dans nos étreintes amoureuses.» Frisons d'or ou frisons d'ébène sont évocation de toison pubienne pour nombre d'amateurs. Enfin l'odeur qui émane des cheveux renforce leur pouvoir fascinant. Les rousses tenant, bien entendu de ce point de vue, surtout au niveau des aisselles, le haut du pavé. Depuis les temps bibliques, les femmes inondent de parfum cette toison qui leur vaut leurs premières caresses. L'amant d'O (dans «Histoire d'O»), exige qu'elle porte un masque de chouette tandis que sa toison tombe sous la cire: «Il était clair à ses yeux (aux yeux d'O), qu'il y avait quelque chose de choquant entre la fourrure de son ventre et les plumes de son masque, clair aussi que cet aspect de statue d'Egypte que lui conférait le masque, et que ses épaules larges, ses

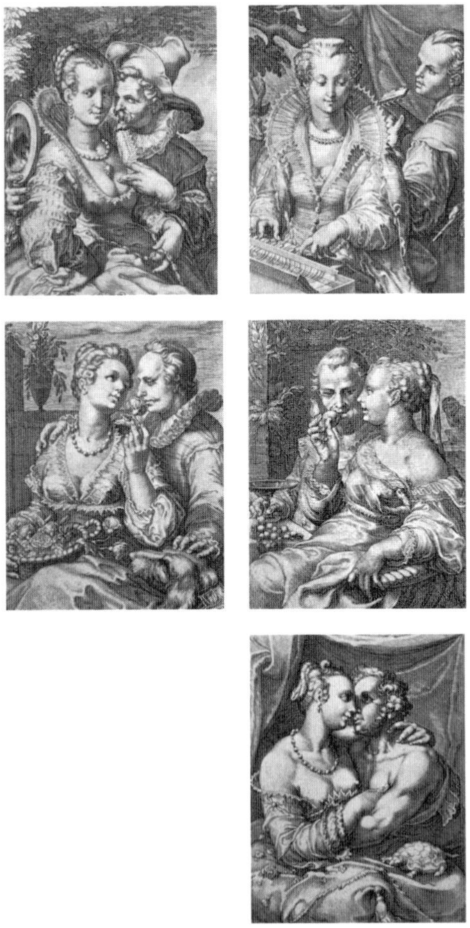

Jan Saenredam
Les cinq sens
Série de gravures d'après Hendrick Goltzius,
chacune 17,6 x 12,2 cm

hanches minces et ses longues jambes accentuaient, exigeait que sa chair fût entièrement lisse...» On constate que de tout temps, les artistes ont été conscients de l'érotisme qui naissait de la confrontation de la nudité avec la toison.

S'il est un exemple typique de narcissisme et de projection de l'artiste à travers son modèle, c'est bien celui de Rubens et de sa femme Hélène (p. 96). La voilà, cette incarnation vivante de la beauté flamande, blanche et potelée, plantureuse, charnelle, sensuelle, désirable. Pendant un demi-siècle Rubens l'a traquée partout avant de réussir à la fixer ainsi sur la toile, nue dans sa pelisse. C'est Hélène, sa femme-enfant de dix-sept ans, jolie poupée qu'il habille ou déshabille à son gré pour mieux nous faire partager ses charmes indéniables. Dans des tonalités dignes de Titien, elle apparaît plus que dénudée, les cheveux frisés... rousse, bien entendu, les seins dressés, offerts; se cachant maladroitement pour mieux se faire désirer, dans un manteau de fourrure visiblement trop large pour elle – et qui fera se pâmer Sacher-Masoch et l'inspirera dans la rédaction de son œuvre majeure: «La Vénus à la fourrure» – sans que l'expression mutine de son visage permette de deviner si c'est par crainte du froid ou par désir de plaire, qu'Hélène pose ainsi devant son époux amoureux.

Octavio Paz s'inquiétait il y a vingt ans: «Je ne dis pas que nous vivons la fin de l'art: nous vivons celle de l'idée d'art moderne.» Bien avant lui, dans la tradition dadaïste, Francis Picabia avait tranché sans nuance: «Où va l'art moderne? Aux chiottes!» Alexandre Rodchenko, en 1920, posait déjà la question: «J'ai supprimé tout sujet jusqu'à l'uniformité, et maintenant je me demande où l'on peut aller plus loin.» Quant à l'érotisme, que devient-il dans tout cela?

Eh bien, les artistes ont toujours des réponses. On le constatera dans la poursuite de cet ouvrage. Pour l'instant, restons au niveau des poils. Plusieurs solutions se présentent: l'humour ou la monstruosité. L'humour, à l'évidence, est du côté de Meret Oppenheim qui, avec son *Déjeuner en fourrure* surréaliste (p. 99), nous fait délicieusement frissonner. L'allusion de la tasse poilue que l'on peut «touiller» avec la cuiller est évidente. Un sexe carré, qui évoque davantage le tour de fakir (et sa planche cloutée) que le coït, c'est ce que semble proposer Eva Hesse avec *Accession III* (p. 96). L'humour n'est pas exclu et le fétichisme sort renforcé. «J'ai ouï parler d'une dame...» raconte encore Brantôme qui sait tout, dans sa «Vie des Dames galantes», «qui est pelue, velue sur la poitrine, sur l'estomac, sur les épaules et le long de l'échine, et à son bas comme un sauvage. Je vous laisse à penser ce que veut dire cela. Si le proverbe est vrai, qu'une personne ainsi velue est ou riche ou lubrique, celle-là a l'un et l'autre, je vous en assure; et s'en fait fort bien donner, se voir et désirer.» Donc, rien de vraiment surprenant depuis Brantôme. Après tout, Mlle de La Vallière, maîtresse de Louis XIV, était bossue et le roi fétichiste pour avoir entretenu une telle maîtresse aussi longtemps. D'où viennent les effets des passions qui sont particulières à certains hommes? se demandait Descartes, invinciblement attiré par les femmes qui louchent. Sade n'a sans doute pas tout à fait tort quand il écrit dans «Les Cent vingt journées de Sodome ou l'école du

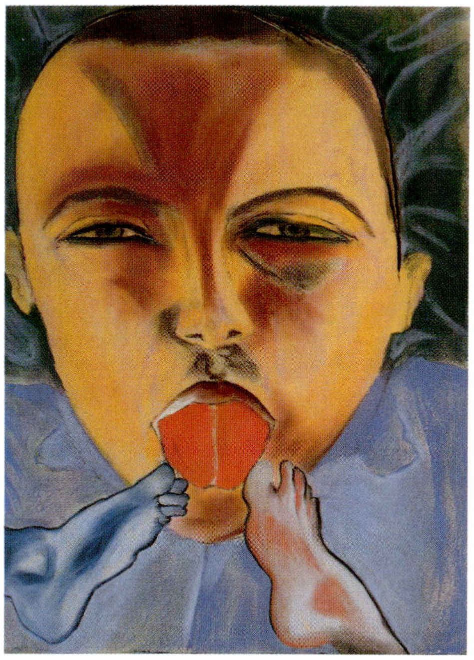

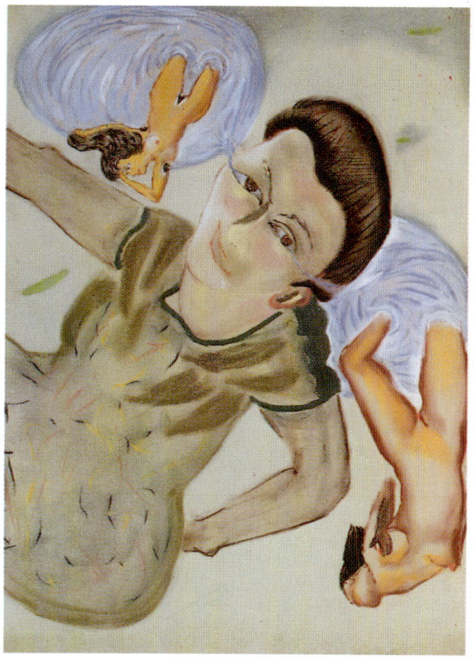

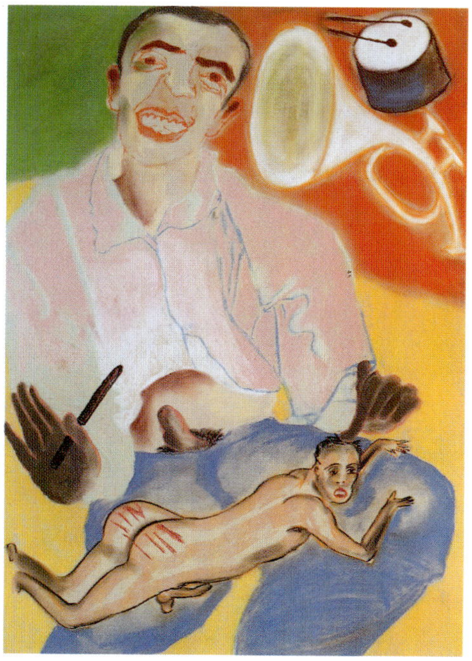

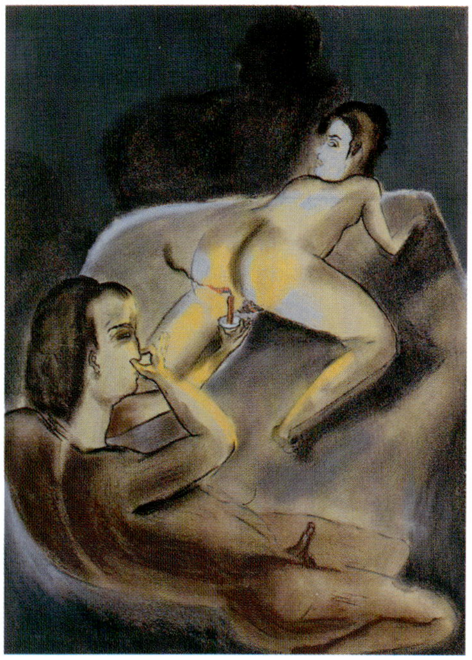

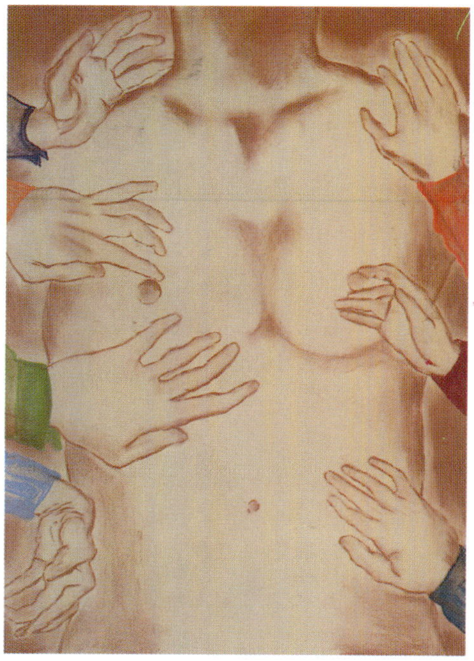

Francesco Clemente
Les cinq sens: I.Goût, II.Vue, III.Ouïe, IV.Odorat, V.Toucher, 1981
The Five Senses
Pastells, chacun: 66 x 49,5 cm
Zurich, Courtesy Thomas Ammann

«Quand un homme nu, le fessier strié de rouge, apparaît dans l'un des pastels de la série ‹Les cinq sens›, nous ressentons à peine la différence entre les activités sadiques représentées dans cette scène et le sadisme des stries elles-mêmes. Les stries rouges ne sont pas des blessures dessinées; dans leur rigidité, elles ne s'adaptent pas aux contours fictifs d'un monde d'illusions. Au lieu de cela, comme le fait de prendre la sexualité au pied de la lettre – ce qui est du sadisme – elles ajoutent au tableau une blessure. Le trait de Clément devient ici un instrument de douleur, de la ‹douleur en tant que plaisir›.» J. L. Koerner

libertinage» que «la beauté est la chose simple, la laideur est la chose extraordinaire, et toutes les imaginations ardentes préfèrent sans doute toujours la chose extraordinaire, en lubricité, à la chose simple; la laideur, la dégradation portent un coup beaucoup plus ferme… tout plein de gens préfèrent pour leur jouissance une femme vieille, laide et même puante à une fille fraîche et jolie…» L'important, c'est que les cinq sens soient rassasiés.

REPRODUCTIONS PAGES 106/107:
Jeff Koons
Ilona le cul en l'air, 1990
Ilona with Ass Up
Huile sur toile, 247 x 366 cm
Cologne, Courtesy Galerie Max Hetzler

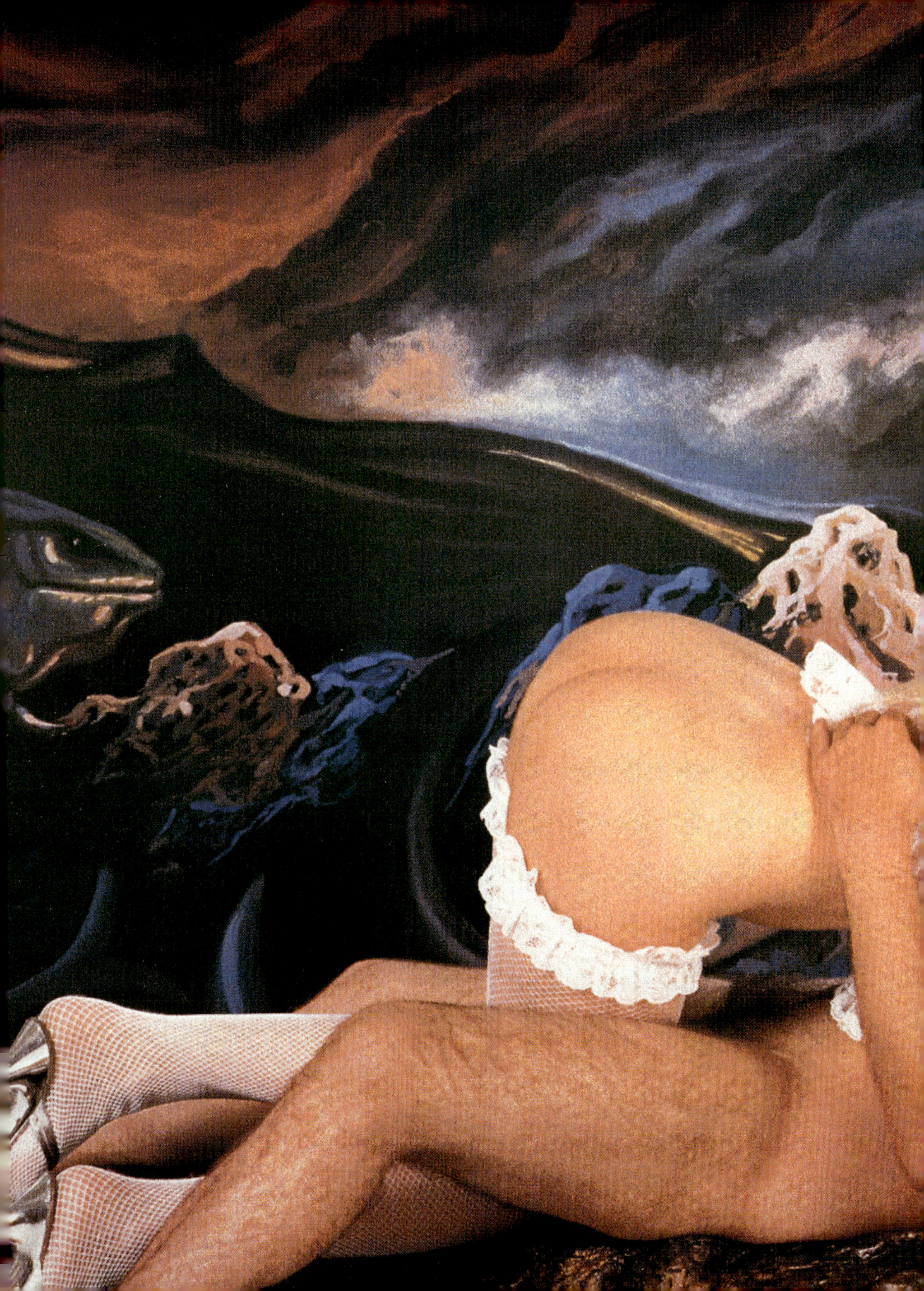

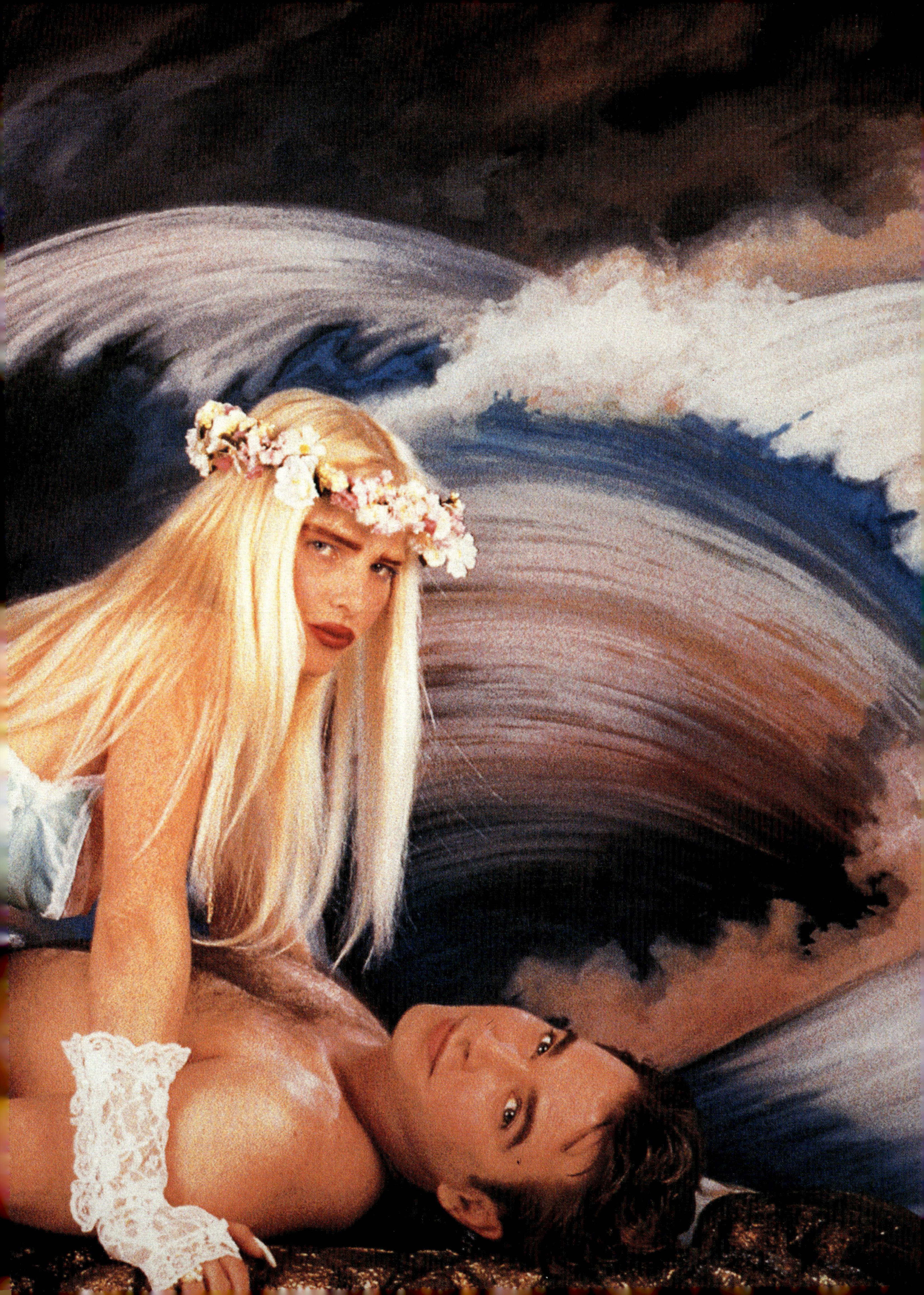

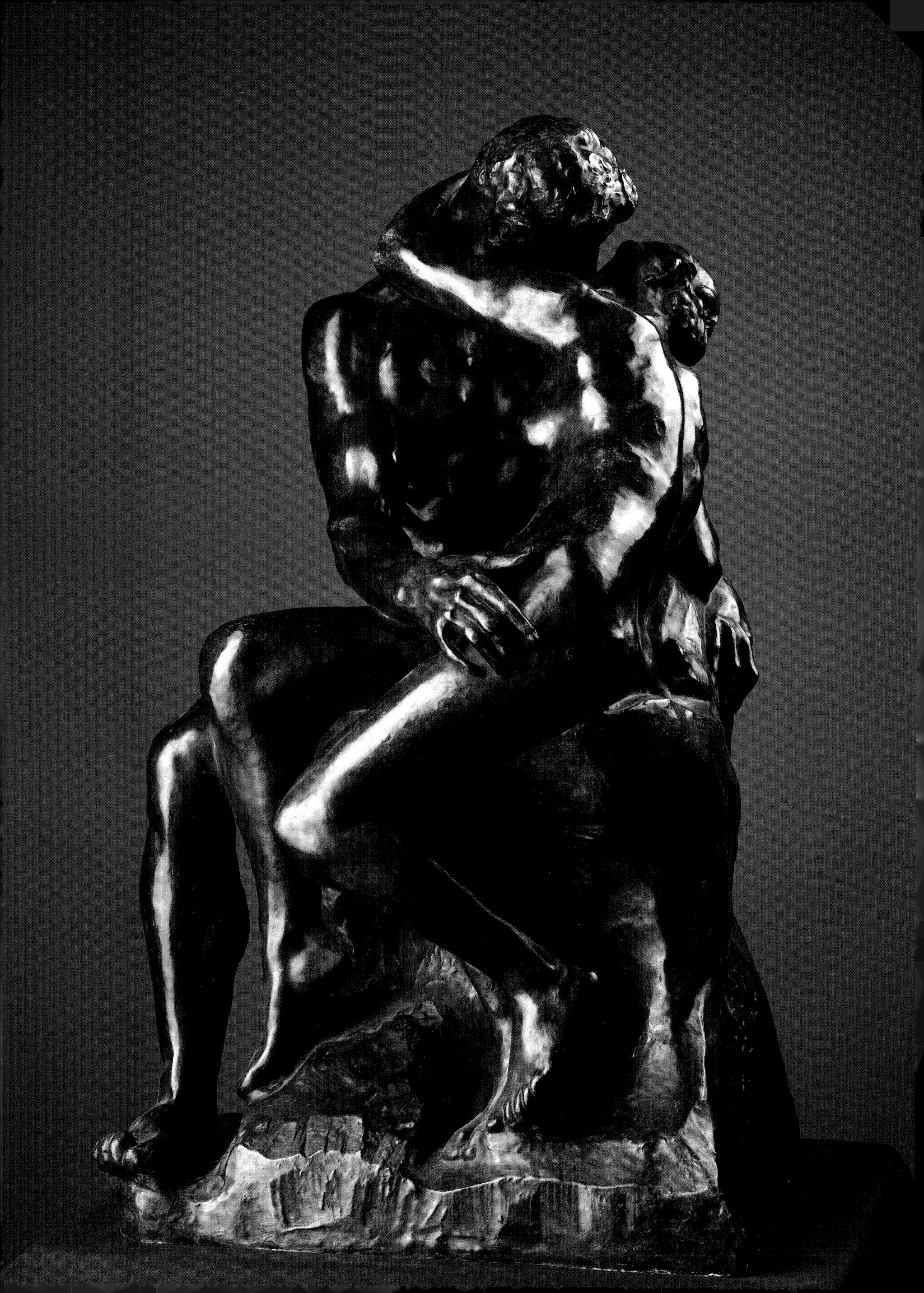

Anatomie de l'amour ou la beauté de l'obscène

Il existe plusieurs lectures d'une œuvre d'art digne de ce nom. De la même façon que l'on peut lire les romans de Dostoïevsky à différents niveaux: comme de simples romans policiers. Comme une «Comédie Humaine» à la Balzac, reflétant son époque et essayant de trouver un juste milieu entre les occidentalistes et les slavophiles. Comme des essais philosophiques et mystiques posant le problème de l'homme déchiré entre la présence du Mal et la recherche de Dieu, entre l'inconscient et le conscient.

Tous ces thèmes, tous ces concepts, on les retrouve en effet en peinture. Mais avec l'art moderne, le décryptage se complique du fait que la conception visuelle n'a plus rien de classique et que les motivations des artistes ont évolué avec les époques. En ce sens, la photographie a joué un rôle de révélateur et son apparition a marqué l'histoire de l'art. A quoi sert, en effet, d'être fidèle à une réalité apparente, dès lors qu'il suffit à n'importe qui d'appuyer sur le bouton déclencheur d'un appareil photo. En réunissant des œuvres qui ont toutes les apparences d'une réalité virtuelle, mais qui répondent à des objectifs totalement différents, on peut reconstituer une sorte d'anatomie de l'amour conduisant inéluctablement, pas à pas, à la beauté de l'obscène. On passe ainsi du voluptueux *Baiser* d'Auguste Rodin à la pornographie de Georges Grosz, de l'homosexualité de Francis Bacon à la souffrance, à l'orgasme et à la mort – grande ou «petite» – chez Munch, Kienholz ou Klossowski. Il n'en reste pas moins que derrière cette apparence formelle, se cache le véritable propos de l'artiste et que ce propos diffère à chaque fois.

Quel rapport en effet entre l'érotisme glacé, maniériste, mais sans voiles d'Agnolo Bronzino (1503–1572) (p. 110) et l'érotisme morbide, fin de siècle, hypocrite de Gustav Klimt (1862–1918)? Apparemment il s'agit dans les deux cas d'un même *Baiser* (p. 111) et les personnages sont presque dans la même attitude. Les décors sont surchargés et l'on peut, en effet, les rapprocher formellement l'un de l'autre. Mais une seconde lecture fait apparaître qu'à quatre siècles de distance, il s'agit bien de deux mondes et de deux démarches différentes. Quelque chose, en revanche, n'a pas changé et les lie vraiment: l'érotisme dans lequel ils baignent tous deux.

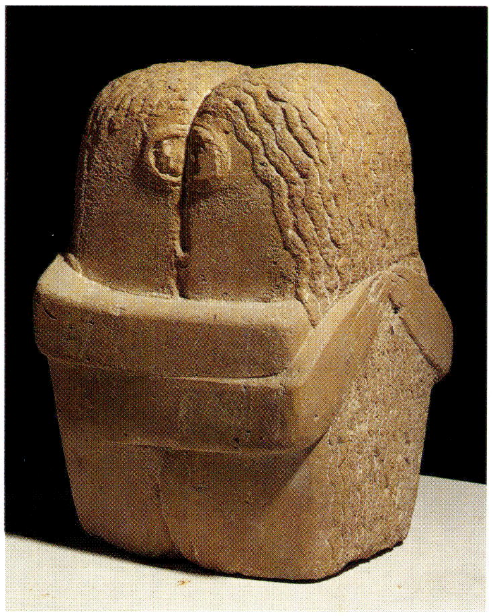

Constantin Brancusi
Le baiser, 1912
Pierre calcaire, 58,42 x 33,02 x 25,4 cm
Paris, Musée National d'Art Moderne, Centre Georges Pompidou

Auguste Rodin
Le baiser, 1886
Bronze, 87 x 51 x 55 cm
Paris, Musée Rodin

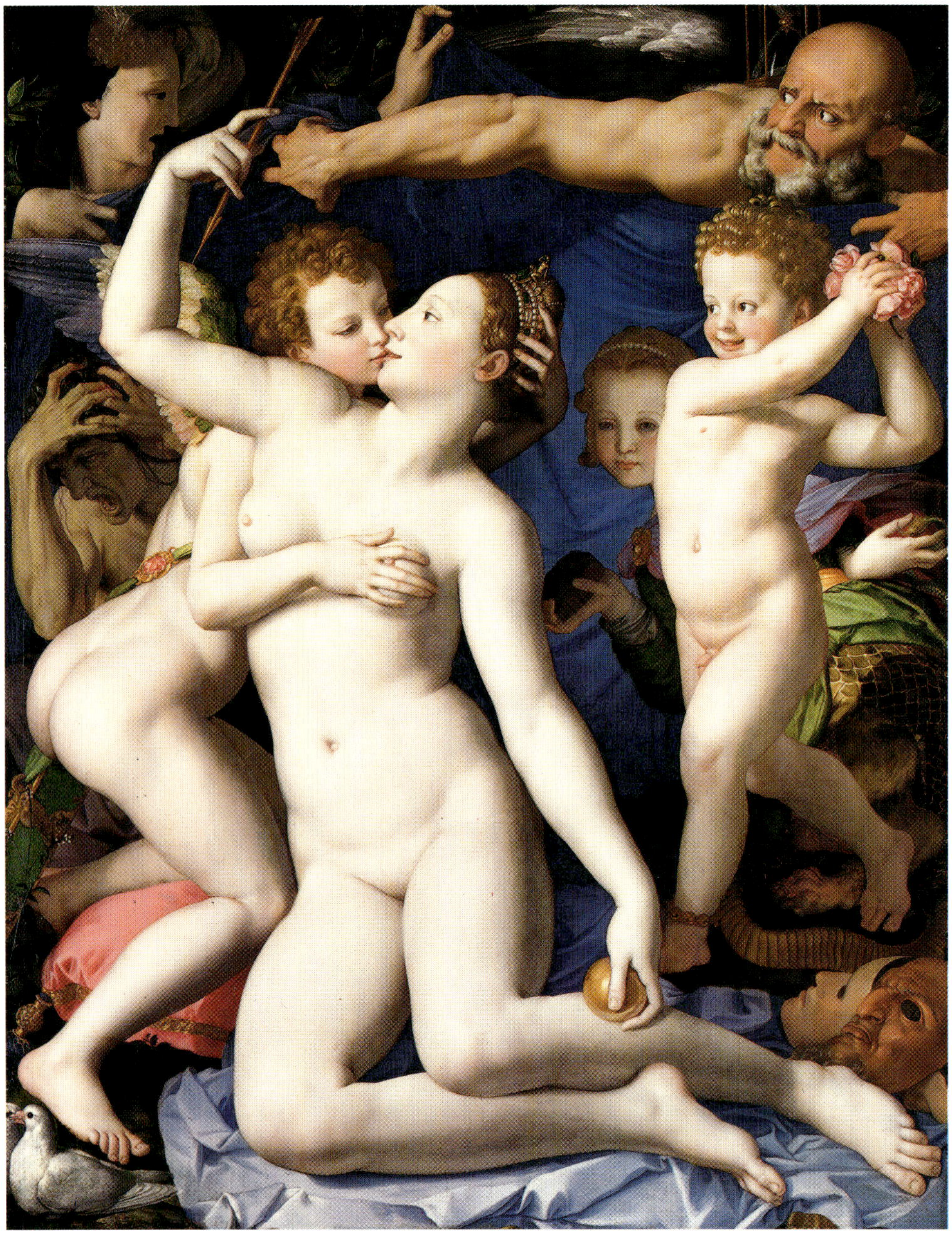

Agnolo Bronzino
Vénus et Cupidon, 1540–45
Allegoria di Venere e Cupido
Huile sur bois, 146,1 x 116,2 cm
Londres, The National Gallery

«Tous les artistes portent l'empreinte de leur époque», a écrit Henri Matisse, «mais les grands artistes sont ceux en qui elle est marquée le plus profondément». Ils portent, pour citer Roger Garaudy, «la conscience plastique de leur temps». Et Fernand Léger d'expliquer: «Si l'expression picturale a changé, c'est que la vie moderne l'a rendu nécessaire.»

Avec Bronzino, comme avec ses contemporains Pontormo, Parmesan, Rosso, Fiorentino, on est en plein phénomène maniériste, c'est-à-dire que la Renaissance finissante échappe aux canons classiques, étirant les formes, se plaisant aux thèmes bizarres, aux jeux intellectuels (comme le fera l'Ecole de Fontainebleau), renouvelant les traditions bien établies de l'utilisation de la religion ou de la mythologie par des inventions à la fois subtiles et provocantes. Ce n'est pas fortuitement non plus qu'un accent est mis sur l'érotisme, souvent associé à des représentations perverses ou macabres. Quoi de plus délicieusement érotique et de plus maniériste que ce chef-d'œuvre galant de Bronzino où l'on voit *Vénus et Cupidon* (p. 110)? Un jeune garçon avec une femme mûre, voilà déjà qui est intéressant. La foule de «voyeurs» qui assiste aux ébats, vieillard compris, ce n'est pas négligeable. La grâce et la sensualité de ces deux corps prêts aux jeux de l'amour sont un spectacle qui ne laisse pas indifférent. Le podex juvénile de Cupidon ferait rêver Michel-Ange lui-même qui disait déjà que l'on peint «avec le cerveau et non pas avec la main». Quant à la joliesse du corps féminin qui ne semble renfermer aucun os, selon la formule de Boucher, l'ab-

Gustav Klimt
Le baiser, 1907/08
Der Kuß
Huile, or sur toile, 180 x 180 cm
Vienne, Österreichische Galerie

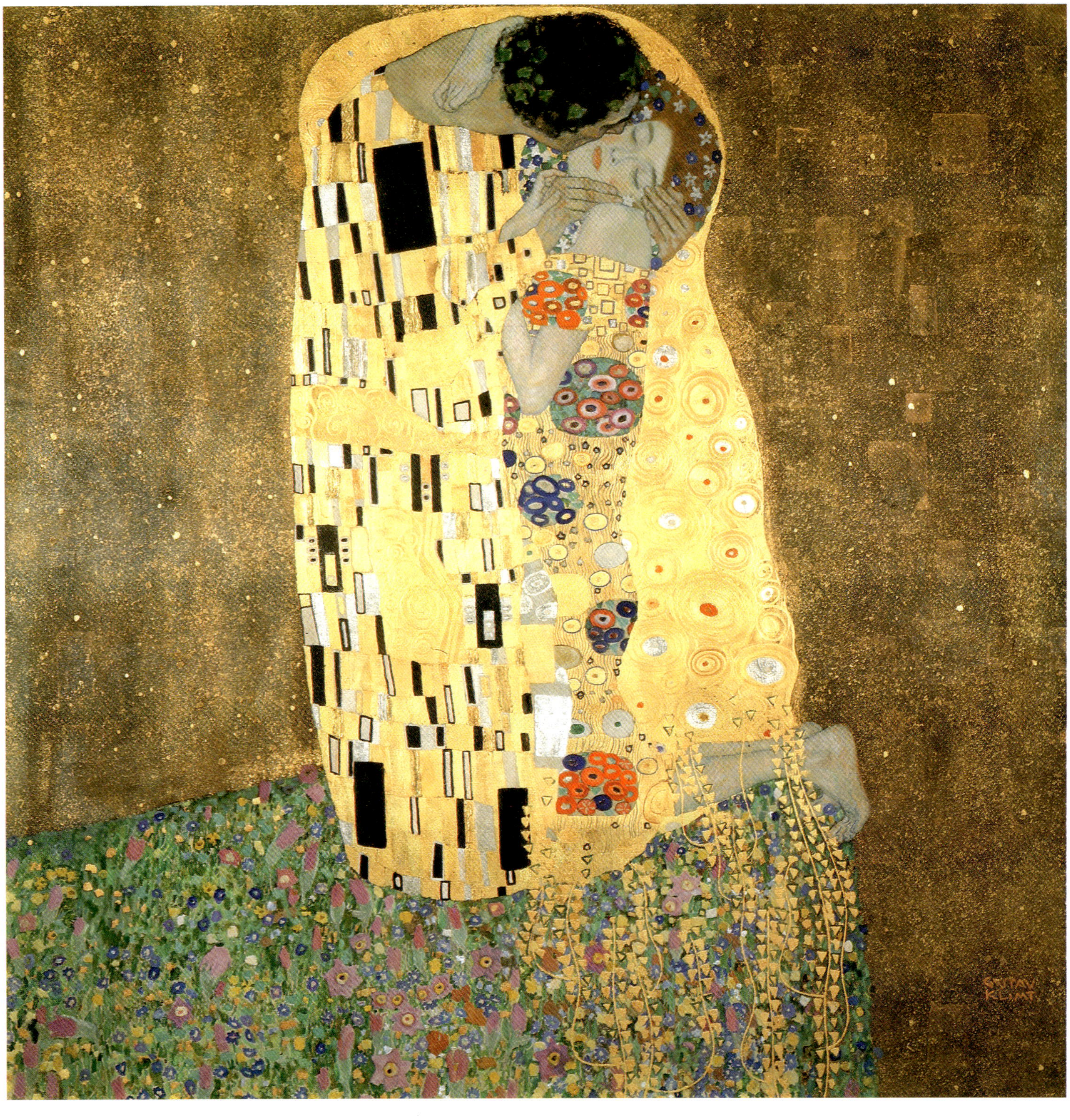

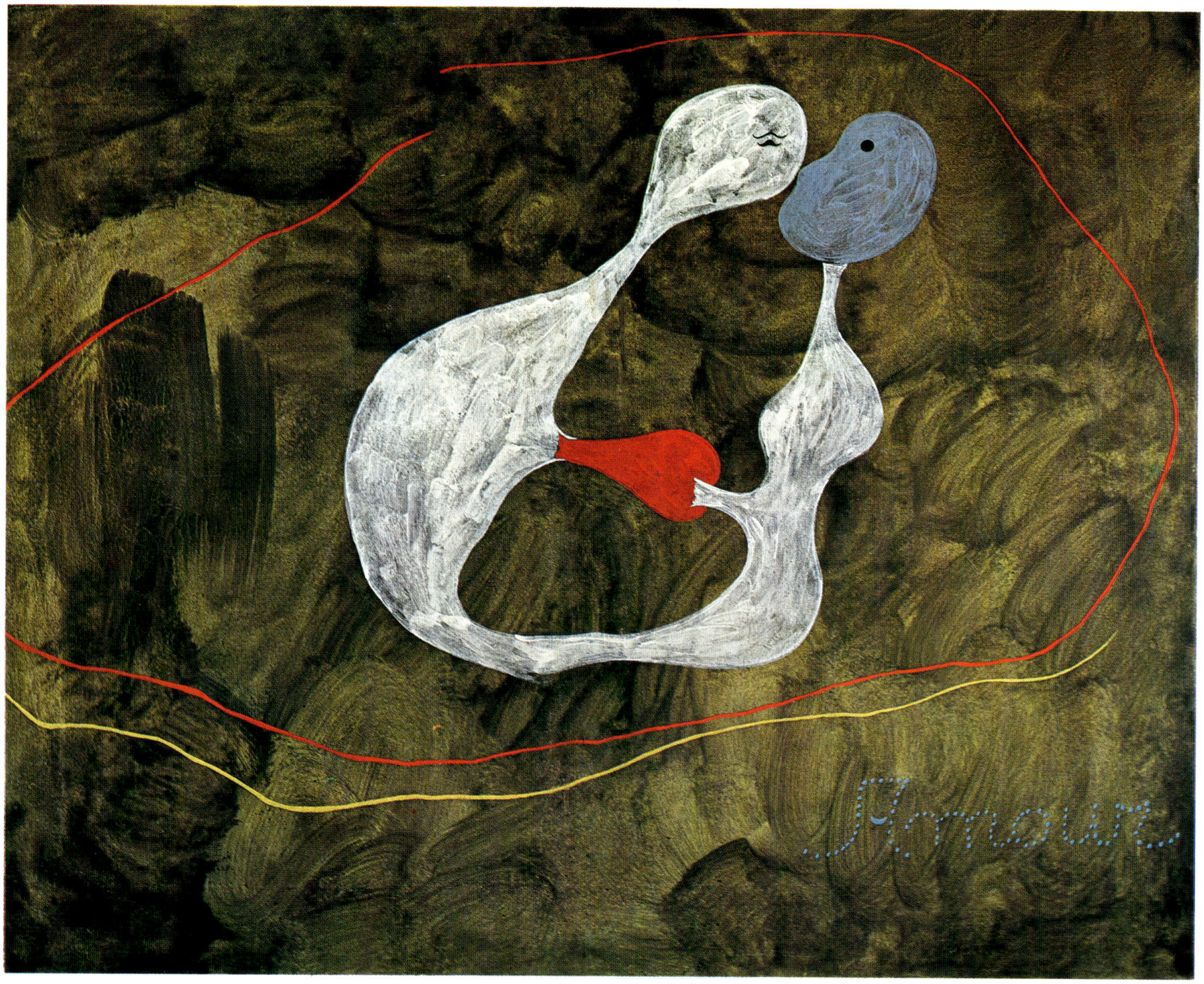

Joan Miró
L'amour, 1925
Huile sur toile, 73 x 91,5 cm
Milan, collection privée

sence de toison sur ce corps délicat et douillet, le seul renflement du mont de Vénus – le bien nommé en l'occurrence –, sont un contraste de plus entre cet être apparemment trop délicat pour que l'on puisse imaginer qu'il s'apprête à faire l'amour et le sujet du tableau qui nous en impose l'idée. Détail enfin qui a son importance: Cupidon est le fils de Vénus. Nous sommes bel et bien devant le spectacle d'un inceste. En peintre «cérébral» et maniériste, adepte du peu banal et du bizarre, Bronzino n'allait pas laisser échapper ce sujet sortant de l'ordinaire.

Autres temps, autres préoccupations: face à une société – celle de Vienne fin de siècle – qui considère la mort et la sexualité comme facteurs de désordre et les a frappés d'interdit, appelant ainsi à la transgression dans les religions ou la révolte chez les individus, Klimt est, lui, lancé dans la voie ardue, mouvementée, fiévreuse et angoissée de la mise en question (à l'épreuve) de ce qu'un homme sait du fait d'être. Selon Georges Bataille, l'art authentique est forcément prométhéen. A travers l'œuvre de Klimt transparaît le symbole de la révolte humaine contre la tyrannie de la matière et de ses aspirations à la vérité et à l'idéal. Zeus lui-même, n'avait-il pas institué le règne de la justice en faisant grâce à Prométhée? Vienne n'a pas la grandeur de Zeus et Klimt doit passer sa vie à «tricher» avec la censure. Entre l'époque de Bronzino et celle de Klimt, il y a comme une régression. Moins libre que son prédécesseur, Klimt doit «tricher» davantage. Transformer par exemple l'anatomie en ornementation et l'ornementation en anatomie. La chatoyante enveloppe faisant alors passer la sexualité la plus directe. L'utilisation à tout va de l'or en guise de feuille de vigne, non-couleur qui couvre de sa chape les motifs d'une réalité physique, donne du sujet tabou à l'époque du *Baiser* une version suffisamment hypocrite pour échapper non seulement à la censure impériale, mais aussi pour emporter l'adhésion de la bourgeoisie viennoise la plus puritaine. Couronnement: *Le baiser* de Klimt sera finalement acheté par la nation autrichienne.

«Tu peux photographier un paysage», disait Francis Picabia à son grand-père – lequel, grand ami de Daguerre, était un passionné de l'enregistrement optique – «mais tu ne peux photographier ce que j'ai dans la tête.» Toute la problématique entre photographie et peinture est ainsi résumée. Toutefois, entre les deux arts, la répartition des tâches s'effectue peu à peu: à l'objectif photographique d'assumer désormais

Roy Lichtenstein
Nous avons lentement dévollé, 1964
We Rose Up Slowly
Huile et magne sur toile, deux panneaux
173 x 234 cm
Francfort/Main, Museum für Moderne Kunst

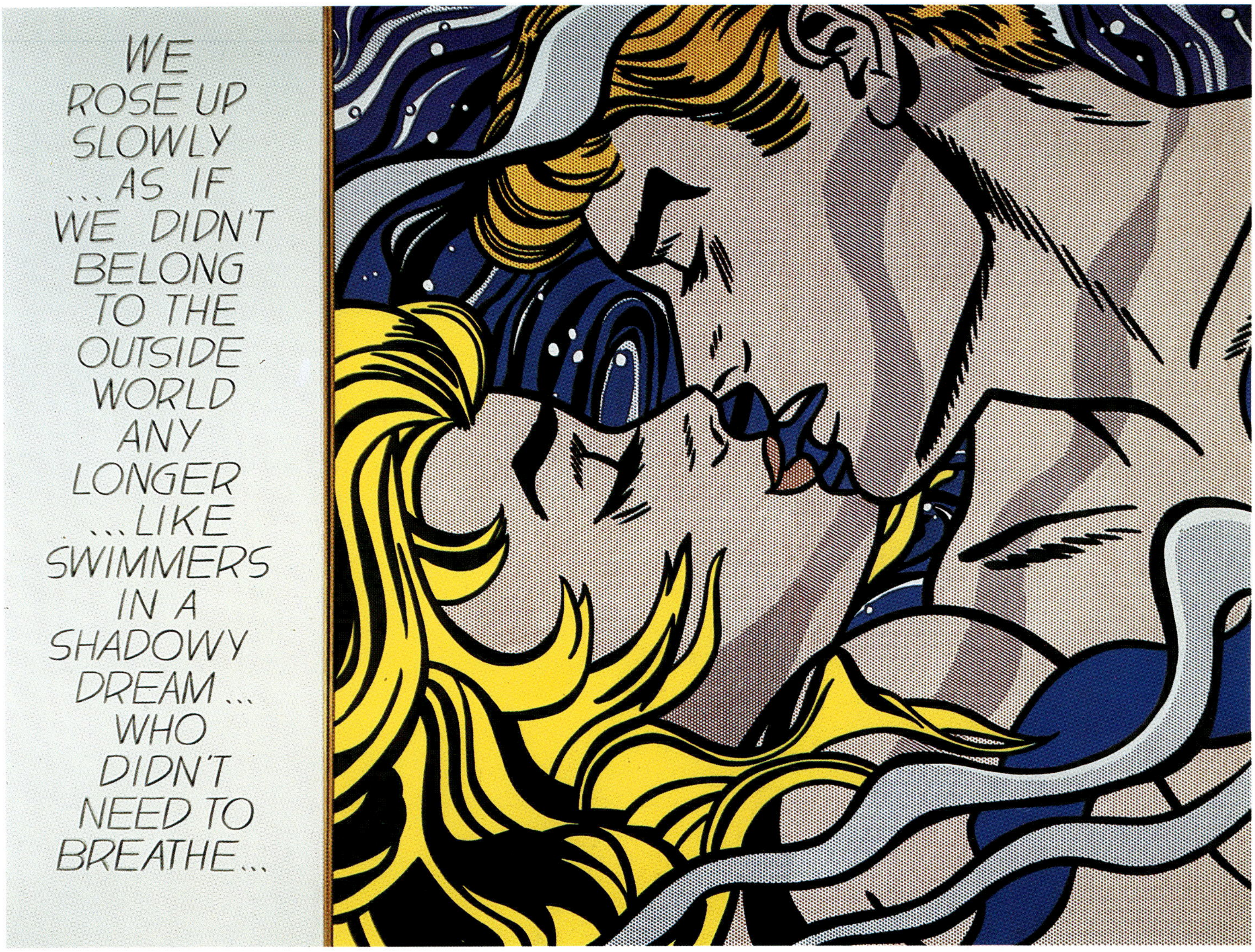

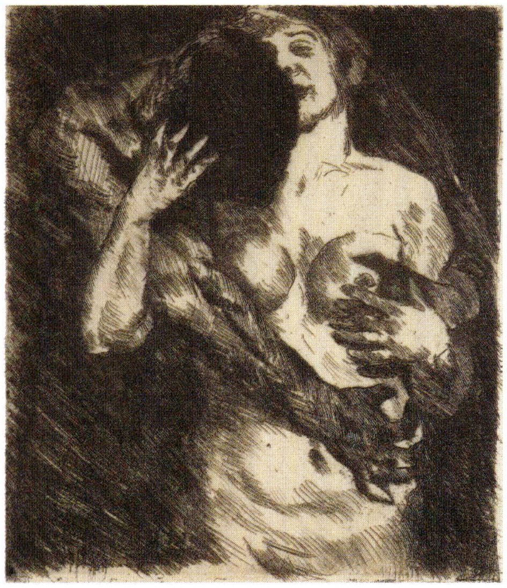

Lovis Corinth
L'étreinte, 1915
Umarmung
Eau-forte, 17,9 x 15,9 cm
Hambourg, Hamburger Kunsthalle, Kupferstichkabinett

le mythe du réel. Aux arts plastiques traditionnels de s'en abstraire et de «réaliser», au sens absolu du terme: faire surgir du néant l'inouï, le jamais vu.

A peu près au même moment qu'apparaît la photographie, la psychanalyse, de son côté, vient encore brouiller les cartes et met hors d'usage le frein de la raison, ouvrant les vannes des profondeurs et brisant le miroir qui, de Narcisse, renvoie, depuis le quinzième siècle, un modèle inchangé, objectif, permanent. Le puits du subjectif invite l'artiste à «se glisser jusqu'à la force étrange qui gît en nous, en sonder les refuges oscillants, l'opulence indéterminée, les promesses interdites» (Joseph Baruzi, 1911).

«Les grandes batailles vraiment importantes», écrit Emil Nolde dans une lettre datée de 1908, «ont été livrées en France. Ces grands Français comme Cézanne, Van Gogh (sic), Gauguin, furent les brise-glace. Les Français ont expulsé tous les anciens éléments de travail et ce n'est que de cette façon qu'on pourra créer un art nouveau qui aura sa place à côté du grand art ancien.» En d'autres termes, c'est entre les années 1880 et 1905 que fut entreprise la dislocation de l'image si solidement établie depuis Paolo Uccello, Jan Van Eyck et Michel Fouquet.

Dès lors l'image va tendre irrésistiblement à se constituer en apparences reconnaissables, c'est-à-dire en un signe du réel ou du possible. Le pouvoir de rêver sur les taches ou sur les nuages, signalé déjà par Léonard de Vinci, en était la première reconnaissance. Par les associations irrésistibles qu'elle provoque dans la mémoire, toute image se constitue une référence au connu, donc un sens. Pour le spectateur, elle ne peut s'empêcher d'être plus ou moins figurative, même si son créateur ne l'a pas voulue telle. Les théoriciens d'un art purement abstrait ont méconnu cette fatalité psychologique, à laquelle ne peut échapper qu'une géométrie élémentaire et rigoureuse, comme le fut celle de Mondrian. Un carré, en effet, reste à jamais une référence au carré. Il faut un grand effort pour que l'imagination aille au-delà de ce concept défini et restreint. Y trouve, par exemple, un quelconque érotisme caché!

Par contre, ce qui appartient à la nature, fût-ce un détail ou un fragment, un «objet partiel», apparaît toujours comme une délégation du tout cosmique et excite intensément le songe. Cette révolution esthétique marquait l'aboutissement d'une crise de conscience ouverte par l'Occident depuis près de deux siècles et qui mettait en cause le concept de réalité. C'est le philosophe anglais Berkeley qui l'avait provoquée dès le début du XVIIIe siècle, en doutant de l'existence d'une réalité objective et en suspectant la possibilité d'atteindre autre chose que notre réalité intérieure. Il se résumait en disant: «L'homme ne perçoit jamais autre chose que ses idées.»

Dès lors on ne doit donc pas être étonné si l'art moderne n'est plus exclusivement visuel ou rétinien. Si l'érotisme qui s'adressait jadis directement à l'œil doit désormais, obligatoirement, passer par le cerveau. Cette forme d'expression nouvelle, Marcel Duchamp l'annonçait déjà: «Il y a une différence entre une peinture qui ne s'adresse

Edvard Munch
Le baiser, 1897
Kyss
Huile sur toile, 99 x 81 cm
Oslo, Munch-Museet

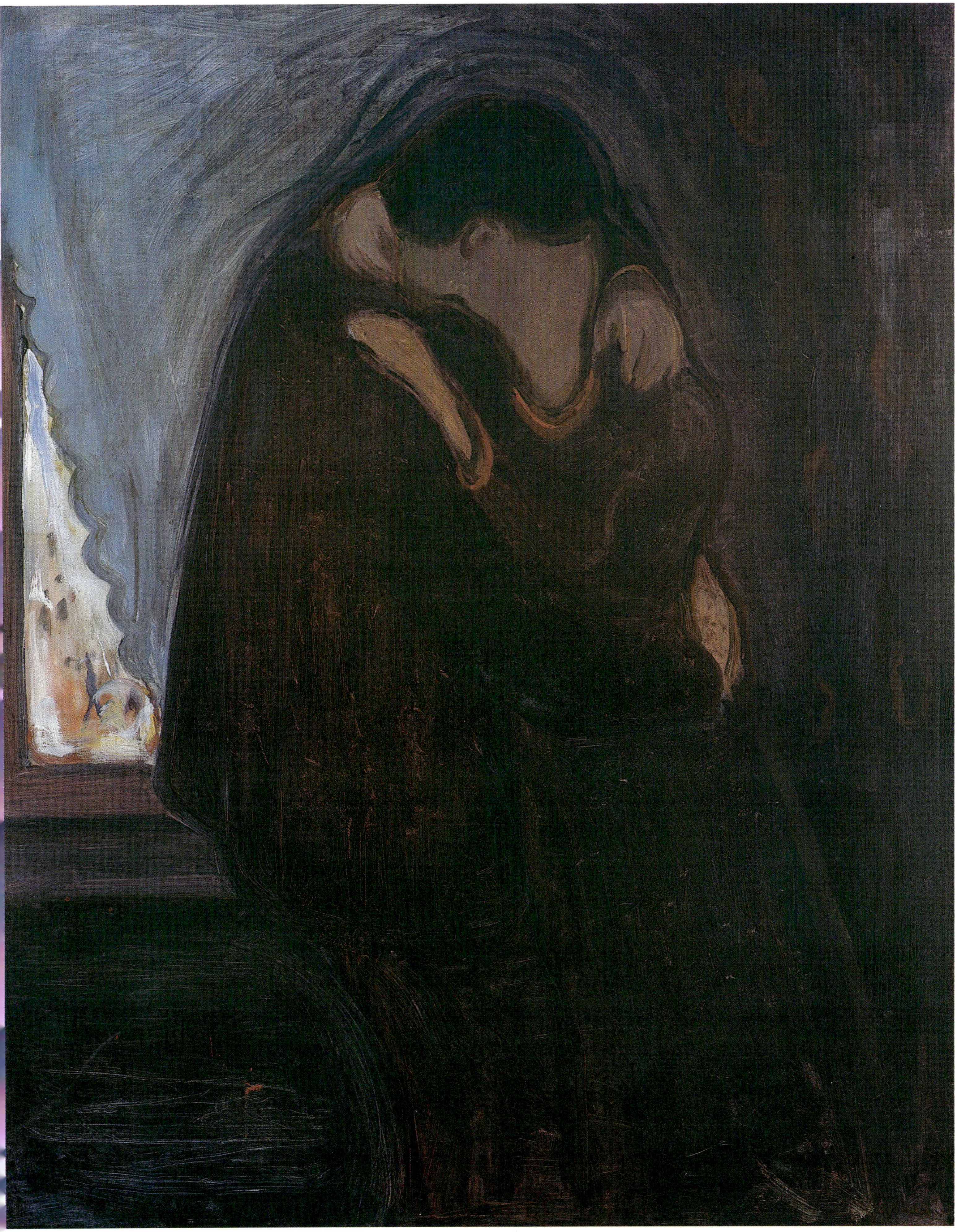

d'abord qu'à la rétine et une peinture qui va au-delà de la rétine, et se sert du tube de peinture comme tremplin pour aller plus loin. C'est le cas des religieux de la Renaissance. Le tube de peinture ne les intéressait pas. Ce qui les intéressait c'était d'exprimer leur idée de divinité sous une forme ou sous une autre... Donc sans refaire la même chose il y a cette idée, chez moi, en tout cas, que la peinture pure n'est pas intéressante en soi comme but. Pour moi la fin est autre, c'est une combinaison, ou du moins une expression que seule la matière grise peut arriver à rendre.»

Selon le credo de Duchamp, le «frisson cérébral» a donc remplacé le «frisson rétinien», la peinture a désormais d'autres fonctions, en particulier choquer, car «un tableau qui ne choque pas n'en vaut pas la peine».

C'est ainsi que l'érotisme prend forme nouvelle, lui aussi. Et Duchamp n'est pas le dernier à en saupoudrer toute son œuvre de façon plus ou moins allusive ou évidente. «Je crois beaucoup à l'érotisme,

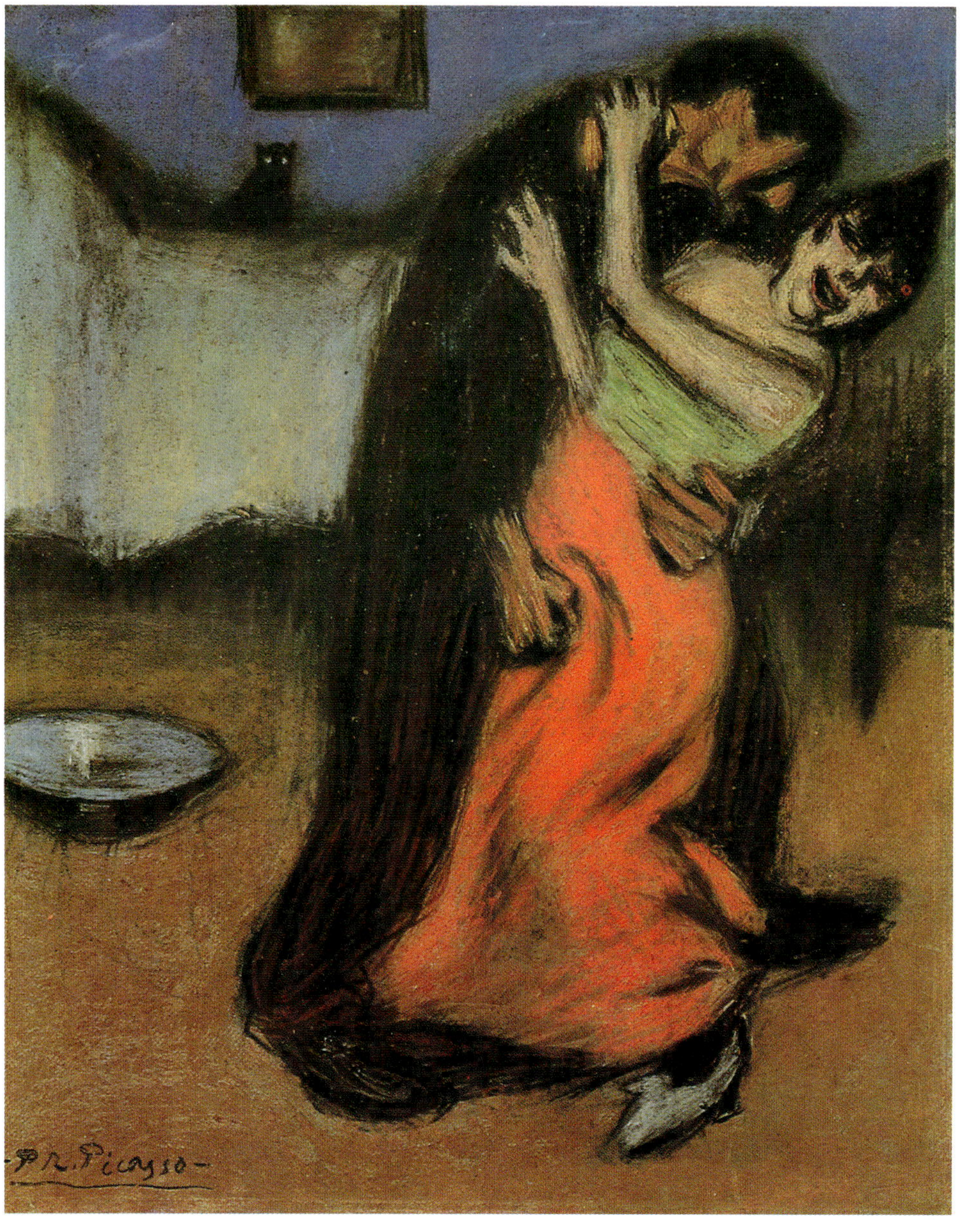

Pablo Picasso
Frenzy, 1900
Pastel, 47,5 x 38,5 cm
Collection privée; autrefois Bâle, Galerie Beyeler

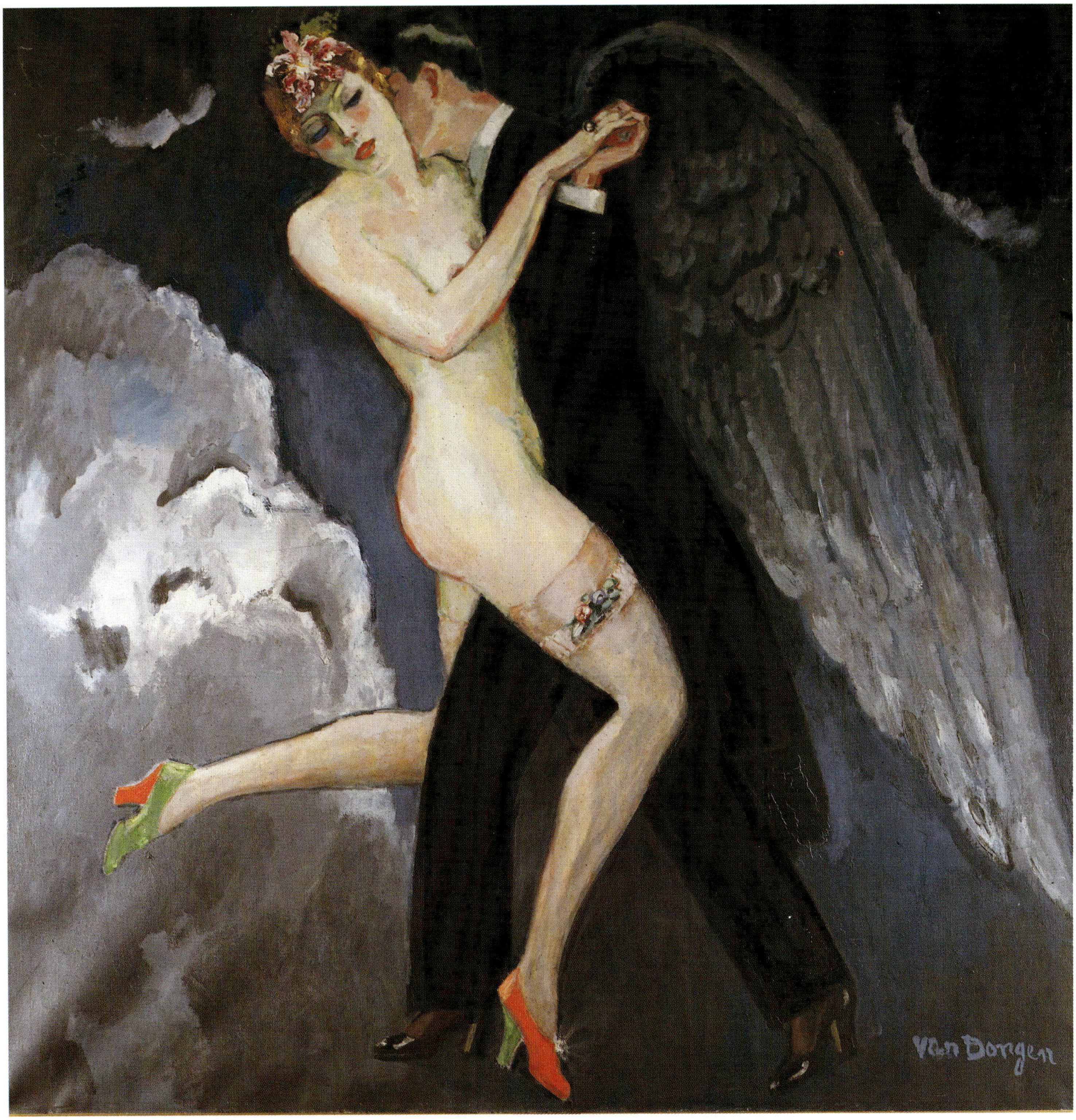

Kees van Dongen
Tango, 1923–35
Huile sur toile, 195 x 114 cm
Nice, Palais Masséna

professe-t-il, parce que c'est vraiment une chose assez générale dans le monde entier, une chose que les gens comprennent.» On le verra à propos de *Etant donnés* (p. 168/169): tout au long de son œuvre, Duchamp a flirté avec l'érotisme, voire la pornographie, depuis sa *Joconde* surnommée *LHOOQ* (Elle a chaud au cul...) et sa *Mariée mise à nu*, jusqu'à *Fontaine* et *Etant donnés*, ces deux dernières œuvres mettant l'accent sur la thématique de l'urine, l'une par le truchement de l'urinoir, l'autre en donnant à contempler au voyeur, l'œil collé au trou dans la porte, la «Vierge» nue, en position d'exhiber et d'éclairer sa «chute d'eau». C'est-à-dire en train de pisser.

Cet infléchissement de la réalité, on le voit déjà lorsque l'on passe du *Baiser* de Rodin (p. 108) à celui de Brancusi (p. 109). La sensualité du premier l'emporte à l'évidence sur le «baiser dans la pierre» du second. Brancusi – qui refusa d'ailleurs de travailler avec Rodin, parce que, disait-il, «rien ne pousse à l'ombre des grands arbres» – a réalisé non pas une œuvre directement expressive comme Rodin, mais une association d'«objets partiels» (un homme et une femme stylisés) qu'il transforme littéralement en «machine désirante», entité unique et compacte qui possède, avec son symbolisme, sa volonté de symétrie, la simplicité et la pureté de ses lignes abstractisantes, les caractéristiques à la fois de l'art populaire roumain et celles des idoles primitives. A l'évidence l'œuvre de Brancusi est en rupture avec le classicisme et se révèle comme le point de départ d'une conception entièrement renouvelée – par rapport à Rodin – de la sculpture.

«Moi aussi, je suis peintre», disait le photographe Nadar qui, outre

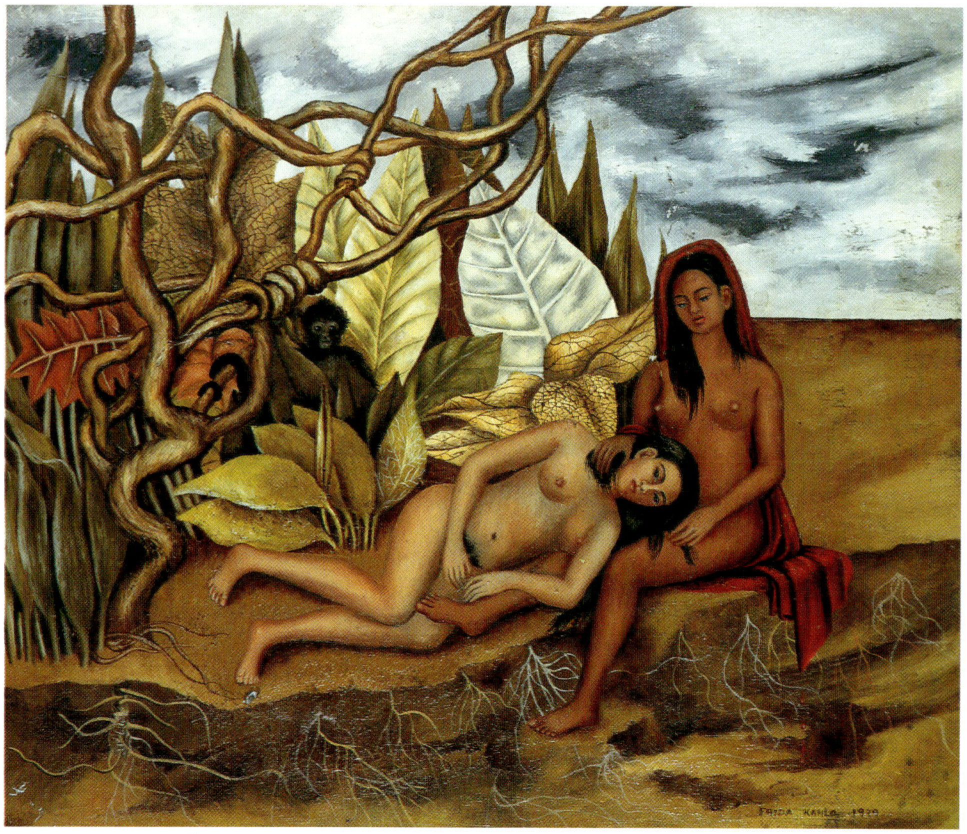

Frida Kahlo
Deux nus dans la forêt ou *La terre elle-même* ou *Ma nourrice et moi*, 1939
Dos desnudos en un bosque o La tierra misma o Mi nana y yo
Huile sur métal, 25 x 30,5 cm
Collection privée

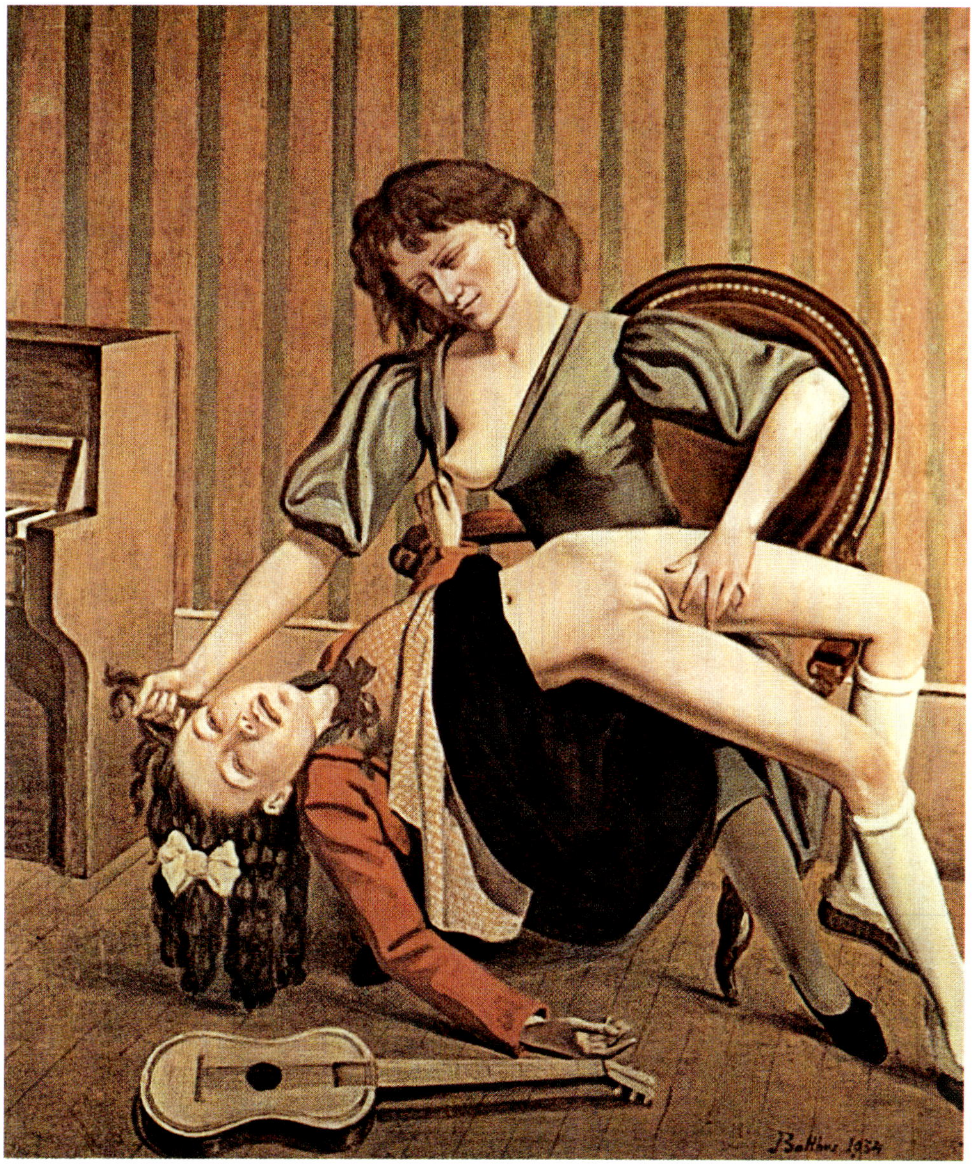

Balthus
La leçon de guitare, 1934
Huile sur toile, 161 x 138,5 cm
Zurich, Courtesy Thomas Ammann

Franz von Bayros
Il regarde les étoiles, 1912
Der Sterngucker
Illustration pour «Le Murex»

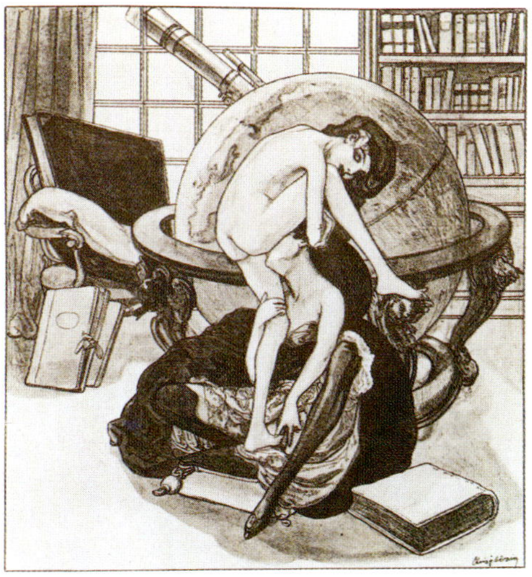

ses portraits célèbres, accueillit dans son atelier parisien la première exposition des impressionnistes. «Va donc!» lui répondait Degas, «Faux artiste, faux peintre, faux-tographe!» Cette boutade illustre assez bien la guerre larvée qui sévit lorsqu'apparut la photographie. Les peintres avaient eu chaud en effet, craignant un instant que leur prérogatives fussent mises en cause. Or ce n'est pas la photographie qui dévora toute crue la peinture, comme on le craignit alors, mais la peinture qui digéra peu à peu la photographie. Atteint, selon son propre aveu, de «réalisme sybarithique aigu», Salvador Dalí, en 1933, ne clamait-il pas déjà que sa peinture était «la photo-couleur, à la main, d'images délirantes et superfines d'une irrationnalité concrète». Des hyperréalistes à Jeff Koons, toute une famille d'artistes a utilisé la photographie comme outil privilégié. Une photographie qui n'a plus rien de surréaliste comme du temps de Man Ray, mais qui est devenue, au contraire, simple instrument, simple médium au service du peintre et de son observation du monde visible. Comment ce moyen, universellement répandu par les mass media, ne serait-il pas au cœur des préoccupations

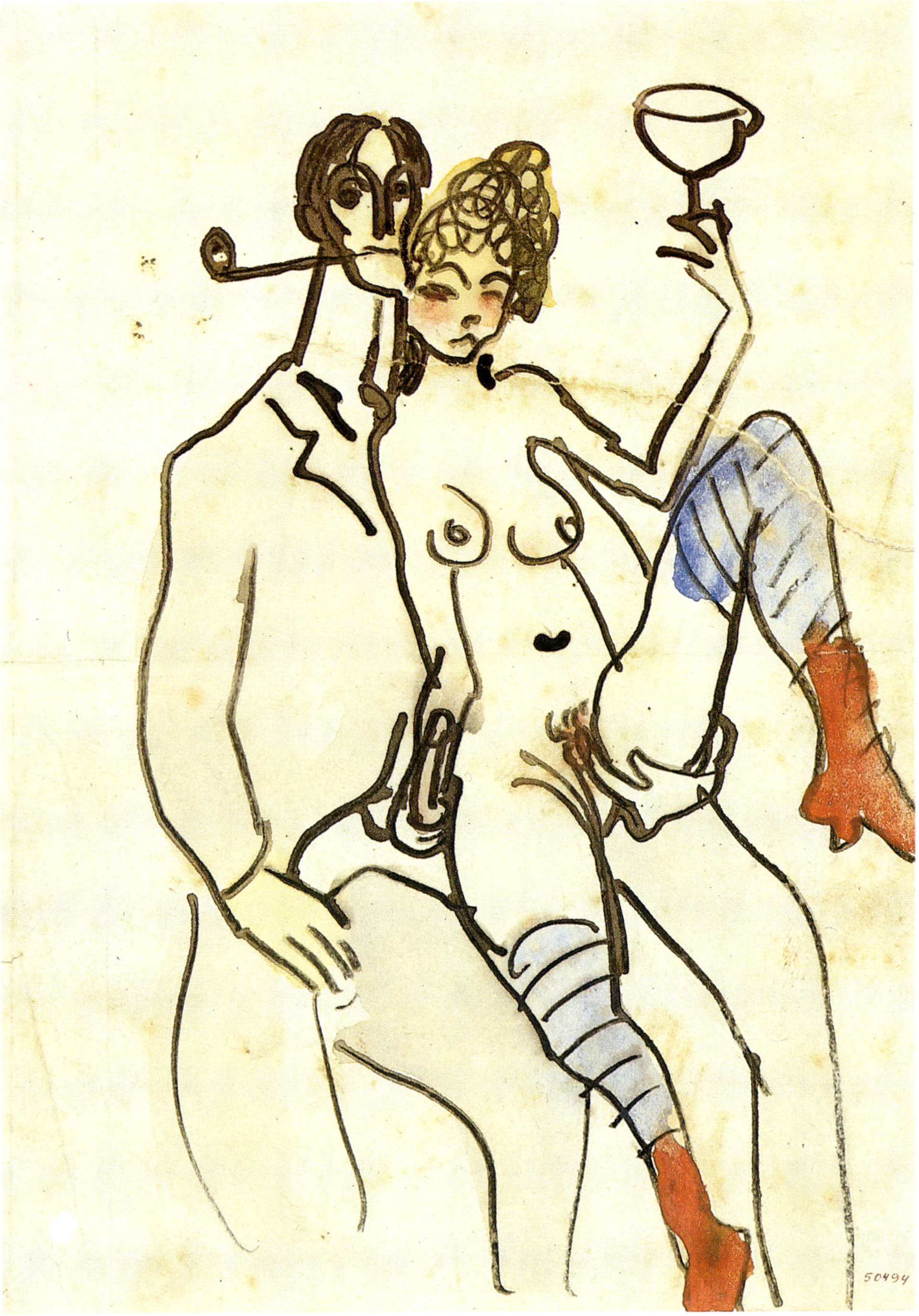

REPRODUCTION A GAUCHE:
Pablo Picasso
Angel Fernández de Soto avec une femme,
vers 1902/03
Angel Fernández de Soto con una mujer
Aquarelle et encre de Chine, 21 x 15,2 cm
Barcelone, Museu Picasso

Günter Brus
Reste calme même si les assiettes claquent, 1970
Laß dich nicht verwirren, auch wenn die Teller klirren
Crayon, 29,7 x 20,9 cm
Berlin, collection privée

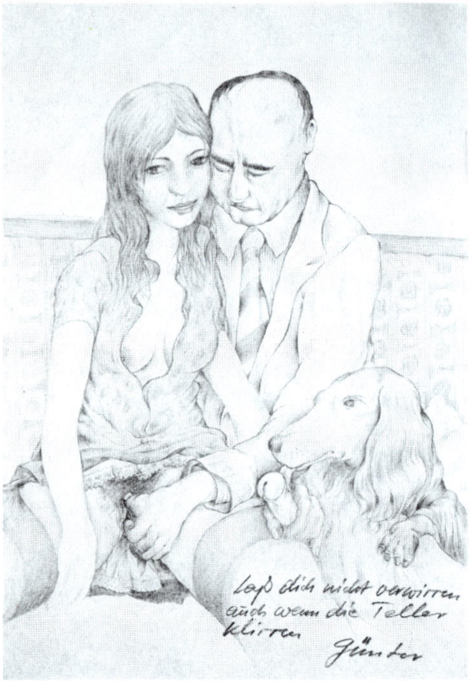

des peintres contemporains? La photo, magnifiée, devient entre leurs mains un modèle, une image «neutre» de réalité qui leur permet de dresser un constat sans commentaire du monde tel qu'il apparaît. C'est ainsi que Jeff Koons, le mari de la Cicciolina, «donne valeur de monument à ses pénétrations vaginales et conjugales». Et ce n'est pas par hasard qu'il intitula sa première exposition importante à New York, Chicago et Munich: «Banality». Choquer avec des banalités n'est pas à la portée de tous les artistes. Lorsque la Cicciolina offrit à Saddam Hussein de la «violer» en échange de la libération des otages qu'il détenait, Koons salua cette démarche similaire à la sienne en ces termes: «Elle est l'une des grands artistes de ce monde – au lieu d'utiliser la peinture ou la photographie, elle se sert de ses organes génitaux»

REPRODUCTION A DROITE:
Egon Schiele
L'hostie rouge, 1911
Die rote Hostie
Aquarelle et crayon, 48,2 x 28,2 cm
New York, Courtesy Galerie St. Etienne

«L'œuvre d'art érotique a elle aussi un caractère sacré!» E. S.

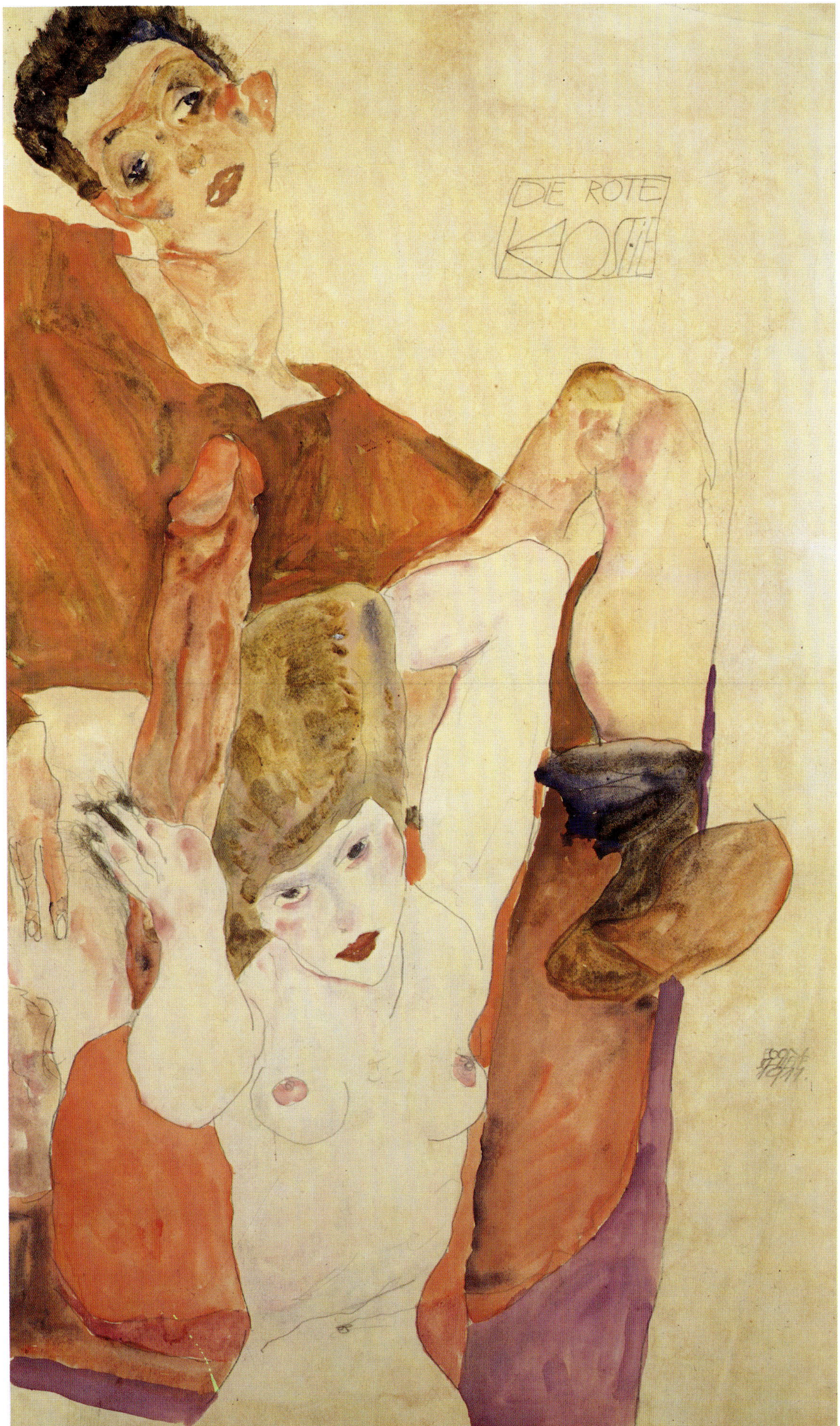
DIE ROTE
HOSTIE

(She is one of the greatest artists in the world – instead of painting or photography, she articulates her genitalia !). Comment douter du succès de la démarche de Koons lorsque à la Biennale de Venise un fanatique poignarda l'une de ses toiles «porno-kitsch», lui apportant ainsi une forme de consécration.

Souterrainement, le ready-made de Duchamp a influencé la conscience des artistes adeptes de la photographie et, selon les termes de Dalí, «les a conduits à peindre des ready-made à la main» (ex: les boîtes de soupe de Warhol ou les femmes en plastique de Wesselmann). Toujours selon Dalí, enchanté du procédé, «il est hors de doute que si Vermeer de Delft ou Gérard Dou avaient vécu de nos jours, ils n'auraient vu aucun inconvénient à peindre l'intérieur d'une automobile ou l'extérieur d'une cabine téléphonique, avec tous les reflets que cela implique...» Les rapports de l'art contemporain avec la photographie et le cinéma sont en effet constants. On a vu les artistes du Pop Art emprunter le gros plan, la «partie pour le tout». Mais cette vision photographique ils la transposent dans un espace et un temps différents, jouant des contrastes et des accumulations. En s'adonnant à des constats irrésistibles, les Américains demeurent critiques et ironiques, alors que les Anglais, par exemple, du type Richard Hamilton ou David Hockney, font appel à une nostalgie et à un romantisme qui mettent directement en cause la littéralité de leurs fragments descriptifs. Pour Roy Lichtenstein, «la trame du papier de l'imprimerie est semblable au pointillisme de Seurat». Grâce à l'agrandissement photographique, Lichtenstein peut peindre des B.D. comme des natures mortes. Son Baiser intitulé *We Rose Up Slowly* (p. 113), est peint à la façon d'une

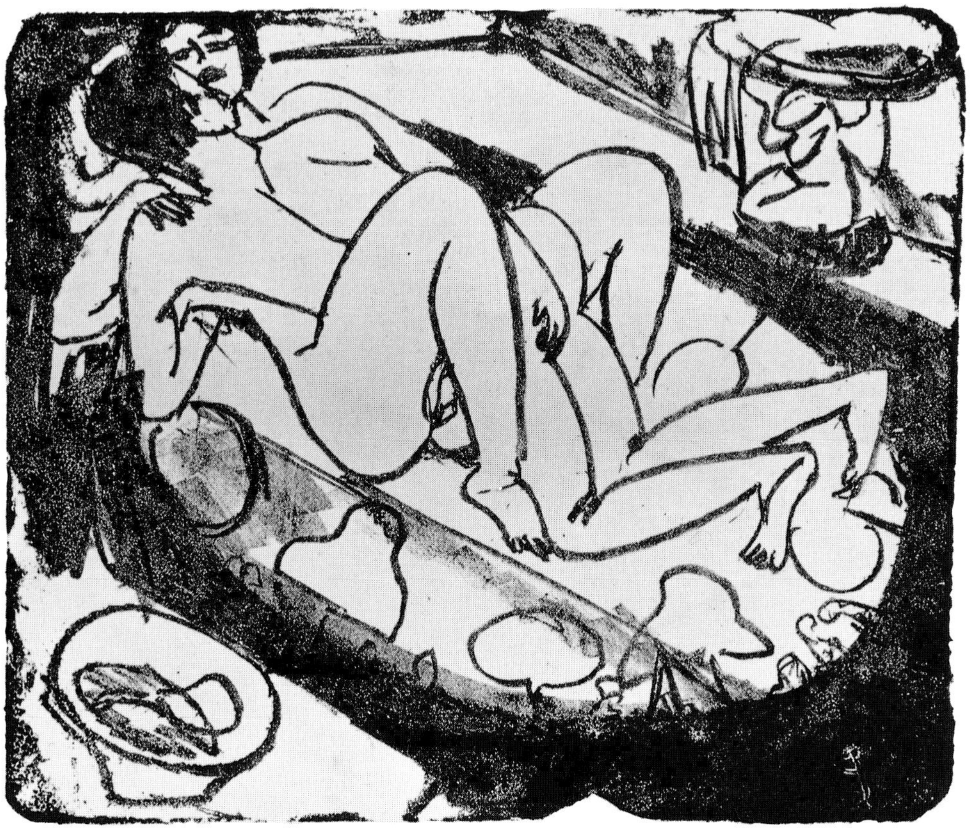

Ernst Ludwig Kirchner
Les amants VI, 1911
Liebespaar VI
Lithographie, 16,8 x 21,9 cm
Hambourg, Hauswedell & Nolte

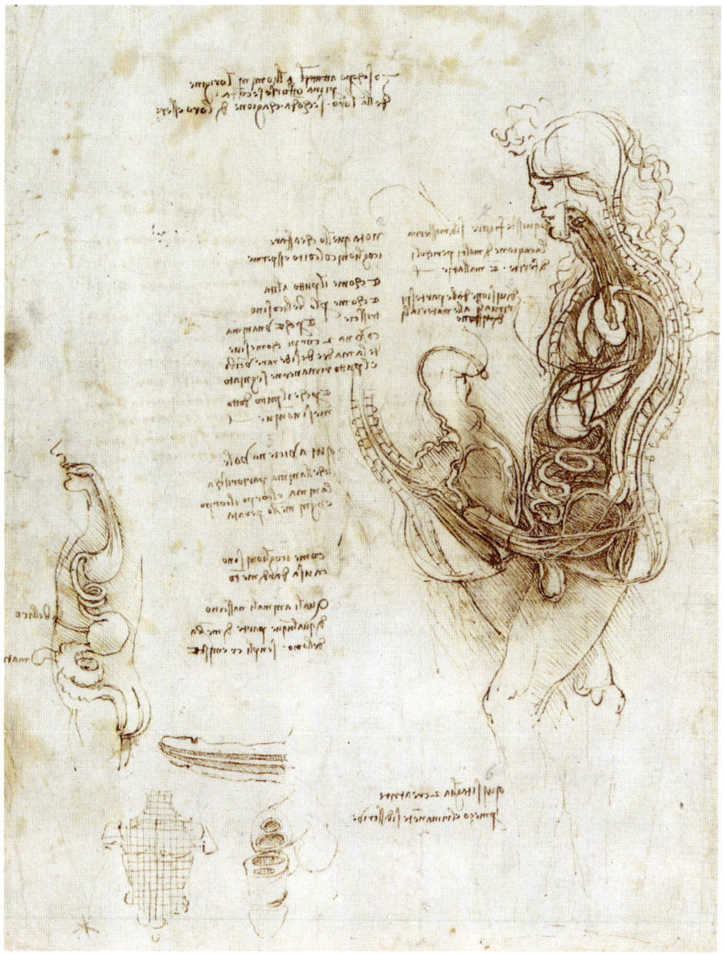

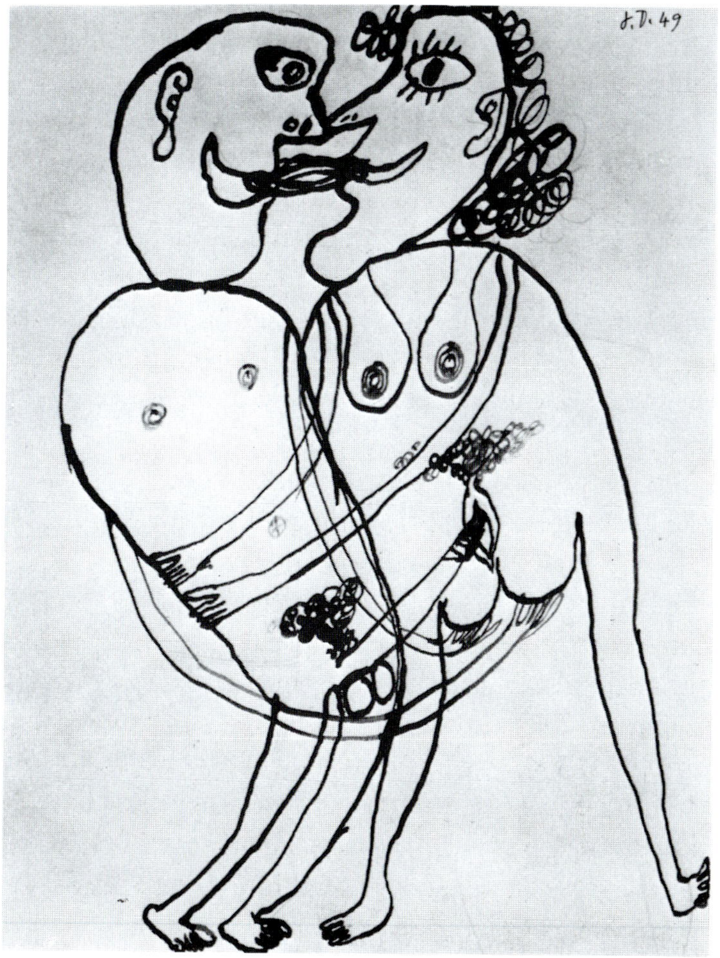

REPRODUCTION A GAUCHE:
Léonard de Vinci
La copulation, 1492/94
Plume et encre de Chine brune, 27,6 x 20,4 cm
Windsor Castle, Royal Library.

REPRODUCTION A DROITE:
Jean Dubuffet
Conjugaison X, 1949
Plume d'oie et encre de Chine, 27 x 21 cm
Paris, collection privée

reproduction d'original, avec la trame typographique grossière, les contours noirs d'encre, les couleurs discordantes. Ce qui fit le plus scandale dans la démarche de Lichtenstein, dans les années 60, c'est qu'à une époque où New York était livré à un expressionnisme abstrait qui avait envahi le monde, ce jeune homme tranquille osait revenir à une figuration infantile, jouant ainsi les empêcheurs d'abstractiser en rond. Mais, comme celui de Koons, le choix de Lichtenstein n'est pas innocent. La B.D. est en effet synonyme de rêve américain. Elle est pour lui le moyen de mettre en plein dans le mille de la société de masse dans laquelle nous vivons. Du double point de vue sociologique et psychologique, d'innombrables anecdotes soulignent l'impact démesuré de la B.D. véhiculée par les magazines à grande diffusion. Ainsi, au détour d'un épisode des aventures de Blackwood et Blondie, alors que ces héros de B.D. ne parvenaient pas à choisir le nom de leur second enfant, 400.000 lecteurs écrivirent spontanément au journal qui les publiait pour les aider à choisir. On cite aussi l'histoire exemplaire de ce politicien qui eut l'idée de composer ses discours électoraux uniquement à partir de phrases prononcées par Andy, autre célèbre personnage de comics dans la bouche de qui s'exprimaient les récriminations et les desiderata du citoyen moyen, et qui fut élu avec une écrasante majorité. Après tout Lichtenstein fait suite aux innombrables peintres qui ont pris Zeus, Aphrodite et les dieux de l'Olympe

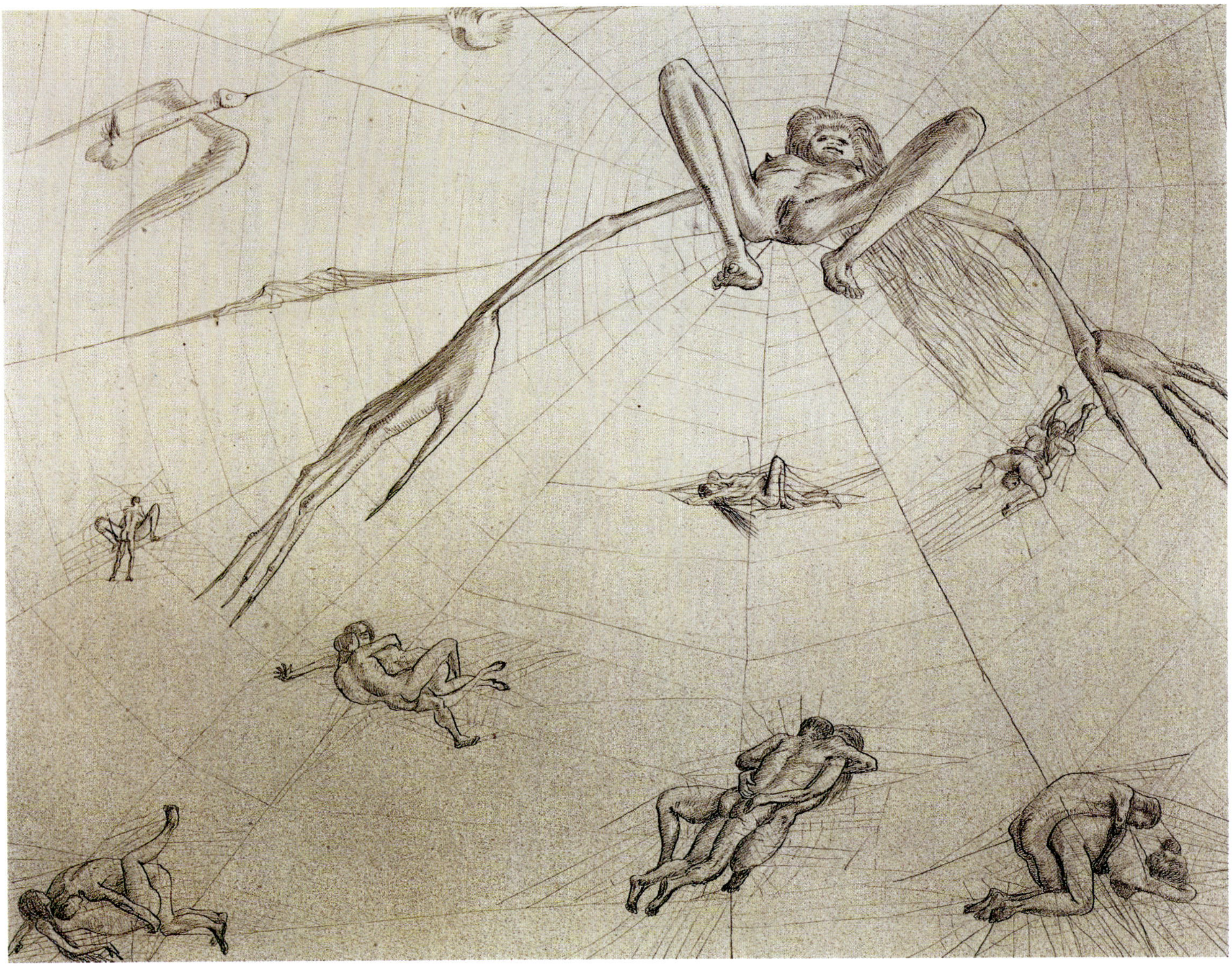

Alfred Kubin
L'araignée, 1900/01
Die Spinne
Dessin à la plume et lavis, 18,9 x 24,6 cm
Vienne, Graphische Sammlung Albertina

«Je suis l'organisateur de l'incertain, de l'androgyne, du crépusculaire, du chimérique. – Mon aspiration est de donner vie à ce royaume mystérieux, profondément enraciné dans mon humanité, et de le mouler dans des formes artistiques solides.» Alfred Kubin

pour sujet. Simplement nos divinités s'appellent aujourd'hui Marilyn Monroe, Michael Jackson, Superman ou Donald Duck. Ainsi que le déclarait Jean Tinguely sous le titre «L'art est révolte» dans le «National-Zeitung» (octobre 1967): «L'art est total, car il peut être ‹fait› de n'importe quoi: pierre et pétrole, bois et fer, air et énergie, gouache, toile ou situation – imagination et entêtement, ennui, bouffonnerie, colère, intelligence, colle et fil de fer, opposition ou appareil photo. Par conséquent, l'art est aussi la compétence des ingénieurs et des techniciens, même si elle ne s'exprime qu'inconsciemment ou fonctionnellement. Tout est art. (L'art devrait-il être réservé aux ‹artistes›?) Et aussi: l'art est partout – chez ma grand-mère – dans le kitsch le plus invraisemblable ou sous une planche pourrie.»

«Ce qui restera du Surréalisme? l'érotisme», aimait à dire méchamment André Masson. De fait, les œuvres surréalistes dont on se souvient le mieux ne sont-elles pas celles qui ont le plus été chargées d'érotisme? Substituer des organes érogènes à des organes sensoriels consacre, selon les surréalistes, l'existence d'un «objet érotique» d'autant plus total qu'il

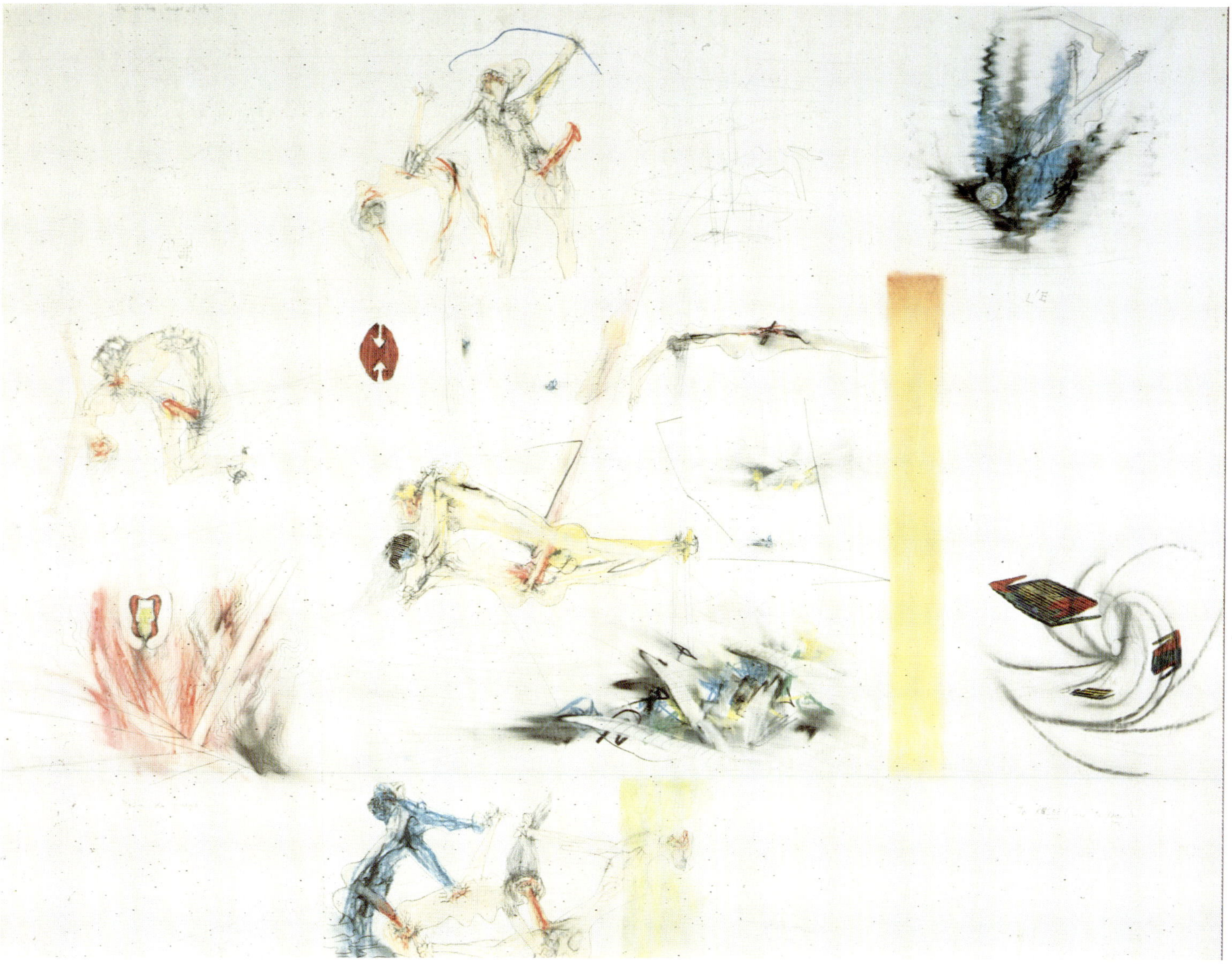

Roberto Matta
Les délits, 1941
Mine de plombe et crayon gras,
57,2 x 72,7 cm
Paris, Musée National d'Art Moderne,
Centre Georges Pompidou

sublime la notion de beauté par la notion sensitive d'impureté. Georges Bataille va dans le même sens que Masson: «Personne aujourd'hui ne réserve le mot de surréalisme à l'école qui voudrait, par ce nom, se réclamer d'André Breton. J'ai préféré toutefois parler de maniérisme; je veux marquer l'unité fondamentale de peintures dont l'obsession est de traduire la fièvre, le désir, la brûlante passion. Je ne veux pas tenir compte de l'artifice que le mot suggère; si le mot se lie au désir, c'est dans la tête de ceux qui veulent l'emphase. Le trait essentiel des peintres dont je parle est de haïr la convention. Cela seul leur fait aimer la chaleur de l'érotisme – je parle de l'irrespirable chaleur que l'érotisme dégage ... Essentiellement, la peinture dont je parle est en ébullition, elle vit... elle brûle... je ne puis parler d'elle avec la froideur que demandent les jugements, les classements ...»

Inclassables, en effet, ces artistes que Breton, chantre de «L'Amour Fou», a voulu réunir sous sa houlette de fer. Breton, tout en admirant Miró, Masson, Ernst, Dalí, Magritte, Picabia, Man Ray... ne peut cacher son agacement devant la liberté que savent préserver ces «compagnons de route», plutôt que militants, à l'égard de la règle surréaliste. C'est que Breton veut faire de l'amour fou une morale, le Surréalisme, selon lui, devant placer sa confiance en l'avenir et l'avenir dans la femme. Or, de ce programme, les artistes n'ont que faire. Ils misent chacun sur leurs pulsions, leurs fantasmes et au diable les règles... Certes, ils ont en commun de préconiser l'érotisme comme art de vivre pour aller «vers un homme réconcilié». Manière de se sauver de l'angoisse fondamentale déjà présente sur les gravures rupestres de la préhistoire. Ils sont bien d'accord avec Fourier, théoricien qu'ils apprécient, pour qui l'érotisme tend à délivrer l'homme des tyrannies qui entretiennent des interdits nécessaires à la survie de la vie sociale, et redonne à l'homme sa véritable dimension, lui permettant surtout, à travers l'activité du plaisir, de se retrouver dans son identité. Mais chacun de ces artistes projette dans son propre espace réinventé, rêvé, son *Jardin des délices* à la Jérôme Bosch. A chacun son «cinémascope», les multiplicités et les particularités, voire les singularités de sa pratique érotique. Jardins érotiques à la mesure des possibilités physiques de chacun, qui peuvent être dépassés nous faisant alors pénétrer dans le champ périlleux des perversions. La perversion étant le dépassement

George Grosz
Trois personnages, 1920
Drei Figuren
Aquarelle, 51,5 x 69,2 cm
La Haye, Collection P.B. van Voorst van Beest

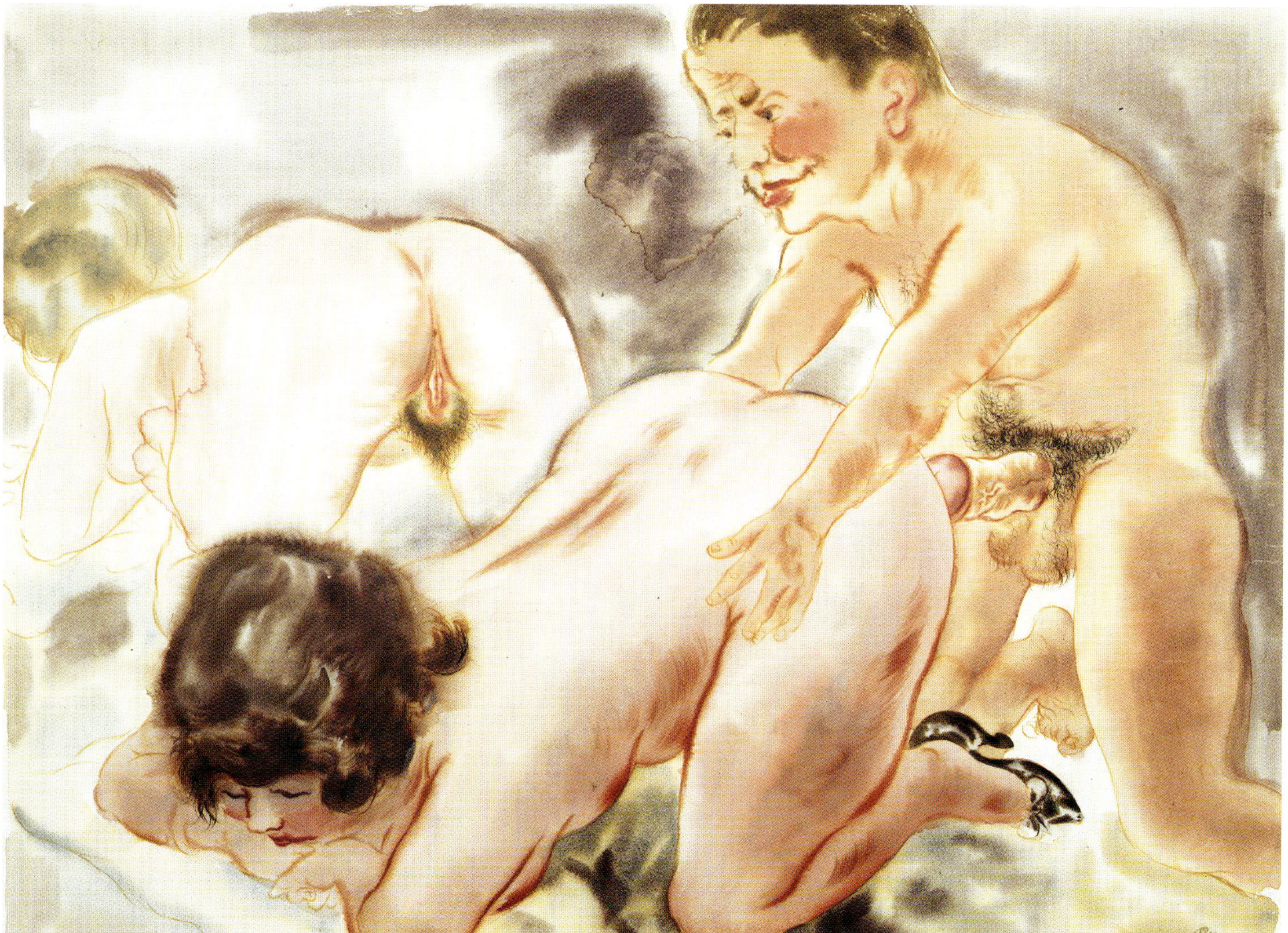

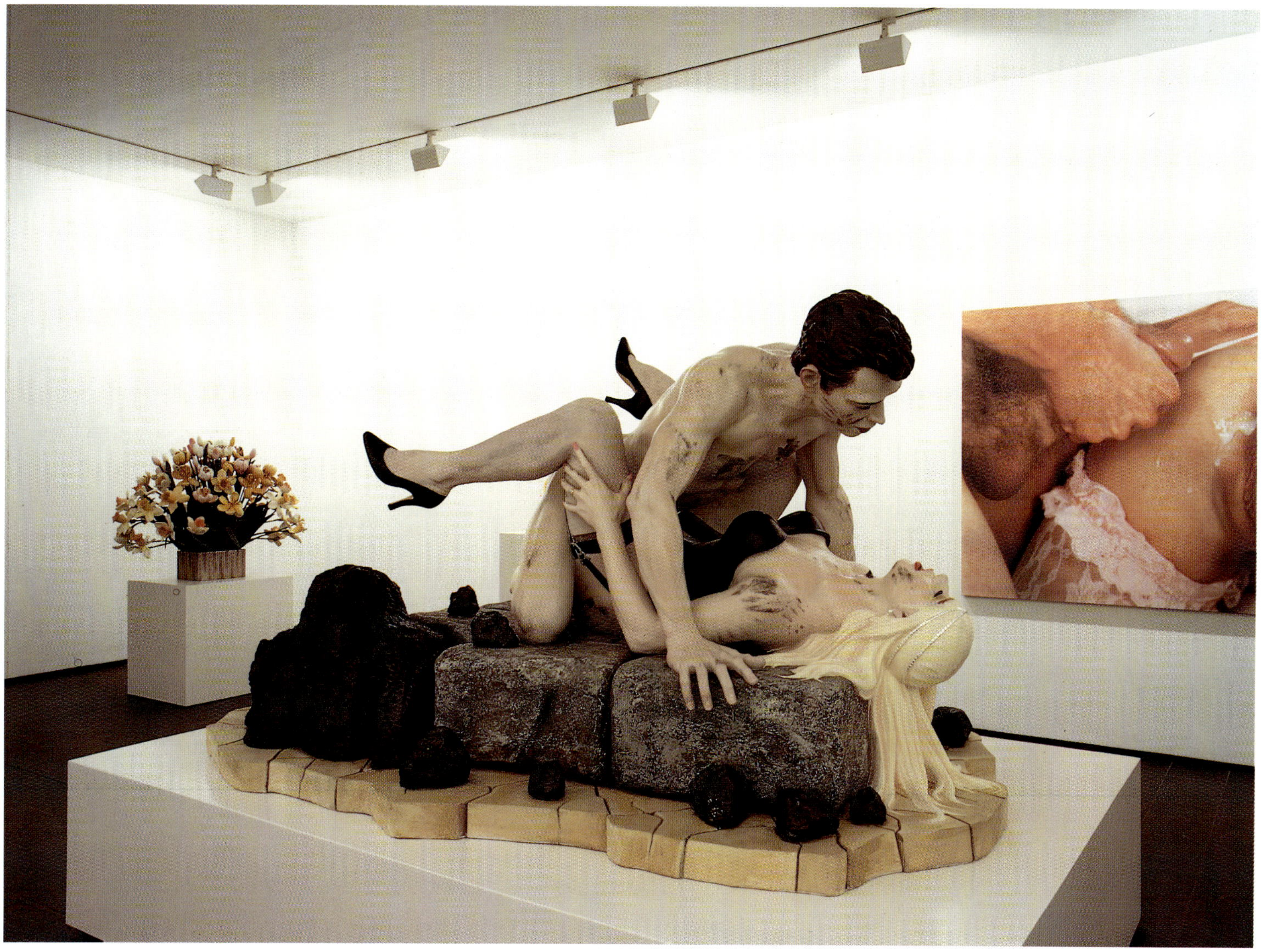

Jeff Koons
Jeff en haut (sale), 1991
Jeff on Top (Dirty)
Plastique, 119,3 x 268,2 x 177,8 cm
Collection privée

des limites, un défi, par dépit , sur lequel plane l'ombre inquiétante du marquis de Sade, le grammairien de toutes les figures possibles des perversions et jusqu'à l'impossible qui débouche sur la course à la mort qui en est la conséquence.

Ainsi que le note Jean-Jacques Lévèque, au gré des artistes qui s'enchaînent, la «femme nommée désir n'entre pas de plein-pied dans la peinture surréaliste. Au départ, elle se fait attendre. Désirer. Des prémisses, des signes, des murmures l'annoncent». On trouve ceux-ci chez de Chirico sous forme de mannequins, de signes, d'objets. Max Ernst se risque au nom de l'humour – cette cuirasse protectrice – et c'est la *Femme cent têtes*, une femme-machine. Femme-machine que Duchamp, à son tour, reconstruit de toutes pièces: *Nu descendant un escalier* et la *Mariée mise à nu*. Picabia, Man Ray préfèrent la laisser en compagnie de son alter-ego lesbien. Mais ils peuvent aussi la pousser jusqu'à son apparence la plus mécanique. Ainsi de *Parade amoureuse* de Picabia (p. 151), qui transcrit en termes de machine les recherches sur les viscères, le squelette et leur fonctionnement de Léonard de Vinci. Avec cette différence, toutefois, que dadaïstes et surréalistes éprouvent à leur manière équivoque cette fascination mécanique, lorsqu'ils trans-

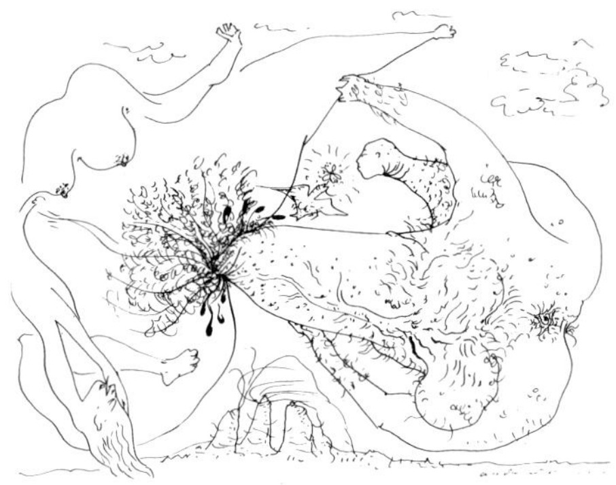

André Masson
Sans titre
Encre de Chine, 24 x 35,5 cm
Paris, Galerie Louise Leiris

forment les femmes de leurs rêves en «bougies», en «moteurs» ou qu'ils représentent Gabrielle Buffet sous la forme d'un pare-brise ou la compagne d'Apollinaire, Marie Laurencin, en ventilateur. Pour eux, à l'exemple de Marcel Duchamp, la démarche est double et consiste à déposséder respectivement la mécanique et la femme de leurs fonctions habituelles pour leur donner une nouvelle identité. Et puis, après tout, selon eux, copier une turbine n'est pas plus idiot que de copier des pommes comme Cézanne! Machines encore que ces homosexuels animés au néon que représente Bruce Naumann (p. 135) et même ceux qui prennent leur douche dans la toile de David Hockney (p. 134). Hockney le précise d'ailleurs à sa façon, il s'agit d'art et non pas de vie: «J'ai toujours pensé en tout cas qu'il existait une nette différence entre l'art et la vie. Je comprends fort bien que l'on veuille se rapprocher le plus possible de cette barrière, mais j'ai l'impression qu'on ne peut pas la supprimer. S'il n'existait pas de différence entre l'art et la vie, alors l'art n'existerait sûrement pas, c'est aussi simple que ça. Tout serait vie, et il en sera peut-être ainsi un jour. Tout le monde jouira d'une expérience de vie d'une telle intensité que les arts apparaîtront inutiles. Mais nous n'en sommes pas encore là, et il faudra du temps.»

Dalí, à son tour, a donné une dimension nouvelle à la recherche amoureuse en découvrant l'hystérie, cautionnée par Freud. Représentation qui s'ouvre au dérèglement de tous les sens, préconisé par Rimbaud, et à une imagination échappant à toutes les censures. Ainsi, pour ces Ulysse modernes que sont les peintres surréalistes, le corps féminin est tout à la fois le navire qu'ils empruntent et la mer où se risque le navire. Dalí, le plus hardi, allant vers l'île nommée Hystérie. Max Ernst s'égarant dans les forêts légendaires de ses rêves où gît la femme désirée, telle la Belle au bois dormant. Miró illustrant les contes d'enfant qui ont bercé sa jeunesse. Magritte se figeant devant les énigmes de la femme cachée, de la femme voilée, de la femme interdite: «Comment mieux faire apparaître l'aveuglement de l'amour qu'en redoublant cette évidence, qu'en disposant un voile sur le visage des Amants» écrit Marcel Paquet. Et c'est au nom de la femme cachée par le filet miraculeux de ces pêcheurs en eau-forte que la photographie rejoint la peinture: le Man Ray photographe n'étant jamais qu'un peintre usant de nouvelles méthodes pour aborder les mêmes rivages, concrétiser les mêmes délires.

A côté de ces grands voyageurs de l'inconscient il est d'autres artistes qui préfèrent rester chez eux, écartant seulement les rideaux pour nous laisser entrevoir à travers les fenêtres le spectacle de leur sensualité. Ces lieux clos isolent plus qu'ils ne protègent ceux qui s'y retrouvent. On y sent le poids insupportable du désir et de la volupté. Le jeu érotique chez Balthus n'est que d'allusions. Il s'exprime en forme de question. Il est enfermé dans le pesant paradis de sensualité de l'artiste. De même, les toiles d'Edvard Munch, avec ses personnages qui semblent se fondre ou qui se tiennent la tête à deux mains, reflètent avant tout les angoisses de leur auteur. Munch détestait les jacinthes et toutes les plantes d'appartement parce que leur parfum lui rappelait l'odeur de la mort. Il n'assistait jamais à un enterrement. Ses aventures amoureuses dans les

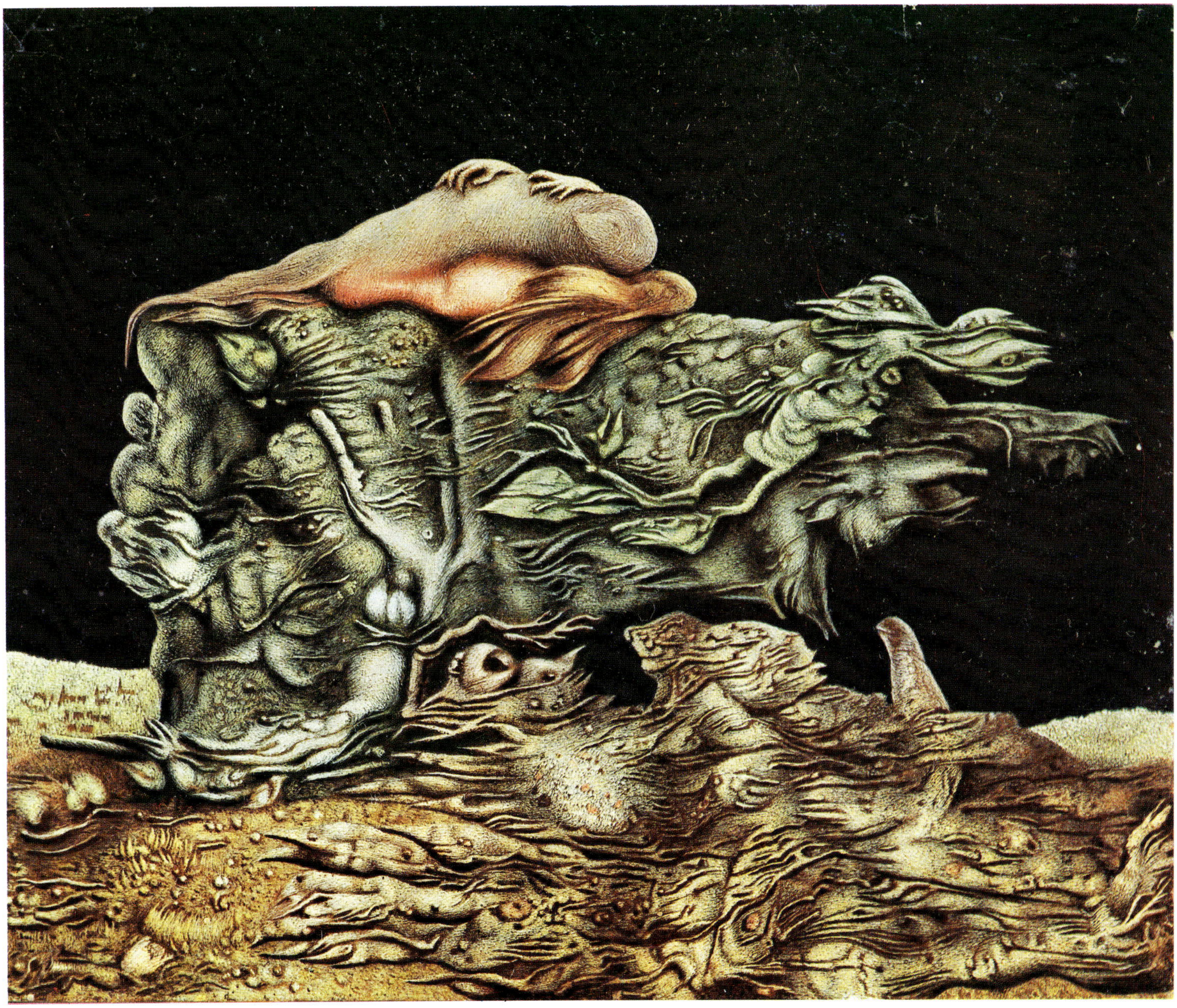

cercles de la bohème d'Oslo et de Berlin avaient marqué de façon définitive ses rapports avec les femmes. De telle sorte qu'il montre la femme, sous les traits de la vamp qui ravit à l'homme son indépendance, sa force, son art et le conduit au tombeau.

«L'homme est seul, sans pouvoir entrer en contact avec ses proches; il n'y a pas de pont entre les individus. La sexualité même ne crée que des liens fictifs. La fusion entre homme et femme est impossible; ils ne peuvent surmonter l'antagonisme métaphysique qui les sépare.» C'est ainsi que Walter Serner parle de l'œuvre de son ami Christian Schad. Mais ses propos peuvent s'appliquer tout aussi bien à nombre d'artistes modernes qui vont d'Egon Schiele, Dix et Grosz à Günter Brus. Leurs œuvres, sous des dehors divers, sont en réalité des images de la solitude des êtres, de leur solipsisme aussi. Le solipsisme n'est-il pas, chez Descartes, le premier moment de la méthode philosophique, celui du

Richard Oelze
Souhait dangereux, 1936
Gefährlicher Wunsch
Huile sur papier sur bois, 13,9 x 17 cm
Francfort/Main, Städelsches Kunstinstitut
und Städtische Galerie

«Les désirs sexuels forment la toile de fond de la miniature ‹Souhait dangereux›, comme un fragment de paysage envahi par les ramifications de plantes parasites.» R. Damsch-Wiehager

«Créer des atmosphères, ne pas décrire – mais sous une forme encore plus moderne – non pas l'objet lui-même, mais l'effet qu'il produit est important. L'effet sensuel, objet-état.» R. O.

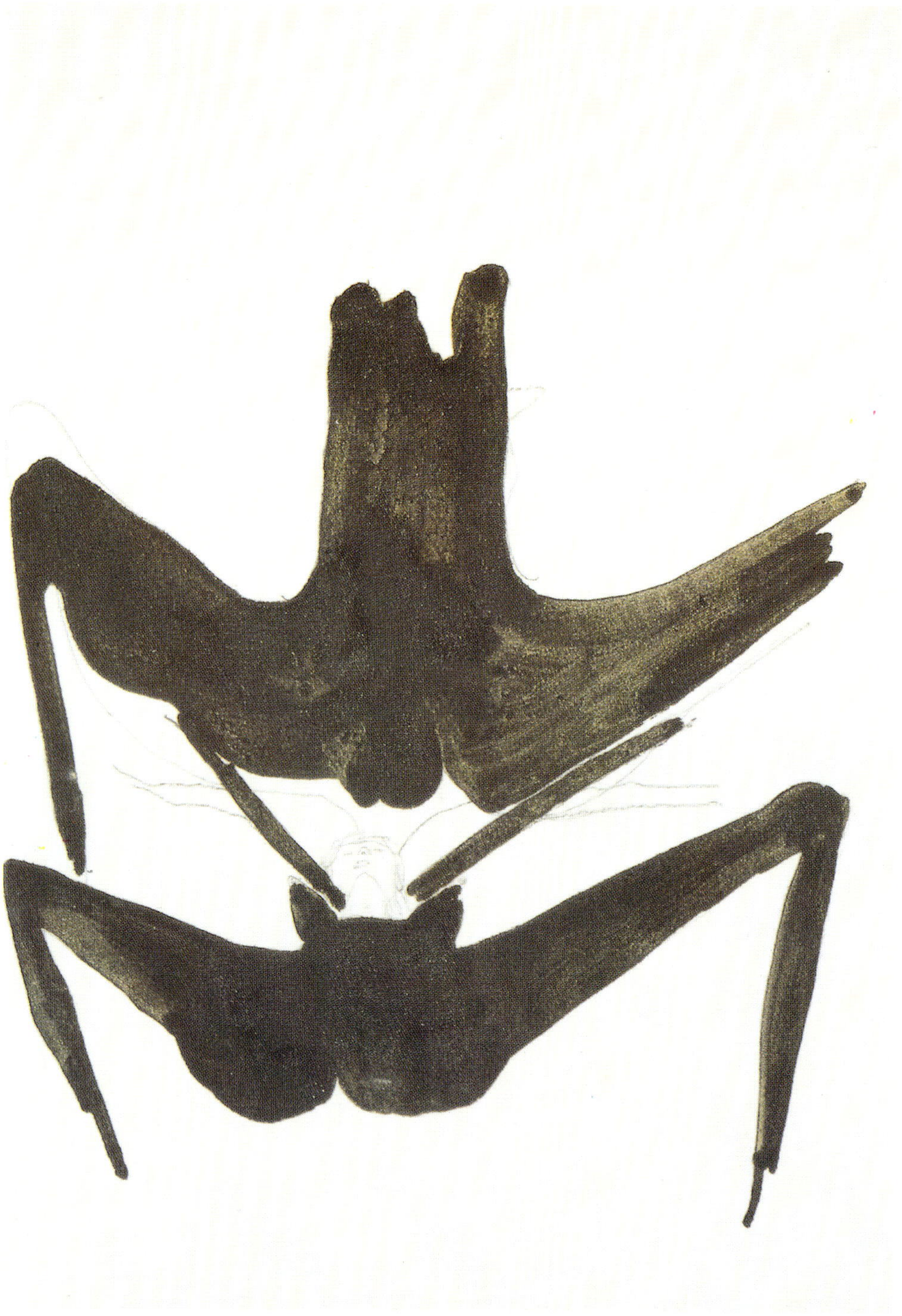

Joseph Beuys
Couple, 1958
Paar
Crayon et peinture à l'huile sur papier à lettres, 29,7 x 21 cm
Collection privée

«L'art exprime les choses vécues et dépasse de loin la simple compréhension d'un contenu logique. Car l'art ne repose que sur les choses vécues et celles-ci devraient bien sûr décoder objectivement les expériences des contenus universels.» J. B.

doute et de la mise en question radicale des évidences communes? Dès lors la tentation est grande pour ces artistes de fuir cette solitude pour se réfugier dans l'érotisme le plus évident, voire la pornographie la plus obscène.

Tous ont été accusés d'obscénité. On a reproché à Schad, par exemple, de dresser des fleurs sexuelles à côté de chairs quelque peu défraîchies. Même la précision quasi photographique de sa technique dérange. Comment ce «voyeur» ose-t-il prendre de tels clichés intimes, qu'il s'agisse d'un couple «après l'amour», de deux femmes dans leurs dessous en train de se masturber ou de deux jeunes garçons s'embrassant sur la bouche? Schad répond qu'il est trop facile de se moquer de Raphaël. Que pour sa part, c'est en Italie qu'il a trouvé la volonté de

Max Ernst
Les hommes n'en sauront rien, 1923
Die Menschen werden nichts davon wissen
Huile sur toile, 80,3 x 63,8 cm
Londres, Tate Gallery

«L'amour qui devrait donner un sens à la vie est surveillé jour et nuit par la police cléricale. L'Eglise n'existe que pour dépouiller les amants de leurs droits. Comme dit Rimbaud, il faut réinventer l'amour.» M. E.

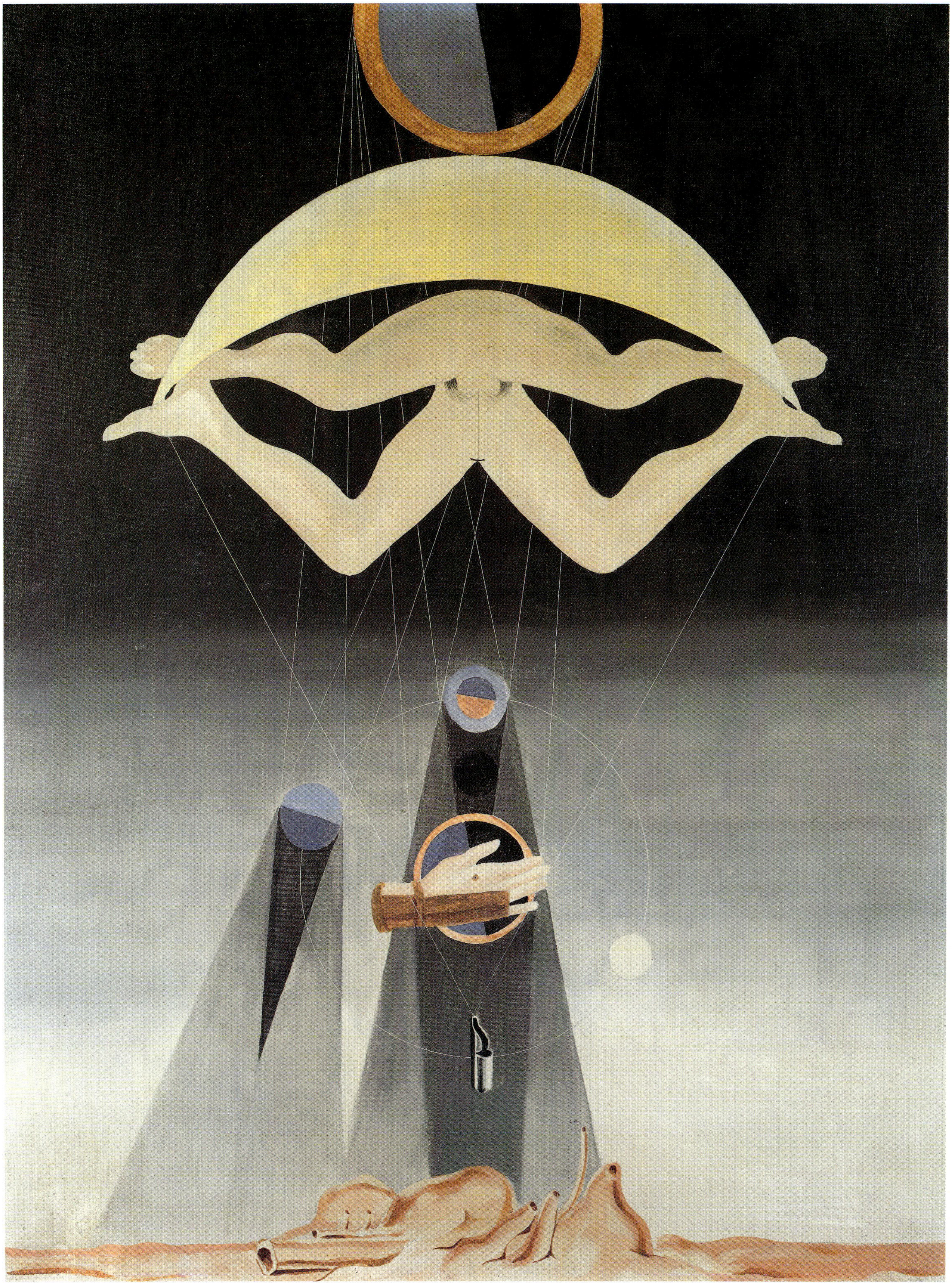

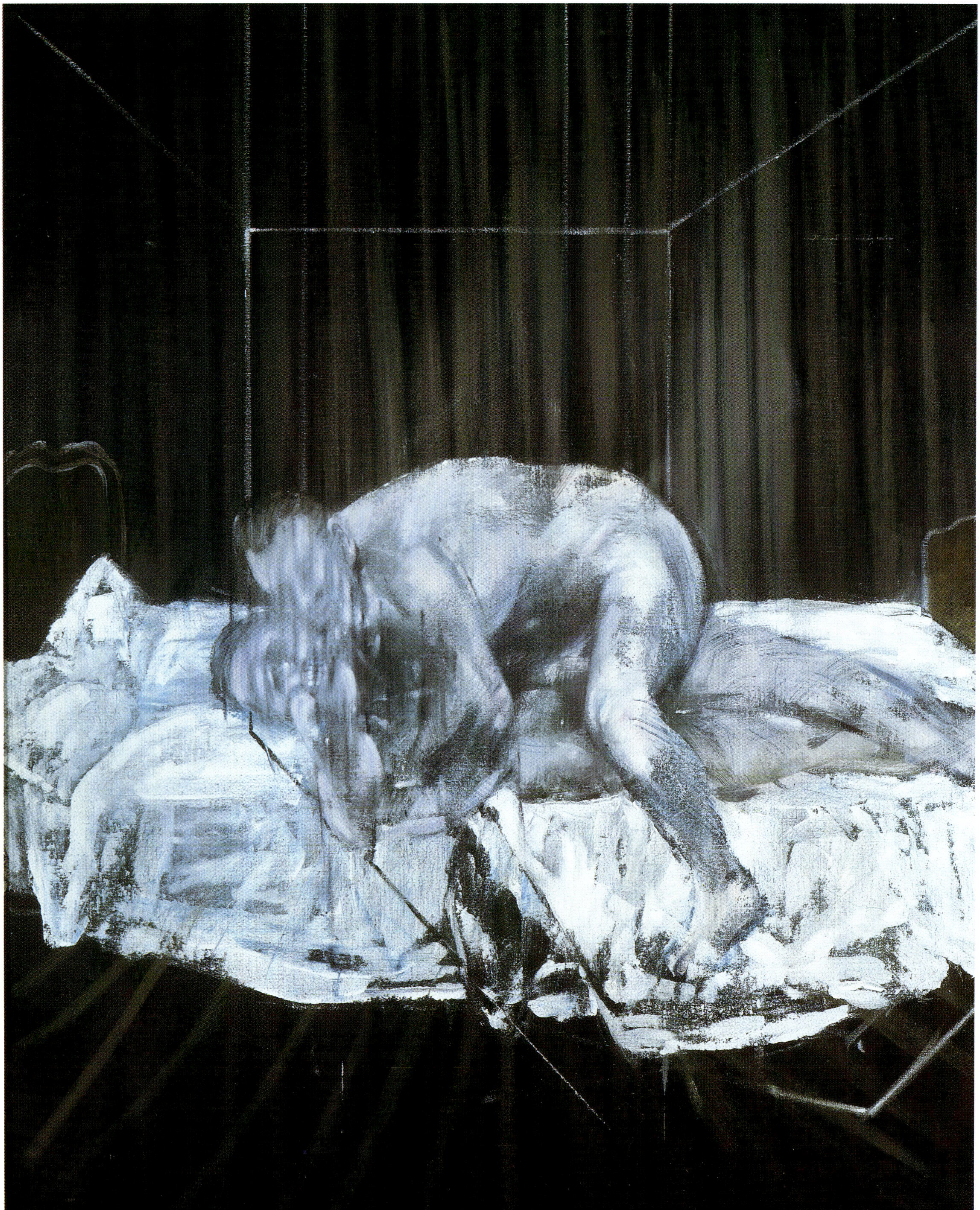

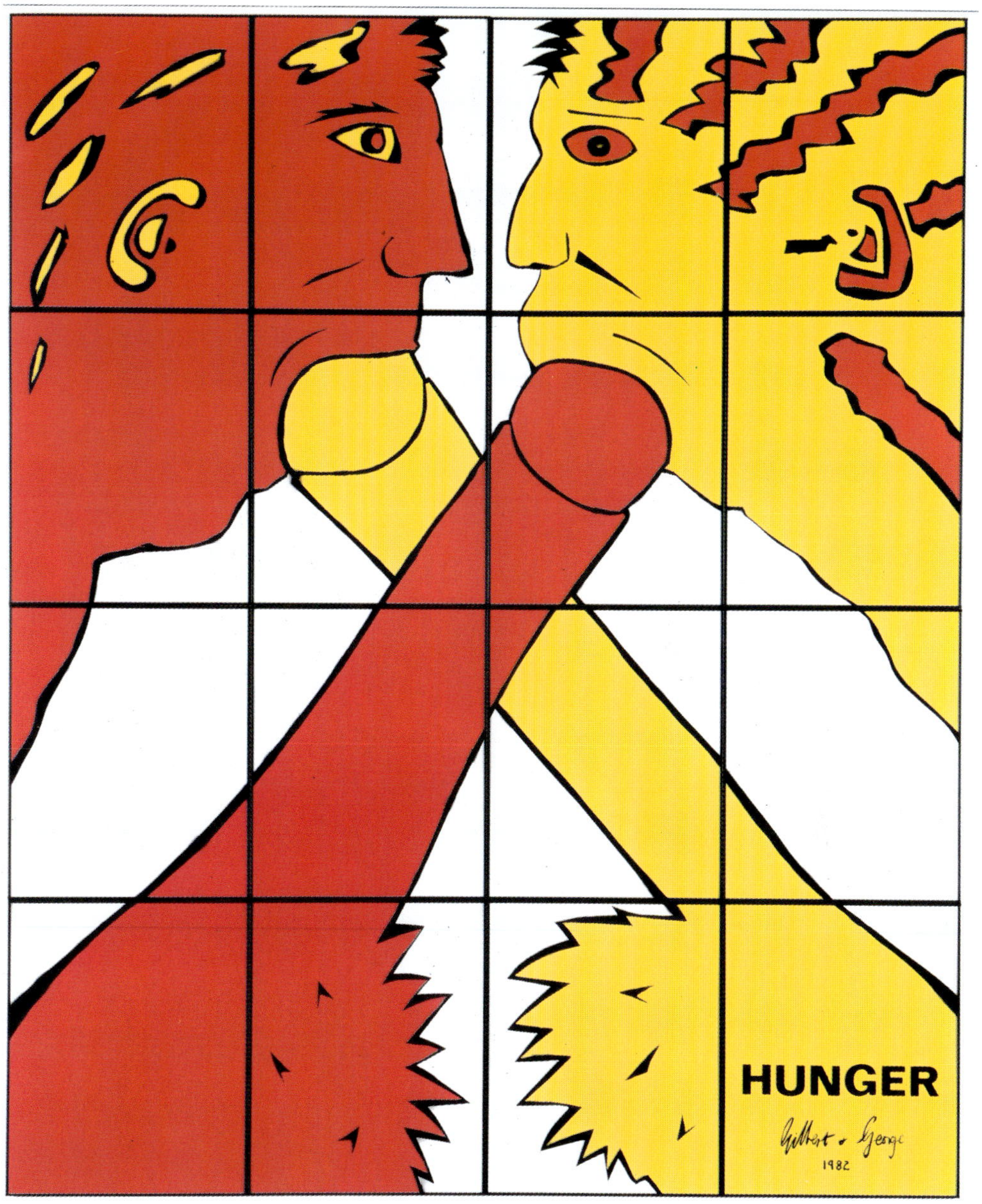

Gilbert and George
La faim, 1982
Hunger
241 x 201 cm
Londres, Anthony d'Offay Gallery

saisir la matérialité des phénomènes actuels dans toute leur pesanteur. Egon Schiele, sur la dénonciation d'un officier en retraite qui l'accusait d'avoir séduit sa fille Tatjana-Georgett-Anna – une aguichante jeune personne de quatorze ans –, a été condamné par un juge à vingt-sept jours de détention. On lui reprocha, d'autre part, d'avoir laissé en vue dans son atelier des dessins pornographiques pendant qu'il faisait poser de très jeunes modèles. On brûla symboliquement un des dessins incriminés mais on l'acquitta du chef d'inculpation le plus grave: celui de détournement de mineure.

Bien avant Freud, Schopenhauer avait montré aux hommes à quel point toute leur activité, fut-elle artistique, était déterminée par les tendances sexuelles. Selon Freud, le rôle de l'artiste n'est-il pas de donner forme à ses fantasmes et à ses désirs selon des règles esthétiques? Ayant ainsi atténué ce qu'ils ont de choquant, il en fait part aux autres hommes qui souffrent tout comme lui de la même répression de leurs désirs. Ce faisant, il leur offre un plaisir esthétique qui tient lieu de

Francis Bacon
Deux personnages, 1953
Two Figures
Huile sur toile, 152,5 x 116,5 cm
Collection privée

«On se concentre sur ce qui était une obsession. Tout ce que l'on a placé dans l'obsession avec l'acte physique est ensuite investi dans le travail. Pour l'artiste, ce qui nuit à l'amour, c'est la destruction.» F. B.

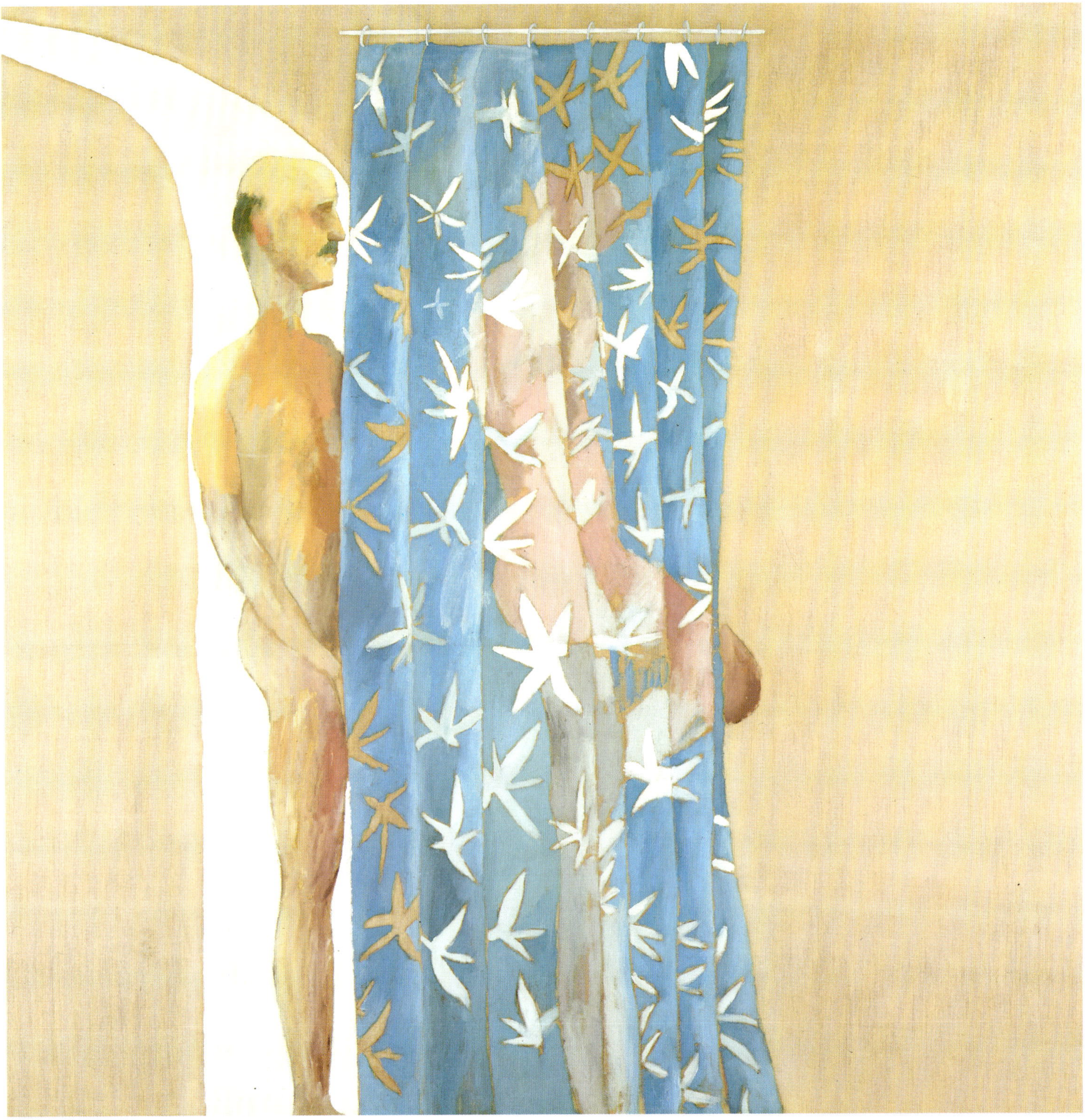

David Hockney
Deux hommes dans la douche, 1963
Two Men in a Shower
Huile sur toile, 152,4 x 152,4 cm
Londres, Waddington Galleries

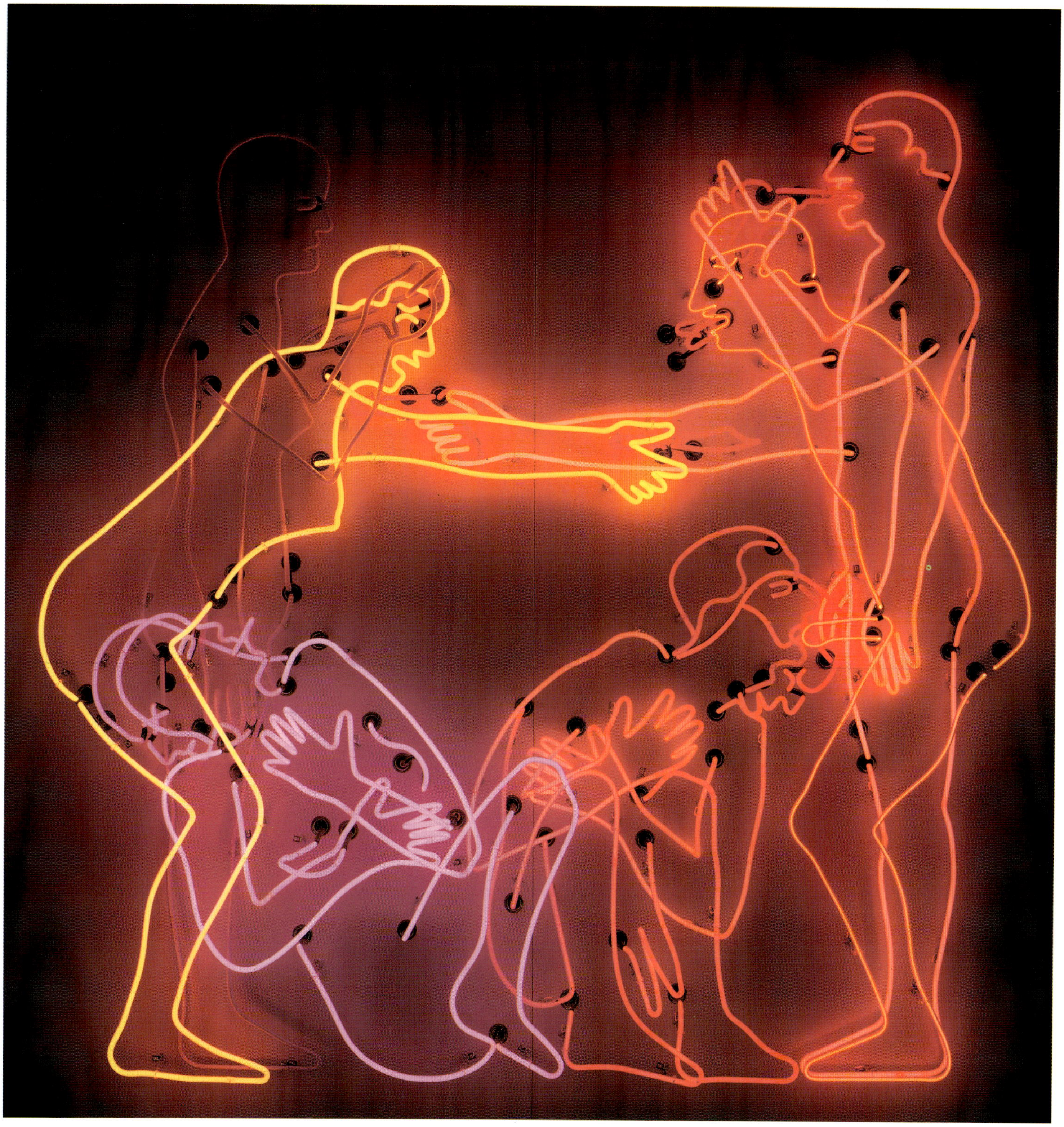

Bruce Naumann
Le sexe et la mort par meurtre et suicide, 1985
Sex and Death by Murder and Suicide
Tubes de néon et tubes en verre translucide sur aluminium, 182,9 x 243,8 x 30,5 cm
Bâle, Öffentliche Kunstsammlung Basel, Museum für Gegenwartskunst

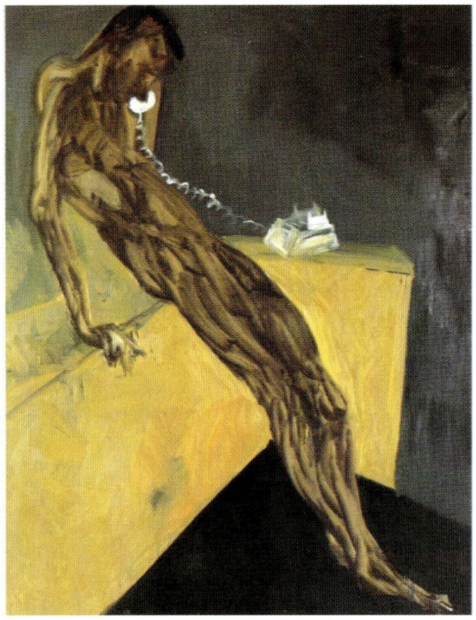

Rainer Fetting
Appel téléphonique, 1984
Phone Call
Acryl sur toile, 223 x 179 cm
Cologne, collection privée

Jeff Koons
Derrière rouge (gros plan), 1991
Butt Red (Close Up)
Serigraphie sur toile, 230 x 150 cm
Cologne, Courtesy Galerie Max Hetzler

«Ilona est l'une des plus grandes artistes du monde entier. C'est une grande communicatrice, une grande libératrice. D'autres artistes utilisent un pinceau. Ilona utilise ses organes génitaux.» J. K.

«La pornographie n'est pas de mon ressort. La pornographie c'est représenter un acte sexuel. Cela n'a vraiment aucun intérêt pour moi. Je m'intéresse à l'amour, je m'intéresse à la réunion, je m'intéresse à la spiritualité, pouvoir montrer aux gens qu'ils peuvent avoir une influence, réaliser leurs désirs.» J. K.

réalisation des «aspirations de la toute-puissance». L'appréciation des formes esthétiques qu'il provoque revient donc à ordonner le monde désordonné et indéfini de la sexualité primitive. Or Egon Schiele (pas plus que Schad, Dix , Grosz ou même Klimt) n'accepte pas de jouer le jeu. Il n'ordonne pas, au contraire, il déchaîne. Il va à l'encontre de ce qui est admis dans la bonne société viennoise et que Stefan Zweig (qui se suicidera) évoque dans ses Mémoires: «Une jeune fille de bonne famille ne devait avoir aucune idée de la conformation du corps masculin, ne devait pas savoir comment les enfants viennent au monde, car un ange ne devait pas seulement se marier vierge de corps, mais aussi l'âme absolument pure. Etre ‹bien élevée›, c'était alors pour une jeune fille être étrangère à la vie; et beaucoup de femmes de ce temps le sont demeurées toute leur vie. Je m'amuse encore aujourd'hui de l'histoire grotesque d'une de mes tantes qui, pendant sa nuit de noces, retourna à une heure du matin au domicile de ses parents, sonna l'alarme, déclara qu'elle ne reverrait plus l'être abominable à qui on l'avait mariée, que c'était un fou et un monstre, qu'il avait très sérieusement prétendu la déshabiller. Elle n'avait échappé qu'à grand peine à ce désir évidemment pathologique.»

Les jugements à l'encontre de George Grosz sont aussi exemplaires. Lors de l'un de ses innombrables procès, le président demande à Grosz: «Est-il nécessaire de montrer ce qui est particulièrement laid, mesquin, misérable, dénudé ou triste ? Ici encore, c'est tout à fait gratuitement que vous soulignez l'aspect sexuel des choses, en mettant en évidence les parties sexuelles de vos personnages.» Et Grosz de rétorquer: «Il m'est impossible de répondre aussi rapidement à cette affirmation. De toute façon, ma conception du monde est en opposition totale avec celle de Monsieur le Président, elle est fondamentalement négative et sceptique. Je vois les choses telles que je les ai représentées. La plus grande partie de l'humanité n'a pour moi rien de beau ni d'agréable. C'est ainsi également que je conçois les femmes et les scènes familiales.» Le président insiste: «Bien entendu, le tribunal, par la force de sa profession, a déjà vu une foule de choses repoussantes. Il ne s'ensuit pas que l'on ait le droit de les montrer au public.» Grosz: «Je n'en suis pas encore à ce stade d'épuration. Je suis encore dans un processus d'évolution de mon art, et je vois les choses comme je les vois, c'est tout.» Le président: «Ne vous est-il jamais venu à l'esprit, monsieur Grosz, qu'il vous arrive très souvent de dépasser les limites de l'art?» Grosz: «Non, et non !» Le président: «Que l'artiste ne vit pas pour lui tout seul, qu'il vit dans une communauté et que, créant au sein de cette communauté, certaines limites précises lui sont fixées par ce mode d'existence? N'avez-vous jamais pensé que les règles morales ne peuvent, ne doivent pas être brisées, même par l'artiste?» Grosz: «Même en représentant les choses les plus laides… et dont on pourrait penser qu'elles déconcerteront un certain nombre de gens, j'accomplis à mon avis un travail éducateur, et précisément grâce à ces laideurs mêmes… Même lorsqu'ils représentent les choses les plus sales et les plus détestables, mes dessins sont toujours l'expression de certaines tendances morales.»

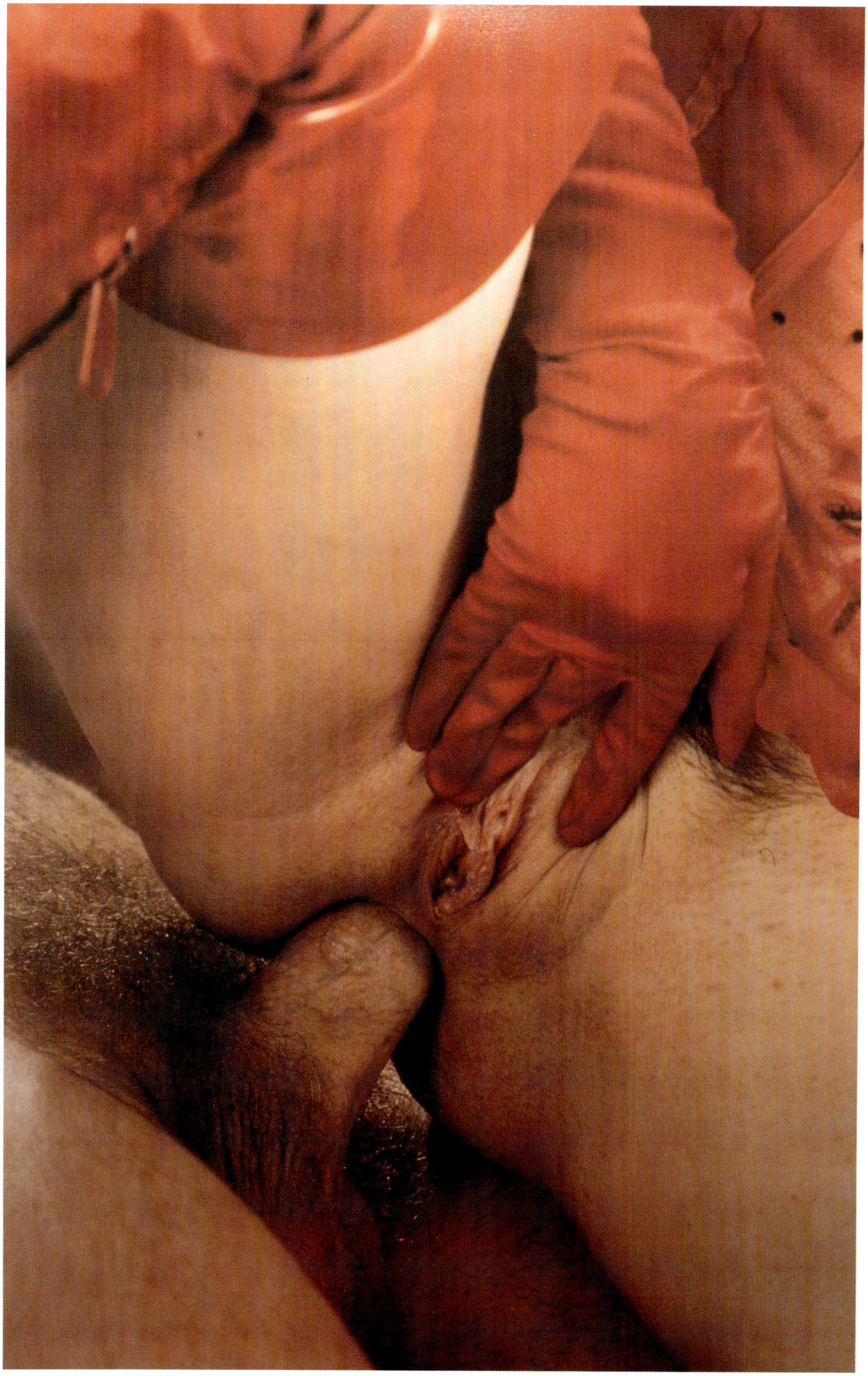

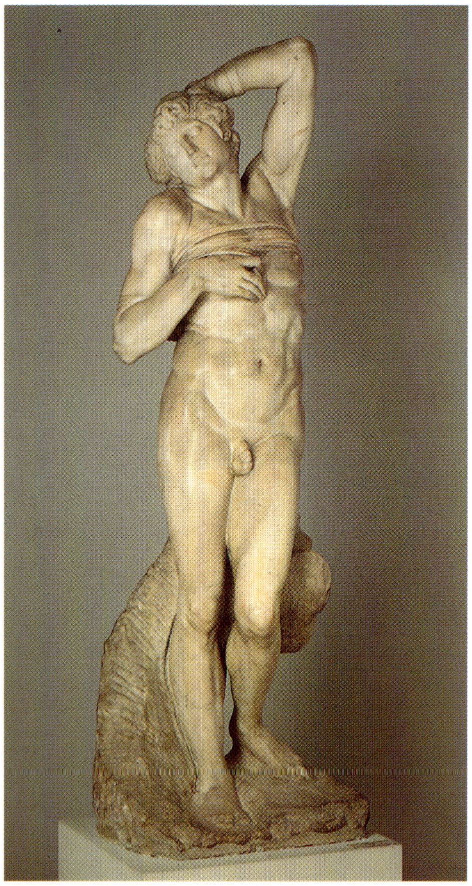

Michel-Ange
Esclave mourant, 1513
Lo schiavo morente
Marbre, hauteur 229 cm
Paris, Musée du Louvre

Dialogue de sourds ! La principale arme de Grosz est la colère. Pour lui, une femme, un nu ne sont pas affaire d'esthétique. Une forme sensuelle ou érotique n'est pas destinée seulement à «des êtres cultivés aux nerfs subtils». L'érotisme lui-même doit avoir un but social. «Contre la brutalité moyenâgeuse», précise-t-il, «la bêtise des hommes de notre siècle, l'art graphique peut être une force considérable, à partir du moment où il est dirigé par une volonté sans équivoque et une main compétente»... Et il ajoute: «Pour atteindre un style correspondant à la laideur et à la cruauté de mes modèles, j'ai copié le folklore des urinoirs qui me semblait l'expression la plus immédiate, la traduction la plus directe des sentiments forts...»

C'est au-delà de cette laideur et de cette «cruauté» des modèles ainsi présentés que l'on atteint enfin à la beauté de l'obscène et de la mort. Au terme du désir commence le territoire de la cruauté, et de la cruauté peut naître l'extase. Alphonse Allais raconte l'histoire de ce Pacha distrait, sur qui l'ennui pesait et devant qui on fait venir une jeune vierge. Ses gardes, à coups légers de sabre, rompirent les liens de ses vêtements. Le pacha, l'esprit ailleurs, ordonnait: «Encore», à chaque pièce de vêtement enlevée. «Encore», et quand elle fut nue il prononça le même mot sans y prêter garde. Alors la belle fut écorchée vive... C'est la logique de cet inlassable dépouillement qui s'empare de l'art lorsque les jeux de l'amour et même ceux du plaisir ont fini de lasser. Ainsi sont nés les attentats abominables d'Hans Bellmer, les automobiles accidentées, regorgeant de victimes, de Kienholz. Les viandes sanguinolantes des corps nus qu'expose Bacon comme à l'étal du boucher. «C'est», dit Patrick Waldberg, «le monde inavouable du vide, du dépeçage, de la sépulture profanée, quelque chose qui tient à la fois de la délectation macabre du sergent Bertrand, de la chirurgie hypocondriaque de Jack l'Eventreur et des résidus de fourneaux de Landru.» Une violence déclamatoire, liée à l'objet du corps lui-même. Rendu au seul service du dessin. L'amour jouxte la mort. Il est la marche royale qui y mène. Une route jonchée d'épreuves. Un chemin initiatique. Mais, à son terme, ce n'est pas le jardin des délices promis que l'on trouvera, ni le trésor de la légende, mais le gouffre effroyable du néant.

Cette beauté de l'obscène, cet orgasme par la souffrance, qui est aussi la lucidité du désespoir, ce sont déjà les pinces rougies au feu qui servent à tenailler les seins de la pauvre Agathe dont Del Piombo rend compte sur sa toile. Mais sous son pinceau, la douce Agathe semble au-delà de la souffrance, dans un monde de délices qu'elle regarde l'œil perdu. C'est le Christ androgyne d'Holbein, croisant les jambes ainsi qu'une vierge effarouchée, prenant son plaisir solitaire sous la douleur, entouré de bourreaux sadiques à la braguette renflée par la jouissance, tandis qu'un voyeur, qui voudrait bien sans doute qu'on le fouette aussi, épie la scène. Pas de doute, de Del Piombo, Holbein, Michel-Ange, Le Corrège à Munch, Bellmer ou Bacon: Eros et Thanatos ne font qu'un.

«En notre temps, sur notre planète, savoir un homme, c'est l'interroger jusqu'à la vivisection», écrit le sculpteur Jean Ipoustéguy. «Nous tous savons ce que peut contenir de charge sadique le mot question. L'inquisiteur envahit tout. Connaître un homme c'est en fait ne lui laisser aucune chance d'exister. Alors donc, je ne questionne pas. Je le regarde, le palpe, le respire, bouleversé par la force d'inconnu qu'il me communique et qui défiera l'analyse jusqu'au jugement dernier.»

«La contemplation d'une femme me fait songer à son squelette», disait Flaubert. Léonard de Vinci est pionnier en la matière, mais Dubuffet le lui rend bien. La fonction des organes génitaux les mobilise. Pour Vinci, *La copulation* (p. 123), «L'acte de copulation et les membres qui y concourent sont d'une hideur telle que, n'étaient la beauté des visages, les ornements des acteurs et la retenue, la nature perdrait l'es-

Salvador Dalí
Le phénomène de l'extase, 1933
Collage photo
© Photo Descharnes & Descharnes

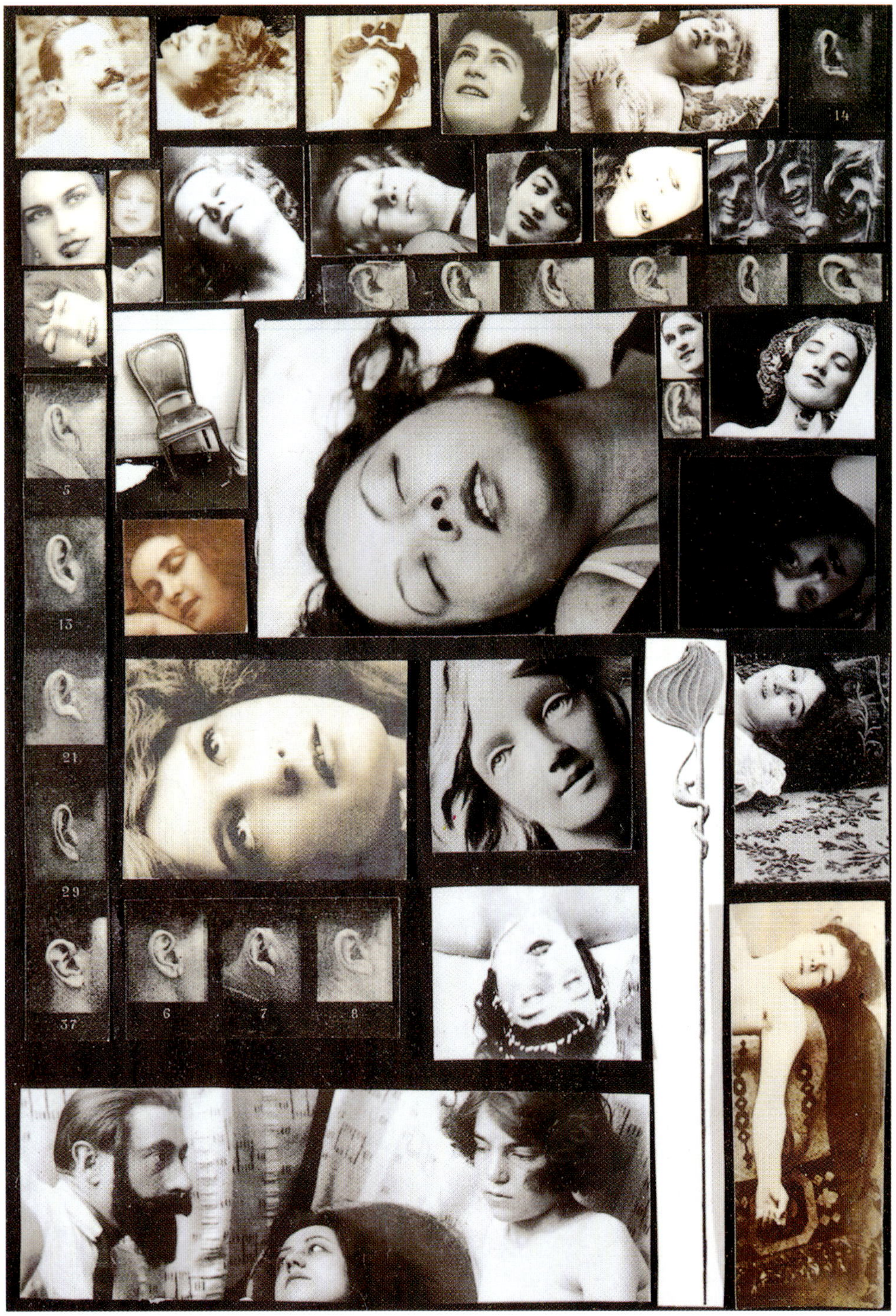

Le Corrège
Io et Jupiter, 1530–32
Io e Giòve
Huile sur toile, 162 x 73,5 cm
Vienne, Kunsthistorisches Museum

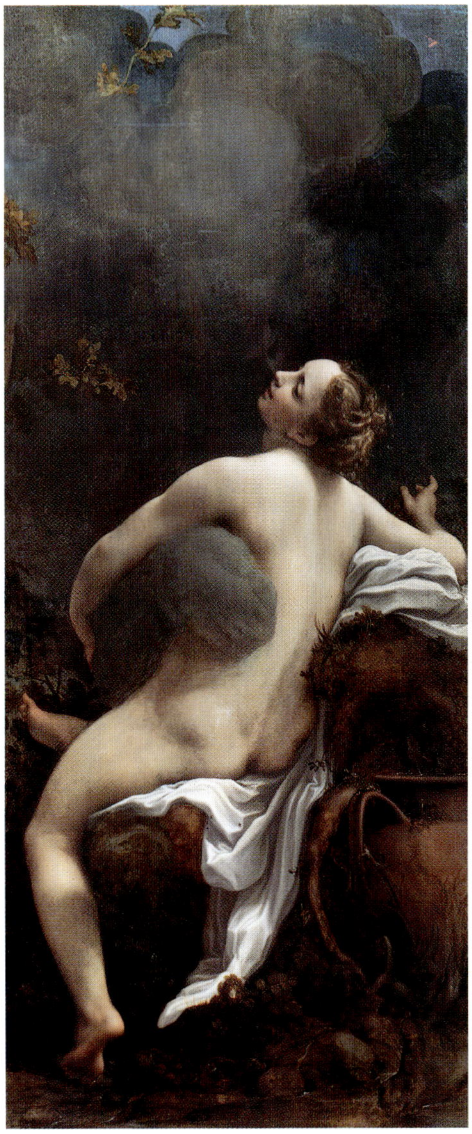

Edvard Munch
La madone, 1902
Lithographie en couleur, 60,5 x 44,2 cm
Hambourg, Hamburger Kunsthalle

pèce humaine...» Ce qui était alibi de l'anatomie pour les anciens devient orgasme, lutte anatomique pour les modernes. Les corps de Bacon ne sont pas des squelettes, mais des magmas de chairs vivants, écorchés jusqu'à l'hystérie. «C'est l'éloge de l'agonie dans le temps accéléré de l'urgence», écrit France Borel. «C'est l'ultime feu d'artifices de la vie, dernière explosion d'avant la déliquescence, le baisser du rideau et l'envahissement total de la nuit. La mort est là, menace imminente prête à tout abolir dans les spasmes d'un cri ultime.»

Le *Cri* de Munch se transforme en un hurlement qui n'a plus rien d'humain. «Le visage se défait comme sous un acide qui consume le corps», commente Gilles Deleuze. Le spectateur, en voyant les écorchés de Bacon, est renvoyé à ses propres blessures. La photographie, dont Bacon fait un grand usage, lui permet, comme une sorte de «dictionnaire», de «réviser le souvenir». Le «chirurgien» Bacon «opère» d'après photo: «Je trouve moins inhibant de travailler sur eux de mémoire et d'après photographies... parce que, si je les aime, je ne veux pas opérer devant eux l'atteinte que je leur inflige dans mon œuvre...» Et Bacon de donner la clé de son œuvre dans laquelle prédomine, au-delà des apparences, la présence de la chair et de la viande: «J'ai toujours été très touché par les images relatives aux abattoirs et à la viande, et pour moi elles sont liées étroitement à tout ce qu'est la Crucifixion... C'est sûr, nous sommes de la viande, nous sommes des carcasses en puissance. Si je vais chez un boucher, je trouve toujours surprenant de ne pas être là, à la place de l'animal.» Et ses ancêtres, Bacon les trouve naturellement dans le passé. Chez Degas, dont il vante le portrait d'une femme de dos, pastel célèbre à la National Gallery, dont la colonne vertébrale «arrive presque à passer hors de la peau». Ses «flaques de chair», il espère, en un sens, être capable de les peindre «comme Monet peignait un coucher de soleil».

REPRODUCTION PAGES 142/143:
Salvador Dalí
Détail de: *Le grand masturbateur*
Voir page 181

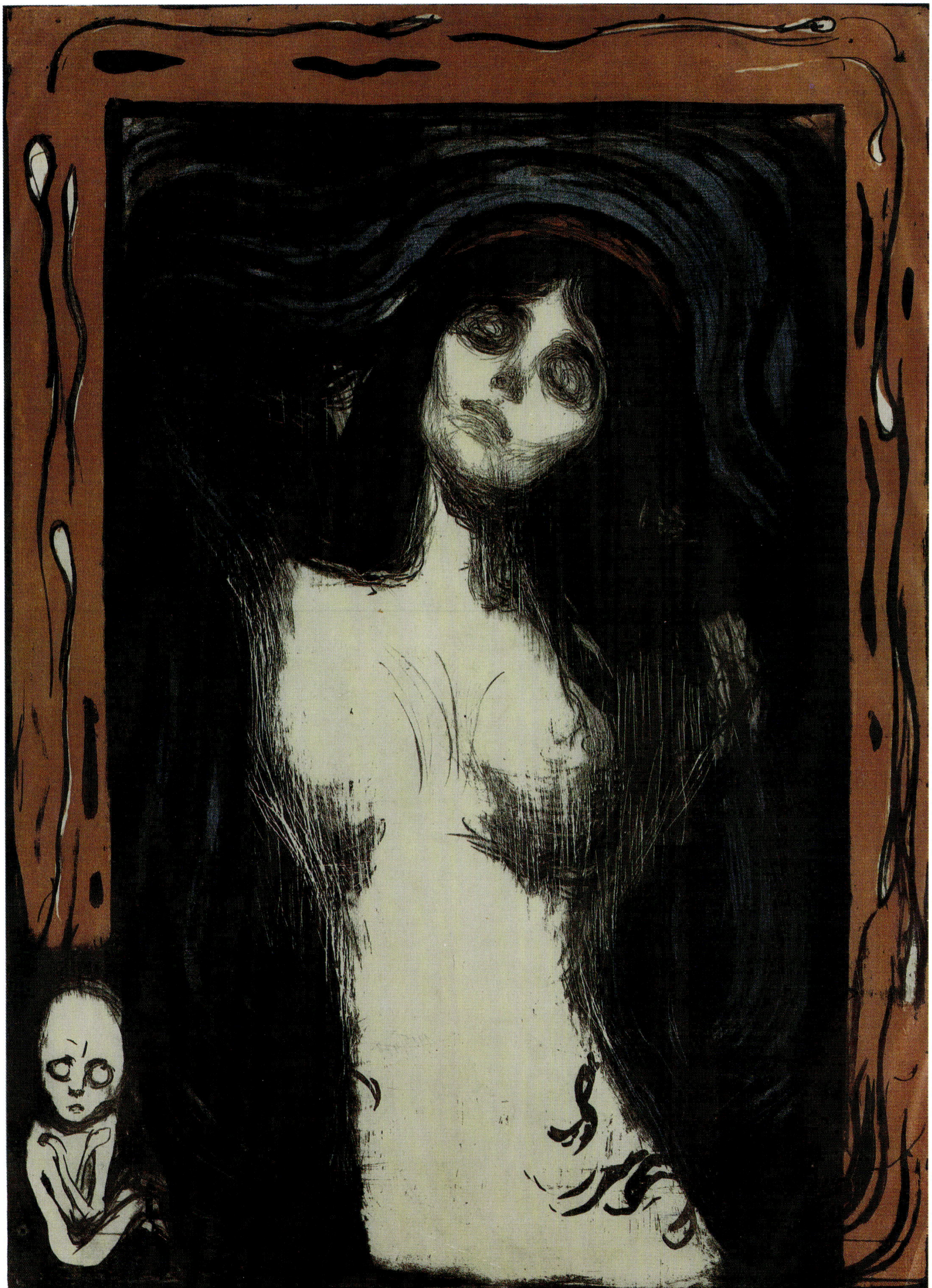

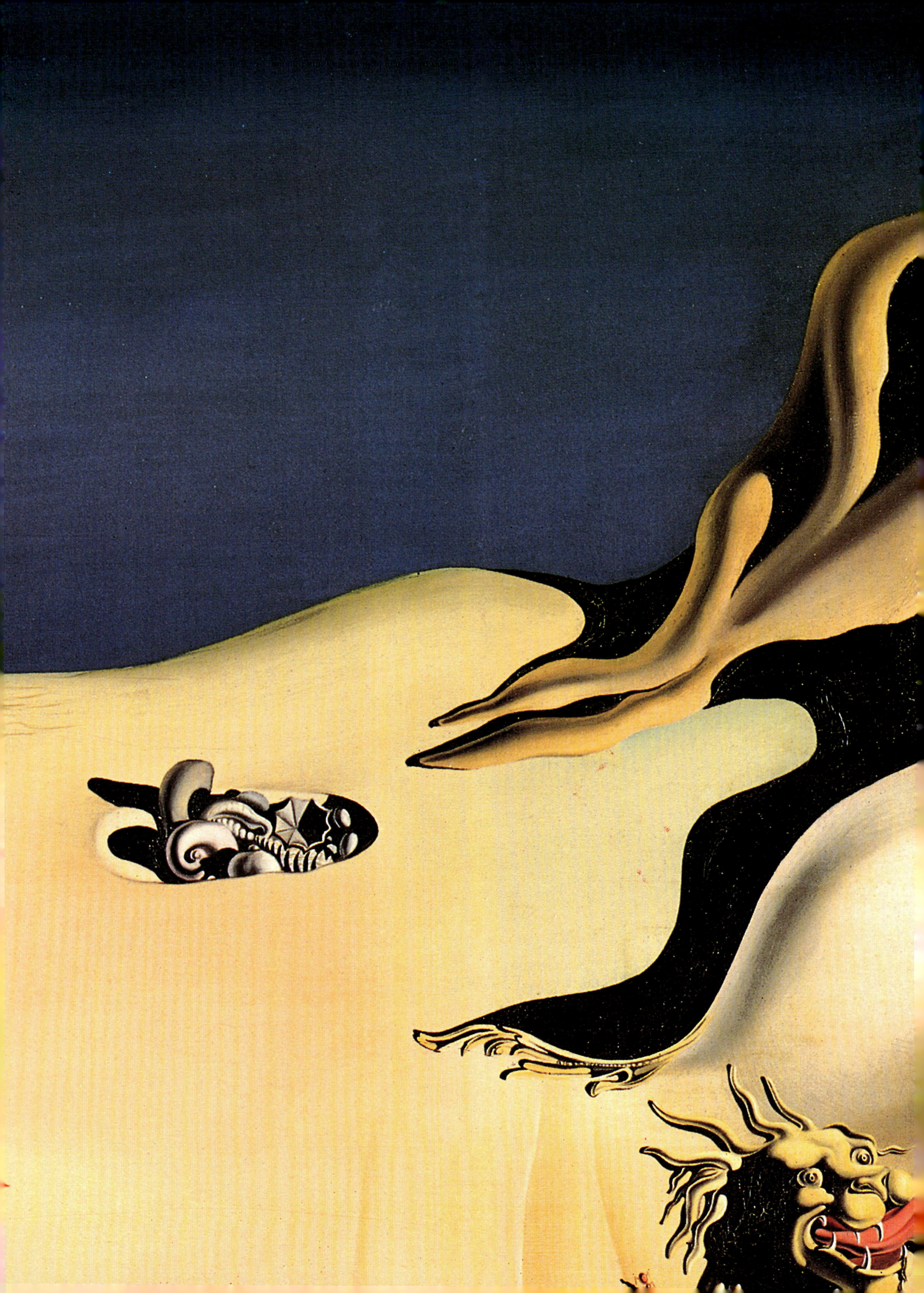

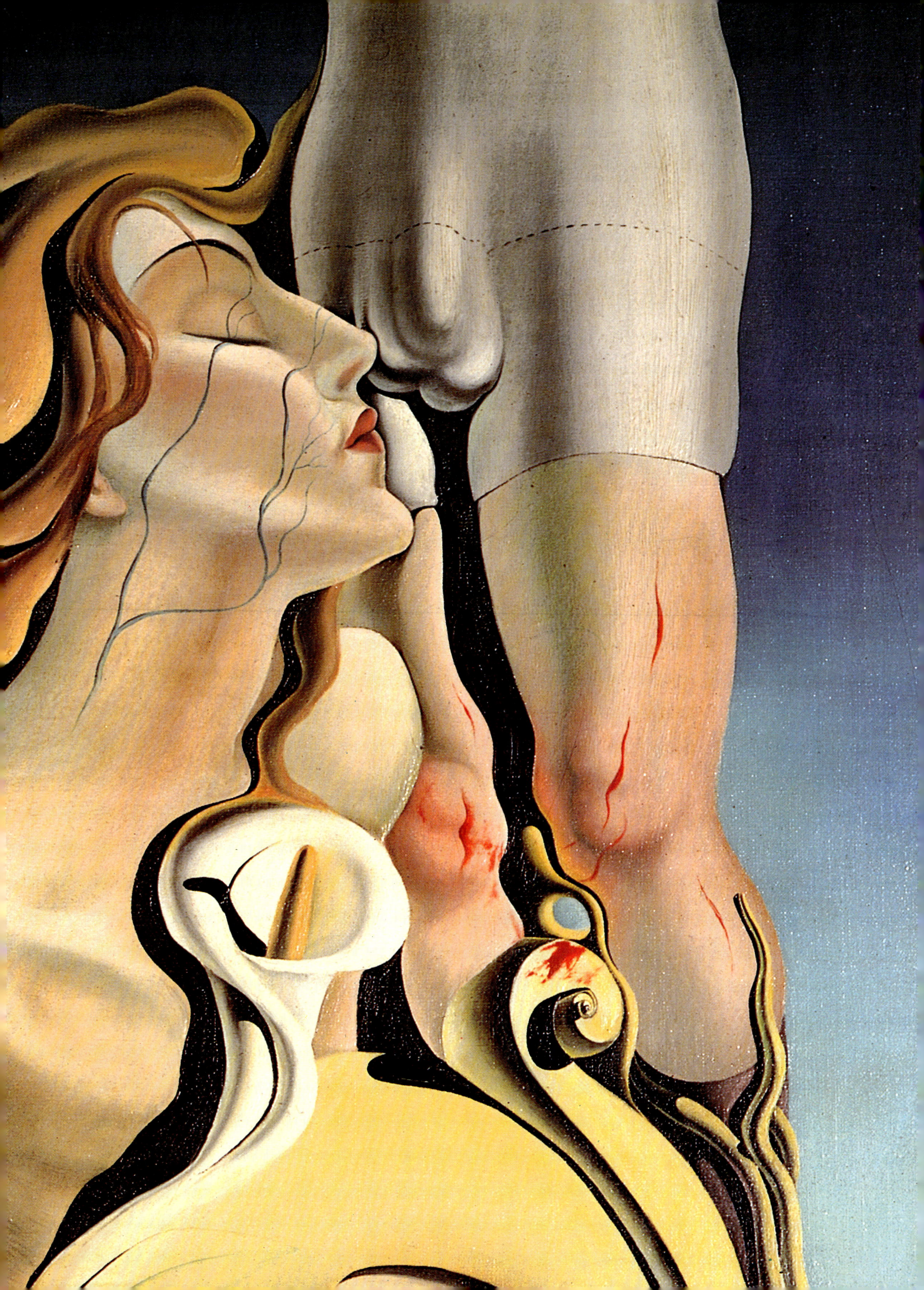

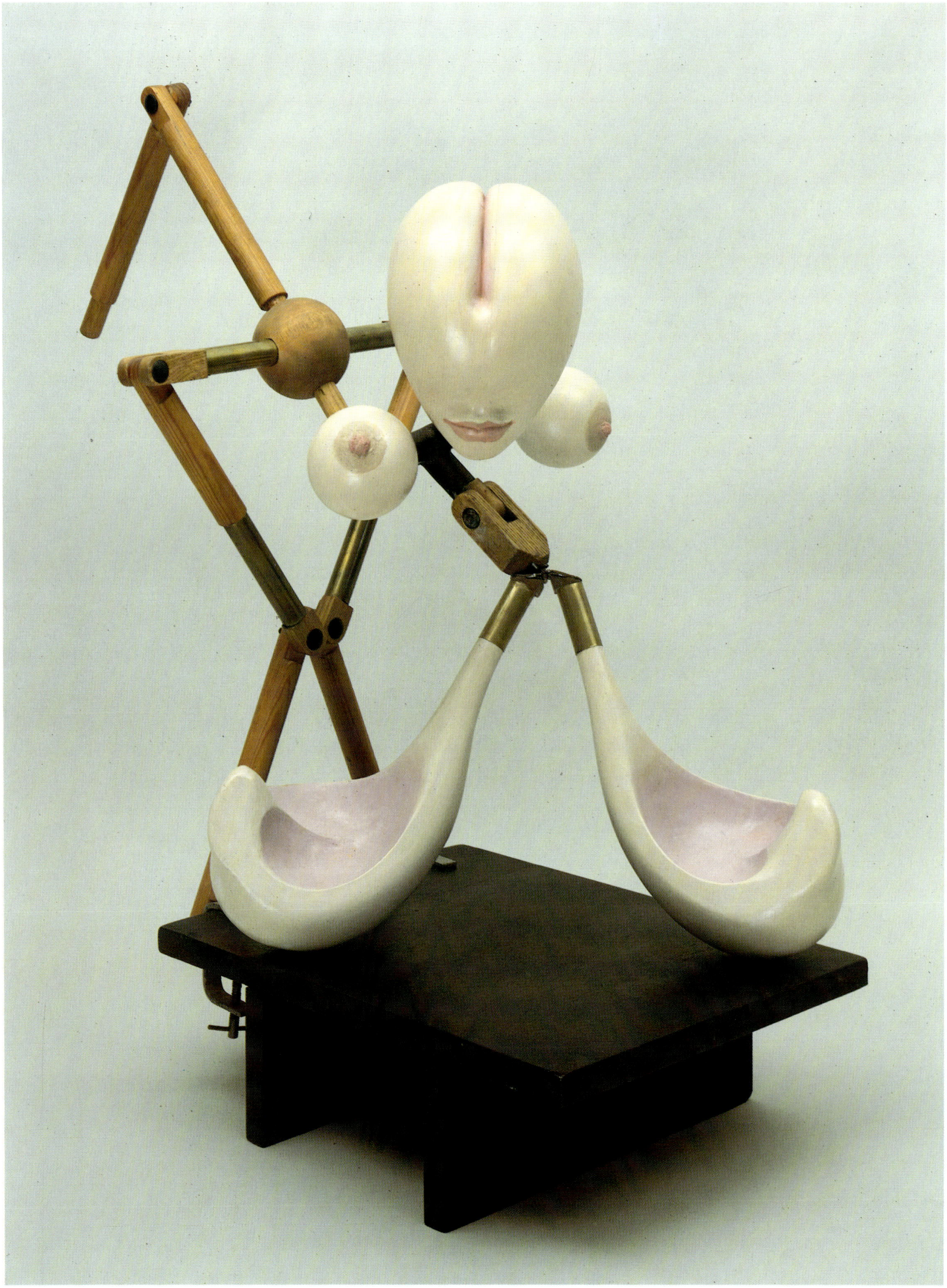

L'art pervers de jouer à la poupée

L'histoire fit quelque bruit en son temps, à Paris, d'un étudiant japonais amoureux d'une jeune Suédoise, qui la découpa en morceaux et en mangeait une tranche grillée chaque soir. Il fut acquitté pour folie, puis libéré – à tous les sens du mot: de prison et de sa folie. Depuis il court les capitales du monde entier, donnant des conférences sur son cas extraordinaire et il a fait fortune en publiant ses mémoires. L'histoire, authentique, est exemplaire sur le plan artistique.

Même Bellmer n'a pas osé en faire autant. Il a dû se contenter toute sa vie, de jouer à la poupée… quitte à la démembrer, la torturer, la tordre dans tous les sens… Les fantasmes de Bellmer tiennent à la découverte d'un coffre à jouets dans un vieux grenier familial. «Bellmer laisse glisser de ses doigts les obsessions que chacun rumine dans sa solitude en avouant de biais par la gaudriole ou l'obscénité l'une des structures maîtresses de notre être, l'érotisme» – note Daniel Cordier. Les souliers vernis, les socquettes blanches, les cheveux noirs coupés à la garçonne, donnent une ambiguïté supplémentaire à la poupée de Bellmer dont, malgré les organes très apparents, la sexualité demeure incertaine; le ventre légèrement arrondi, le sein en pomme, la main araignée, les fesses joufflues, tout concourt cependant à en faire par excellence le ready-made pour homme seul .

Bellmer a d'ailleurs fait école. Sa *Poupée* (p. 149), en effet, démontable, maniable, transformable à merci, avait été la première, au début des années 30, à faire entrer dans l'art ce que l'on peut appeler la femme-objet. Quarante ans plus tard, ce sont des femmes-tables, des femmes-chaises, des femmes-fauteuils qui ont fait entrer à leur tour au musée la femme réifiée, la femme esclave.

Les surréalistes y ont été pour quelque chose, et pas seulement Bellmer, mais Magritte, Dalí, Man Ray, Max Ernst pour lesquels la femme était tout à la fois une idole et une ennemie. On en retrouve toute l'ambiguïté aujourd'hui, aussi bien dans le mobilier sado-masochiste d'Allen Jones que dans les nus de Wesselmann, dépersonnalisés et préfabriqués, dont la touffe de poils collés sur la peau synthétique fait ressortir soudain l'obscénité. Les *Vénus* de Titien étaient, dans une Venise marchande et jouisseuse, qualifiées de tableaux de chambre à coucher. Ces œuvres-ci sont plutôt des effigies de maisons closes dans

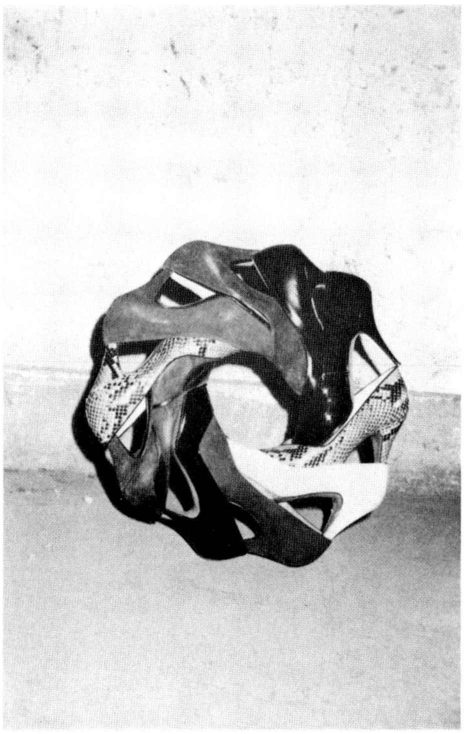

Fischli/Weiß
Masturbine, 1985
Photographie d'un ouvrage de la composition «Stiller Nachmittag»
Cologne, Courtesy Galerie Monika Sprüth

Hans Bellmer
Mitrailleuse en état de grâce, 1937
Die Maschinengewehrschützin im Zustand der Gnade
Construction en bois et métal,
78,5 x 75,5 x 34,5 cm
New York, Collection, The Museum of Modern Art. Advisory Committee Fund.

notre société en proie aux fantasmes du désir. Plus vulgaire en tant que pop, plus refoulé en tant qu'Anglo-Saxon, plus fétichiste à la façon des sex-shops, difficile de trouver mieux qu'Allen Jones qui fait dans la démesure. La seule préoccupation de ce Britannique né à Southampton est la déclinaison d'une iconographie violemment érotique. Sa démarche, dans le genre, est exemplaire. Qu'on en juge: sur ses premières toiles s'inscrivent des gros plans de slips et de bikinis, puis s'imposent des plans encore plus larges de bas-ventres féminins et de cuisses. Enfin ces corps féminins, ou plutôt le plus souvent ces moitiés inférieures de corps féminins se parent-ils de tout un harnachement fétichiste hyperréel. Ce harnachement est le même que celui que déploient les revues de bandes dessinées d'inspiration sado-masochiste,

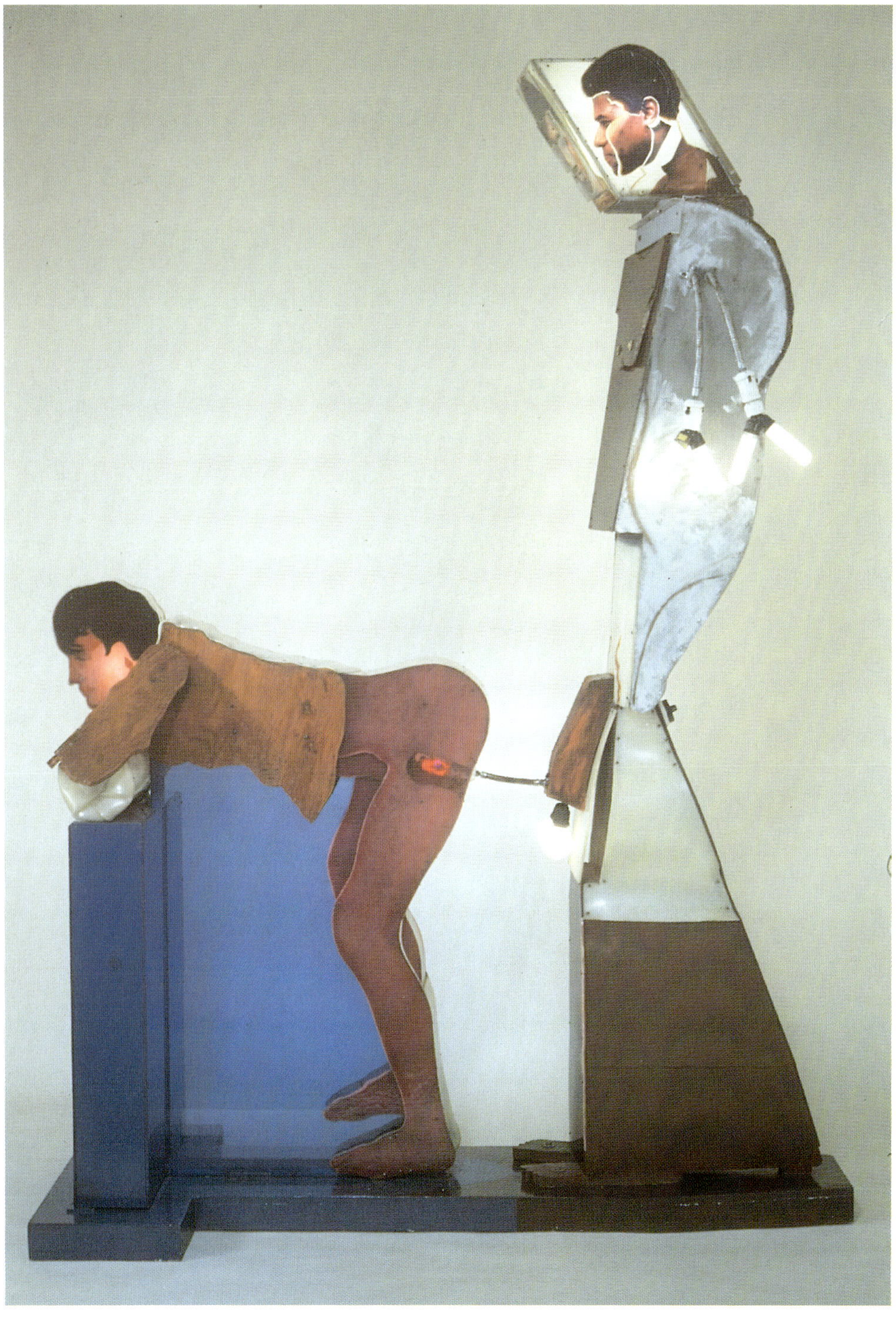

Larry Rivers
Lampman aime ça, 1966
Lampman loves it
Mixed media, 274,3 x 76,2 x 198,1 cm
Collection privée

«J'admire l'art érotique indien, la femme symbolique, douce, etc. Mais mon image des femmes est en fait totalement différente. Les petits journaux de bandes dessinées que nous achetions enfants nous ont plus marqués que toute autre chose – ces culs et ces queues fantastiques. Ils nous ont amusés.» L. R.

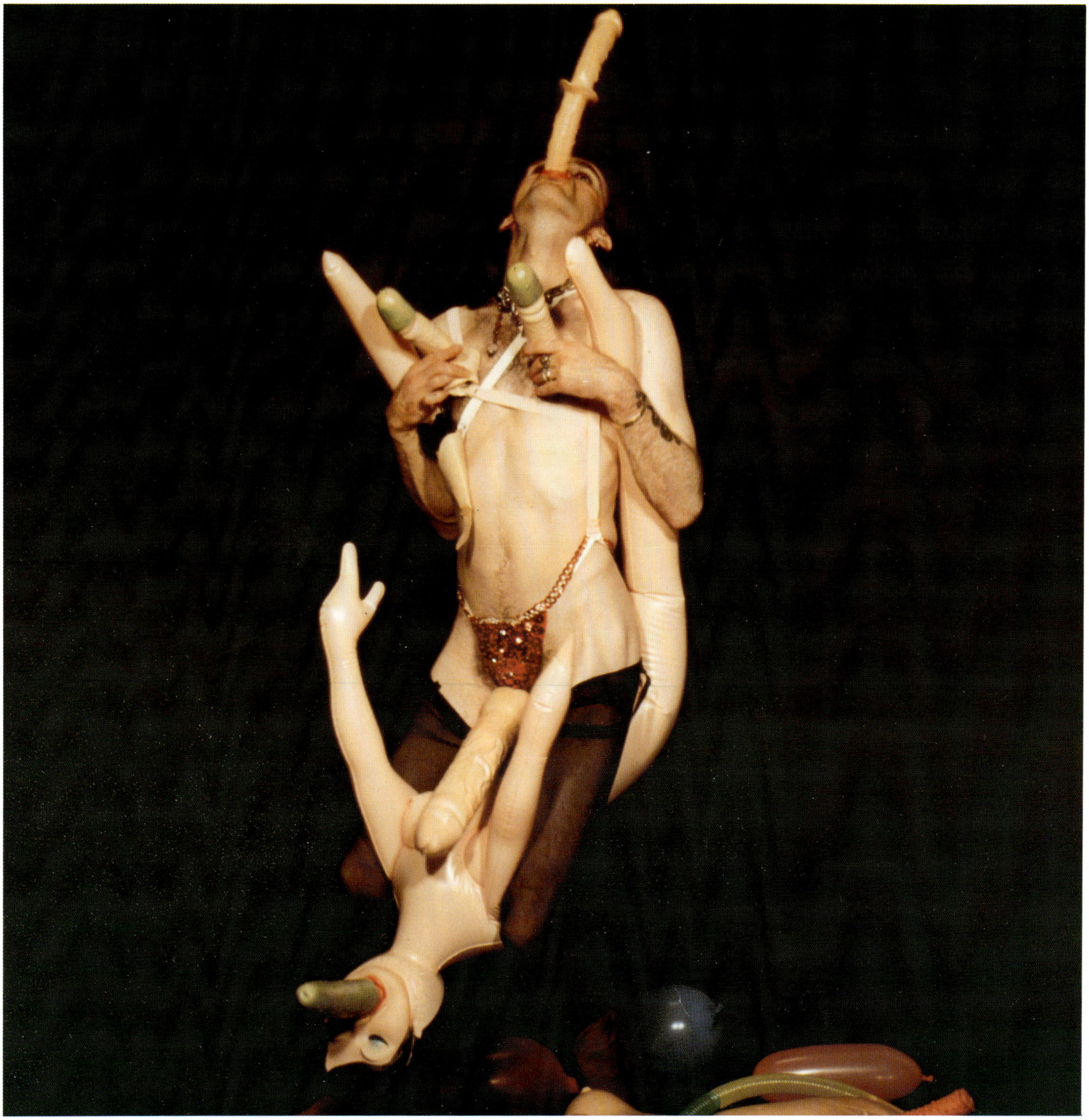

les sex-shops spécialisés, les films pornographiques allemands à l'enseigne de «Mme X». Non content de reproduire ces fantasmes de cuir et de chair, Jones introduit bientôt dans ses toiles des moulages plastiques représentant en relief les éléments anatomiques qui le hantent et qu'il souligne avec générosité. En 1969, Jones n'y tient plus. L'art à deux dimensions ne lui suffit plus. Il abandonne la peinture insuffisamment représentative à son goût, pour la sculpture en trois dimensions. Il crée alors tout un mobilier constitué de mannequins, sortes de «femmes du capitaine», en plastique bardé de cuir synthétique. Esclaves de luxe, aux longues bottes vernies et lacées, qui eussent réjoui Sade.

Jürgen Klauke
Dr. Müllers Sex Shop ou Pour moi l'amour c'est ça, 1977
Dr. Müllers Sex Shop oder So stelle ich mir die Liebe vor
Photo en couleur, 19 x 19 cm
Cologne, Jürgen Klauke

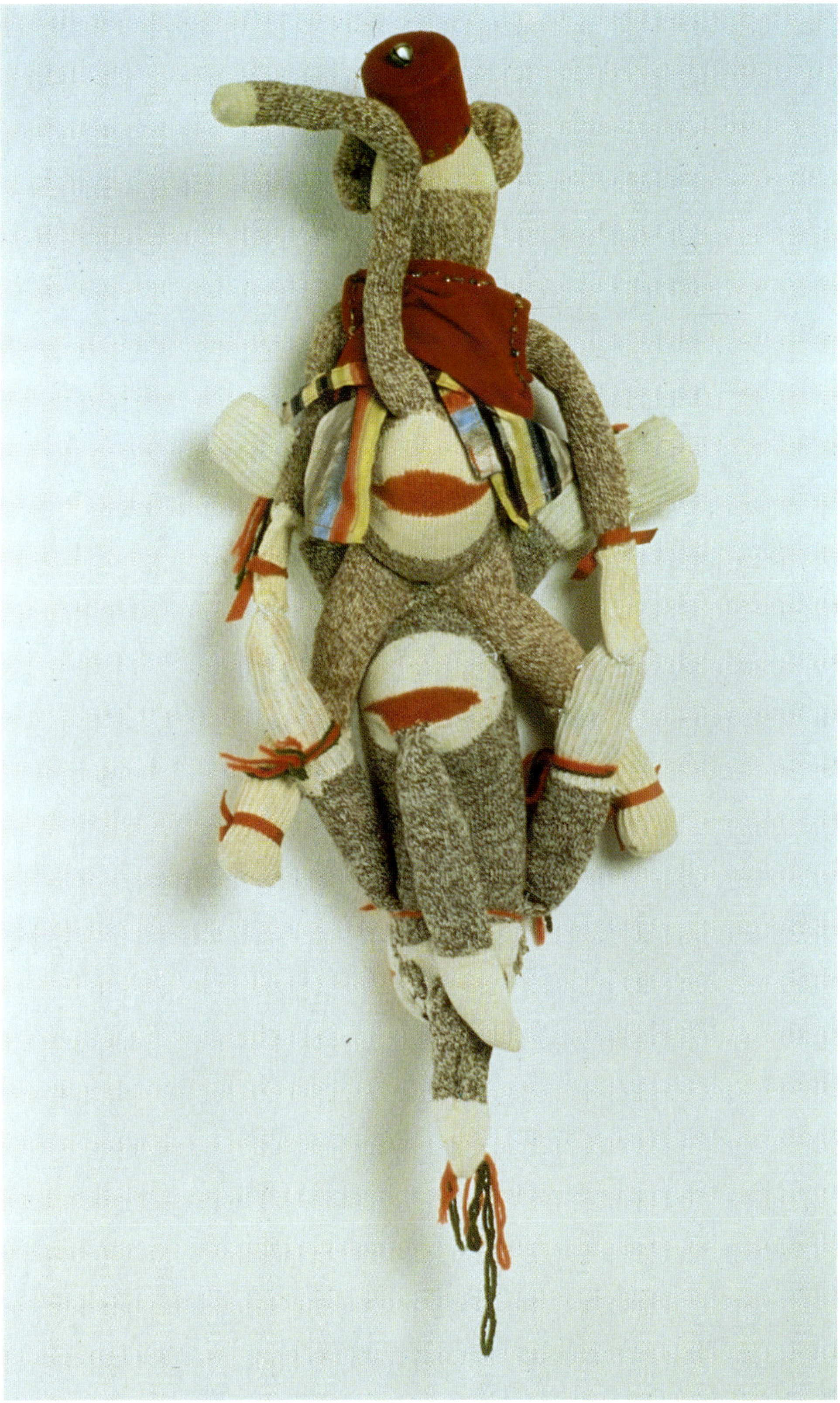

Mike Kelley
Estral Star n° 1, 1989
Animaux en peluche, 80 x 30,4 x 15,2 cm
Los Angeles, Courtesy Rosamund Felsen Gallery

«Les poupées de fil utilisées par Kelley pour ses sculptures Manly Craft (artisanat masculin) étaient des objets anonymes. Ces poupées que les mères avaient fabriquées et que les enfants avaient aimées et souillées avaient finalement atterri chez les brocanteurs. Kelly a choisi des exemplaires qui s'accordaient et les a attachés fortement l'un à l'autre pour qu'ils représentent des organes génitaux masculins. Les têtes des poupées devinrent des testicules énormes appartenant à des fétiches masculins, jolis, crasseux et de consistance mi-dure.» T. Fairbrother

Mike Kelley
Photo de l'action, 1989
Francfort/Main, collection privée

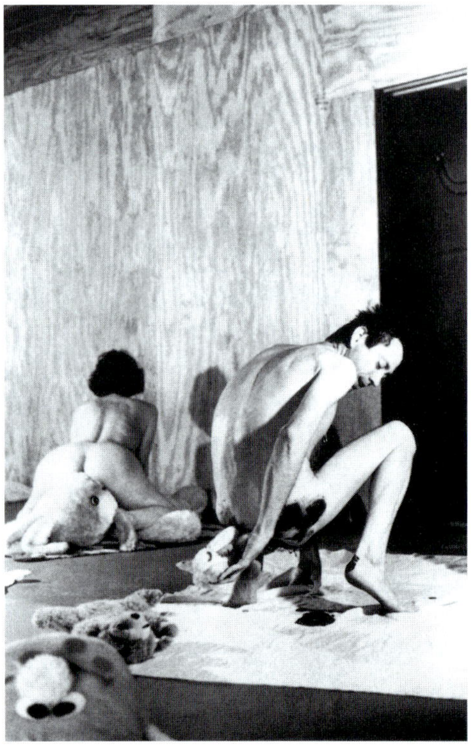

Elles se dressent, verticales, les mains tendues en geste d'offrande. Elles sont aussi utilisables comme porte-manteau. Ces mêmes esclaves, à quatre pattes, une plaque de verre vissée sur le dos, peuvent encore servir de table. Leurs quatre membres astucieusement équilibrés, elles deviennent à l'infini bancs, chaises, fauteuils . . . De ce mobilier spectaculaire, Allen Jones est ensuite passé à de véritables scénographies pour des spectacles, des films, des émissions de télévision pour lesquels il utilise ses artifices à l'image de notre société encombrée elle aussi d'artifices et où la sexualité est considérée comme une valeur marchande.

Les *Marilyn* d'Andy Warhol, sérigraphies aux couleurs vives, expriment, elles aussi, le mythe de la femme objet. On retrouve le même fantasme dans les *Cosmetic Ladies* de Richard Hamilton ou les pin up aux seins nus, adossées à des tubes de pâte dentifrice, des bananes ou des automobiles de Mel Ramos. Et que dire des *Nanas* de Niki de Saint-Phalle, hérissées de griffes et de dents, prêtes à mordre ou à engloutir, mais non dépourvues, elles aussi, d'humour et de drôlerie.

Hans Bellmer
La poupée, 1938
Die Puppe
Photo, coloriée, 5,3 x 5,4 cm

«N'y avait-il pas dans l'idée de la poupée, qui ne vivait que de nos projections de pensées, qui malgré sa docilité infinie savait par sa réserve conduire au désespoir, . . . ce que l'imagination cherchait en désir et en intensification?» H. B.

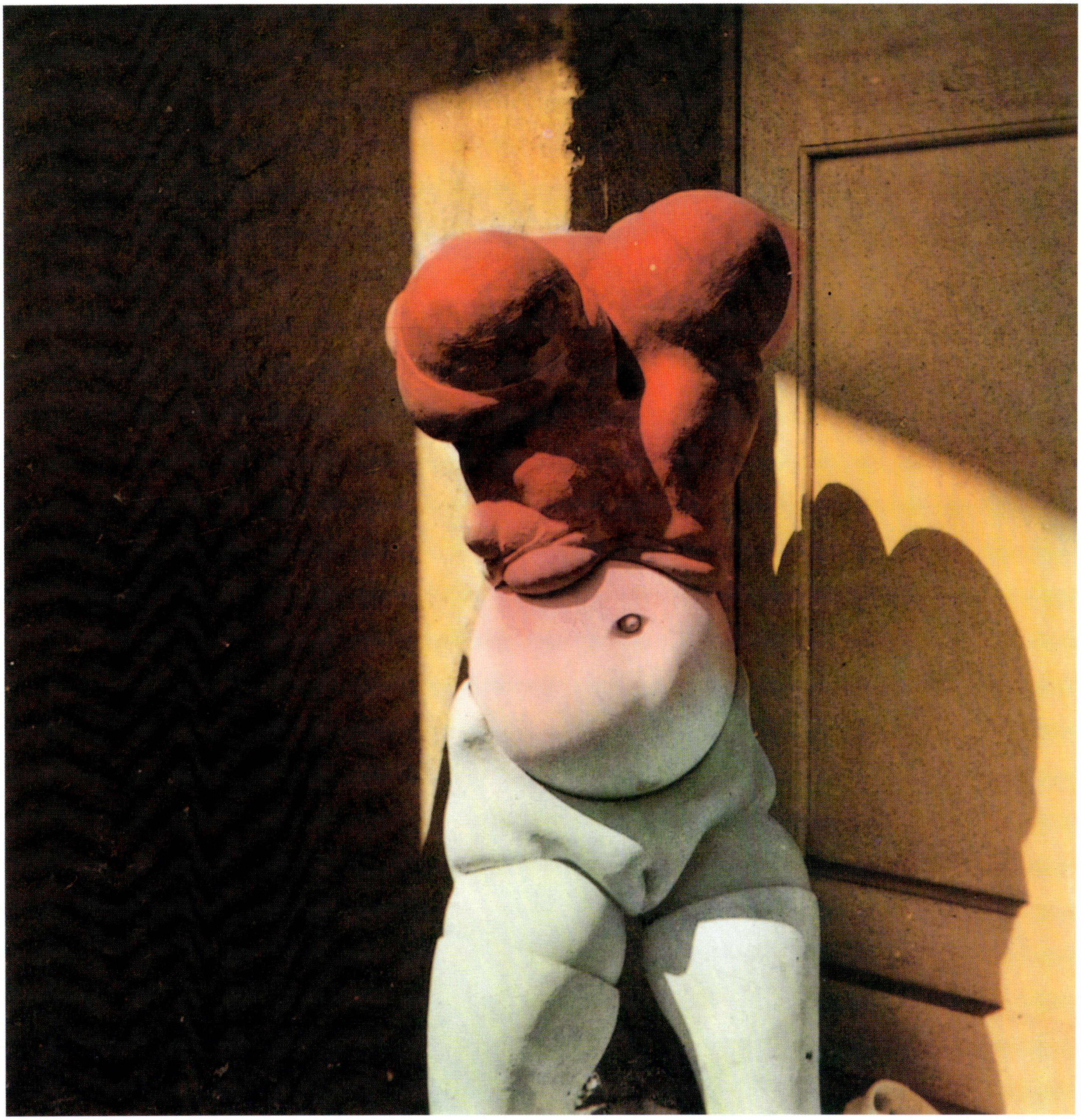

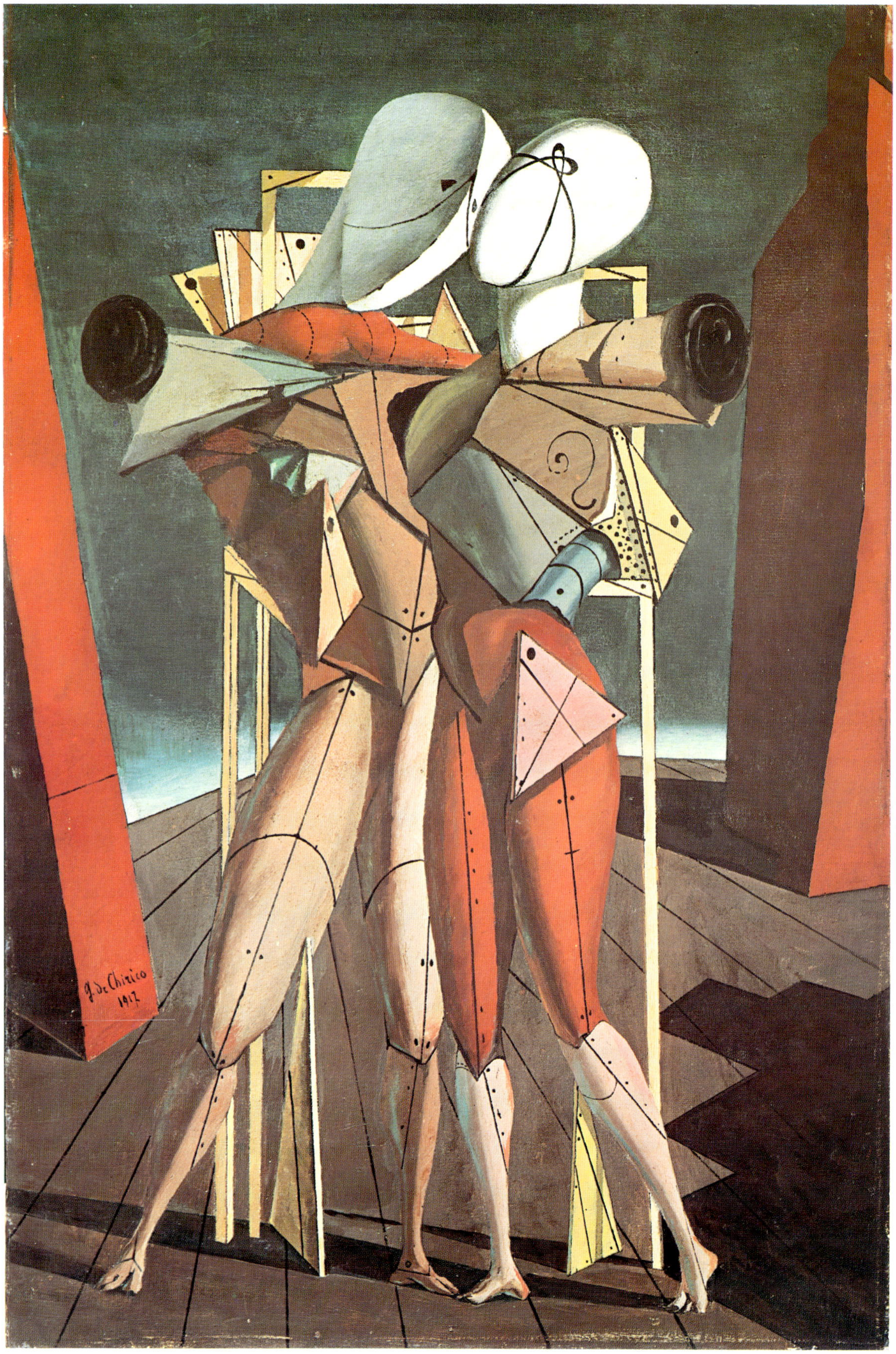

Giorgio de Chirico
Hector et Andromaque, 1917
Ettore e Endromaca
Huile sur toile, 90 x 60 cm
Milan, Collection Gianni Mattioli

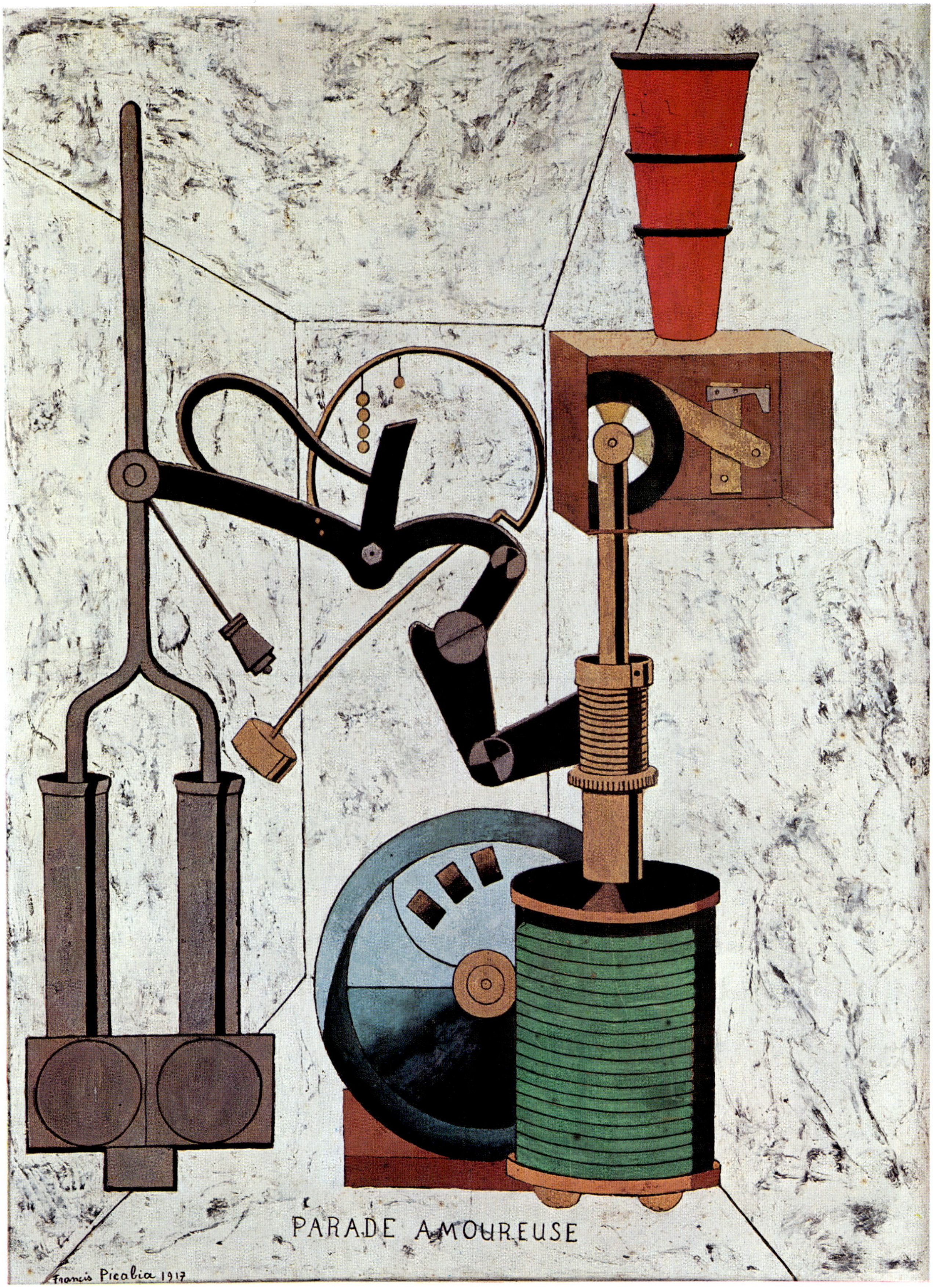

Francis Picabia
Parade amoureuse, 1917
Huile sur toile, 96,5 x 73 cm
Chicago (IL),
Mr. and Mrs. Martin G. Neumann

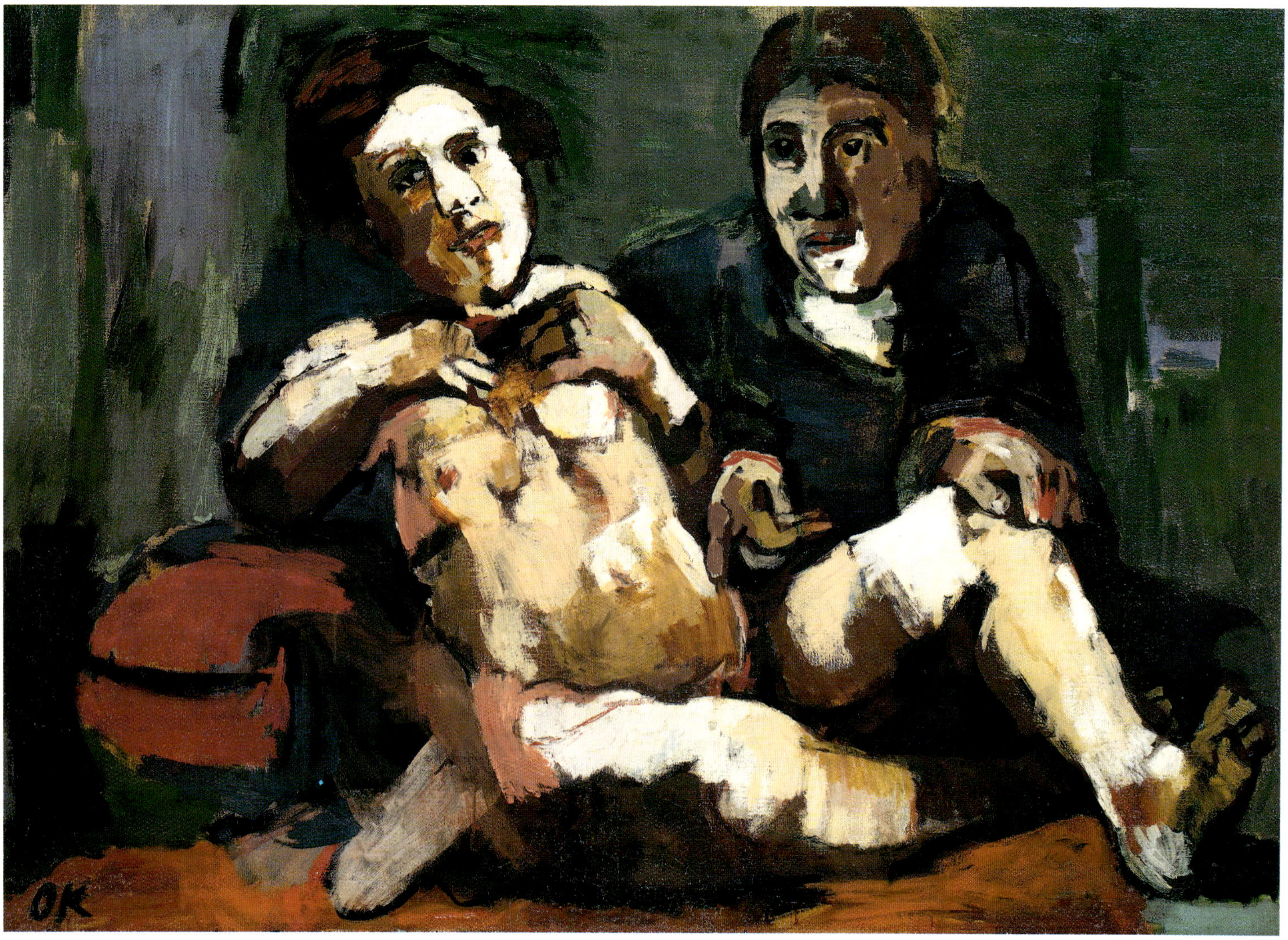

Oskar Kokoschka
Homme (autoportrait) avec poupée, 1918
Mann (Selbstbildnis) mit Puppe
Huile sur toile, 80 x 120 cm
Berlin, Staatliche Museen zu Berlin – Preußischer Kulturbesitz, Nationalgalerie

«Une fois la poupée dégagée de son emballage, ce qui me regarda fixement n'était ni la réalisation d'une chimère absurde, ni l'être de rêve séduisant qui m'avait fiévreusement obsédé jusqu'ici, mais bien un fantôme. Ce que je voyais avait des yeux sans vie et révélait une nudité indécente à tous les regards. Il n'y avait pas d'illusions possibles sur le fait que je tenais dans mes bras un méchant ouvrage, une poupée articulée, au lieu de l'être chaleureux, du corps palpitant, du sexe féminin séduisant.» O. K.

Cindy Sherman
Sans titre n° 253, 1992
Untitled No. 253
Photo en couleur, 127 x 190,5 cm
New York, Courtesy Metro Pictures

Erotiquement dévoilées, toutes ces «poupées» sont la marque d'une époque, celle pour qui la femme est devenue elle-même bien de consommation, objet sexuel que l'homme achète, maltraite, engrosse.

Jouer à la poupée de façon perverse, les artistes, de Bellmer à Kokoschka, ne s'en sont donc pas privés. La police dresdoise crut même quelque temps que Kokoschka, respectable professeur à l'Académie des beaux-arts, était un assassin. Une femme gisait décapitée, dans son jardin, au milieu des libations et des cris, à l'aube d'une nuit de fête. Mais on dut se rendre à l'évidence: la morte était... une poupée. Cette aube-là, le peintre venait, à trente-six ans, d'exorciser son passé. N'ayant pu supporter sa rupture avec Alma Mahler, en 1915, et s'étant jeté en vain dans la guerre afin d'y mourir d'amour, il s'était finalement fait confectionner une poupée en grandeur naturelle, à l'image de la bien-aimée et, pour l'habiller aussi élégamment que l'était Alma, avait acheté des dessous et des robes chez les meilleurs faiseurs parisiens. Il l'avait en permanence à ses côtés, l'emmenait en fiacre prendre l'air les jours de soleil et avait même, dit-on, loué pour elle une loge à l'Opéra. Mais c'en était assez. Après l'avoir copieusement dessinée et peinte (p. 152), au terme d'une folle nuit, il avait fracassé le crâne de la poupée. Il était guéri, comme le Japonais, de sa passion malheureuse.

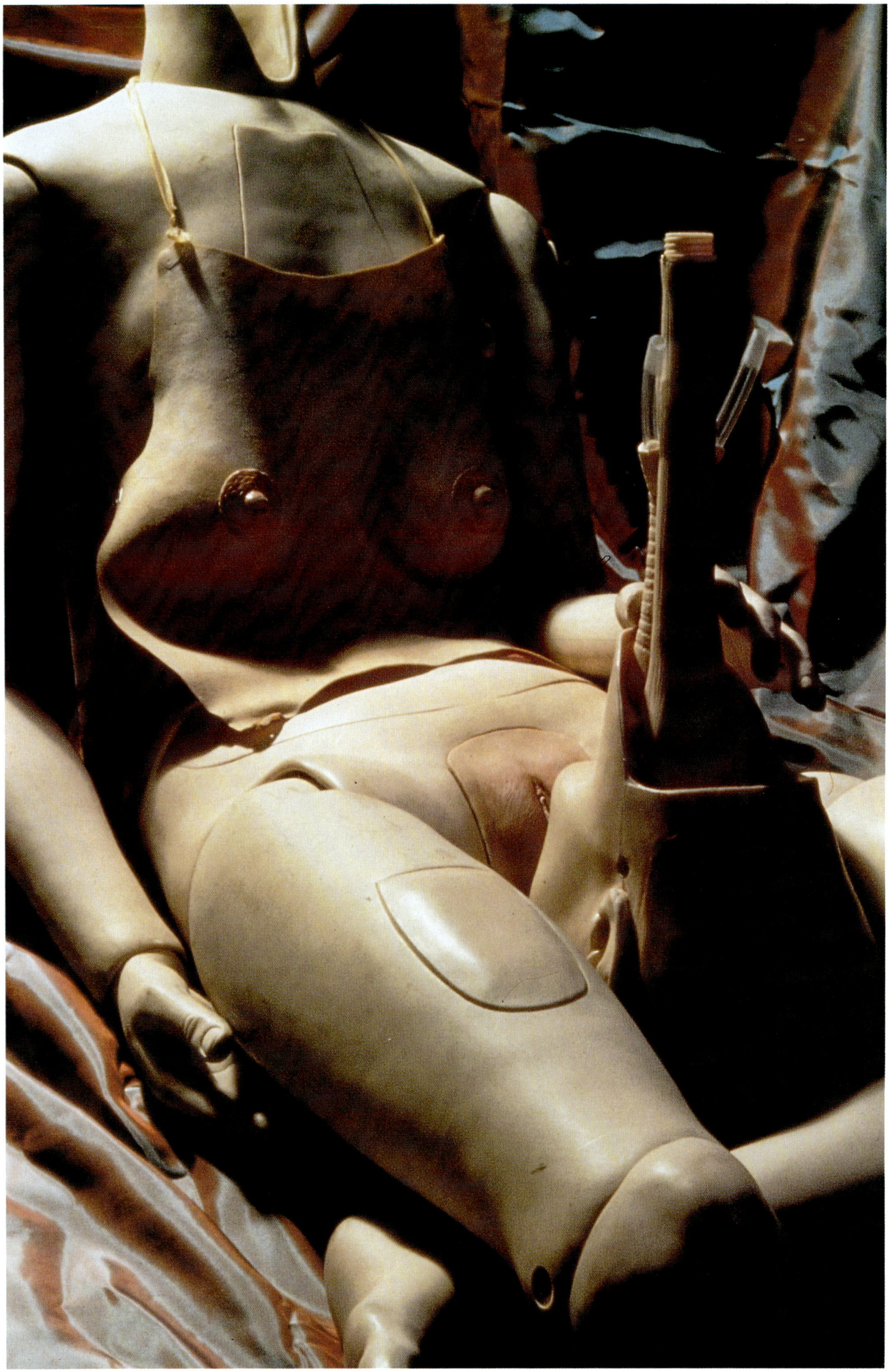

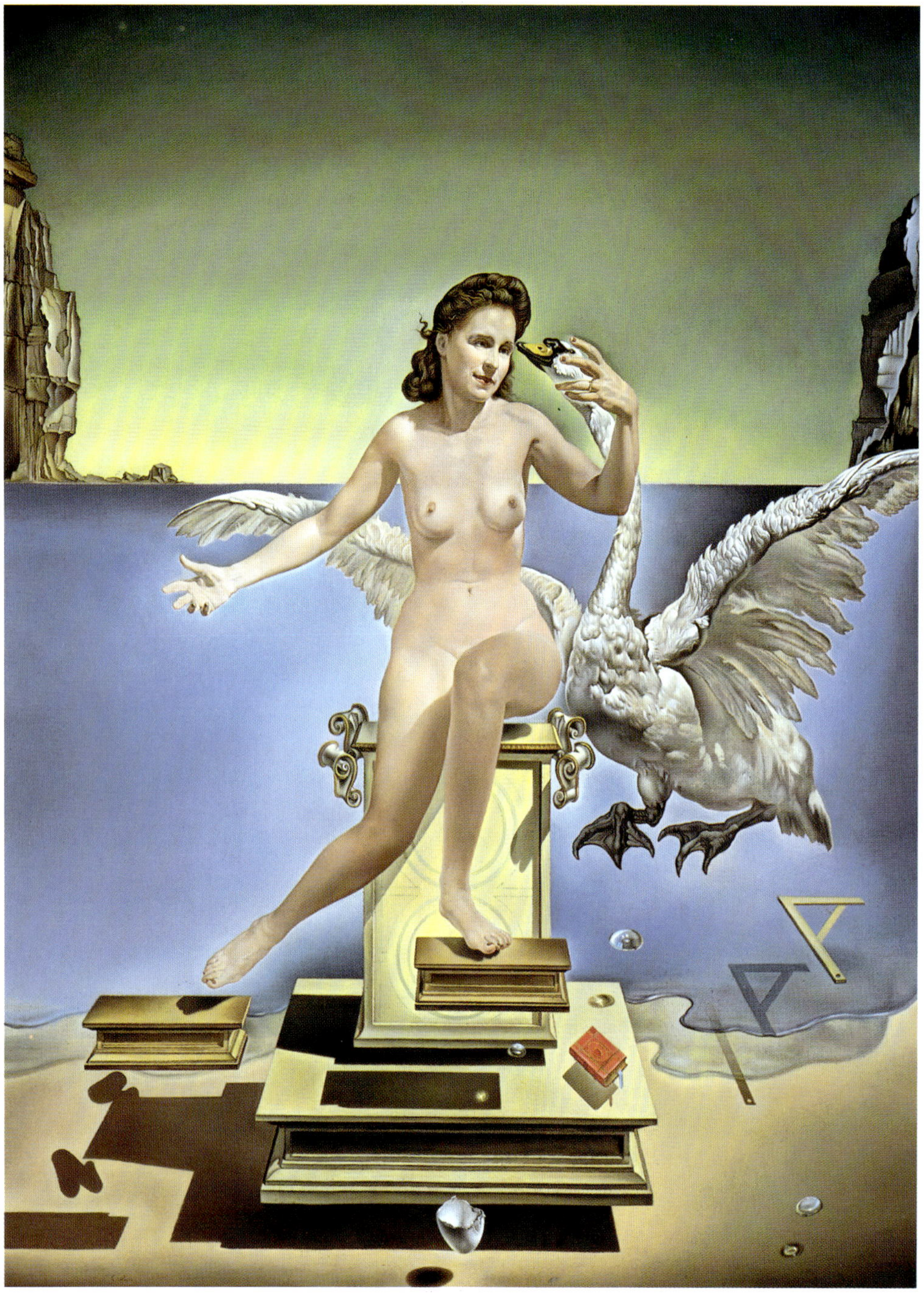

Salvador Dalí
Léda atomica, 1949
Huile sur toile, 61,1 x 45,3 cm
Figueras, Museo Teatro Dalí

Paolo Véronèse
Léda et le cygne, vers 1580
Huile sur toile, 106 x 90,5 cm
Dresde, Staatliche Kunstsammlungen Dresden, Gemäldegalerie Alte Meister

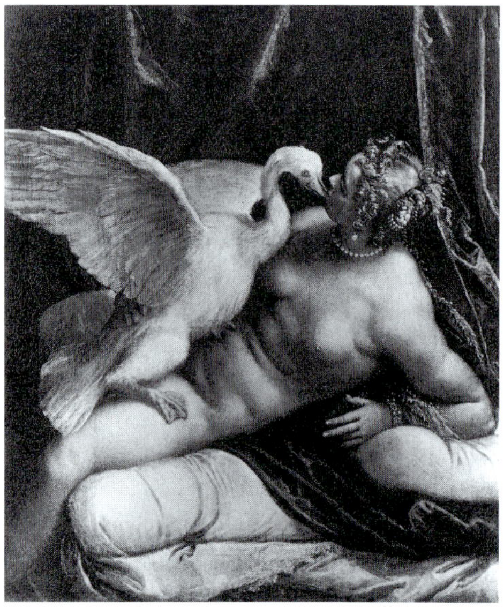

Cet amour des poupées, on peut le faire remonter à la charmante légende grecque de Pygmalion qui était amoureux de Galatée, la vierge sculptée par lui dans l'ivoire. Mais on peut se demander, si Pygmalion fut satisfait lorsque Aphrodite, émue par ses supplications, accorda vie à sa statue. Après avoir lu Bernard Shaw, on peut en douter. Jean Dutour, de son côté, lui règle son compte: «Je passe trois ans de ma précieuse vie», s'écrie Pygmalion, «à donner de l'harmonie à cette chose: une imbécile de déesse arrive et flanque tout par terre. Regardez! Un canard! Voilà ce qu'est ma statue, à présent! Elle se dandine. Quelle horreur!» («La fin des Peaux-Rouges»). Pour les vrais fétichistes, misogynes de surcroît, l'immobilité des statues est autrement vivante que les grimaces de nos physionomies, et si Pygmalion s'était contenté d'un idéal, d'une illusion, il eut trouvé le bonheur.

Peter Paul Rubens
Léda et le cygne
Huile sur bois, 64,4 x 80,3 cm
Londres, Christie's Colour Library

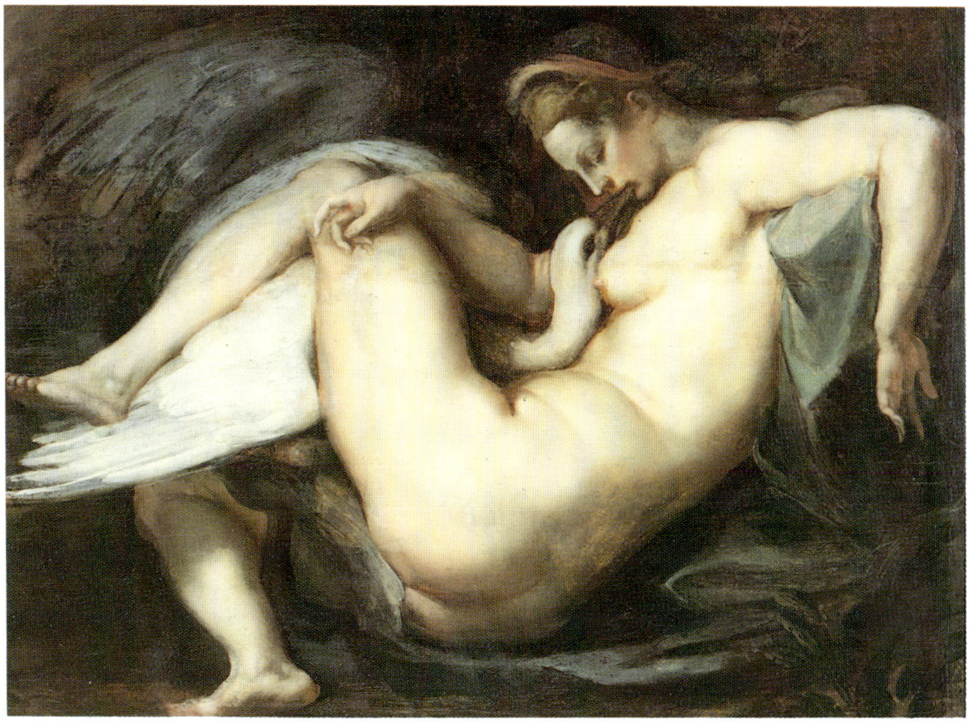

Otto Mühl
Oh Sensibility, 1970
Photo de l'action
Zundorf, Friedrichshof
Wohnungsgenossenschaft

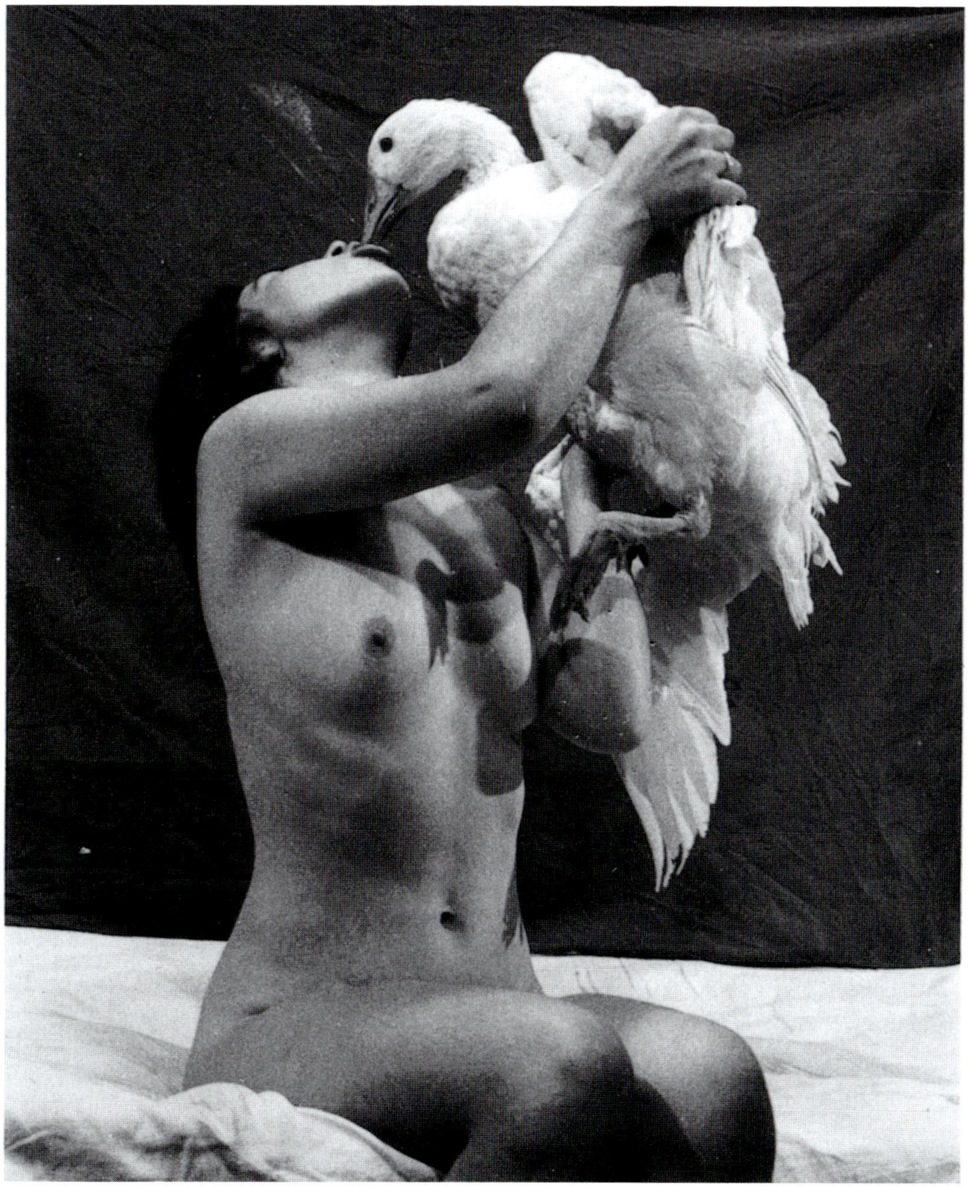

C'est à l'utilisateur de mettre en branle l'objet de sa convoitise. Dalí a parfaitement compris que ce mouvement est en relation directe avec la sexualité.«La brouette», écrit-il à propos de l'*Angélus* de Millet, «est chargée d'une intentionnalité très concrète et particulière: dans la série des fantasmes typiques d'érection – vol, patinage, locomotion rapide, etc. –, nous savons que la traction animale, si fréquente dans les obsessions de peintres et dessinateurs... symbolise par l'effort démesuré qu'on prête à l'accomplissement de l'acte sexuel, des complexes d'impuissance ou de débilité sexuelle.» La brouette, selon Dalí, prend donc place parmi ces dernières représentations... L'infinie variété des objets familiers et inanimés pris pour fétiches, rend leur classification très arbitraire. Freudiens et surréalistes en recensent bon nombre dont la

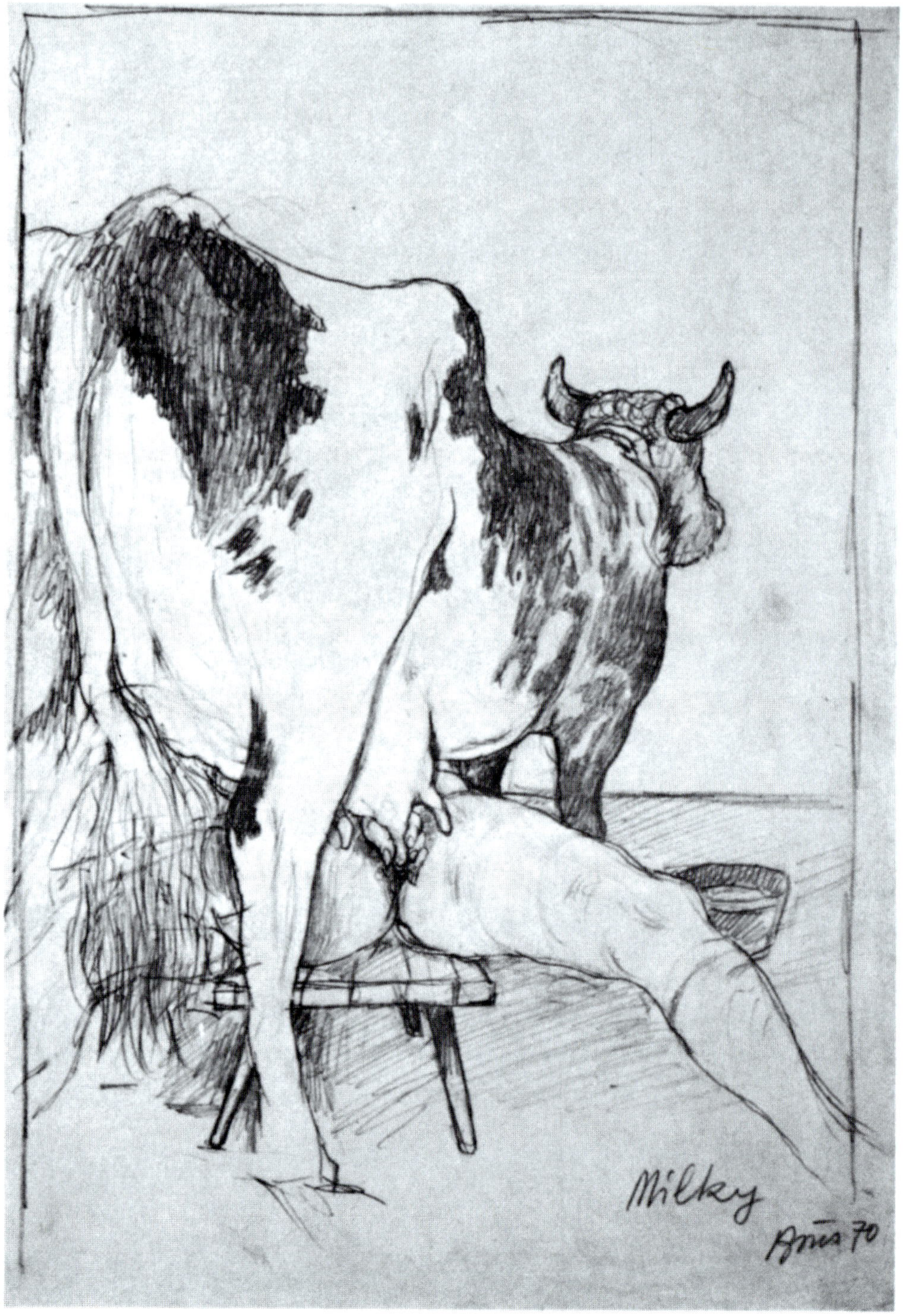

Günter Brus
Milky, 1970
Crayon, 29,7 x 20,6 cm
Collection privée

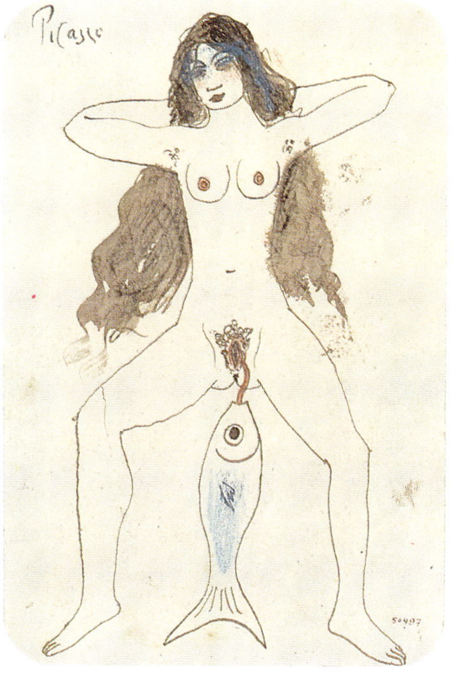

Pablo Picasso
Le maquereau, vers 1902/03
Encre de Chine, 13,9 x 9cm
Barcelone, Museu Picasso

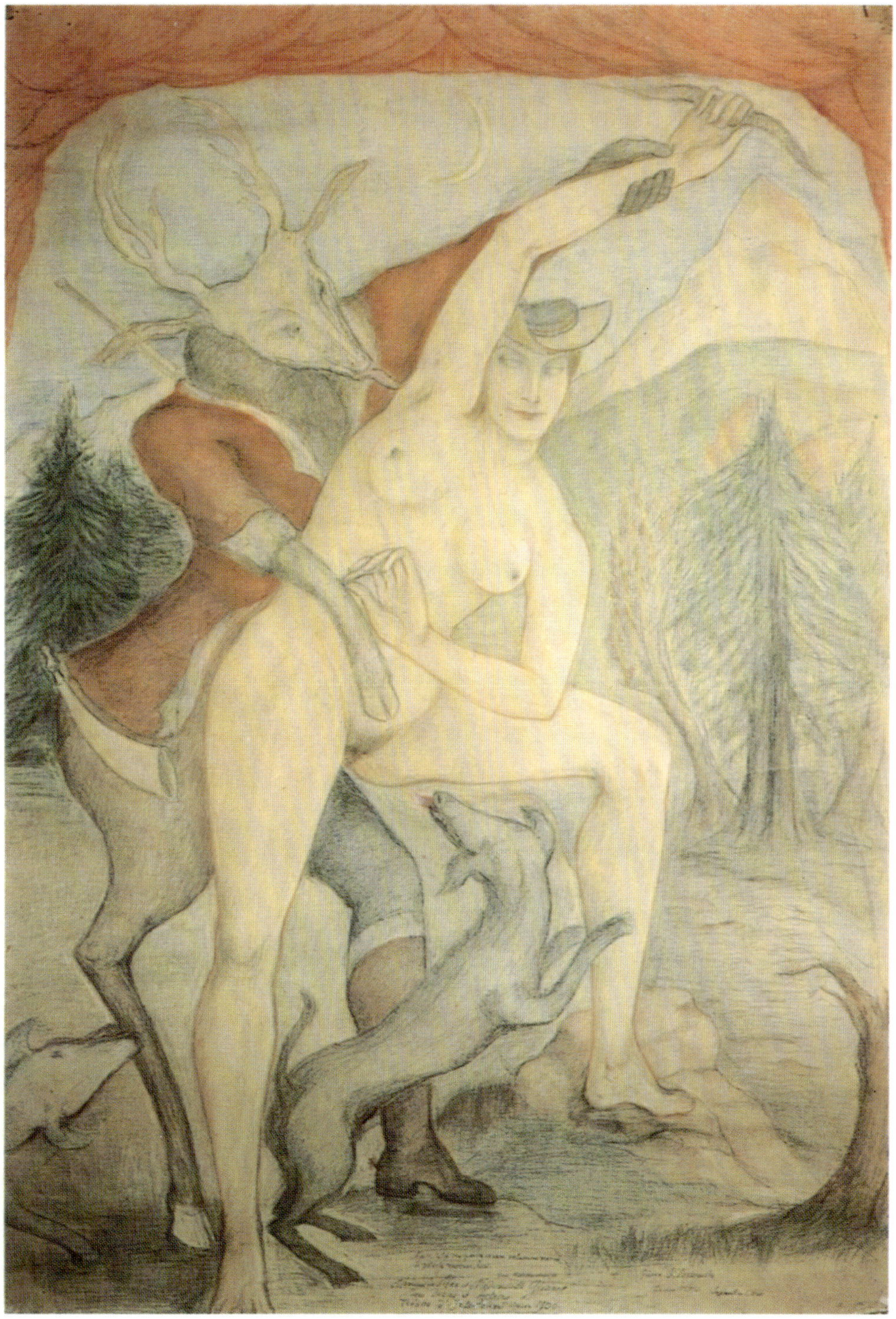

Pierre Klossowski
M. de Max et Mlle Glissant dans les rôles de Diane et Actéon, 1954–73
Dessin au crayon colorié, 152 x 107,5 cm
Turin, Collection Panero

fameuse «machine à coudre» qui, selon l'étude consacrée à l'auto-érotisme par Havelock Ellis, entraîne le déclenchement de la perversion: «C'était surtout l'ancien modèle, très lourd, et qui obligeait à remonter beaucoup les jambes, qui agit, d'après la remarque de Langdon Down, sur plusieurs générations et produisit un grand éréthisme sexuel.» La motocyclette et le camion ont remplacé cet instrument désuet. Leur vélocité est fonction de ce qu'Adler appelle une recherche pathologique de supériorité. D'après le Dr Bernard Diamond, la motocyclette est un symbole phallique locomoteur. Elle apparaît comme une rallonge du corps. Jean Cocteau, Steve McQueen et Marlon Brando ont, magnifié ce fétichisme lié à celui du cuir, des bottes et de l'uniforme.

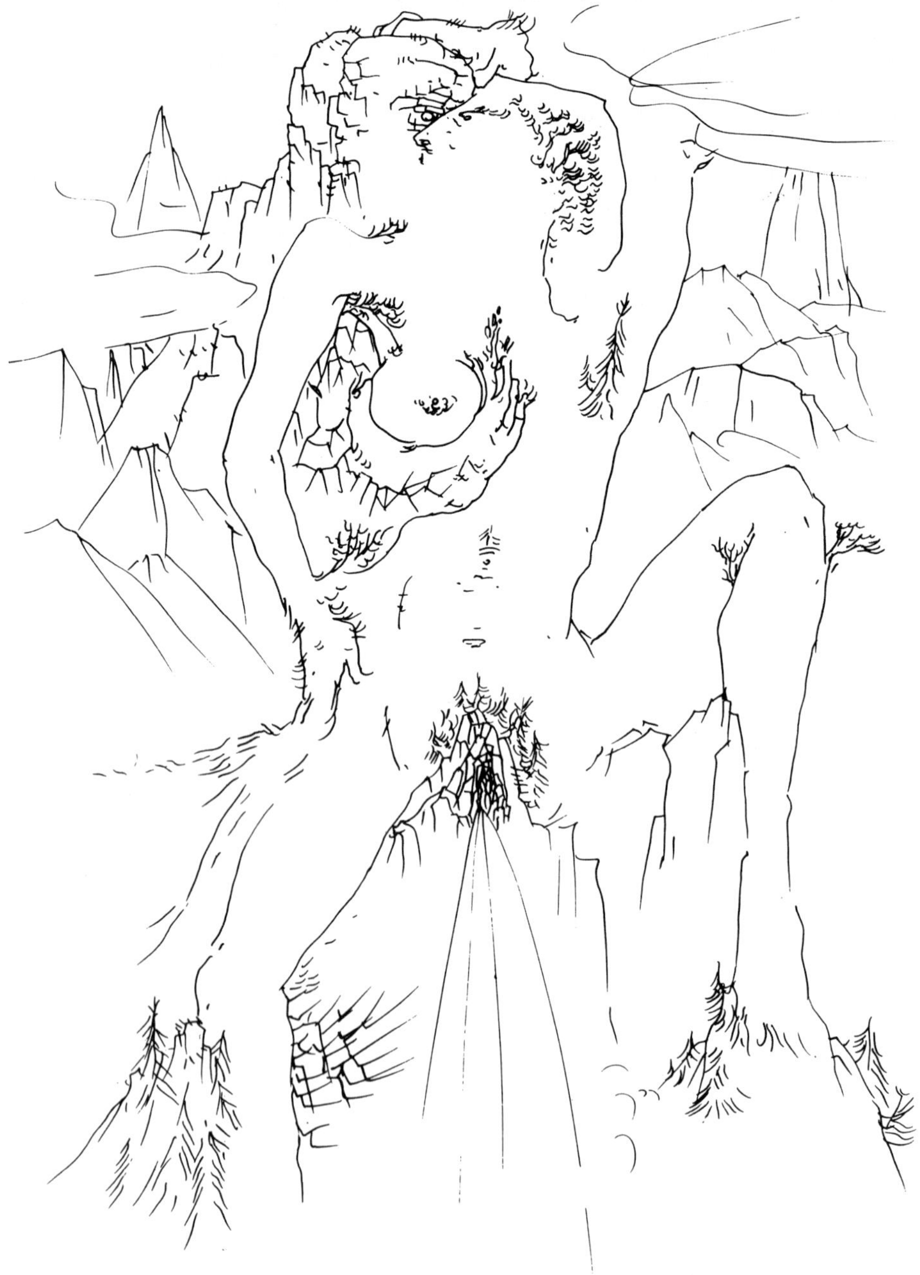

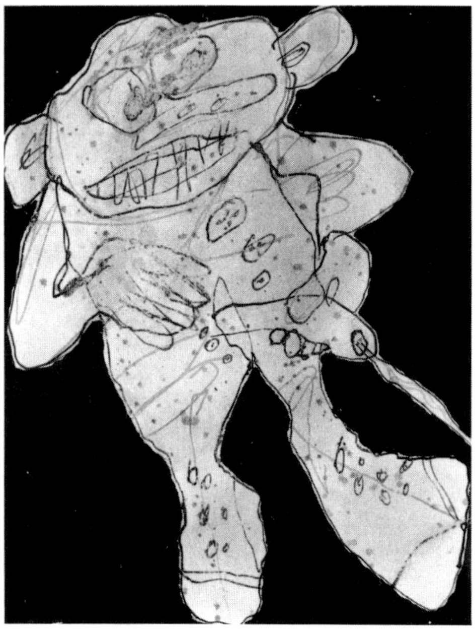

Jean Dubuffet
Pisseur à droite IV, 1961
Encre de Chine sur papier, lavis, 43 x 33,5 cm
Collection privée

André Masson
Cascade, 1938
Encre de Chine, 44,5 x 34 cm
Paris, Galerie Louise Leiris

Et tout ce qui s'applique à la motocyclette s'applique naturellement aussi à l'automobile que Roland Barthes, dans ses «Mythologies», n'hésite pas à qualifier de «grande cathédrale gothique... conçue passionnément par des artistes inconnus, consommée dans son image, sinon dans son usage, par un peuple entier qui s'approprie en elle un objet parfaitement magique».

Ce thème de «la Belle et la Bête», illustré aujourd'hui par l'automobile, est aussi l'un des plus anciens, des plus abondamment exploités de tous les grands mythes qui, de l'Antiquité jusqu'à Jean Cocteau, satisfont l'inconscient collectif des foules et les fantasmes particuliers de chacun. Les diverses «Léda et le Cygne», «Vierge au Vautour» ou «Dame à la Licorne» sont-elles autre chose, en effet, que la représentation, en permanence, de ce thème de «la Belle et la Bête»? La mythologie tant exploitée par les artistes, ne ressemble-t-elle pas à un zoo

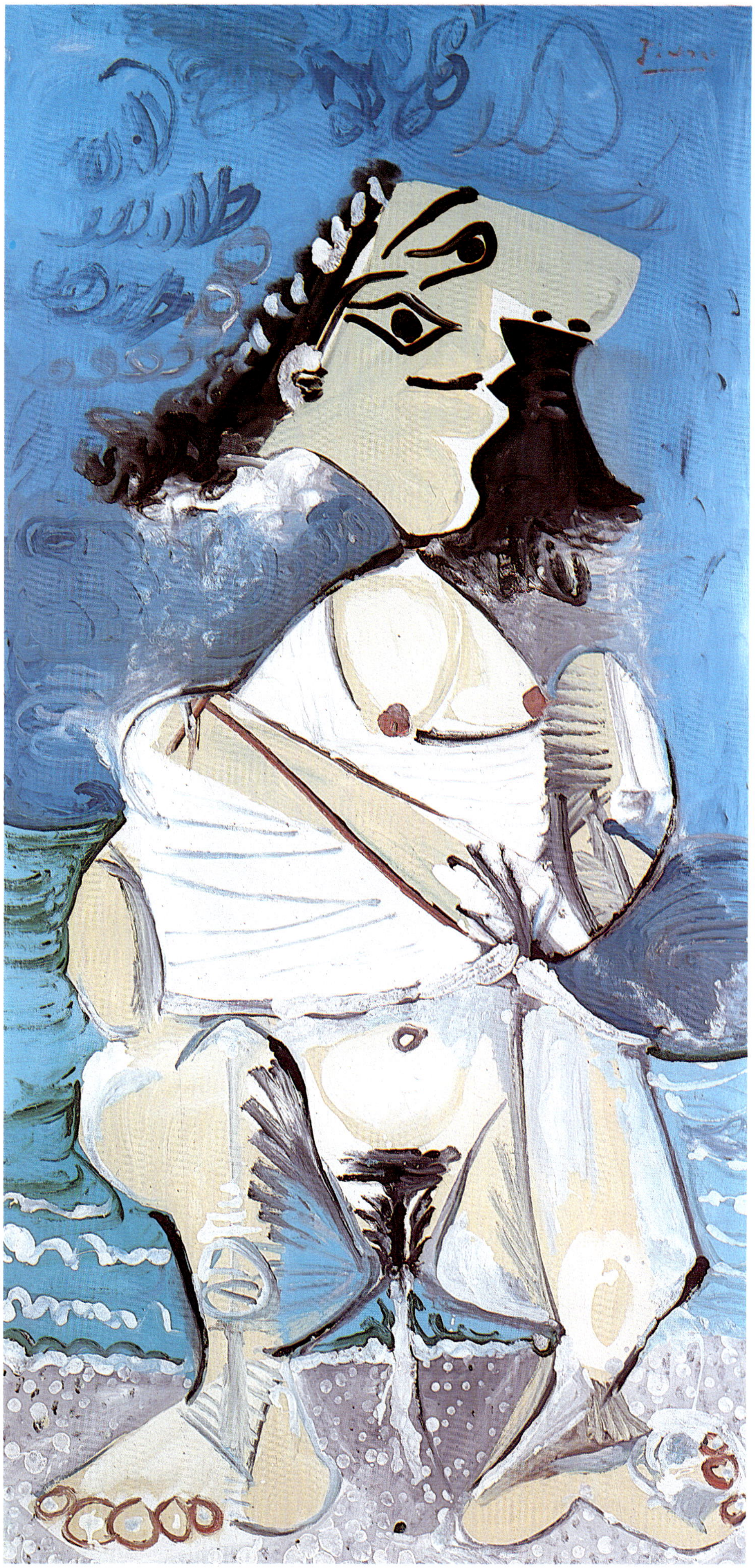

Pablo Picasso
La pisseuse, 1965
Huile sur toile, 195 x 97 cm
Paris, Musée National d'Art Moderne,
Centre Georges Pompidou

Rembrandt
Femme pissant, 1631
Eau-forte, 8,1 x 6,5 cm
Amsterdam, Rijksmuseum-Stichting

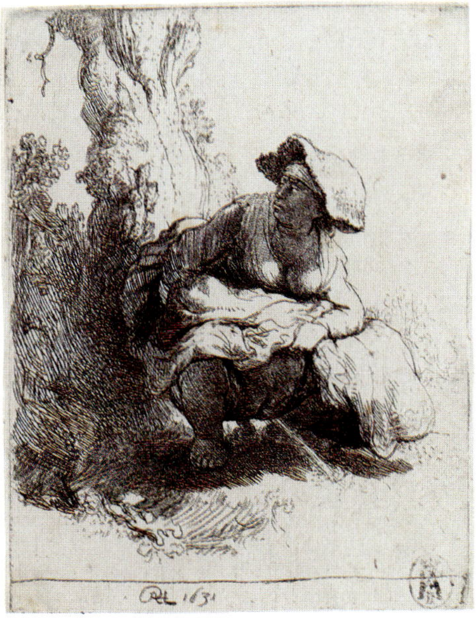

peuplé de cygnes phalliques qu'ont caressés amoureusement et successivement les dames grecques de l'Antiquité, celles de Pompéi, celles qu'ont peintes ensuite Véronèse, Léonard ou Ingres? De Léda, chère aux peintres de toutes les époques, à King-Kong, popularisé par le cinématographe, en passant par les «Mille et une nuits», l'histoire de l'héroïne amoureuse d'un monstre a trouvé sa profonde et évidente signification freudienne. L'inconscient collectif manque décidément d'imagination et l'art a puisé largement dans ce bestiaire fabuleux qui n'est autre, d'ailleurs, comme l'explique Edgar Allan Poe, que le thème d'Œdipe tuant son père – le dragon – pour épouser sa mère devenue la proie du vainqueur. Pour que les divers protagonistes du drame zoophilien soient en place, il convient encore de citer une variante plus subtile: la Belle accepte enfin l'amour de la Bête et scelle son pacte par un baiser d'amour. La Bête redevient alors le charmant prince qu'elle n'aurait jamais dû cesser d'être si une vilaine fée ne l'avait transformé en grenouille. Le fils remplace cette fois le père par métamorphose et non plus par combat.

Jan Gossaert
Danaé, 1527
Huile sur bois de chêne, 113,5 x 95 cm
Munich, Bayerische Staatsgemäldesammlungen

Gilles Berquet
Sans titre, 1990
Photo en noir et blanc, 30 x 19,5 cm
Collection privée

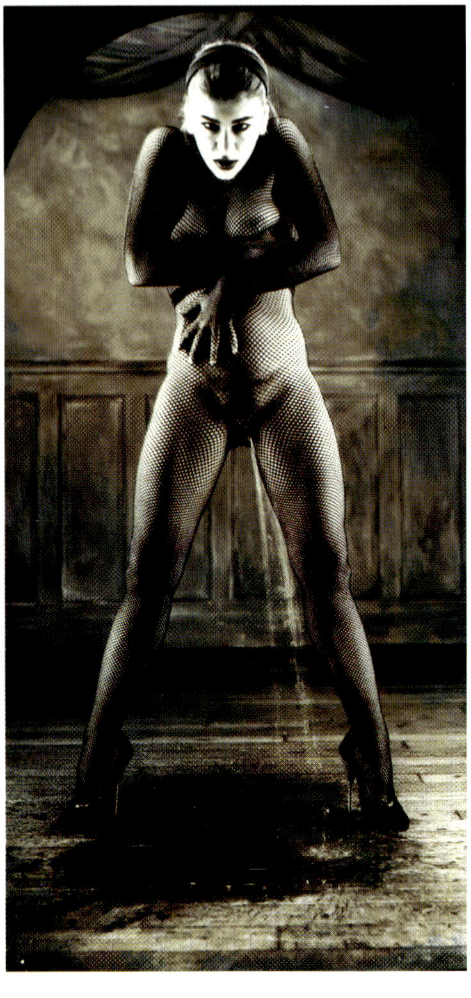

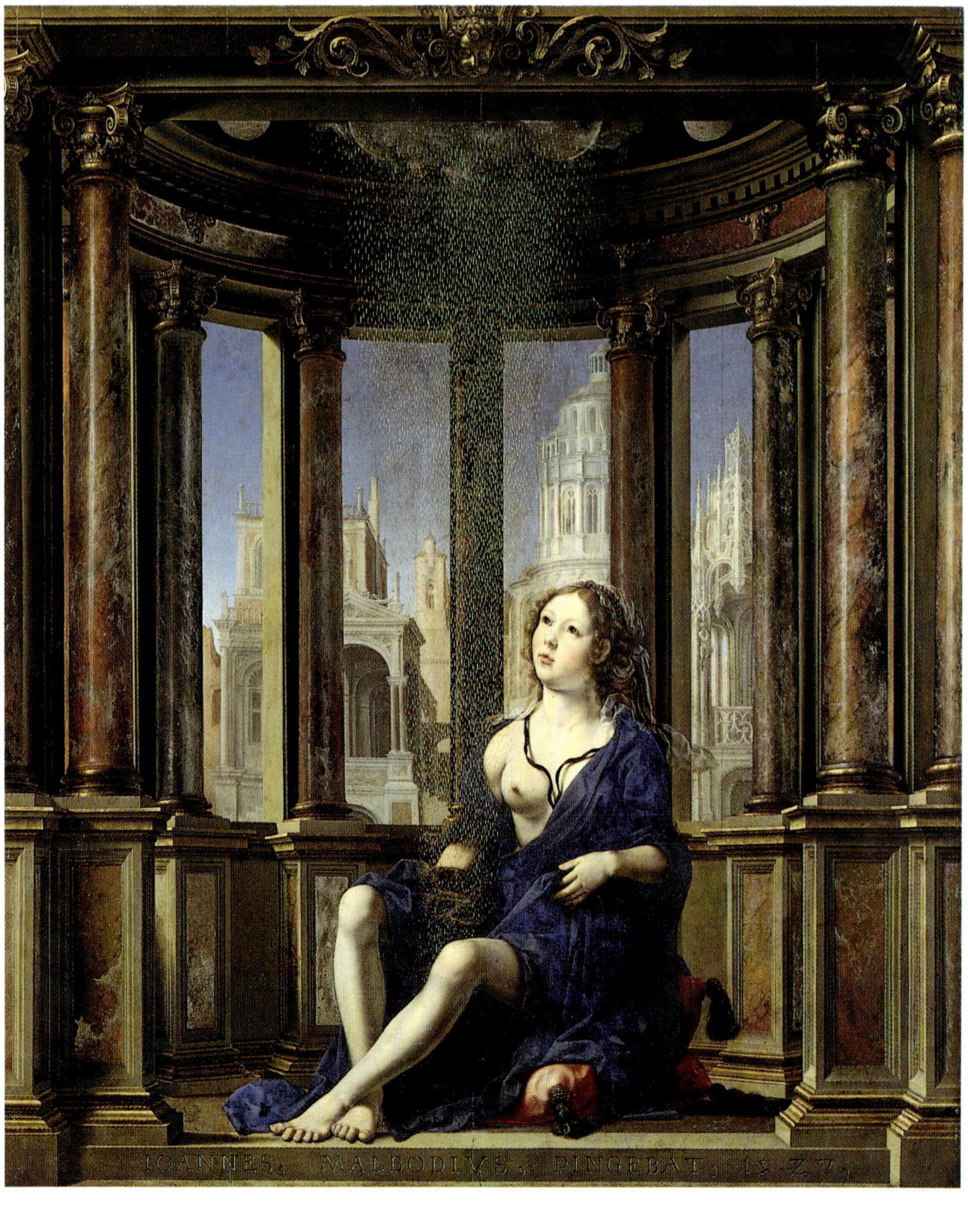

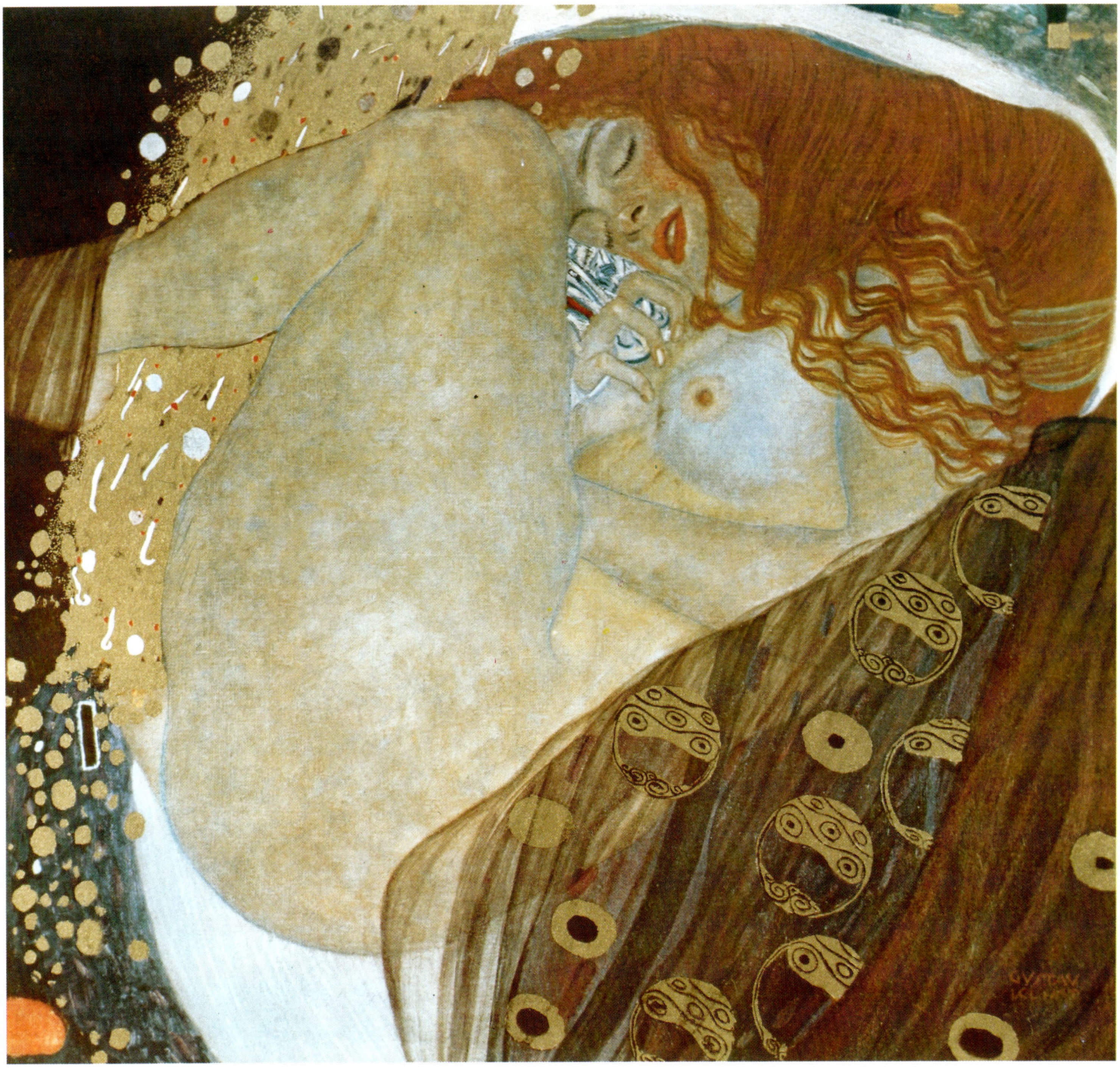

Gustav Klimt
Danaé, 1907/08
Huile sur toile, 77 x 83 cm
Graz, collection privée

Il n'est pas de tableau ou de sculpture comprenant un animal ou un monstre qui soit innocent. Il faut y regarder à deux fois pour deviner les intentions de l'artiste responsable et dont l'œuvre reflète les tendances de son époque. Il y a des clés cachées et, tout d'abord, honneur au sexe de la femme, que l'on a comparé traditionnellement à une fleur, mais dont l'homme a su très tôt reconnaître aussi l'analogie avec la faune en général. Une faune peuplée de cygnes, de taureaux, de centaures, de cerfs, de serpents et d'ânes trop célèbres pour être honnêtes. Le roi de l'Olympe donnait l'exemple par ses escapades animalières en un temps où Pasiphaé s'éprenait d'un beau ruminant, où Europe chevauchait un taureau au poil luisant et où Neptune enlevait de charmantes nymphettes sur son dos, sans cacher, si l'on en croit les

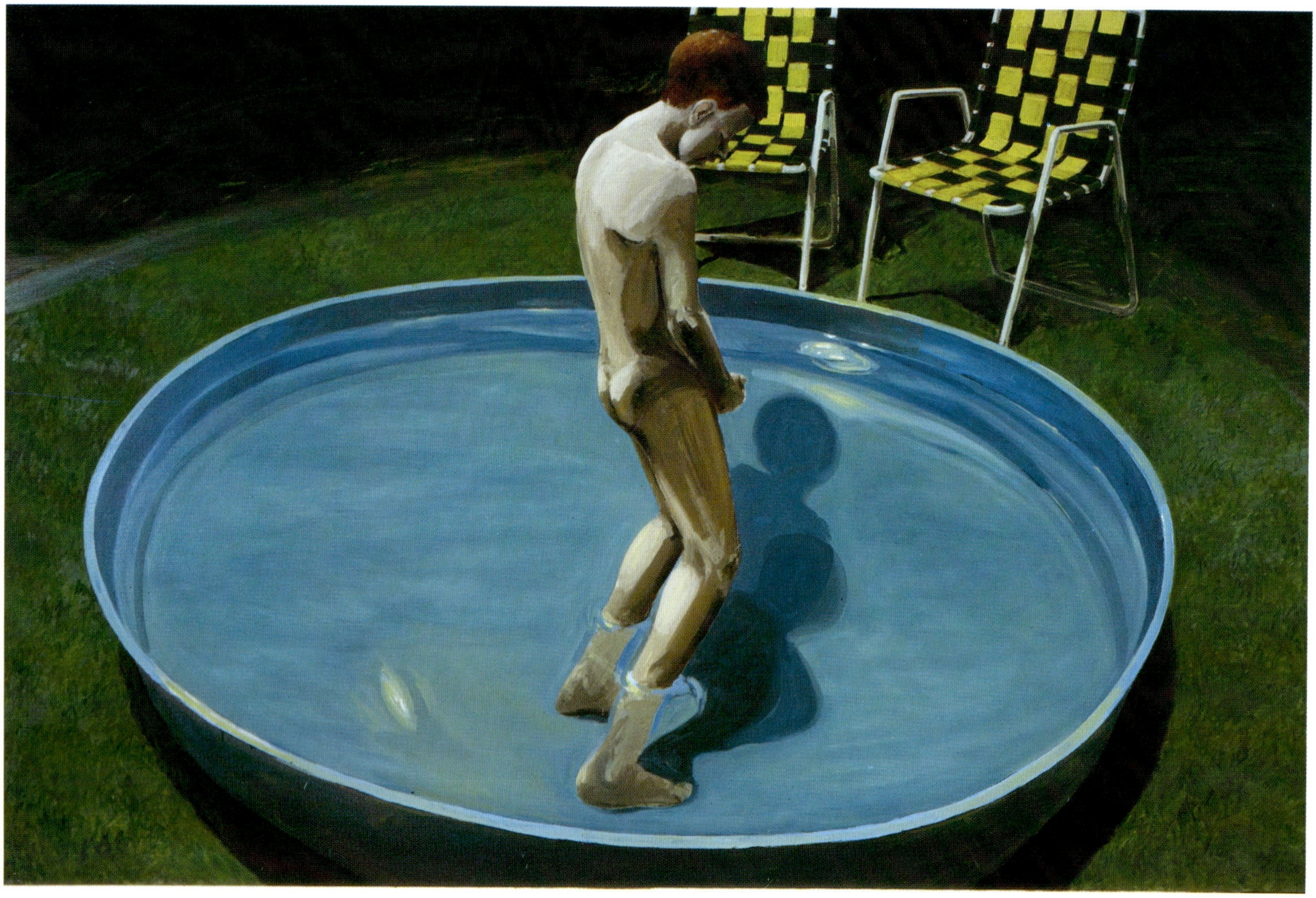

Eric Fischl
Somnambule, 1979
Sleepwalker
Huile sur toile, 182,9 x 274,3 cm
New York, Courtesy Mary Boone Gallery

«Son deuxième tableau ‹Le somnambule› montre un garçon qui se masturbe dans un bassin en plastique, devant les chaises de jardin inoccupées de ses parents. Cette image paraît tout d'abord lamentable, pourtant l'ardeur déployée par le garçon conduit à la découverte étonnante que ce tableau traite du pouvoir: le pouvoir originel, explosif, de se donner du plaisir, comme le découvre le garçon en ce moment. En peignant ce tableau, Fischl ressentit les sensations du garçon – une jouissance à laquelle se mêlait la peur du ridicule auquel il était exposé en tant que peintre. Ce tableau dont le thème continue à être un tabou dans le domaine artistique doit sembler inepte à l'avant-garde et obscène à tous les autres.»

Peter Schjeldahl

gravures de Dürer, la nature écailleuse de son anatomie et de son sexe. Curieusement, la civilisation du XXe siècle, si chatouilleuse sur le plan de la morale, semble accepter cette débauche érotique des artistes sans crier à l'outrage aux mœurs. Il est vrai qu'il lui faudrait sans cela inculper en bloc aussi bien Léonard que Michel-Ange, le Maître à l'Oiseau (le bien nommé), Tintoret, Véronèse, Rubens, Fragonard... ainsi que bon nombre d'artistes de ce siècle qui vont de Dalí à Picasso en passant par Klimt, Klossowski, Bayros, Brus, Otto Mühl ou Lindner!

Ainsi le «petit oiseau» sert-il à désigner aussi bien le sexe de la femme que celui de l'homme. Pour la femme, Gérard Zwang, expert en zoophilie érotique, écrit sans ambages: «Couvertes d'un soyeux plumage, les grandes lèvres figurent joliment les ailes d'un oiseau (alae). Cet oiseau de Vénus, les chasseurs désirant l'attraper l'appellent pigeon, colombe, sansonnet, bengali, rossignol, pinson, hirondelle.»

Avec Dalí, le doute est exclu. Dalí provoque. Rien que le titre de son tableau, *Le grand masturbateur* (p. 181), est là pour provoquer. Et l'héroïne semble bien prête d'une fellation, elle aussi. «De toutes les beautés du corps humain», écrit Dalí, «ce sont les couilles qui me font le plus d'effet. J'éprouve à les contempler un enthousiasme métaphysique. Mon maître Pujols disait qu'elles sont les réceptacles des êtres non conçus. Ainsi évoquent-elles pour moi les invisibles et incorruptibles présences célestes. Mais je déteste celles qui pendent, pareilles à des mendiants. Il me les faut ramassées, compactes, rondes et dures comme un coquillage double.» Si Dalí peint avec minutie les testicules du torse de Phidias que le temps avait brisées, c'est «pour inventer une nouvelle manière belle de servir les préoccupations vitales de l'homme, les sciences particulières de notre temps étant spécialisées dans l'étude des trois constantes de la vie: l'instinct sexuel, le sentiment de la mort, l'angoisse de l'espace-temps. Placer l'instinct sexuel avant cette mort: façon péremptoire d'enchanter le vivant».

Il dit encore: «La peinture comme l'amour rentre par les yeux et coule par les poils du pinceau... Mon délire érotique me conduit à exalter jusqu'au paroxysme mes tendances sodomisatrices.» A Port Lligat, il s'entoure «des culs les plus sublimes que l'on puisse imaginer. J'amène les plus belles femmes à se dévêtir. Je dis toujours que par le cul les plus grands mystères deviennent sondables et je suis même parvenu à découvrir une analogie profonde entre les fesses d'une de

Robert Gober
Sans titre, 1990
Multi media
Rotterdam, Museum Boymans-van Beuningen

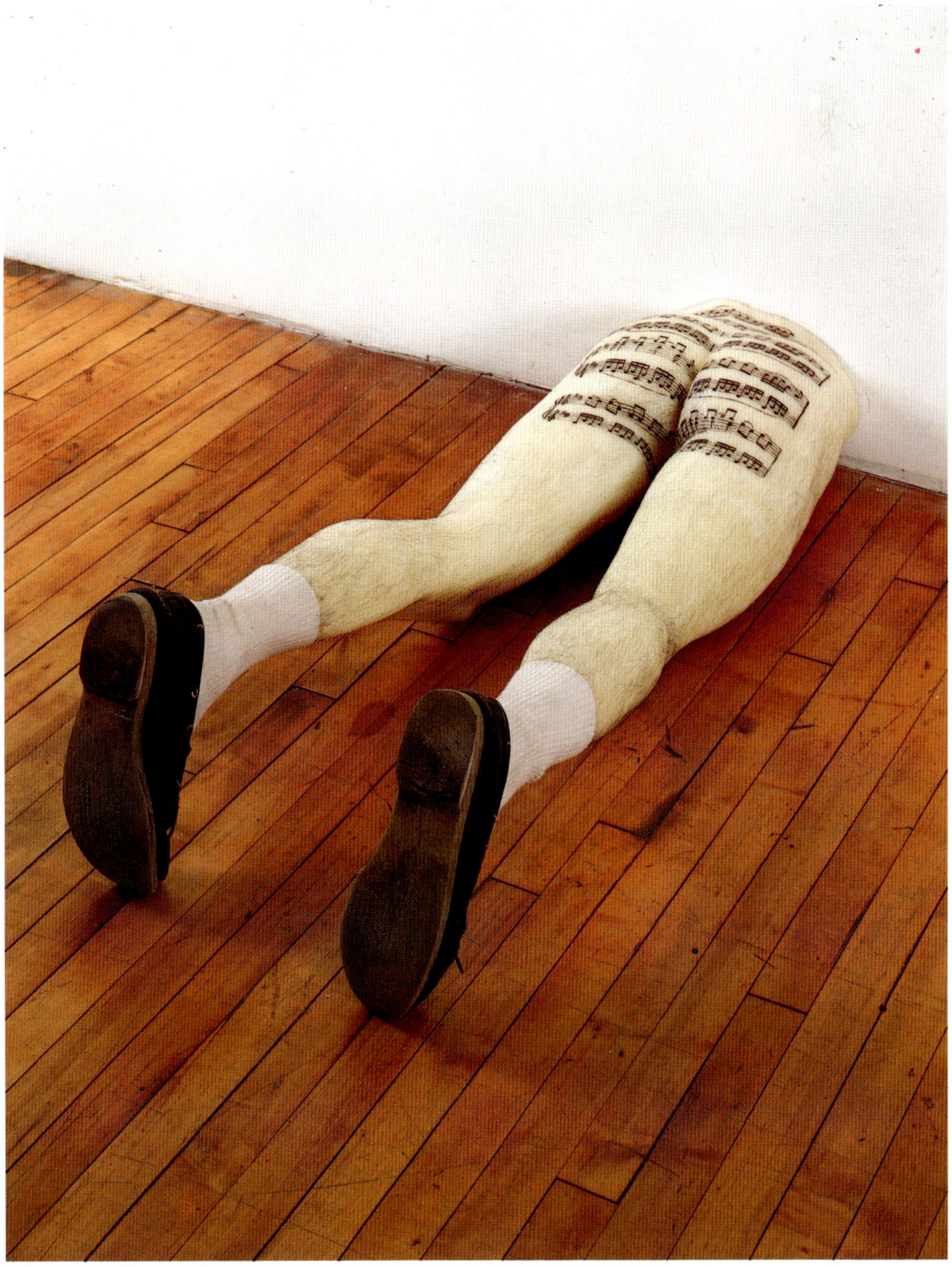

Fischli/Weiß
Le Navet qu'on honore, 1985
Die gefeierte Rübe
Photographie d'un ouvrage de la composition «Stiller Nachmittag»
Cologne, Courtesy Galerie Monika Sprüth

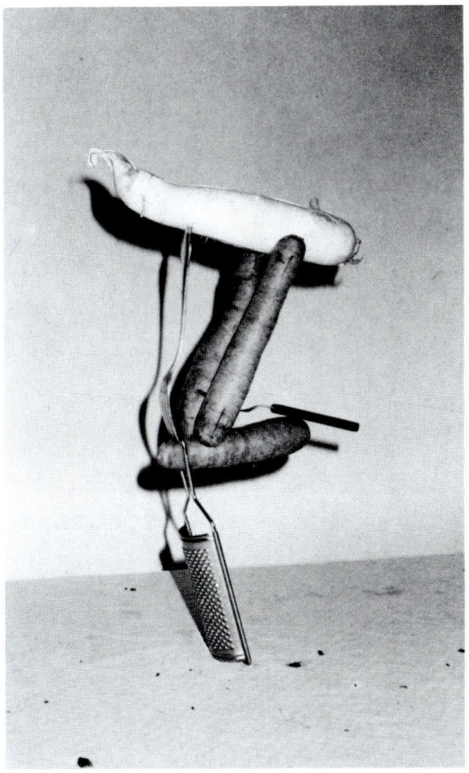

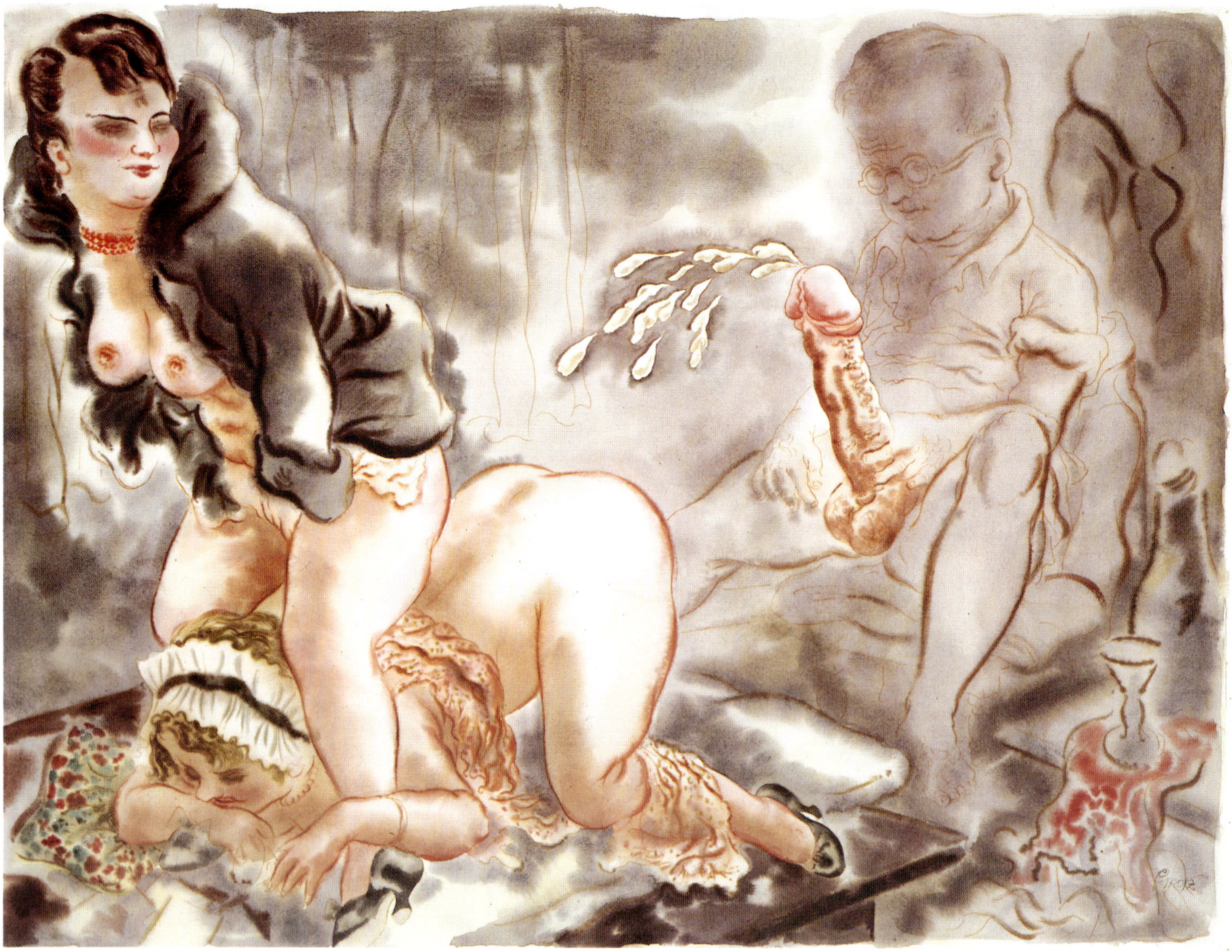

George Grosz
Autoportrait avec deux femmes, 1920
Selbstporträt mit zwei Frauen
Aquarelle, 51,5 x 69,2 cm
La Haye, Collection P.B. van Voorst van Beest

mes invitées à Port Lligat que j'ai fait se dévêtir et le continuum universel que j'ai nommé le continuum à quatre fesses (NDA: notons au passage que ce ‹continuum› n'est autre que la représentation d'un atome – Dalí se pique de science). J'imagine les positions les plus superbes et les plus folles pour me maintenir dans un état d'érection paroxysmique et mon bonheur est total quand je parviens à assister à une sodomisation réussie. L'essentiel pour moi passe par l'œil. Je parviens à persuader une jeune Espagnole de se laisser sodomiser par un garçon de mon entourage qui la courtisait. Accompagnée d'une amie – car les témoins sont importants dans mon théâtre et servent de comptables – nous nous installâmes dans la chambre sur un divan. Les deux partenaires font leur entrée par deux portes différentes; elle, nue sous son peignoir, lui sans un voile et le sexe dressé. Tout de suite, il la retourne et sans attendre s'occupe à la pénétrer. Il y réussit si vite que je me lève pour vérifier qu'il ne s'agit pas d'un simulacre. J'ai horreur d'être dupé. Elle s'écrie alors d'une voix extatique: ‹C'est pour Dalí, c'est pour le divin.›... Je n'ai jamais raconté cette histoire sans éprouver à chaque fois la sensation merveilleuse d'avoir violé le secret de la beauté parfaite... L'érotisme, comme les drogues hallucinogènes, comme les sciences de l'atome, comme l'architecture gothique de Gaudí, comme mon amour de l'or, se ramène à un commun dénominateur: Dieu est présent en tout. Il y a la même magie au cœur des choses et tous les chemins conduisent à la même révélation.»

Dalí aime et déteste de façon trouble sa sœur. Entre son *Christ de Saint Jean de la Croix* et sa version de la *Cène*, il peint le plus érotique, peut-être, de tous ses tableaux: *Jeune vierge autosodomisée* (p. 182). La genèse de l'œuvre représente toute une histoire en rapport direct avec sa sœur. En effet du temps de sa période «scatologique» qui scandalisait tant, à sa grande joie, Breton et les surréalistes, Dalí avait peint un portrait de sa sœur, vue de dos, ce qui avait pour effet de mettre en valeur les fesses de la jeune fille. Il l'avait intitulé, afin que nul n'en ignore: *L'image de ma soeur / l'anus rouge / de sanglante merde.* Pourquoi reprend-il en 1954 le même thème, pour se venger? Certes il a embelli son souvenir et transformé, vingt ans après, Ana María Dalí, demoiselle un peu courte et assez dodue, en s'inspirant d'une photo parue dans un magazine érotique, mais il semble régler quelque compte secret entre elle et lui. Une telle continuité illustre le cheminement «paranoïaque-critique» de Dalí: à partir d'un souvenir qui a laissé dans sa mémoire des traces encore vives, se met en branle tout un ensemble de rouages où l'intelligence analytique se mêle à la violence des fantasmes érotiques. Car dans le nouveau tableau de 1954, l'on assiste à une véritable fête lyrique où la fermeté du beau cul d'Ana María se découvre une parenté imaginaire avec la corne de rhinocéros, procurant ainsi à Salvador Dalí l'illusion d'une fantastique érection grâce à laquelle il peut enfin pénétrer «l'anus rouge/de sanglante merde» de sa sœur. La vengeance est un plat catalan qui se mange froid! Le truche-

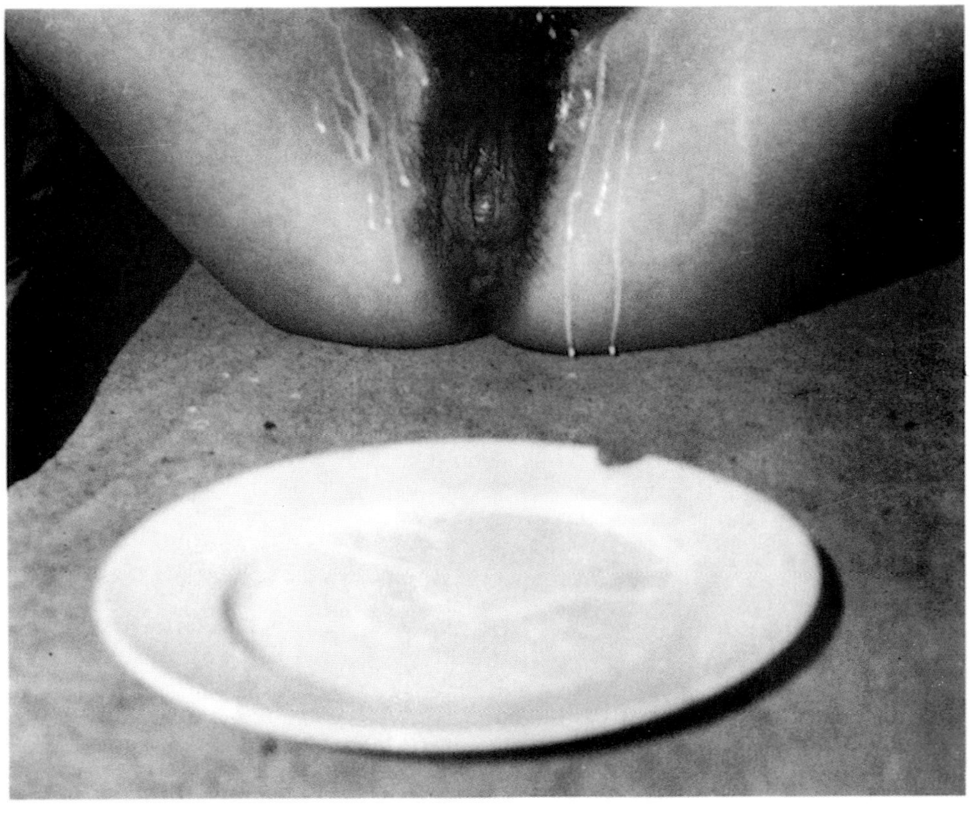

Hans Bellmer
Sans titre, 1946
Ohne Titel
Photo en noir et blanc, 6 x 6 cm
Paris, collection privée

ment de la corne de rhinocéros permettait de surcroît à Dalí de respecter ce besoin de chasteté qui, pour lui, était alors «une condition essentielle de la vie spirituelle».

Dans le cadre des prétextes mythologiques, la légende de *Danaé* (p. 161), n'est qu'un prétexte pour Klimt à représenter, sans encourir les foudres de la censure viennoise, l'éjaculation d'un dieu et l'extase amoureuse de sa créature. Rien de moins. On le voit, la faculté de tourner les tabous à leur avantage est le propre des grands artistes. Zeus ayant «visité» Danaé sous les traits d'une pluie d'or (qui eut ravi Avida Dollars...), un fils en naquit: Persée. Or Klimt, comble de l'audace, a choisi de représenter le moment précis de la conception de Persée, qui n'a rien d'immaculé. L'astuce consiste à mêler des spermatozoïdes dorés à un torrent de pièces d'or et à déverser le tout entre les cuisses géantes de la belle endormie. Et Klimt raffine dans la perversité, car il s'agit de surcroît d'un véritable viol puisque l'héroïne – passive – est supposée ne pas s'en rendre compte. Ainsi les spectateurs qui assistent à la scène, comme les Viennois de l'époque, sont-ils en fait à la fois complices et voyeurs, confrontés à l'érotisme inconscient de Danaé endormie. Ce mystère de la sexualité féminine exhale l'érotisme le plus direct, le plus pervers, que renforce l'image de ce corps de femme en gros plan, bien en chair, bien réel, symbole de la beauté sensuelle. Le modèle lui-même s'apparente à ces femmes fatales devenues pin up, poupées de préférence rousses, qu'affectionne Klimt. Mais plus que jamais, dans l'œuvre de l'artiste, il s'agit de la femme, porteuse du secret de la vie et objet central de la curiosité de l'homme et de l'artiste.

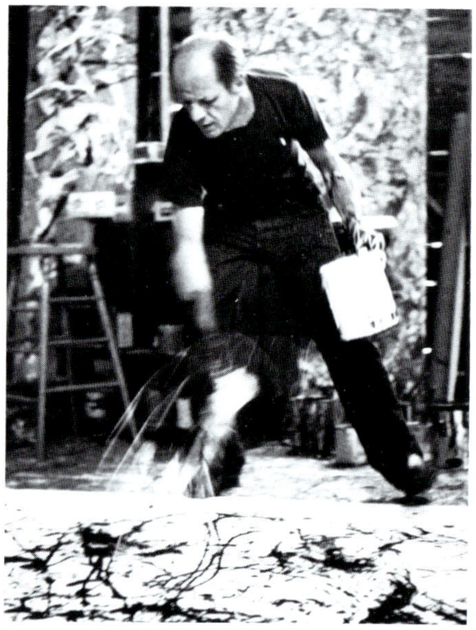

Jackson Pollock
Pollock dans l'atelier, 1950
Photo en noir et blanc
Photo: Hans Namuth

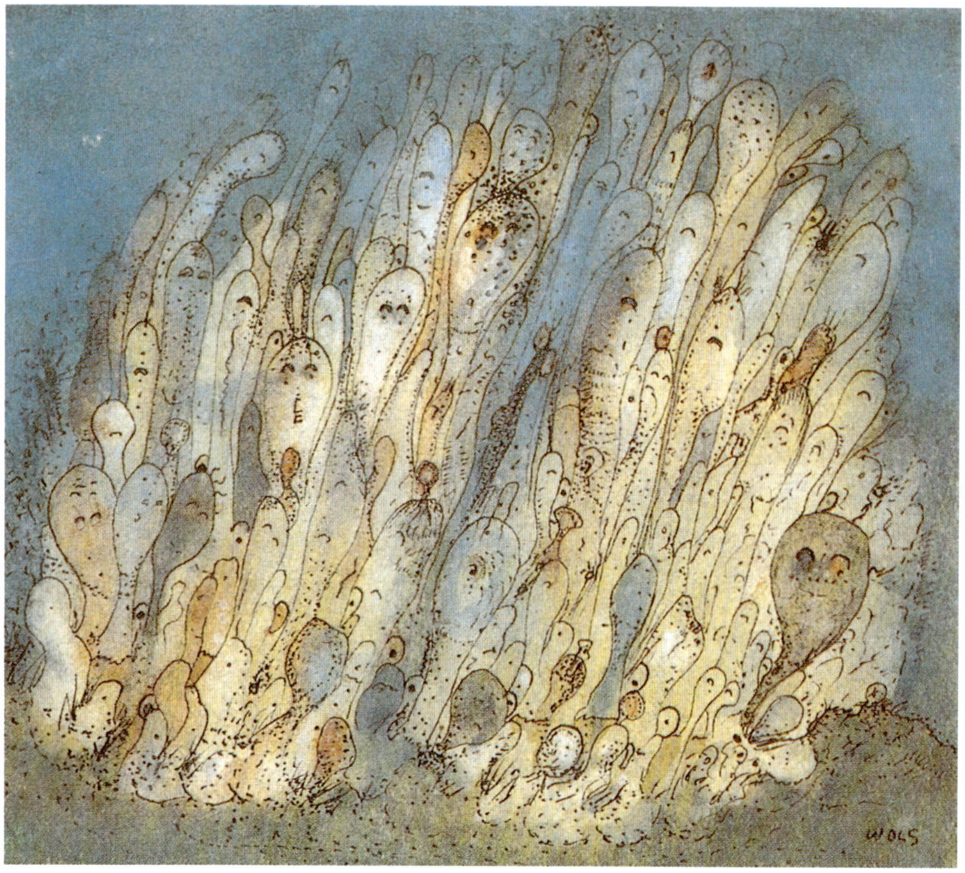

Wols
Phallicités, vers 1944
Plume et encre de Chine, aquarelle et blanc couvrant, 10,8 x 12,3 cm
Collection privée

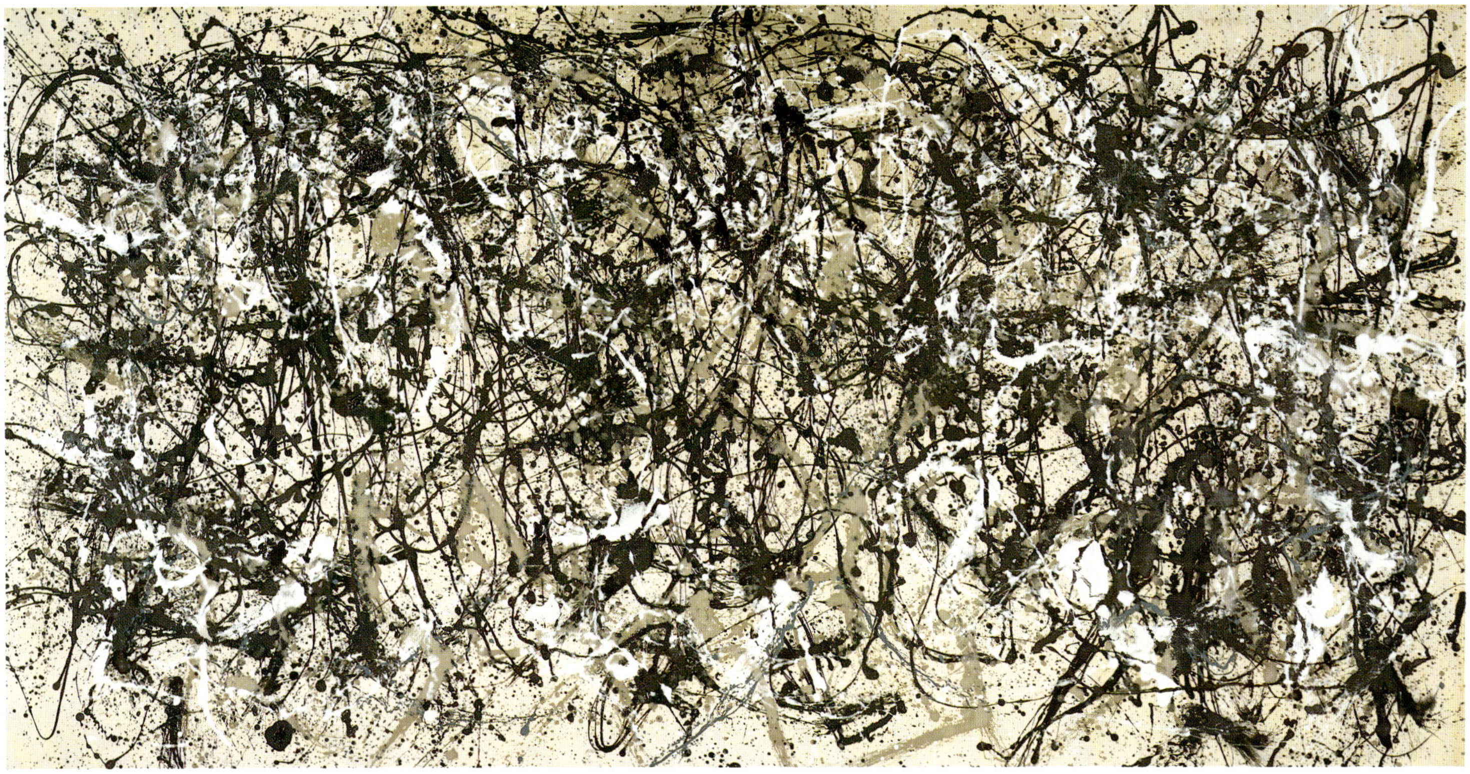

La femme-objet que, tout au long de l'histoire de l'art, l'artiste s'est ingénié à humilier, torturer, violer – ou faire violer par des monstres – est plus que jamais vouée à la déchéance à notre époque moderne. Ainsi Yves Klein la transforme-t-il en outil, en «femme-pinceau», conjuguant les techniques du «happening» et de ce que l'on appellera par la suite le «body art» (art corporel). Ses femmes nues, obéissant à ses ordres, s'enduisent à pleines mains de peinture bleue et se plaquent contre le mur, ou se traînent au sol pour marquer de leur empreinte corporelle, charnelle – anthropométrique (p. 186) – de grandes feuilles de papier vierge. Derrière cette provocation se cache en fait un goût de l'absolu, de l'infini, du cosmos qui avait commencé chez Klein – adepte du judo et fasciné par les Rose-Croix – avec la découverte du bleu, de son bleu. Il convient de souligner, à ce stade, combien il est difficile de parler d'art moderne et de tenter d'en décrypter les arcanes, sans faire référence à l'art du passé. Ainsi, Pierre Restany, chef du mouvement des nouveaux réalistes qui réunissait, outre Klein, Tinguely, Hains, Arman, Dufrêne, Raysse et Spoerri, pour expliquer la cérémonie des «femmes-pinceaux», dût-il se référer, auprès du public, à l'un des plus anciens rites de la création. Selon lui, il s'agissait pour Klein d'évoquer «les empreintes rupestres des hommes de la préhistoire». Pour le choix du bleu, qui le mène aussi à peindre des monochromes de cette couleur, Klein, de son côté, fait appel à la caution des grands ancêtres et cite en référence, lors d'une conférence, le bleu des ciels de Giotto à Assise dont il note l'intention «tout de même bien monochrome». Gaston Bachelard – le philosophe préféré des artistes modernes – est aussi appelé à la rescousse, à qui il emprunte quelques belles phrases tirées de «L'Air et les Songes»: Bachelard connaît un azur

Jackson Pollock
Rythme automnal, 1950
Autumn Rhythm
Huile sur toile, 266,7 x 525,8 cm
New York, Collection, The Metropolitan Museum of Art, George A. Hearn Fund. 1957.

«J'utilise de moins en moins les outils habituels comme le chevalet, la palette, le pinceau, etc. Je préfère les bâtons, les spatules, les couteaux et une couleur liquide, qui dégouline, ou bien encore un empâtement auquel je mélange du sable, du verre ou d'autres corps étrangers.
Lorsque je suis dans mon tableau, je ne sais plus ce que je fais. Ce n'est qu'après la phase de ‹connaissance› que je vois ce que j'ai fait.»
J. P.

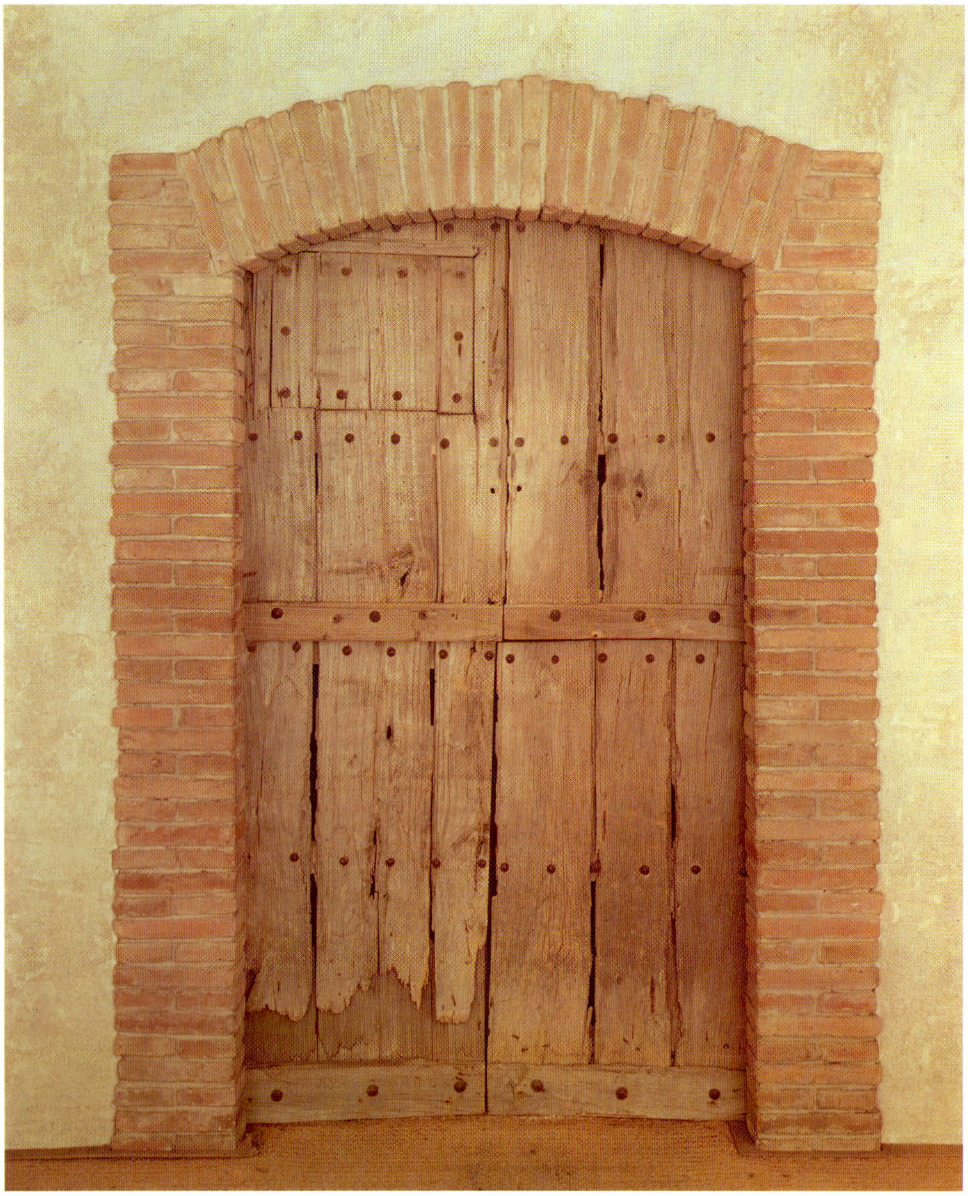

REPRODUCTIONS PAGES 168 ET 169:
Marcel Duchamp
Etant donnés: 1e La chute d'eau; 2e Le gaz d'éclairage, 1946–66
Installation, 242,5 x 177,8 x 124,5 cm
Philadelphie, Philadelphia Museum of Art, don de Cassandra Foundation

trop offensif qui veut «boucher d'une main jamais lasse les grands trous bleus que font méchamment les oiseaux. D'abord il n'y a rien, ensuite il y a un rien profond, puis une profondeur bleue».

Dans le courant de l'art conceptuel, justement, il est évident qu'en prenant le corps comme support de son œuvre, l'artiste – tout en faisant référence au passé, comme Klein – entend renouveler la communication visuelle et rejeter toutes les normes formalistes, esthétiques et morales. Médium d'un procès théorique et pratique, l'artiste s'autoreprésente au cours d'«actions» rappelant étrangement certaines cérémonies religieuses primitives ou initiations magiques. La distance qui avait toujours séparé le réel de sa traduction est supprimée par le corps qui ne donne d'autre finalité à l'action que l'action. Le modèle et sa projection se confondent. L'art c'est la vie et c'est la vie elle-même qui devient œuvre d'art.

Klein, Mühl (p. 155) et Nitsch (p. 74) font partie de ces auteurs de happenings qui ont méthodiquement intégré l'érotisme dans leur travail. Une œuvre typique de cette tendance fut *Cent vingt minutes dédiées*

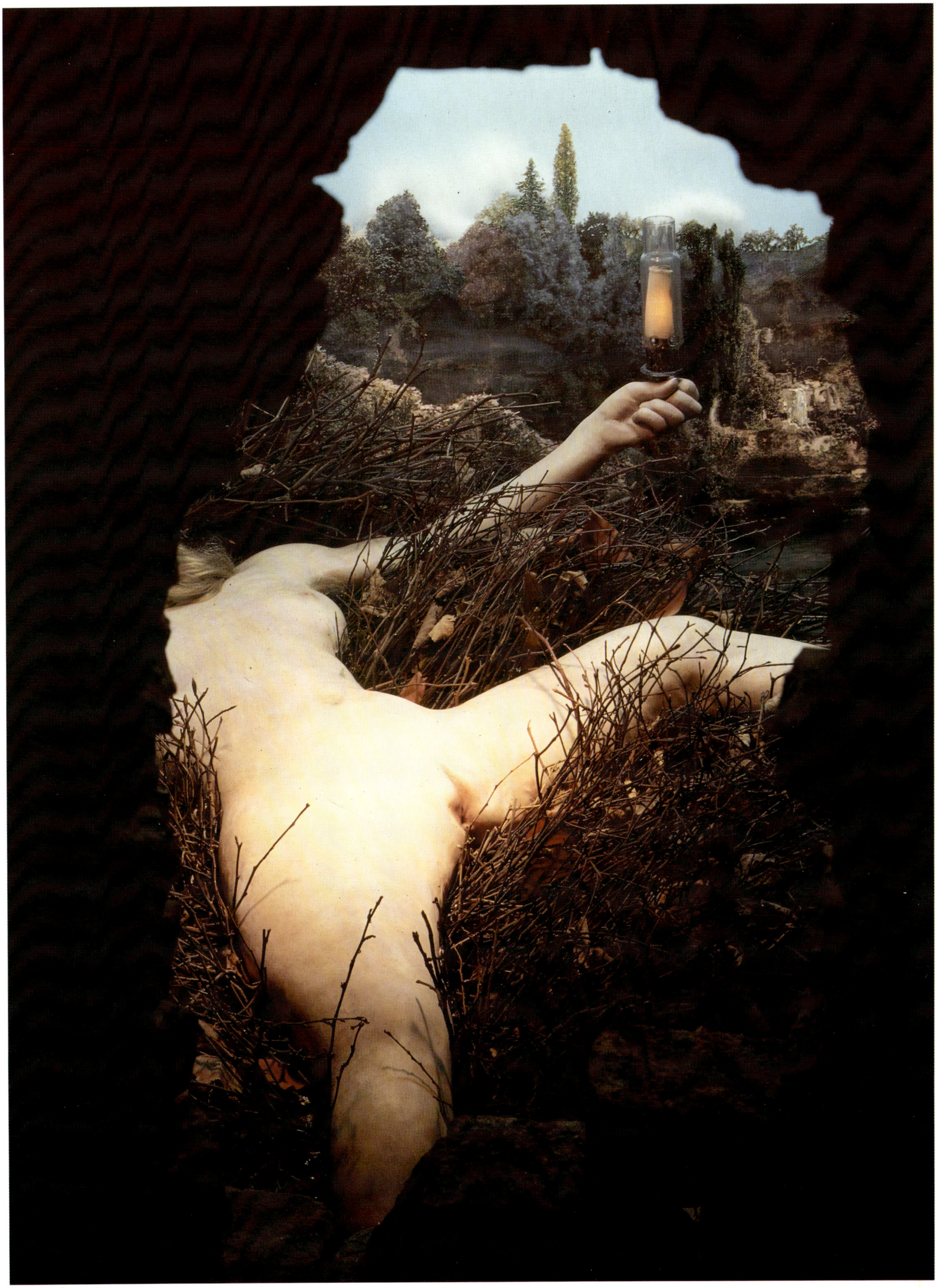

au Divin Marquis (de Sade) qui eut lieu en 1966 au Festival de la libre expression. Une forte femme (la Patrie), dont les attitudes et la physionomie rappelaient celles du chef de l'Etat, était dénudée, recouverte de crème fouettée et avidement sucée, léchée puis «dévorée» par les spectateurs-électeurs. A d'autres moments intervenait la Religieuse qui se sodomisait en prière extatique à son Seigneur avec des poireaux, des carottes et autres légumes divins mangés par l'assistance pendant le grand dévoilement rituel où elle s'avérait être un «homme», ou plutôt anatomiquement et psychiquement un transsexuel. Peut-être la définition la moins mauvaise du phénomène happening serait-elle: une façon différente de faire en même temps l'amour, de l'art et de la politique.

Marcel Duchamp aimait à raconter un happening auquel il avait assisté au Waldorf Astoria. Deux cents personnes faisant partie du gratin

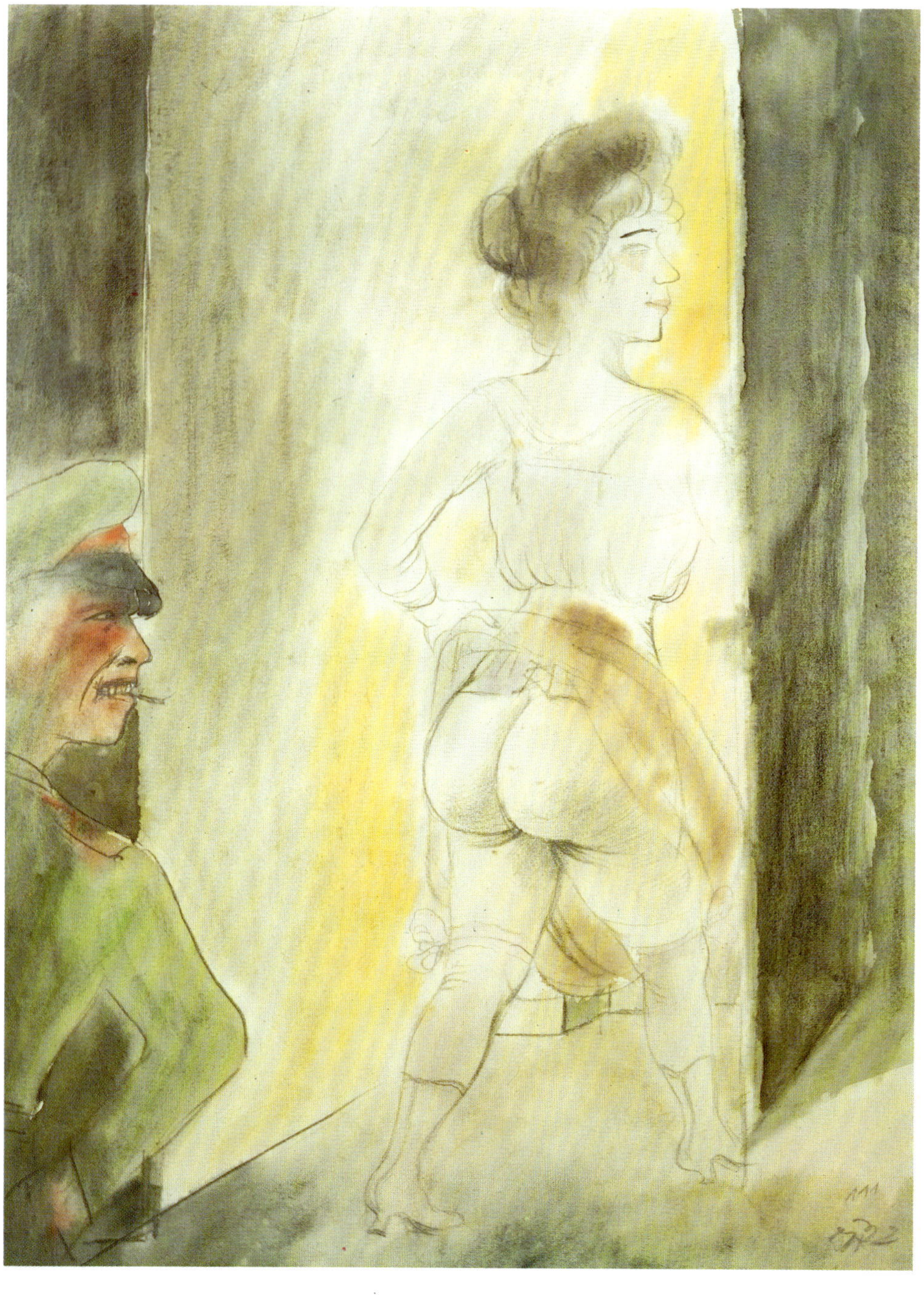

Otto Dix
Moi à Bruxelles, 1922
Ich in Brüssel
Aquarelle et crayon, 49 x 36,8 cm
Stuttgart, Galerie der Stadt Stuttgart

«J'ai besoin d'être relié au monde sensuel, de m'encourager à la laideur, il me faut une vie non diluée... Non, les artistes ne doivent pas améliorer ni convertir. Ils sont trop peu importants. Ce qu'ils doivent faire, c'est témoigner.» O. D.

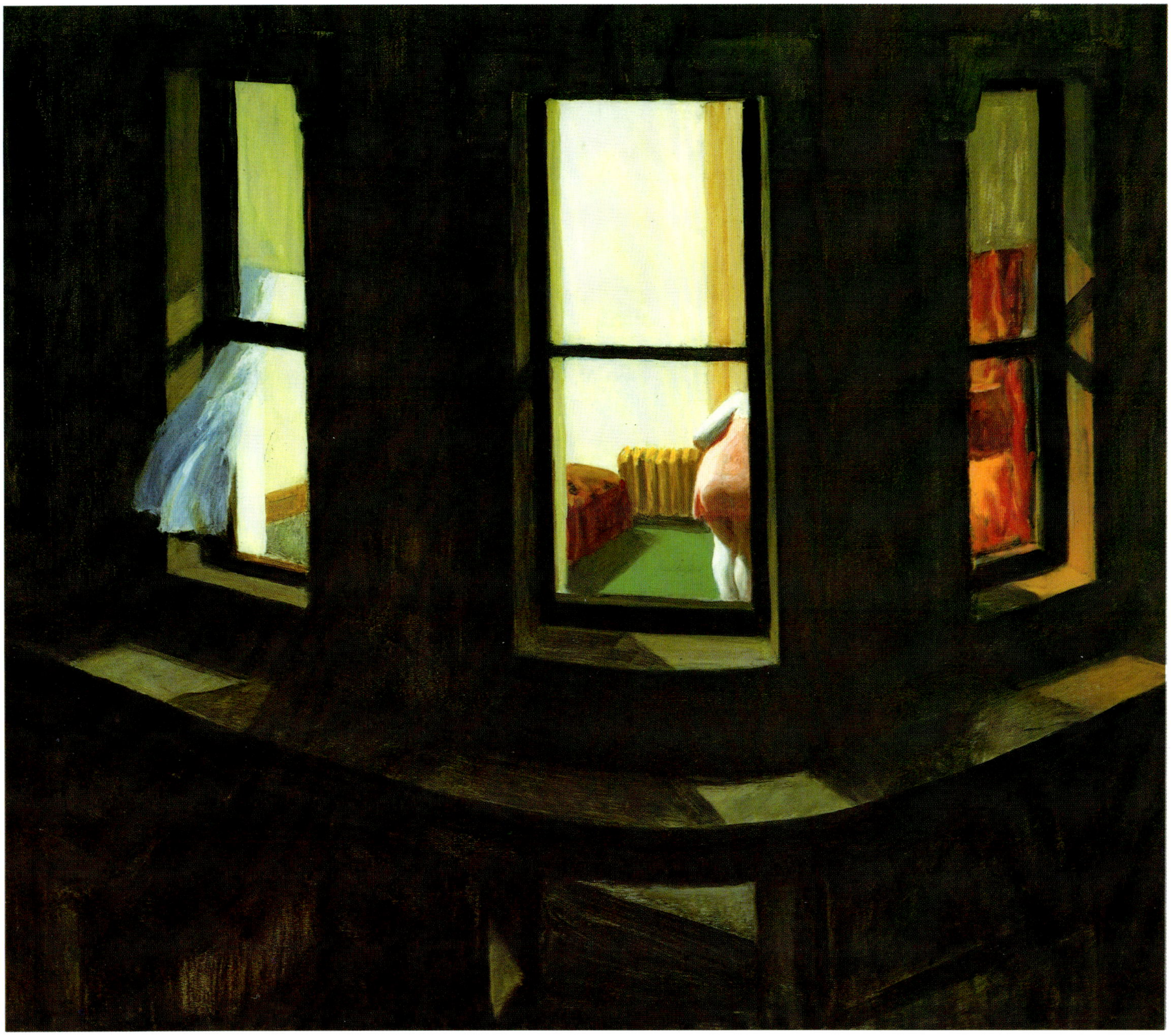

new-yorkais en smokings et robes du soir, n'ont pas hésité à descendre dans les caves inondées de l'hôtel et à patauger dans dix centimètres d'eau croupie afin d'aller voir une personne du sexe, nue, prenant des poses sur un tas de charbon. Et Duchamp d'ajouter que le plus extraordinaire, dans tout cela, c'est que la dame vraiment était moche. Les happenings, en Amérique, reflètent parfaitement la société car ne défilent le plus souvent devant les participants médusés que les peu troublantes nudités masculines ou féminines d'une jeunesse qui mange trop. En Europe on est allé jusqu'à faire pipi dans des fioles, juché sur une échelle.

«Au cours de la dernière guerre», raconte Dalí dans son «Journal d'un génie», «entre Arcachon et Bordeaux, Marcel Duchamp m'entretenait de l'intérêt neuf que l'on portait à la préparation des excréments, dont les petites sécrétions qu'on tire du nombril sont les ‹éditions de luxe›.

Edward Hopper
Fenêtre dans la nuit, 1928
Night Window
Huile sur toile, 73,7 x 86,4 cm
New York, Collection, The Museum of Modern Art. Gift of John Hay Whitney

Je lui ai répondu que j'aimerais posséder un authentique excrément du nombril de Raphaël. Aujourd'hui, à Vérone, un artiste Pop très connu vend des excréments d'artistes, présentés dans des flacons très sophistiqués, comme produit de grand luxe. Lorsque Duchamp a compris qu'il avait semé à tout vent ses jeunes idées jusqu'à n'en plus avoir aucune, il a, très aristocratiquement, renoncé à ce jeu et a prophétiquement annoncé que les autres jeunes hommes se spécialiseraient dans le jeu d'échecs de l'art contemporain, et il s'est mis à jouer aux échecs.»

Ready-made ou pas, le pipi, il faut le souligner, joue dans l'art un rôle non négligeable. Uriner, éjaculer, sont des fonctions très proches. Ainsi que le note Gérard Zwang: «Il est aussi vain de déplorer l'intrication des voies génitales et des voies urinaires que de regretter l'absence d'un troisième œil derrière la tête. Le fait est irréductible et n'a pas à être jugé: plusieurs fois par jour, les humains utilisent les organes de l'amour pour exprimer leur vessie.» A vrai dire, il semble bien que les humains aient quelque mal à accepter ce rapprochement incongru! De là aussi l'intérêt certain qu'ont porté un Rembrandt, un Picasso ou un Duchamp à l'action chez une femme de pisser. Elle enchantait le Goethe des «Années de jeunesse de Wilhelm Meister» et le Henry Miller de «Tropique du Cancer» s'écrie: «Un homme, quand il brûle de passion veut voir les choses; il veut tout voir et même comment elles font pipi.» Selon les sexologues, l'homme y est porté par une des plus fortes pulsions charpentant sa libido: l'aspiration inextinguible à retourner dans sa mère, dans la mer. En acceptant l'hommage visuel de l'homme, la femme témoigne d'un généreux abandon. Elle offre au regard ce qu'elle a été dressée à cacher farouchement, à ne jamais laisser entrevoir, à protéger sans cesse. Elle brave le tabou le plus ancré dans nos mœurs, selon l'expression populaire: «elle montre tout». C'est ce

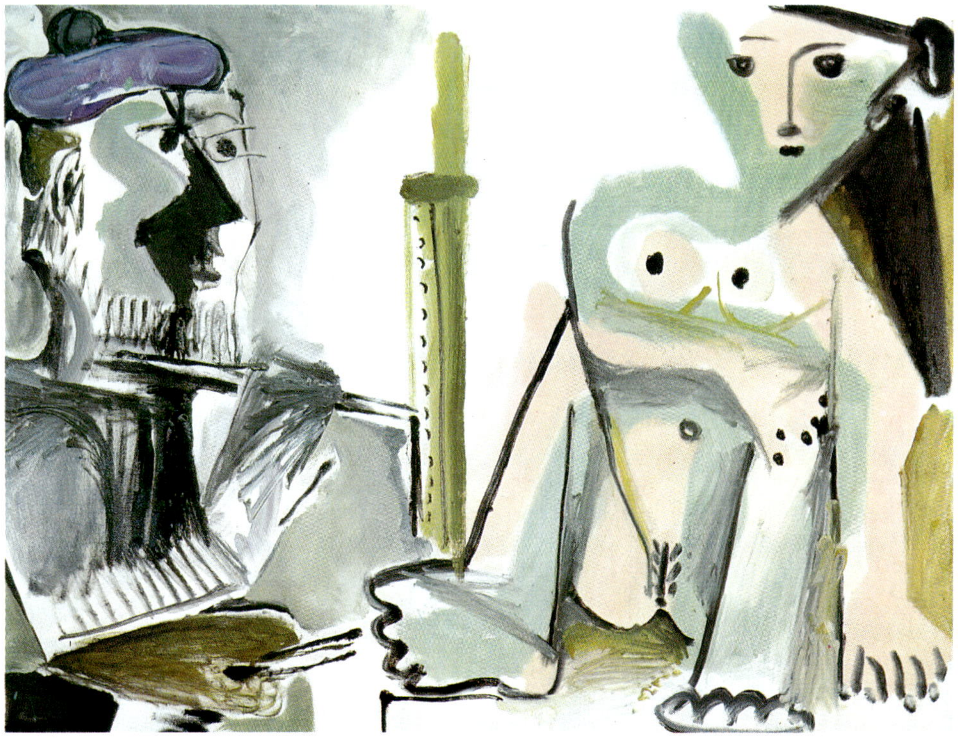

Pablo Picasso
Le peintre et son modèle, 1964
Huile sur toile, 89 x 130 cm
Collection privée

«Il s'agit de concrétiser le dialogue du peintre avec son œuvre qui est sur le point d'apparaître et la tension intellectuelle qu'exige son achèvement, de même que le rapport entre l'artiste et le modèle féminin avec son rayonnement naturellement érotique. Le cérébral et le sensuel sont pour Picasso une unité indivisible.»
Andreas Franzke

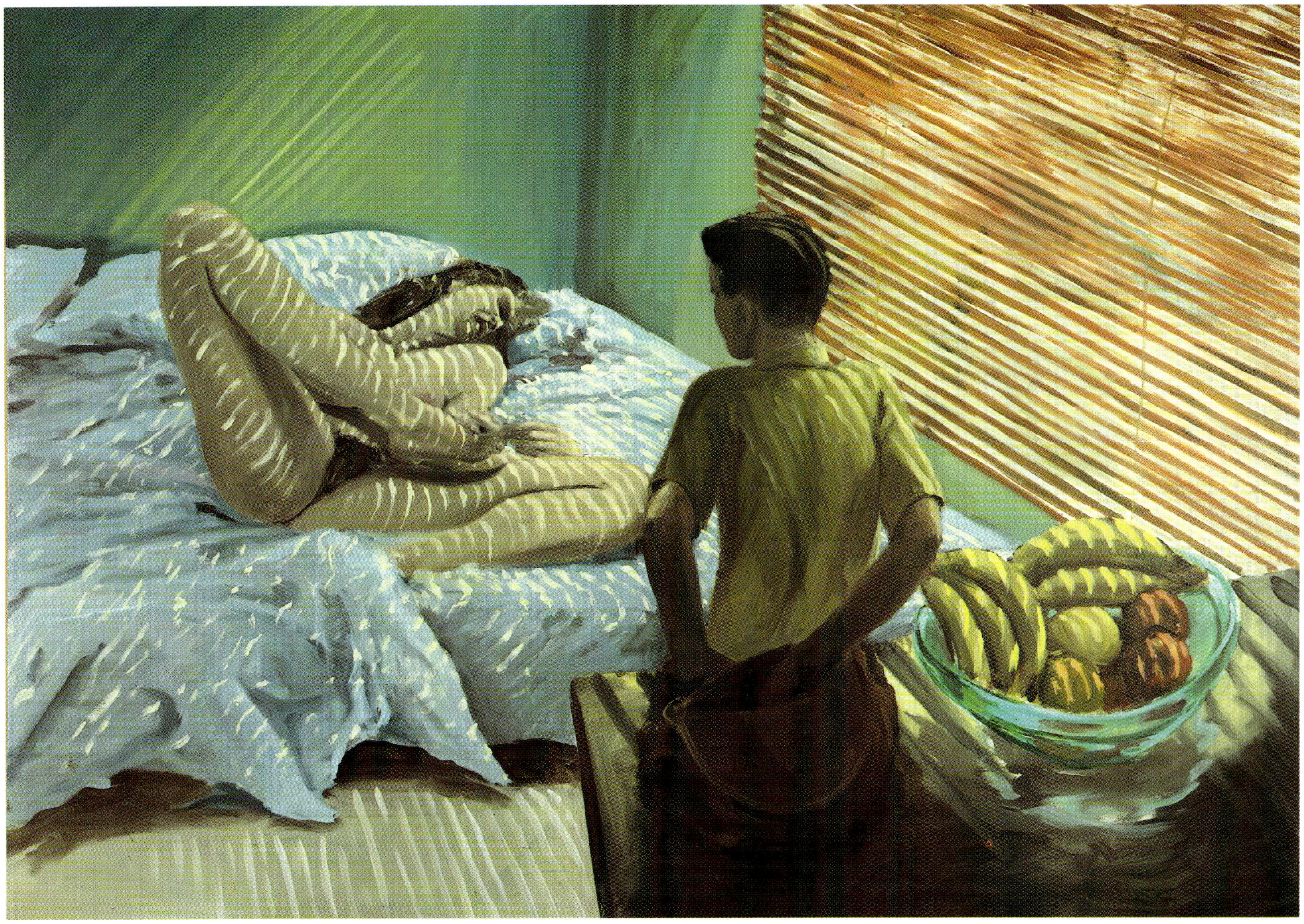

Eric Fischl
Mauvais garçon, 1981
Bad Boy
Huile sur toile, 168 x 244 cm
New York, Courtesy Mary Boone Gallery

«A l'origine, je n'ai jamais songé à placer un enfant dans la chambre de Bad Boy. Je pensais à un homme et à une femme se reposant un peu après l'amour. Mais l'homme, n'était pas tout à fait réussi. En tout cas, pas à mon avis. C'est ainsi qu'il n'y avait plus que moi à peindre et à regarder cette femme. Puis, je ne sais pas comment, je remarquai qu'il y avait encore cette autre personne dans la pièce qui regardait avec moi. C'est ainsi que je peignis le garçon. Je l'aime bien. Tout a sa signification: prendre la femme, prendre l'argent, tout prendre.» E. F.

qui fait qu'un Balthus, et beaucoup d'autres, sont si obsédés par le dessous des jupes. Car ne pas voir est synonyme de tourment, voir donne la paix. Miller confie que, couché en contrebas d'une femme dans un jardin public et «voyant tout», il fut si comblé de paix par cette vue qu'il s'endormit. Le petit sifflet des «nymphes» évoque à distance le plus secret de la femme et suffit à rendre l'homme joyeux. Claude Simon, prix Nobel, fait par ailleurs remarquer que la posture est la même, à 90° près, qui permet à la femme de satisfaire tous ses besoins, «les jambes repliées, les cuisses pressées contre les flancs, les genoux venant toucher les ombreuses aisselles». Nul doute, pour l'homme en général, et pour l'artiste en particulier, le sexe de la femme est bien le plus troublant mais aussi, pour ses multiples façons d'atteindre toutes sortes de jouissances, le plus étonnant des mystères. Surtout comparé à la façon simple dont fonctionne son propre sexe de mâle. La femme jouit d'une façon ou d'une autre, tandis que l'homme n'a pas le choix, il ne peut jamais qu'éjaculer.

De là, peut-être, ce malentendu fondamental et aussi cette énorme curiosité: le mâle n'a jamais pardonné à la femme ni d'être différente de lui tout en lui ressemblant, ni, surtout, de posséder une subjectivité autonome malgré sa moindre force physique. La femme le sait bien, et Simone de Beauvoir peut écrire, dans «Le deuxième sexe»: «Le rut fé-

REPRODUCTION A DROITE:
René Magritte
Le galet, 1948
Huile sur toile, 100 x 81 cm
Bruxelles, Musées Royaux des Beaux-Arts

«Les actes sexuels se ramènent à peu de chose, dès qu'ils servent à scandaliser, à éduquer. Il y a une sorte de malentendu confortable à prendre la compréhension de la sexualité comme étant de la connaissance de soi-même. La sexualité n'est compatible qu'avec la réflexion indifférente.» R. M.

Balthus
Les beaux jours, 1944–46
Huile sur toile, 140 x 199 cm
Washington (DC), Hirshhorn Museum and Sculpture Garden, Smithsonian Institution, The Joseph H. Hirshhorn Foundation, 1966

minin, c'est la molle palpitation d'un coquillage; elle guette comme la plante carnivore, le marécage où insectes et enfants s'enlisent; elle est succion, ventouse humeuse, elle est poix et glu...»

Peut-on considérer la fellation et la sodomie comme des perversions? Pour le docteur Gellmann, ce sont des pratiques courantes, classiques. La véritable perversion, selon ces doctes spécialistes c'est au contraire l'habitude d'obtenir le plaisir d'une seule façon, sur un mode exclusif, figé. Il y a perversion lorsqu'existe un seul mode d'obtention du plaisir! Quant à l'érotisme, il en va comme de la cuisine et de la gastronomie: c'est l'esthétisation d'une fonction. Il y a un processus intellectuel et imaginaire. Il y a, à vrai dire, peu de différence entre l'érotisme et la pornographie. La pornographie, c'est l'érotisme des gens qui ne sont pas de votre milieu social. C'est un phénomène culturel. La pornographie, c'est l'érotisme des autres.

Etre accusé de «pornographie», on l'a vu tout au long de cet ouvrage, est un brevet de notoriété. Provoquer le scandale dans la bonne société allemande des années 60 a été pour Baselitz un véritable lancement. A la galerie Michael Werner à Berlin, deux de ses tableaux furent saisis en 1963. Le premier représentait un *Homme nu*, et l'autre, intitulé *La*

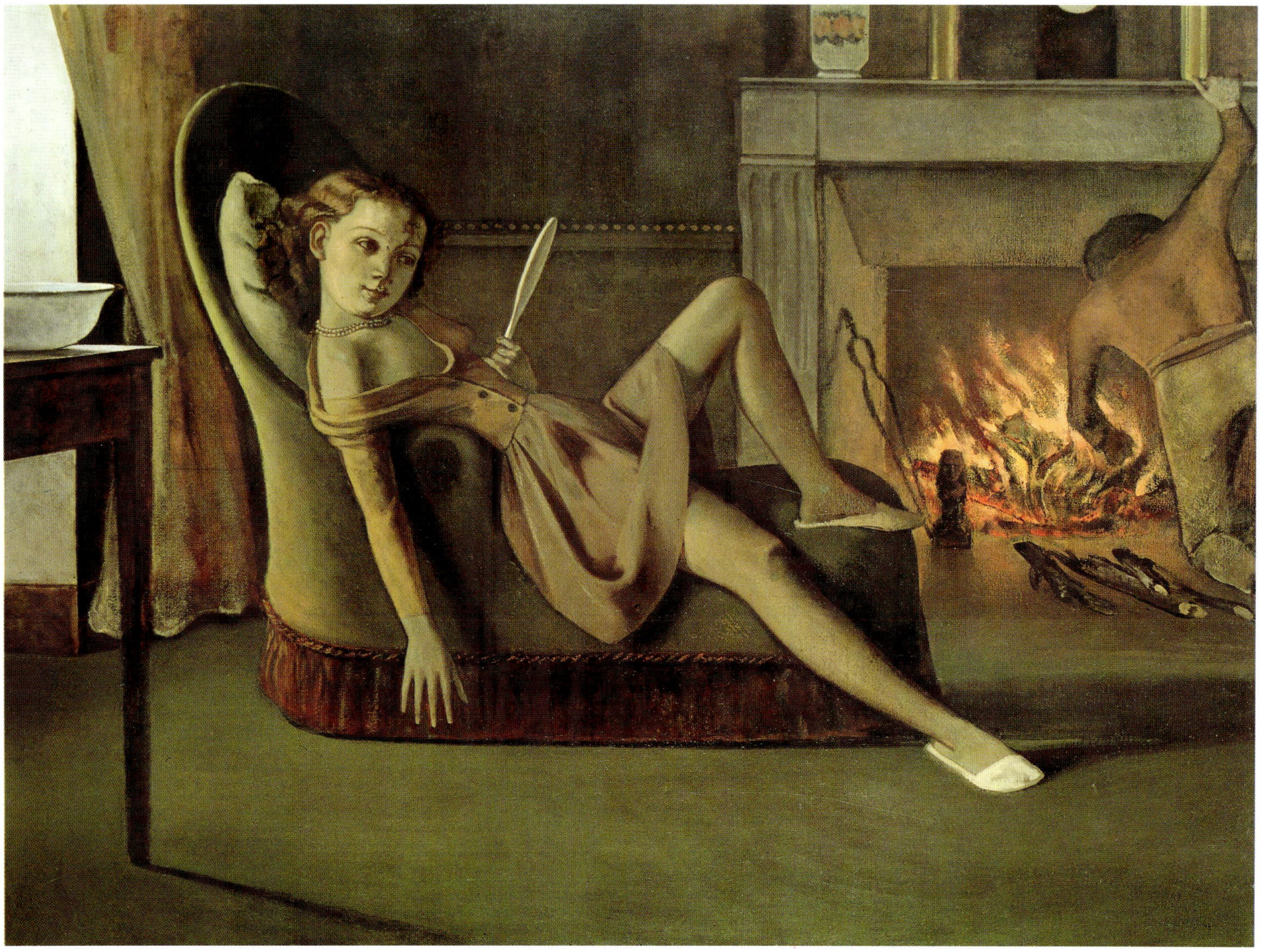

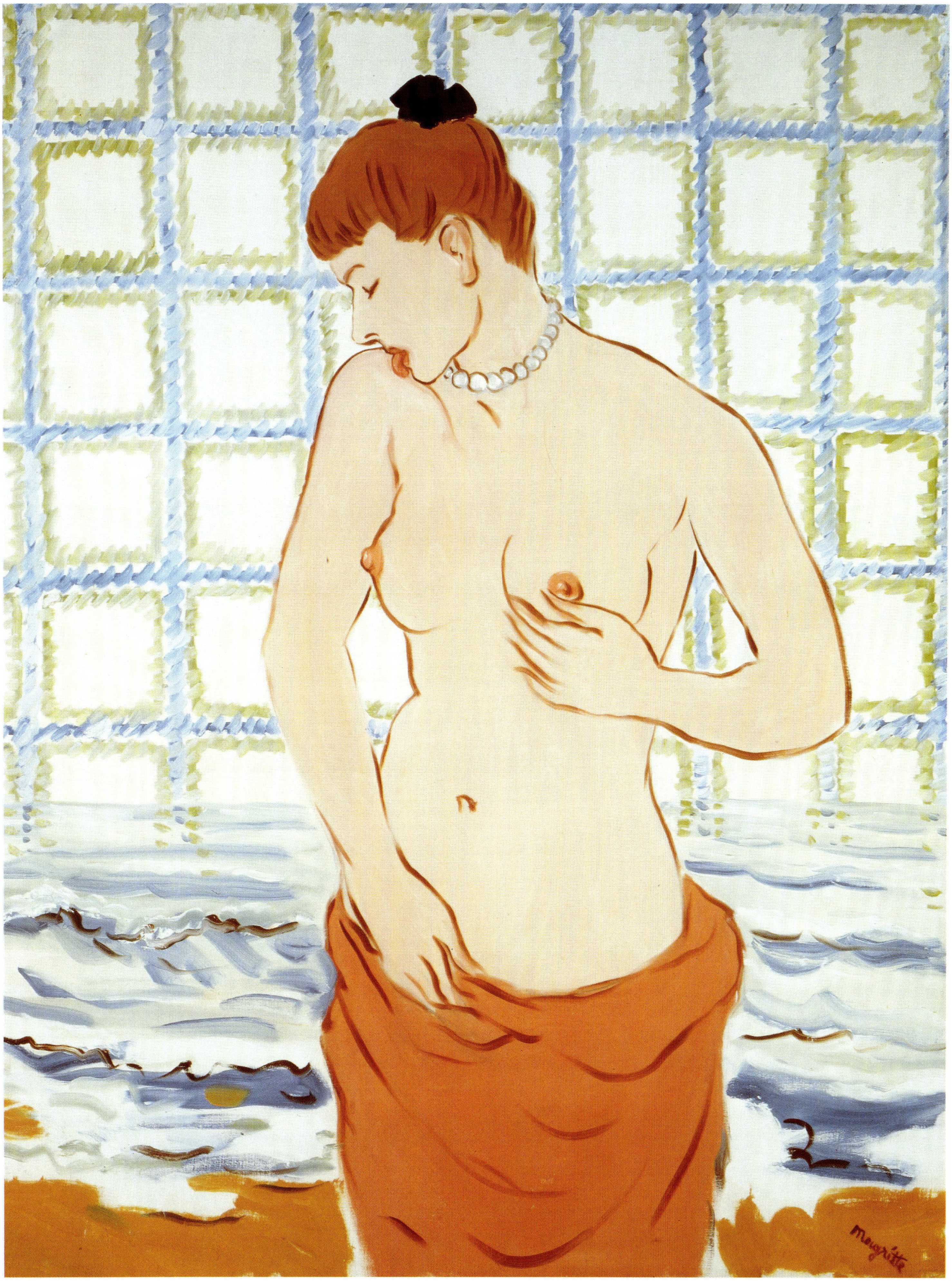
Magritte

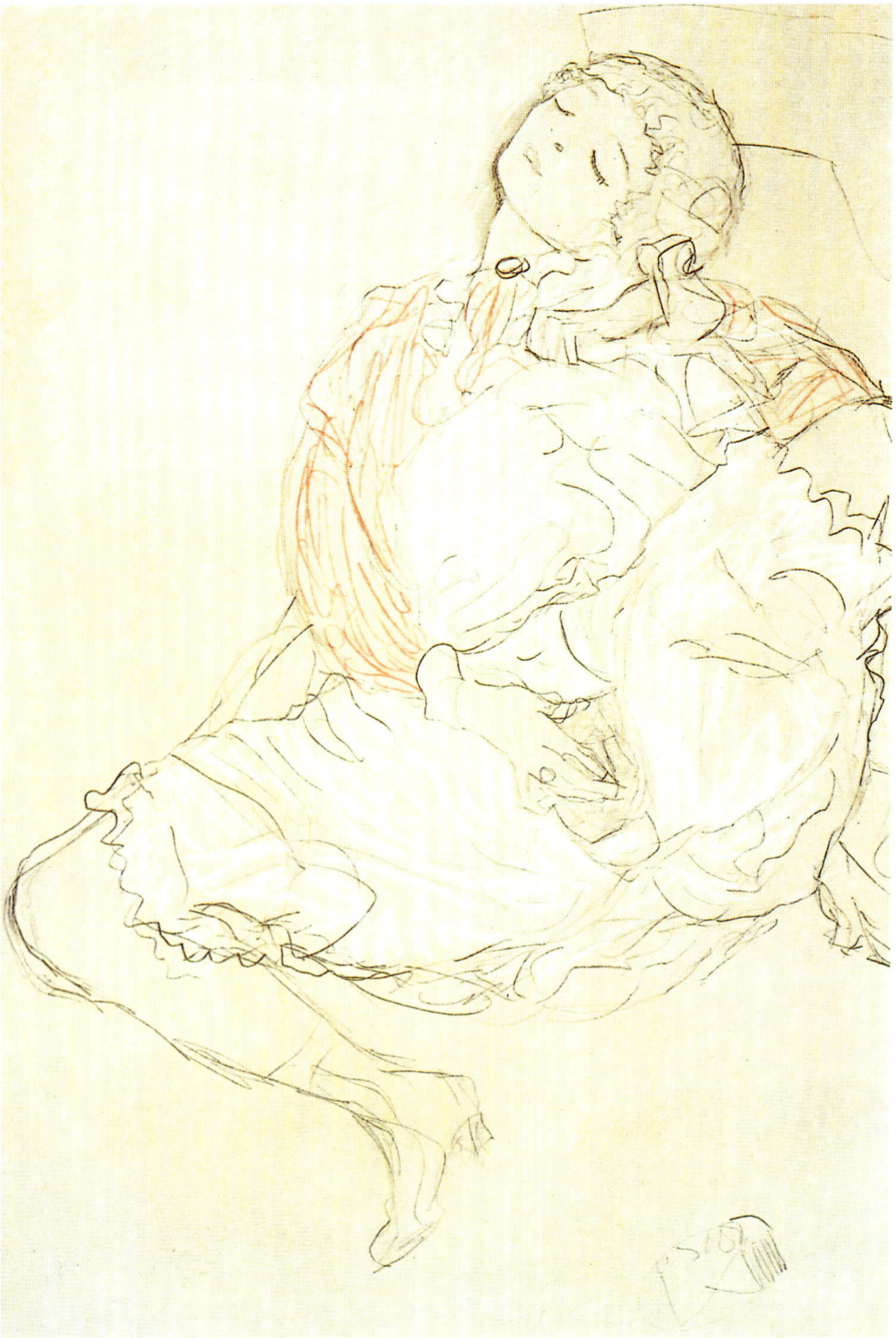

Gustav Klimt
Nu assis les yeux clos, 1913
Sitzender Halbakt mit geschlossenen Augen
Crayon, 57 x 37 cm
Vienne, Historisches Museum der Stadt Wien

grande nuit dans le seau, et considéré comme particulièrement obscène, montrait un enfant au sexe énorme en train de se masturber. Mais ce qui provoquait surtout le scandale à cette occasion, et un étonnement sans borne, c'est que l'artiste ait eu l'audace de se livrer à une peinture figurative à prétention vaguement sociale. *La grande nuit dans le seau* appartenant à cette famille de tableaux qui sont des métaphores de la solitude dans une société déshumanisée de la même façon que les œuvres pornographiques d'un Dix étaient avant tout la dénonciation d'une société corrompue.

A cet égard il convient de noter qu'après l'époque qui vit l'école américaine chanter les vertus de la société de consommation tout en

Christian Schad
Les amies, 1930
Freundinnen
Huile sur toile, 31,5 x 23 cm
Collection privée

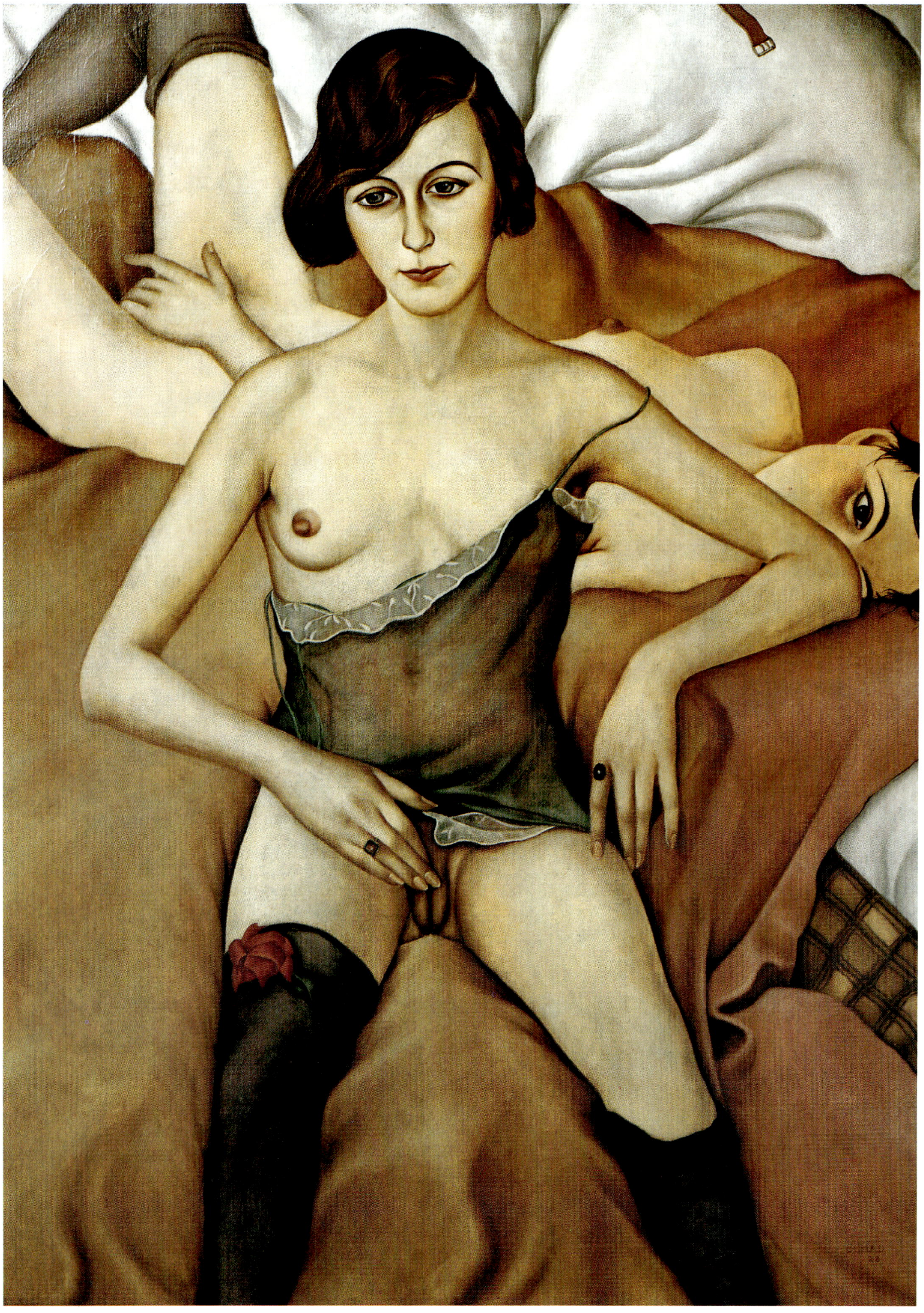

s'en moquant, il semble bien que le flambeau ait été repris par les Allemands pour un tout autre usage. Hitler avait fait le vide et cette renaissance a été longue. Il n'y a sans doute plus de mouvements extraordinaires comme l'Expressionnisme ou le «Blaue Reiter» d'avant le national-socialisme, mais il y a en revanche de riches personnalités. Et tout d'abord cet ancien pilote de la Luftwaffe, Joseph Beuys, l'artiste allemand le plus célèbre depuis Dürer et partisan, lui aussi, des «actions». Il n'y a que Warhol à égaler Beuys en valeur légendaire, c'est-à-dire médiatique, dans l'art des années 70. Ils en sont les James Dean ou les Marilyn Monroe. Warhol est une star à l'américaine, Beuys, lui, est un héros wagnérien. Il est Tristan dans le prélude que son auteur décrit comme un «Liebestod» («mort causée par l'amour» ou «transfi-

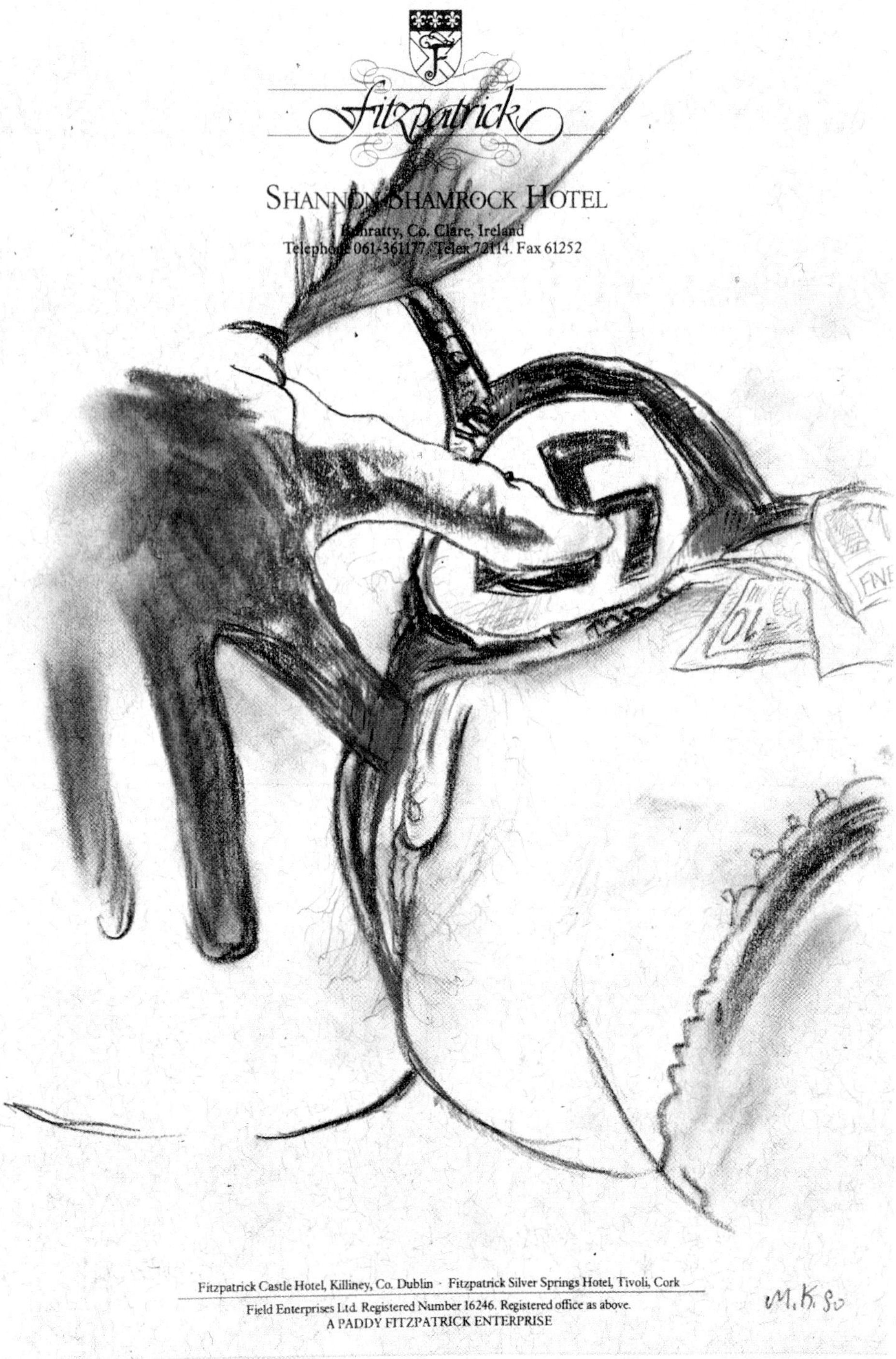

Martin Kippenberger
Guerre sans paix,
Krieg ohne Frieden
Crayon, stylo et craie sur papier à lettres d'hôtel, 29,7 x 20,8 cm
Collection privée

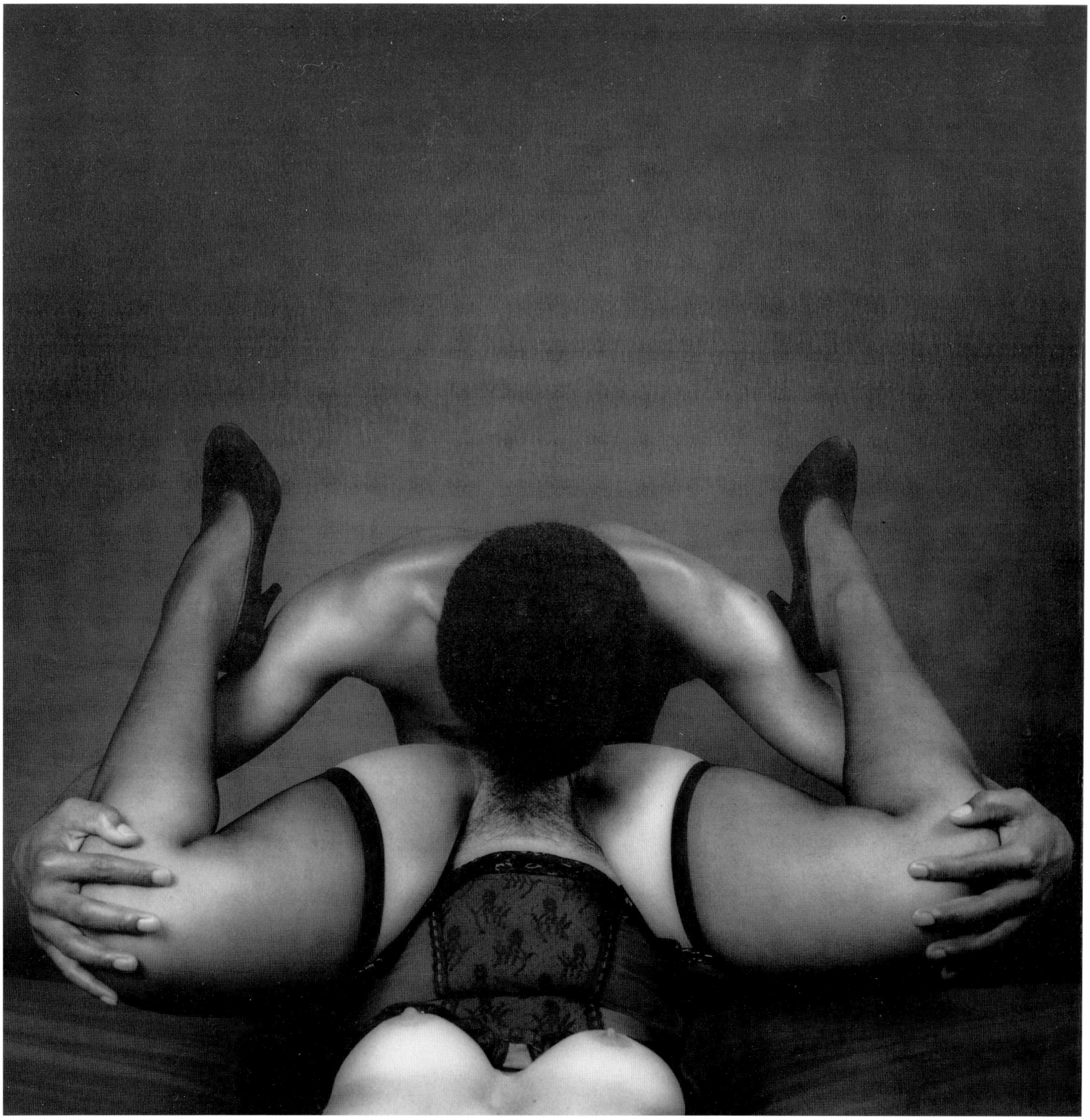

gration par l'amour»). On peut en effet opposer au vitalisme et au populisme de Warhol la morbidezza et le chamanisme de Beuys. Tous deux sont des symboles, et chacun représente son pays. Pour Beuys l'art est un travail et pour Warhol un commerce. Tous deux sont les enfants de Duchamp dont ils ont voulu mener les théories jusqu'à leur fin. Mais dans une pièce intitulée *Le silence de Marcel Duchamp est surestimé*, Beuys, l'auteur, se situe par rapport à l'inventeur des readymade à qui il reproche de ne pas avoir osé aller là où le portaient ses actes, de n'avoir pas compris son propre apport: «Je le critique parce

Robert Mapplethorpe
Marty et Veronica, 1982
Marty and Veronica
Photo en noir et blanc
New York, © 1982 The Estate of Robert Mapplethorpe

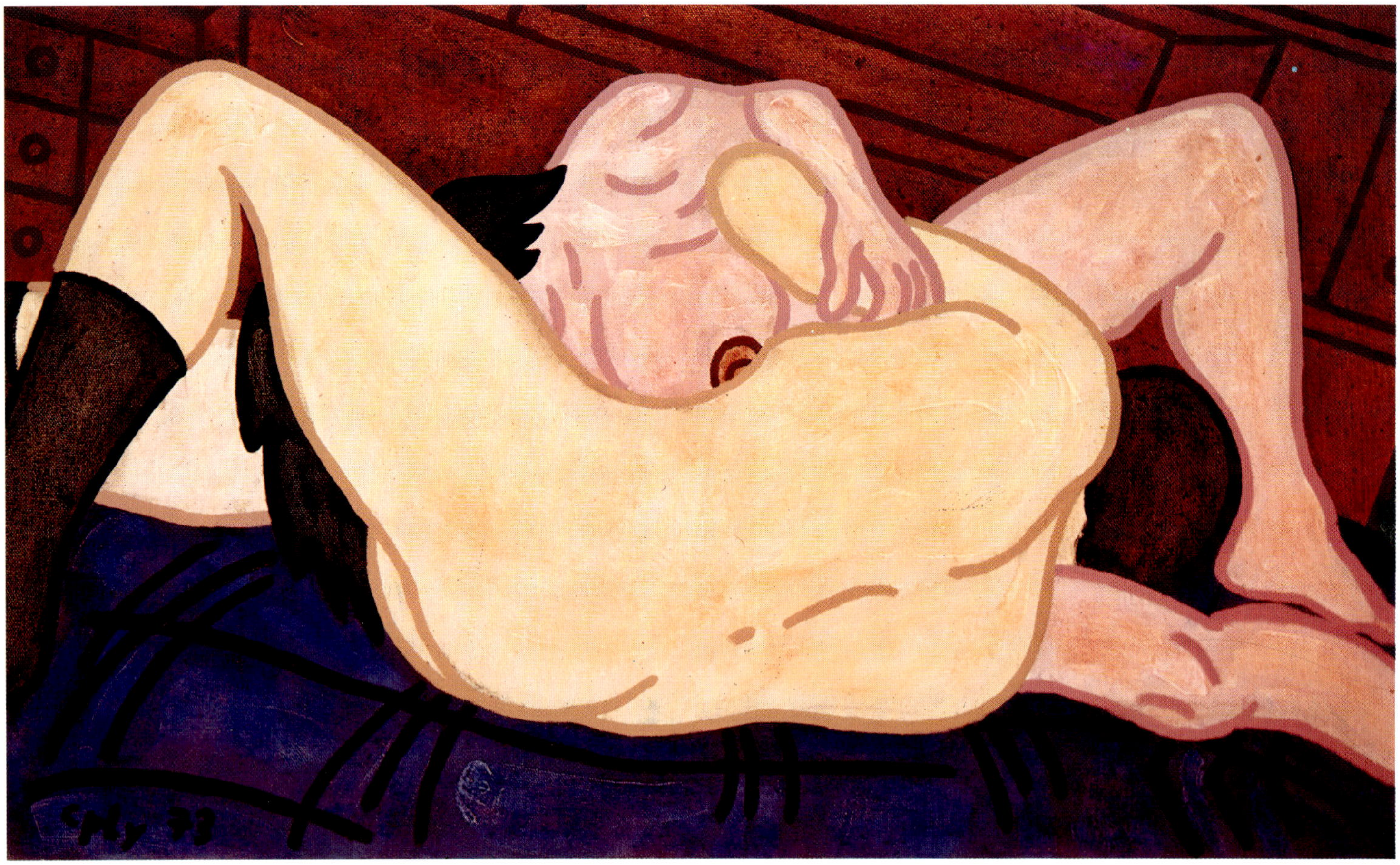

William N. Copley
Les 69 pas, 1973
The 69 Steps
Acryl sur toile, 63,5 x 106,7 cm
Collection de l'artiste

qu'au moment où il aurait justement pu développer une théorie sur la base du travail accompli, il s'en est tenu au silence; et la théorie qu'il aurait pu développer, c'est moi qui la développe aujourd'hui...» Cet objet-là (l'urinoir), il l'a fait entrer au Musée pour constater que le transport d'un endroit à l'autre en faisait de l'art. Mais cette constatation ne l'a pas amené à la conclusion, claire et simple, que tout homme est artiste. Il s'est, au contraire, hissé sur un piédestal en disant: regardez comme j'épate les bourgeois! Et Beuys d'expliquer l'art, la tête couverte de poudre d'or, à un lapin mort qu'il tient dans ses bras. Intarissable discours portant sur tout: l'amour, l'érotisme, l'écologie, la graisse, le cuivre, le miel, le feutre qu'il utilise dans ses sculptures. Et la conclusion est: «A l'inverse (de Duchamp) l'élément le plus important, pour celui qui regarde mes objets, est ma thèse fondamentale: chaque homme est un artiste. C'est même là ma contribution à l'histoire de l'art.» Autre vedette, Anselm Kiefer, qui cherche surtout à savoir qui il est à travers l'ancestrale mythologie germanique, l'alchimie, le sol natal, Goethe et Hölderlin.

On peut certes rapprocher le tableau de Baselitz, *La grande nuit dans le seau* de celui de l'Américain Eric Fischl, *Somnambule* (p. 162), mais ainsi que le note Klaus Honeff dans «L'Art Contemporain» à propos de Fischl et de Kiefer: «Ce qui sépare les deux artistes est tout aussi tangible que ce qui les rapproche. Fischl nous laisse entrevoir l'intimité des Américains; quant à Kiefer, il éclaire les profondeurs de l'âme allemande.» Les œuvres de l'Américain sont «imprégnées d'une forte obsession du sexe», certes, mais à travers elles «on se sent confronté à des images modernes mythologiques, dont la sexualité brûlante met à nu l'arrière-plan psychologique de nombreuses névroses de la société à l'ordre du jour aux Etats-Unis». Selon Donald Kuspit, que cite Honeff, le réalisme américain et les tendances apparentées présentent des accents pervers: «Ce réalisme fonctionne chaque fois que le désir de percevoir immédiatement est ressenti comme une atteinte à ce qu'on attend; il exerce donc sa fascination de manière morbide, capte l'attention sur un plan voyeuriste et génère un certain fétichisme. D'après ma théorie, la perception est elle-même un acte pervers exercé sur un objet pervers, à savoir la réalité; mais cette perversité n'est pas élucidée, elle n'est qu'impliquée, pas exprimée, on y fait seulement allusion.» Et Honeff de conclure: «La perspective adoptée par Fischl est en général celle du petit garçon ou de l'étranger. C'est ce qui donne à ses toiles cette insistance honteuse, choquante.» En somme, c'est l'Amérique au quotidien, l'Amérique moyenne, celle du sexe honteux et de la télé débilitante, celle d'Edward Hopper qui «mate», comme avec des jumelles le derrière d'une femme à travers une fenêtre (p. 171). Et le *Mauvais garçon* de Fischl n'est autre que le héros du «Lauréat», film de

Salvador Dalí
Le grand masturbateur, 1929
Huile sur toile, 110 x 150 cm
Don de Dalí à l'Etat espagnol

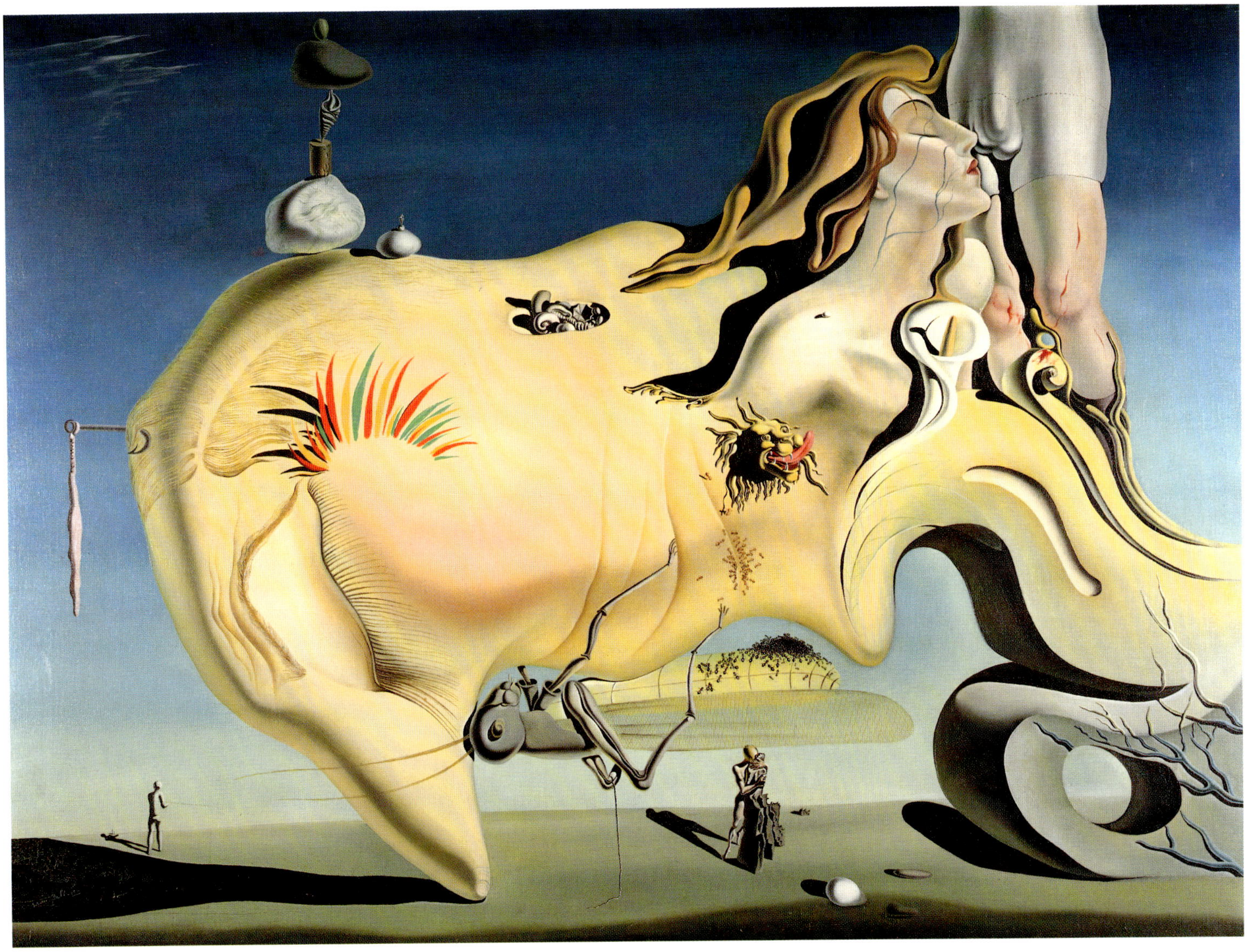

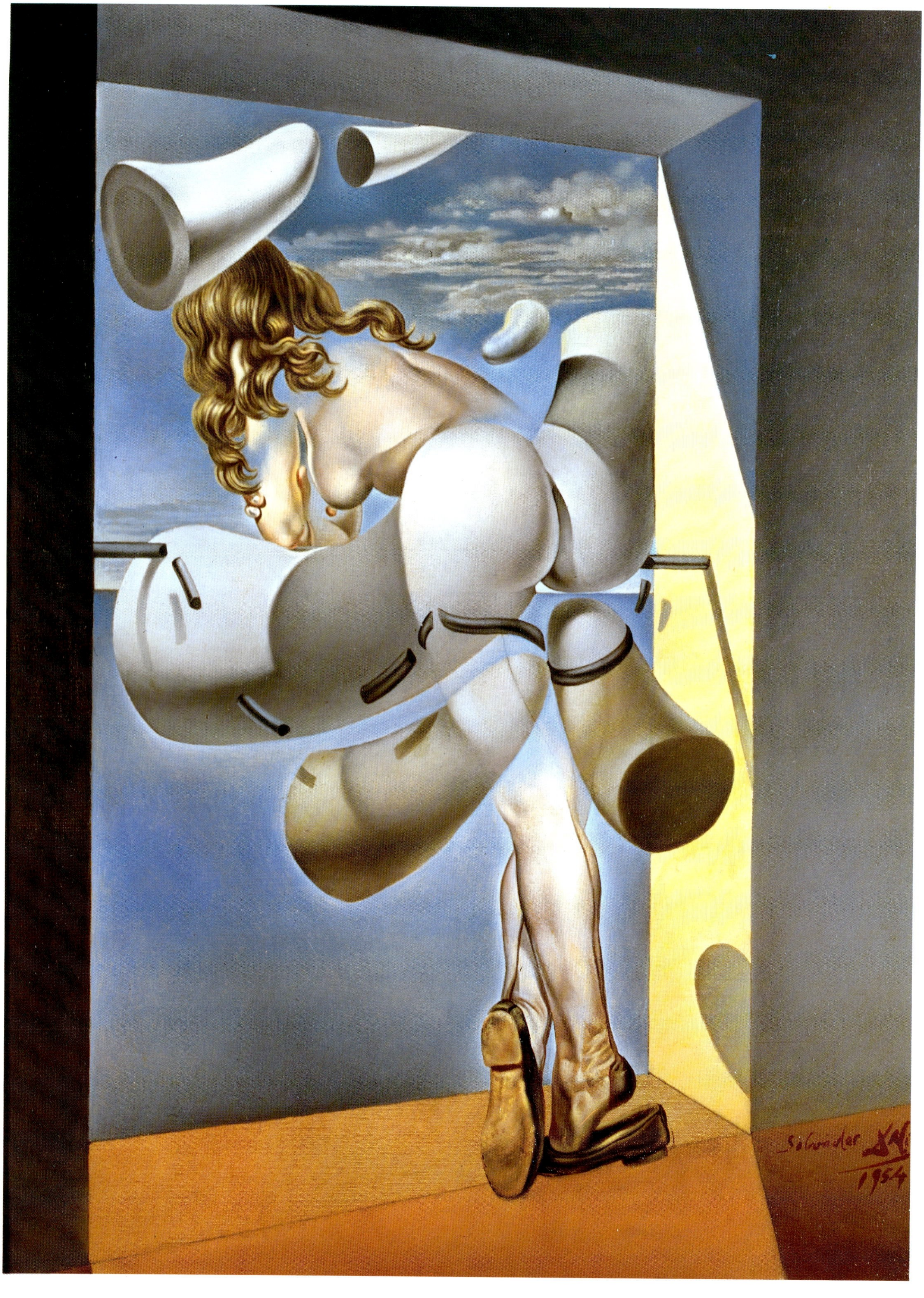
Salvador Dalí
1954

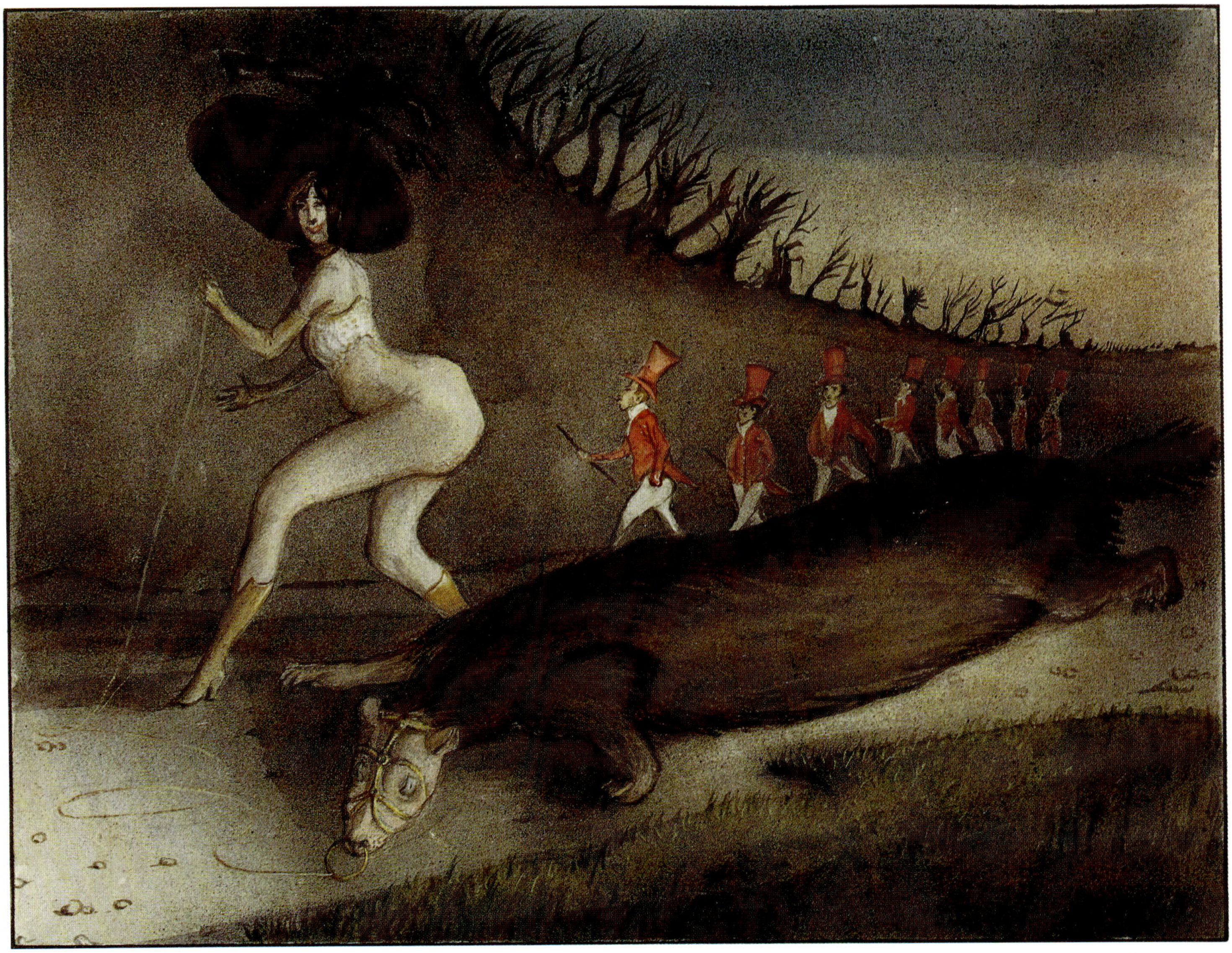

Mike Nichols, lors de la séquence où l'adolescent assiste en voyeur au spectacle provocant que lui offre une femme mûre enfilant ses bas.

Les artistes allemands, selon Baselitz, ne s'intéressent «qu'à ce qui se passe sous la terre. Les sources de mon inspiration sont les gisants, les cendres, les urnes funéraires, les trolls.» Ce que Baselitz rejette le plus ouvertement? Le pop art américain et son grand rival, aussi national que lui, Kiefer dont l'œuvre est trop inspirée par l'histoire récente de l'Allemagne pour son goût. C'est que l'art allemand, contrairement à l'art français, explique encore Baselitz, ne se préoccupe pas du côté décoratif du tableau; il n'est pas le support d'une composition élégante mais d'une force agressive. Un sexe est un sexe et non pas une fleur! La peinture allemande n'est jamais conventionnelle; elle n'est pas non plus convenable. Depuis Dürer et Cranach jusqu'à Dix et Schwitters, les corps y sont généralement représentés nus, de face, torturés; jusqu'à Baselitz, sans rupture, depuis cinq siècles... «Nous n'hésitons jamais», dit Baselitz, «à nous extérioriser, à montrer ce que nous avons dans l'âme et dans le corps.» Reste que, comme Kiefer, Baselitz a été fréquemment rapproché des expressionnistes des années 20, mais il récuse toute appellation de ce genre. Bien sûr, il admet qu'il manie le pinceau

Alfred Kubin
La promenade, vers 1903
Die Promenade
Encre de Chine et aquarelle, 24,4 x 32,5 cm
Collection privée

Salvador Dalí
Jeune vierge autosodomisée, 1954
Huile sur toile, 40,5 x 30,5 cm
Los Angeles, Playboy Collection

«La peinture comme l'amour rentre par les yeux et coule par les poils du pinceau... Mon délire érotique me conduit à exalter jusqu'au paroxysme mes tendances sodomisatrices.» S. D.

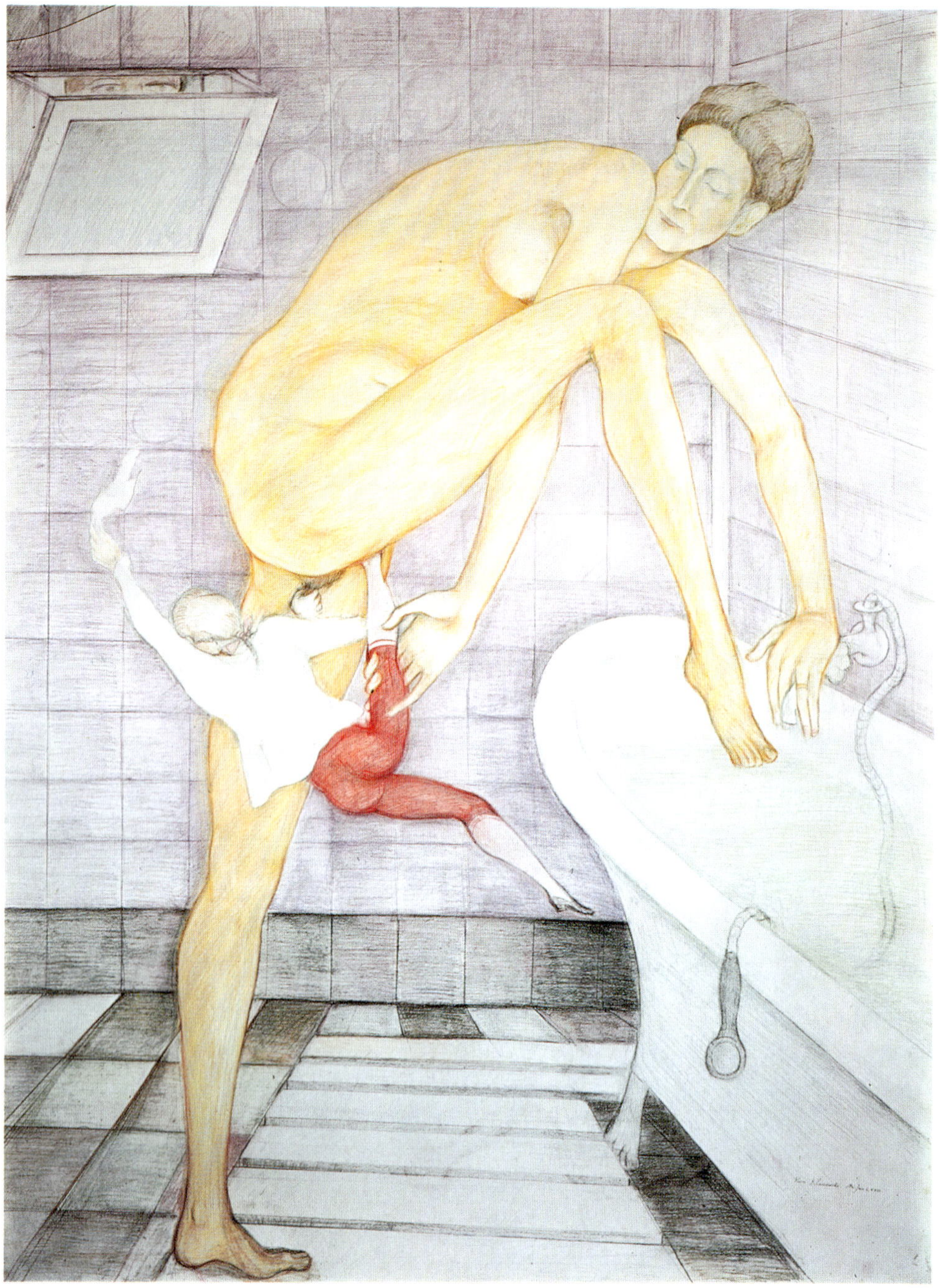

Pierre Klossowski
Les Travaux de Gulliver II, 1973
Crayons de couleur, 201 x 151 cm
Milan, collection privée

avec brutalité, toutefois il estime que cette manière de procéder est davantage allemande que typiquement expressionniste.

La souffrance, la torture sont des moyens plus indirects mais non moins efficaces que le coït ou l'onanisme pour parvenir à l'extase. On l'a déja vu, Eros et Thanatos ne font qu'un. Dans le genre, Delacroix est un maître et il peut se targuer d'atteindre à l'apothéose de la cruauté en peignant *La mort de Sardanapale* (p. 187). Selon la légende, parce que les insurgés attaquent son palais et qu'il se sait perdu, «couché sur un lit superbe, au sommet d'un immense bûcher, Sardanapale donne l'ordre à ses eunuques et aux officiers du palais d'égorger ses femmes, ses pages, jusqu'à ses chevaux et ses chiens favoris, aucun des objets qui avaient servi à ses plaisirs ne devait lui survivre». Aucun des objets... la femme est donc encore un objet, au même titre que le cheval et le chien. Le rythme diagonal, la fluidité du dessin, l'éclat des couleurs, la sensualité profonde qui s'en dégage, font de ce tableau l'un des chefs-d'œuvre du XIXe siècle. Mais le public hypocrite, celui qui crie «A mort!» aux exécutions, est scandalisé: la femme poignardée au pied du lit royal se tord avec une expression de souffrance trop voluptueuse et difficilement acceptable pour l'époque. La critique ricane et Delacroix se verra momentanément privé de commandes de l'Etat.

Aux élongations sinueuses d'Ingres le classique, font écho les cambrures échevelées de Delacroix le romantique. Ces femmes-esclaves, ces femmes-objets de Sardanapale sont des femmes de chair qui ont conscience de leur état charnel et qui en jouent, comme d'un violon. Elles vibrent de jouissance sous l'emprise de la terreur et des diverses émotions que provoquent la proximité de la mort et les actes sanguinaires des bourreaux, de la même façon qu'elles ont pu jouir auparavant sous les caresses. C'est l'embrasement de la mort et de la volupté mêlées. Delacroix fait passer une frénésie anxieuse dans cette masse de corps portés à l'extase autant qu'aux spasmes de l'angoisse. Les femmes ont l'allure ondoyante des flammes qui cernent le catafalque: le lit princier de Sardanapale. Sade ne pourrait qu'applaudir au spectacle: un

George Grosz
Avec deux femmes, non daté
Mit zwei Frauen
Aquarelle, 51,5 x 69,2 cm
La Haye, Collection P.B. van Voorst van Beest

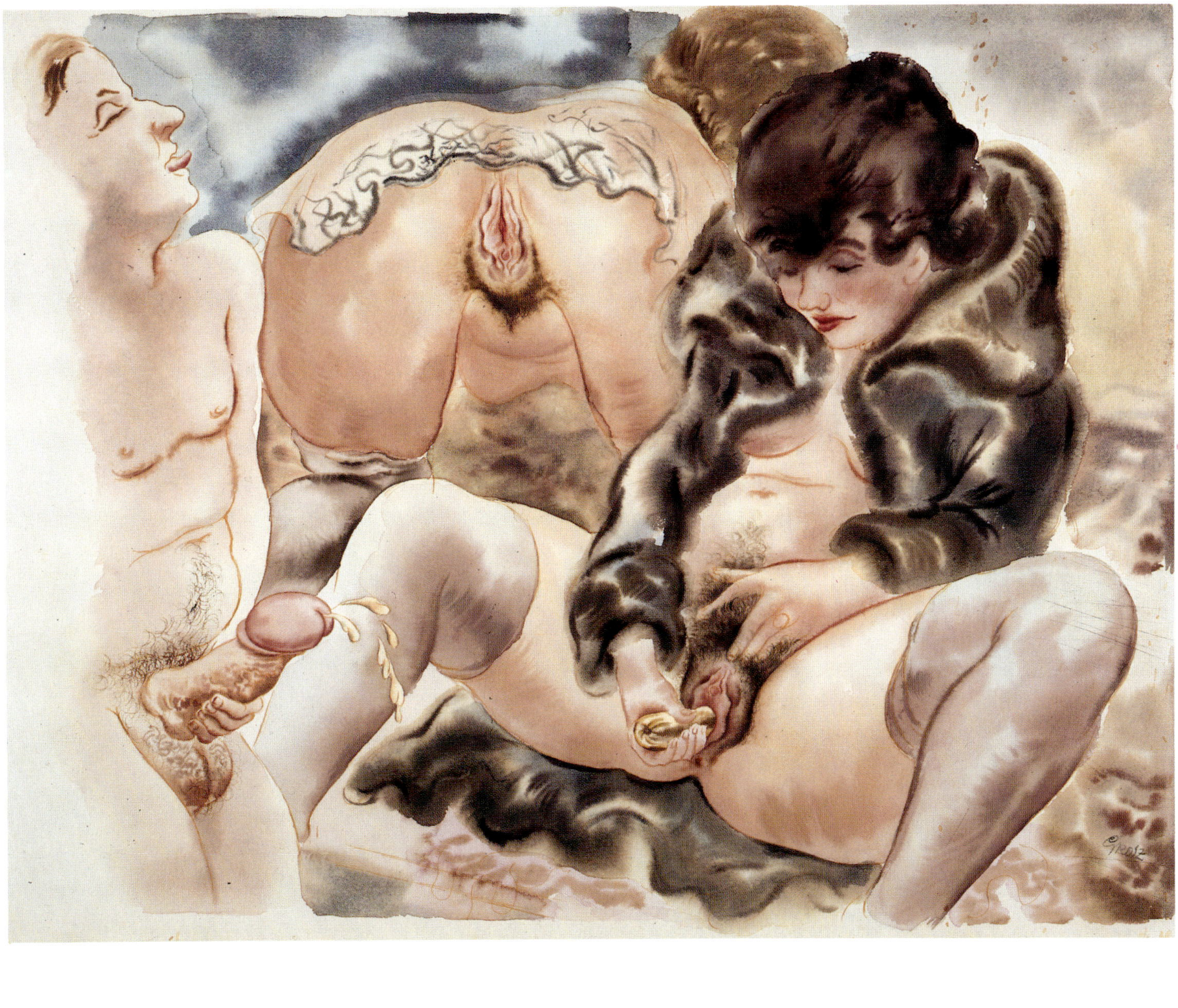

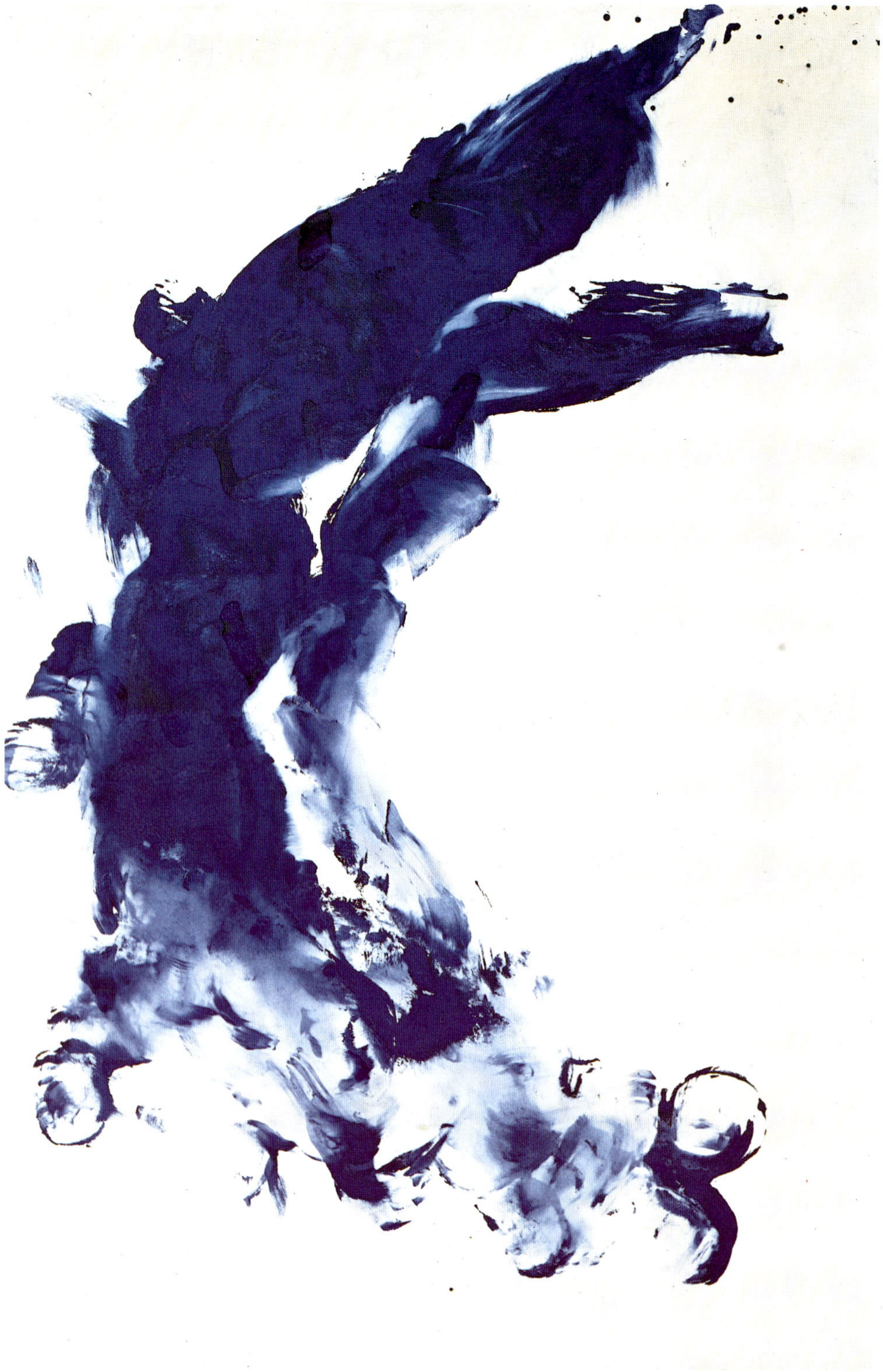

Yves Klein
Anthropométrie: ANT 130, 1960
Moulage du corps avec pigment et résine synthétique sur papier, 194 x 127 cm
Cologne, Museum Ludwig

homme seul et suffisamment puissant pour semer la terreur et la mort autour de lui, prendre sa jouissance ultime au sommet d'une montagne de chairs, de cris, de cadavres encore pantelants, de crinières et de splendeurs vouées à la destruction la plus totale. Avec toute l'autodestruction que cela comporte, celle d'un prince qui se donne la mort comme l'exige son rang et sa croyance, selon les rites et les fastes d'une orgie meurtrière.

Ce que Delacroix fait de façon spectaculaire et publique, d'autres préfèrent s'y adonner en privé, ne rechignant pas sur l'utilisation de

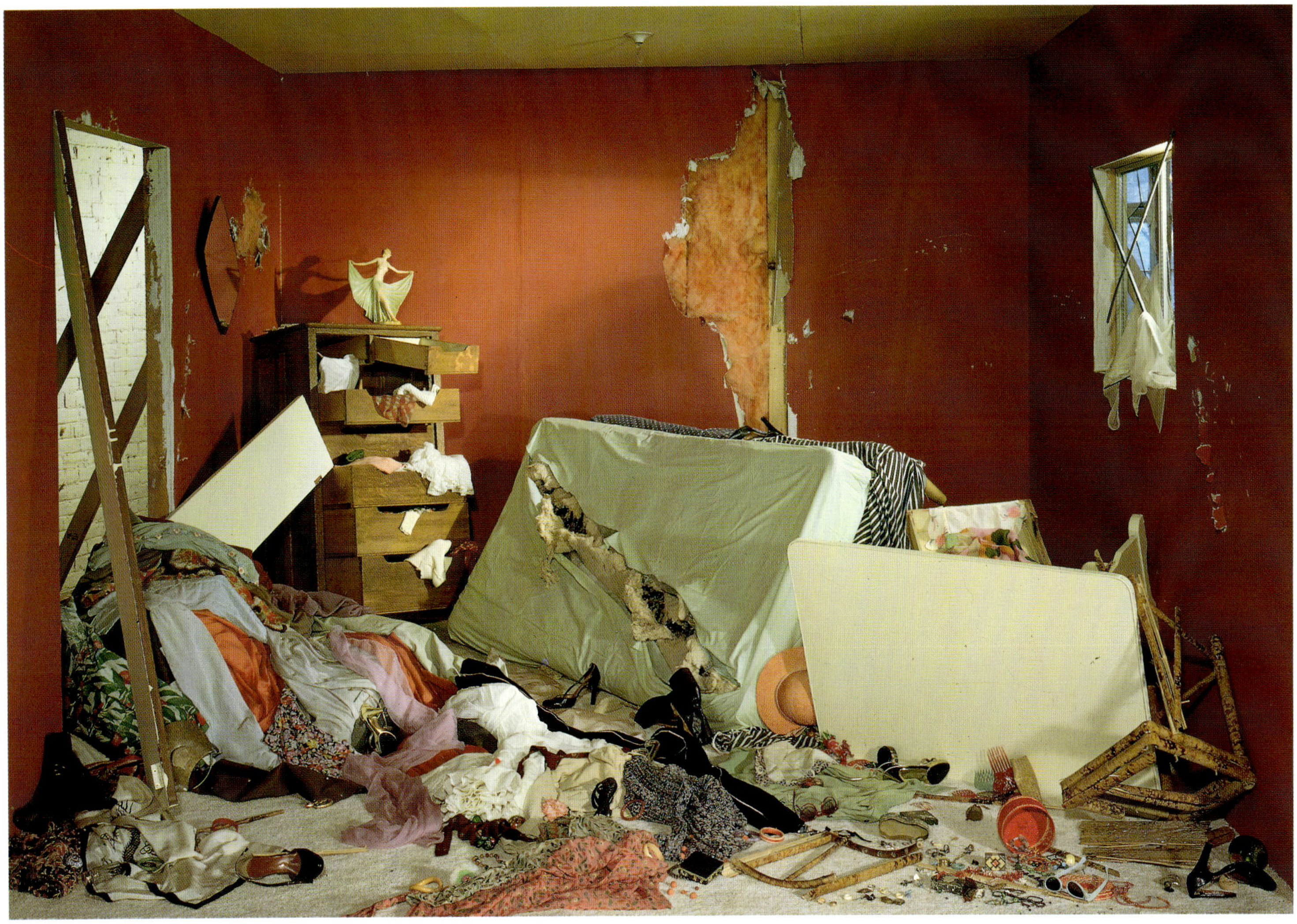

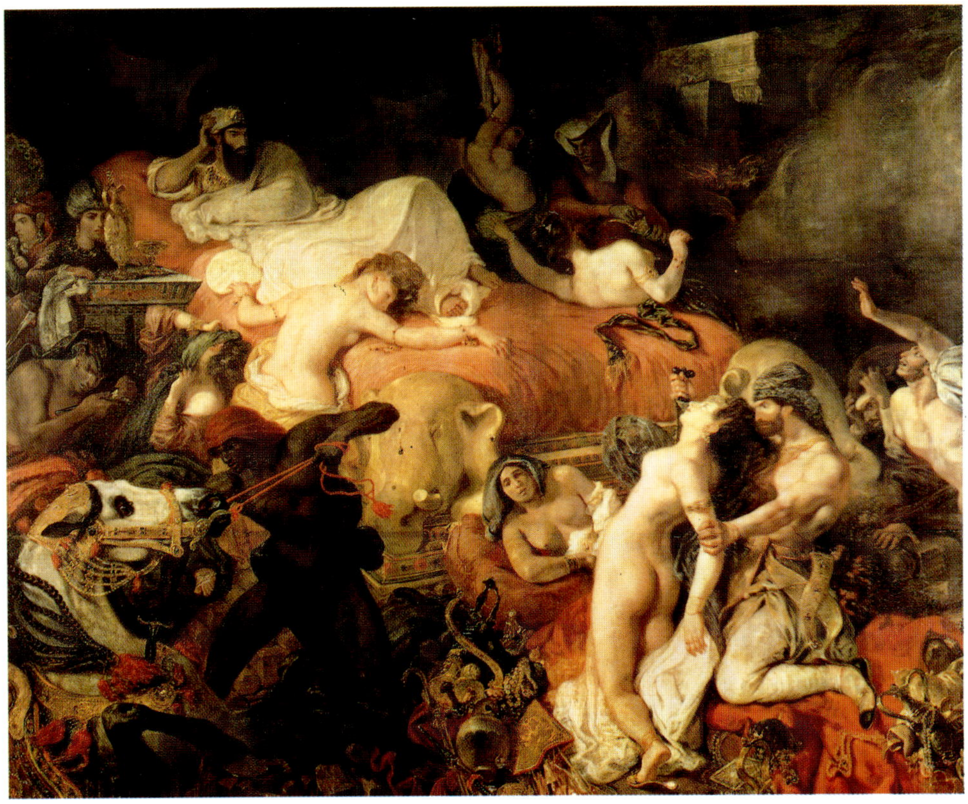

Jeff Wall
La chambre détruite, 1978
The Destroyed Room
Cibachrome, 159 x 234 cm
New York, Courtesy Marian
Goodman Gallery

Eugène Delacroix
La mort de Sardanapale, 1827
Huile sur toile, 392 x 496 cm
Paris, Musée du Louvre

toute une panoplie d'instruments de torture divers. Il en est qui trouvent du plaisir à se faire enchaîner. Le contact glacial de l'acier sur la peau détermine un raidissement. Le spasme accompagne la délivrance. Alors que le masochiste réclamera les coups sans pouvoir se libérer, et que l'exhibitionniste exigera qu'on le contemple couvert de chaînes, le fétichiste se passera fort bien de partenaire. Des objets pénétrants de Bellmer aux menottes attendant leur prisonnier de Blake, de la femme de Klossowski qui se laisse enchaîner pour mieux qu'on la viole à la fouetteuse de Schlichter, on peut dire que les artistes ont su passer en revue toutes les possibilités du sado-masochisme aussi bien que peut le faire telle revue M-S spécialisée.

La «poupée» dominatrice, type Wanda, la fameuse «Vénus» de Sacher-Masoch, revêt une pelisse ou un manteau de poils, se transformant ainsi – au même titre que la femme de *Métropole* d'Otto Dix

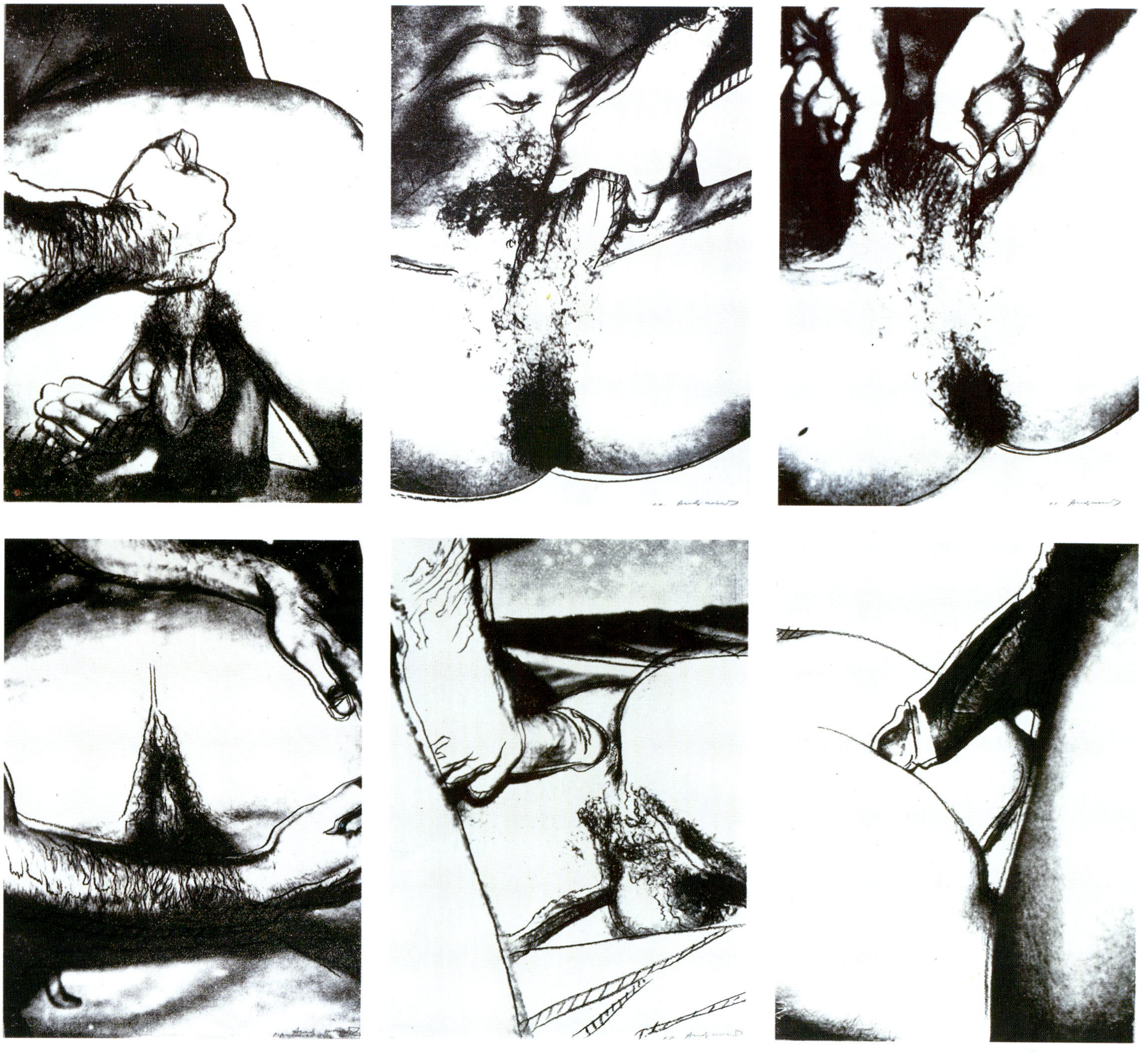

Andy Warhol
Organes génitaux, 1978
Sex Parts
Sérigraphie sur papier, chacune 79 x 59 cm
New York, © 1992 Andy Warhol Foundation for the Visual Arts / ARS

«L'amour et le sexe s'accordent ainsi que le sexe sans l'amour et l'amour sans le sexe. Mais l'amour et le sexe personnel, c'est mauvais.» A. W.

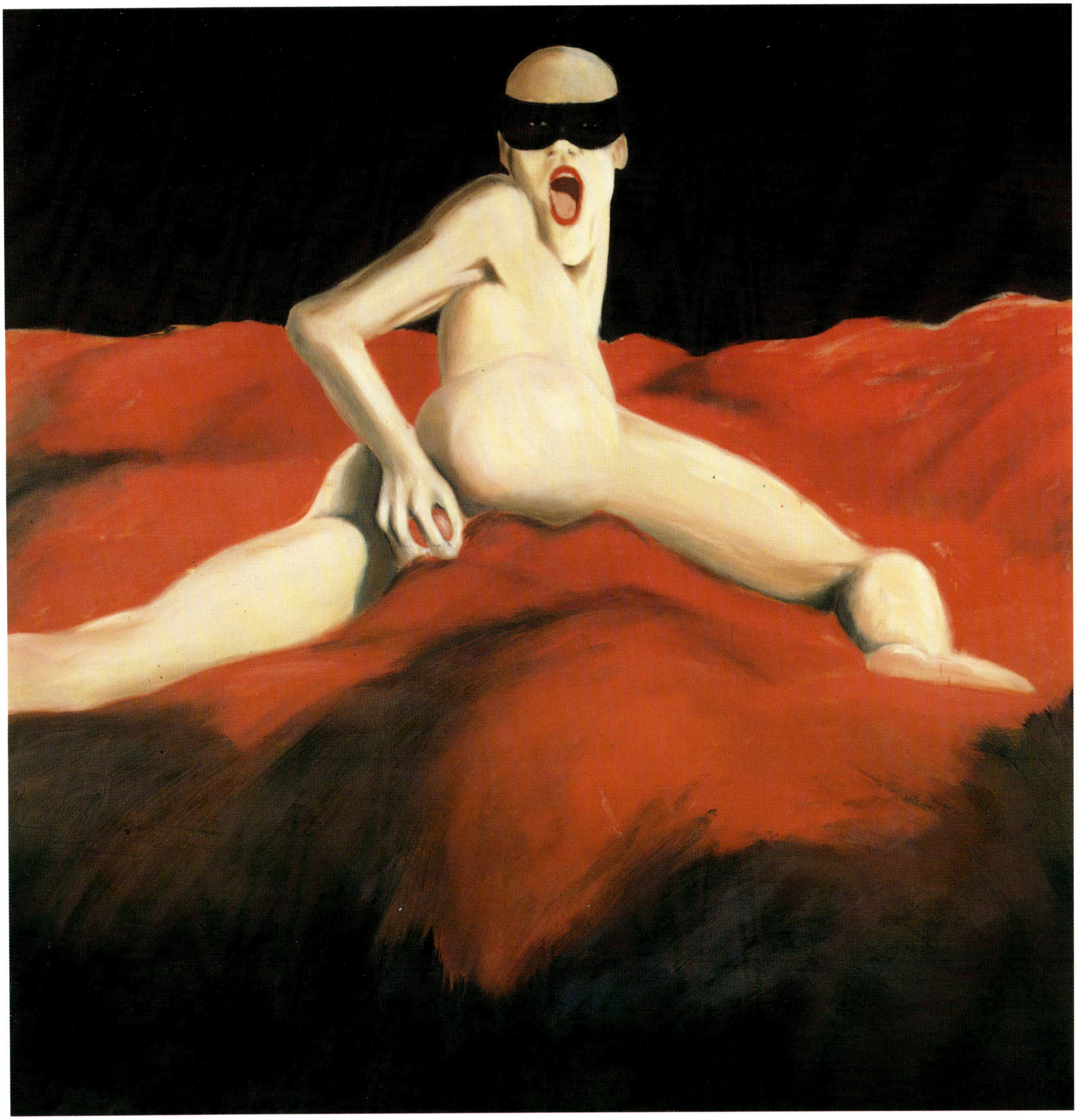

Salome
Fuck II, 1977
Détrempe à l'œuf sur mousseline,
180 x 180 cm
Collection privée

(p. 69) – en un Sexe immense, primordial, maternel, en droit d'exiger de son admirateur servile qu'il quémande son châtiment corporel. Les sado-masochistes sont le plus souvent des amateurs de cuir aimant à se réunir pour célébrer des rites. Bardés de cuir, dans des clubs tapissés d'instruments de torture, ils jouent au maître et à l'esclave, trouvant dans la commune idolâtrie du cuir, des bottes, des ceinturons, voire des ornements militaires, un moyen d'échapper à la monotonie quotidienne et, une fois calmés, enfourchent leur moto pétaradante. Hercule, Achille, Lancelot, Marlon Brando, Rambo ou Mad Max sont leurs modèles ou leurs héros favoris. De même il existe, particulièrement aux Etats-Unis des clubs «High-heels» d'amateurs de chaussures aux talons monstrueusement démesurés. Lindner, Allen Jones ou Klapheck en savent quelque chose. Des photographies suggestives, paraissant dans des magazines spécialisés, représentent des demoiselles assises, à genoux, allongées, les jambes en l'air portant ces talons démesurés qu'elles titillent à la façon d'un sexe.

Au terme de cette sorte de catalogue des fantasmes des artistes et des divers aspects que peut prendre l'érotisme dans leur œuvre, on peut se demander s'il existe une phénoménologie de l'érotisme jusque dans l'art dit abstrait et si l'œuvre d'un Tapies ou d'un Mondrian présente quelque aspect d'une sensualité débordante. Certes, on pourrait plaisanter et, reprenant les mots d'Adolf Loos selon lesquels «une ligne horizontale, c'est la femme allongée; une ligne verticale, l'homme qui la pénètre», en déduire que les constructions géométriques de Mondrian sont d'horribles orgies. Dans l'article «Sexualité et érotisme» de l'«Encyclopédie universelle de l'art», on lit: «La désagrégation des formes naturelles et l'abstraction de la représentation ont, au début de notre siècle, déterminé dans l'art figuratif la disparition de toute expression érotique, même dans ces œuvres où quelque forme particulière fait clairement allusion aux organes et aux fonctions sexuels. Le

Max Beckmann
Afternoon, 1946
Huile sur toile, 89,5 x 133,5 cm
Dortmund, Museum am Ostwall

«Une colère froide remplit mon âme. N'arrivera-t-on jamais à se détacher de cette éternelle matérialité détestable? – Il ne nous reste rien pour protester – mépris sans fin envers les moyens de séduction lubriques par lesquels nous sommes continuellement tentés de saisir la vie. Lorsque à moitié assoiffés, nous voulons alors apaiser notre soif, le rire sacarstique des dieux se fait entendre.» M. B.

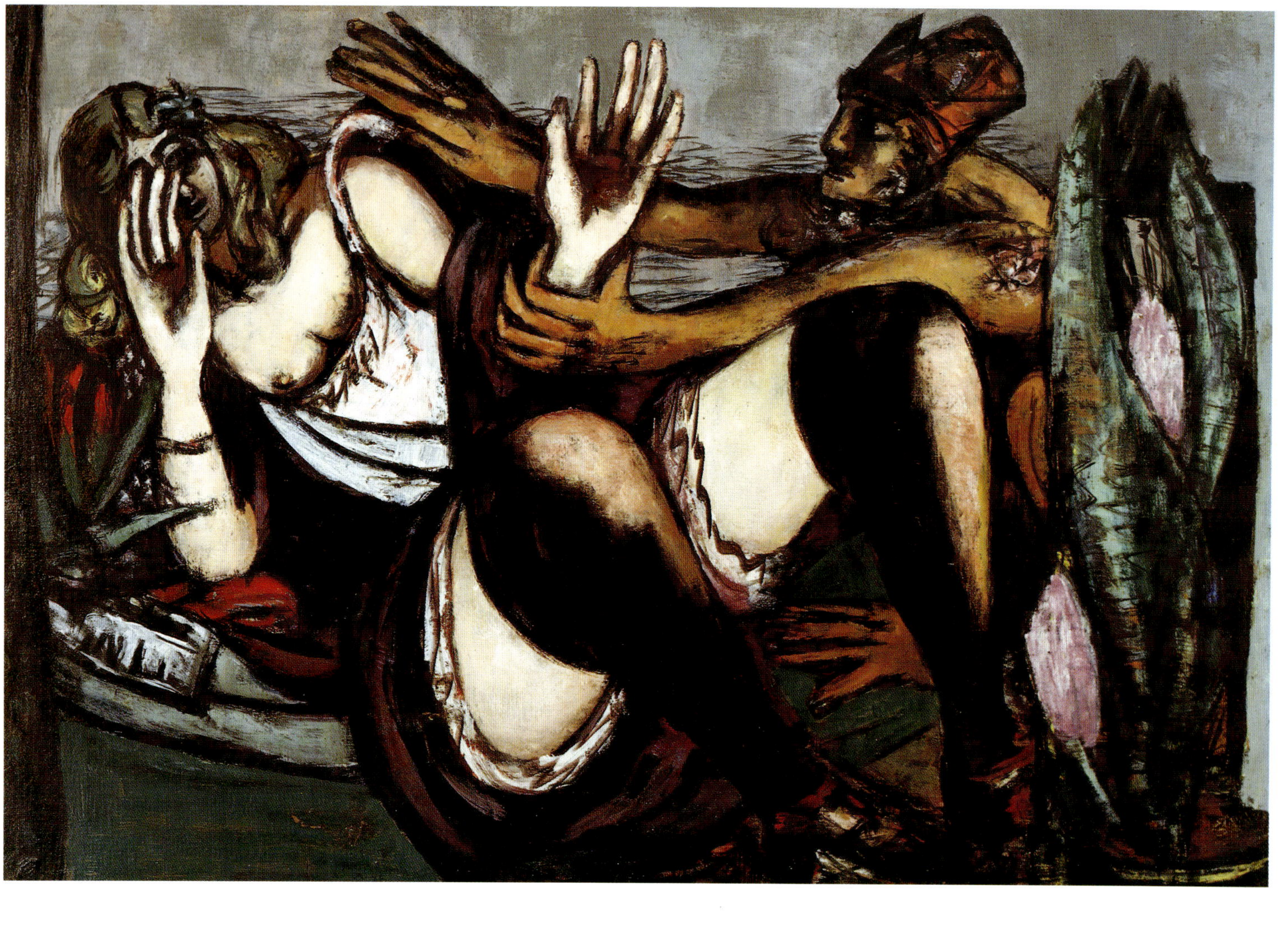

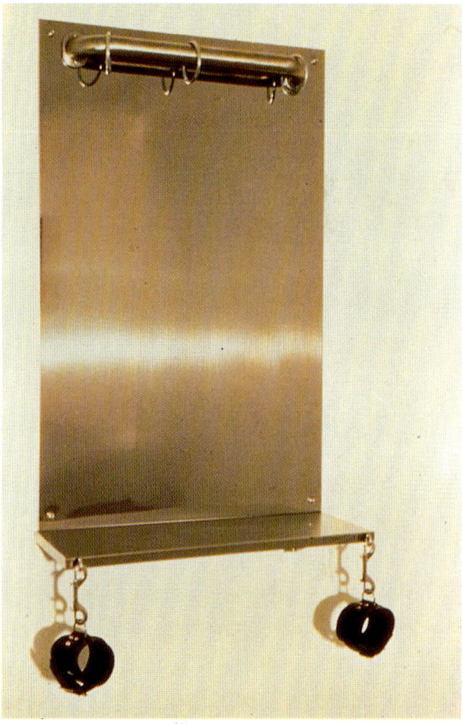

Nayland Blake
Restraint n° 6, 1989
Acier et cuir, 108 x 60 x 25 cm
New York, Courtesy of Matthew Marks Gallery

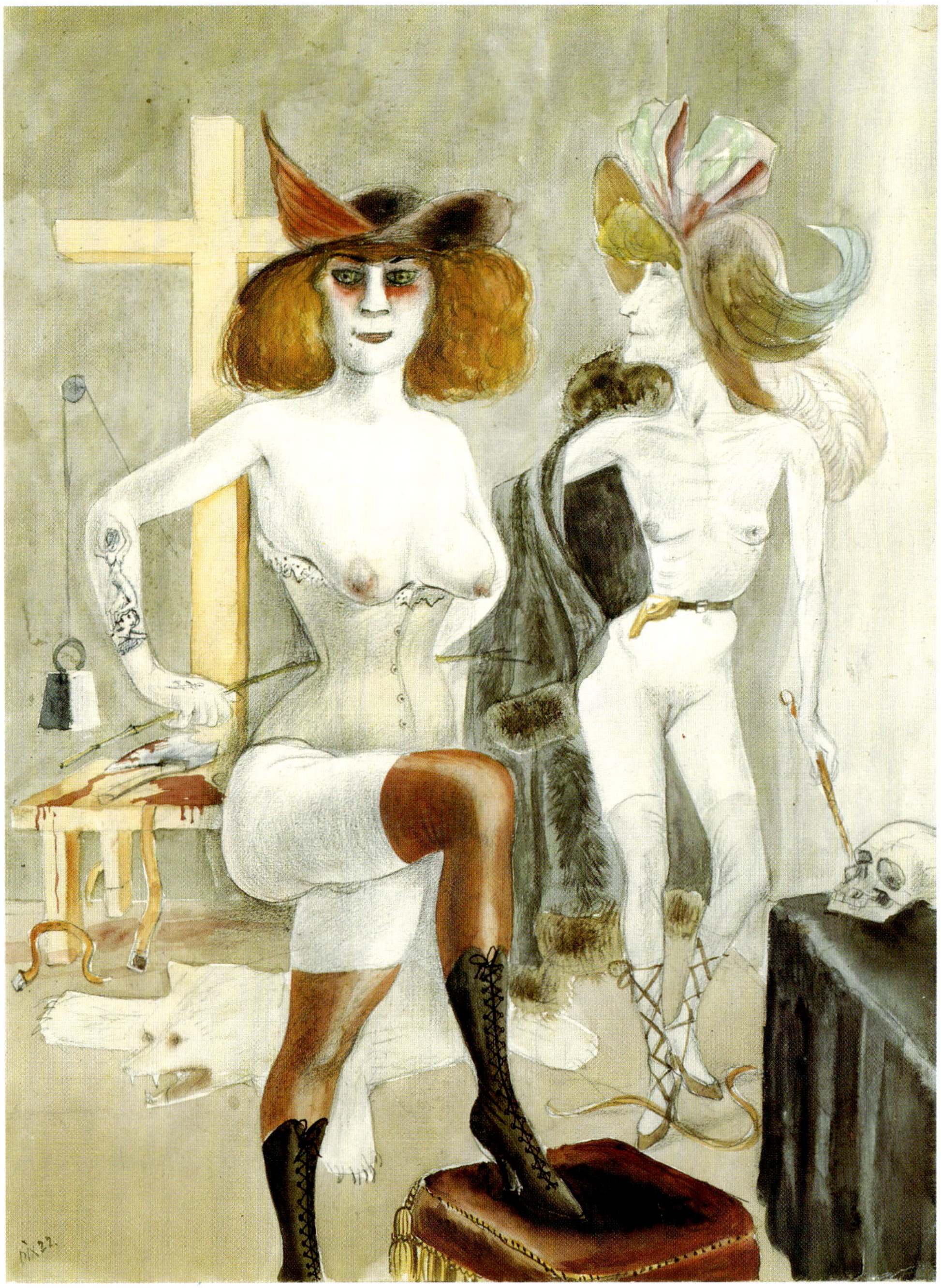

Otto Dix
Dédié aux sadiques, vers 1922
Sadisten gewidmet
Aquarelle et plume, 49,5 x 39,9 cm
Londres, Christie's Colour Library

sujet d'une œuvre, s'il existe, est traduit par des lignes, volumes et couleurs qui empêchent le spectateur d'appréhender les aspects agréables d'une réalité que ces tendances ne veulent pas représenter.»

Objection, votre honneur: les pulsions sexuelles et les fantasmes sont bel et bien présents dans l'art abstrait. «L'histoire du symbolisme démontre», écrit un élève de Jung, «que n'importe quelle chose peut prendre une signification symbolique, les objets naturels comme ceux qui sont œuvre humaine, et même les formes abstraites. Car le cosmos entier est un symbole potentiel.» En 1917, Arp déclare: «Finalement je simplifiais ces formes et unissais leur essence en des ovales mouvants, symboles de la métamorphose et du devenir des corps.» Arp ouvre ainsi la voie à une longue lignée érotique de pureté plastique. Des éléments purement plastiques tels que courbes, rondeurs, sinuosités, bien que tout à fait abstraits, peuvent avoir une certaine charge d'analogie éro-

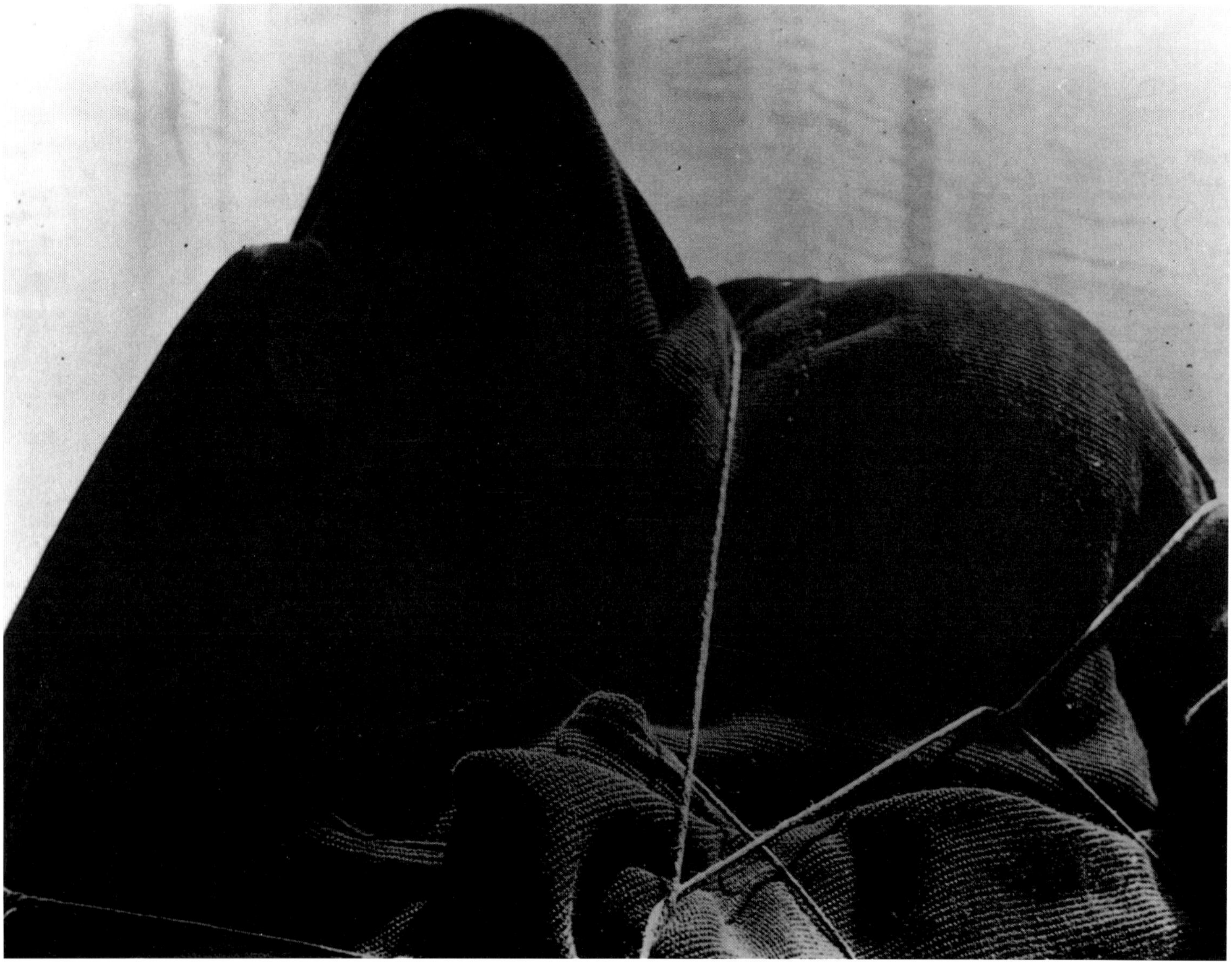

Man Ray
Le mystère d'Isidore Ducasse, 1920/71
The Enigma of Isidore Ducasse
Photo en noir et blanc
Milan, Vera et Arturo Schwarz Collection

«Quand les éditeurs de magazines de mode me disaient que je devais mettre du sex-appeal dans mes travaux, ils parlaient leur propre langage. Je répondais que chacune de mes œuvres avait du sex-appeal, quand on était capable de le découvrir.» M. R.

tique. Le sculpteur Henry Moore prétend que ce qu'il y a de plus intéressant dans les montagnes, ce sont leurs grottes.

On peut trouver du sexe (féminin) dans les fentes au rasoir de Fontana – et même un parfum de viol – ou dans la ligne-fissure blanche au milieu des striures sombres de Hartung. On remarque à l'évidence la masculinité de l'ice-cream et la féminité du hamburger dans l'œuvre pop d'Oldenburg. Les toiles de Pollock sont-elles autre chose que le résultat d'une belle éjaculation, l'action painting, selon la «théorie de l'orgasme» de Wilhelm Reich étant avant tout un acte orgastique, une «aptitude à se rendre sans aucune inhibition au flux biologique»?

A vrai dire, sans avoir besoin d'employer même la méthode paranoïaque-critique chère à Dalí, il n'est pas très difficile de découvrir partout de la sexualité, dans le champ social comme dans le champ culturel. Il suffit de jeter un coup d'œil sur les silhouettes architecturales traditionnelles de l'Orient et de l'Occident: les minarets phalliques, les dômes mammaires, les portes vulvaires, les tours et les clochers érectiles, etc... Pour reprendre la superbe formulation de Deleuze et Guattari, «un flux de désir» est à la base du comportement humain. Il y a des activités telles que le commerce, l'économie, les finances qui seraient plutôt régies par une organisation rétentionnaire et accumulative de type anal. Il y a aussi des activités où se manifestent plutôt un érotisme buccal, dévorateur, nourricier. Des activités qui constituent avant tout une dépense d'énergie libidinale. Exposer une œuvre d'art se dit, en anglais, to exhibit (exhiber), ce qui est le contraire de «inhiber». Un Krafft-Ebing eut rangé cet acte dans la catégorie des perversions, tant il est vrai qu'à travers son œuvre l'artiste s'exhibe lui-même. Ce que les Anglo-Saxons, maîtres ès-hypocrisie, appellent «the esthetic distance» n'étant qu'un subterfuge pour séduire les marchands, les investisseurs spéculateurs et pour échapper à la censure... et aux psychiatres! Dans sa «Lettre ouverte de Salvador Dalí à Salvador Dalí», celui qui faisait sodomiser des pianos à queues par des crânes hydrocéphales affirme que «la beauté n'est que la somme de conscience de nos perversions» et qu'il «attache en amour, un prix particulier à tout ce qui est nommé ‹perversion› ou ‹vice›», considérant la perversion et le vice «comme les formes de pensée et d'activité les plus révolutionnaires». Lorsque Dalí parle de ses découvertes paranoïaques-critiques au sujet du phénomène pictural, c'est tout l'érotisme dans l'art qu'il évoque. Et il n'en finit pas d'insister sur «ce côté hypermatérialiste, primordial dans tout procès de la connaissance, de la biologie liée à la chair et aux os de l'esthétique; ce côté délire de reconstitution instan-

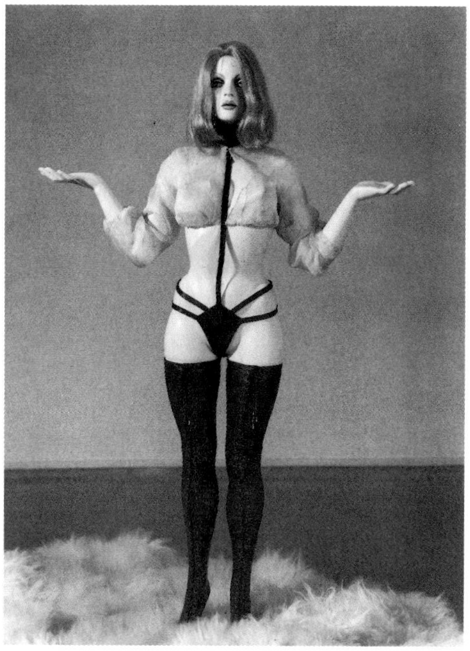

Allen Jones
Porte-chapeaux, 1969
Hatstand
Fibre de verre peinte, cuir et cheveux, hauteur 190,05 cm
Aix-La-Chapelle, Ludwig Forum für internationale Kunst

«L'idée du meuble (tout d'abord une figure debout) permettait de renforcer le doute dans l'esprit de l'observateur. Par le fait qu'une réaction motrice était ajoutée (table-position assise-utilisation), l'observateur devait décider lui-même de sa création esthétique.»
A. J.

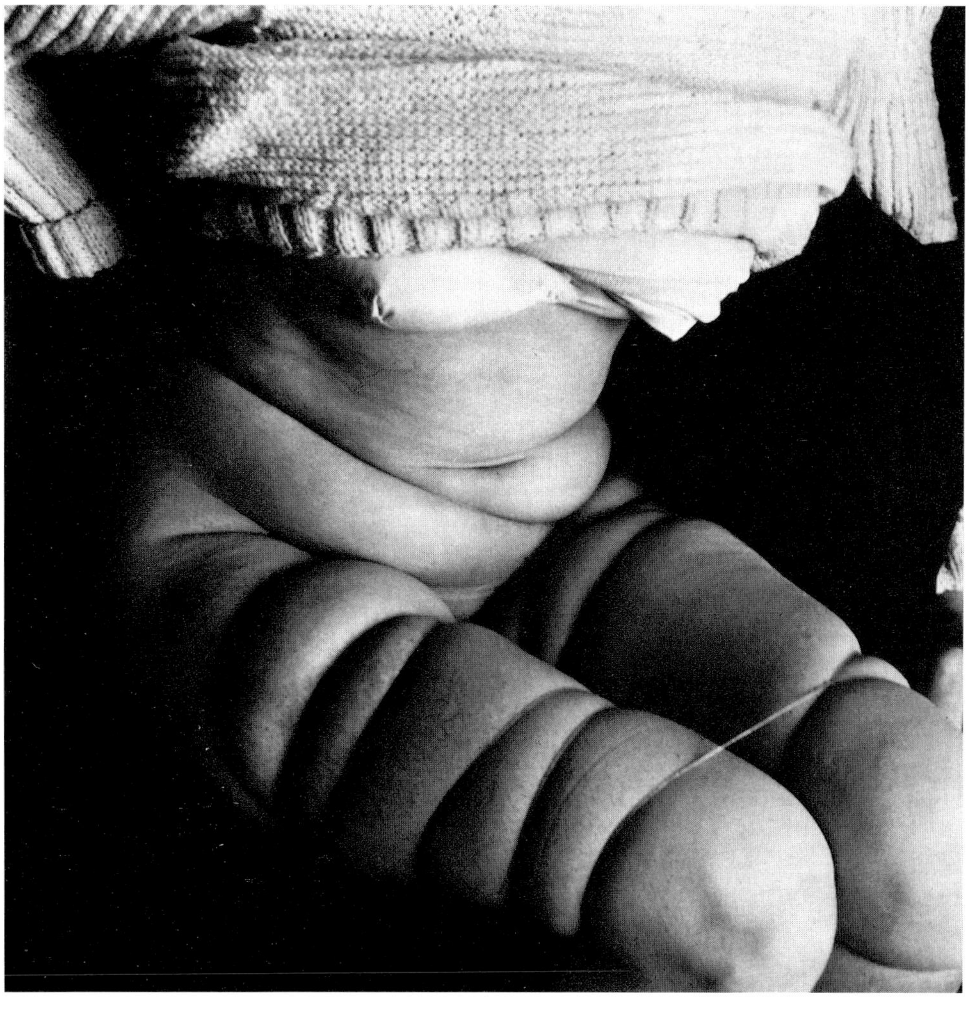

Hans Bellmer
Unica, 1958
Photo en noir et blanc, 6 x 6 cm
Collection privée

«Gardant à l'esprit le souvenir, qui nous reste d'une certaine photographie, un homme avait, afin de modifier les formes de sa victime, ficelé aveuglément les cuisses, les épaules, la poitrine, le dos et le ventre avec un fil de fer fortement tendu, avait fait apparaître des bourrelets de chair, des triangles irréguliers et sphériques, avait tracé de longues rides et des lèvres malpropres, avait multiplié à des endroits indicibles des seins encore jamais vus.» H. B.

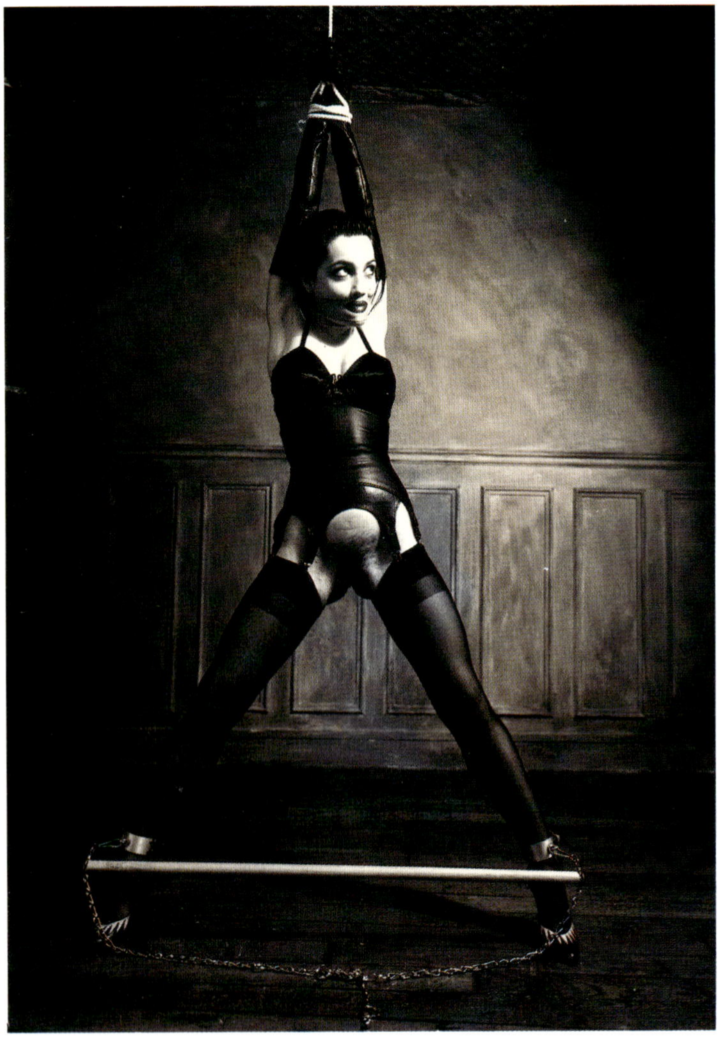

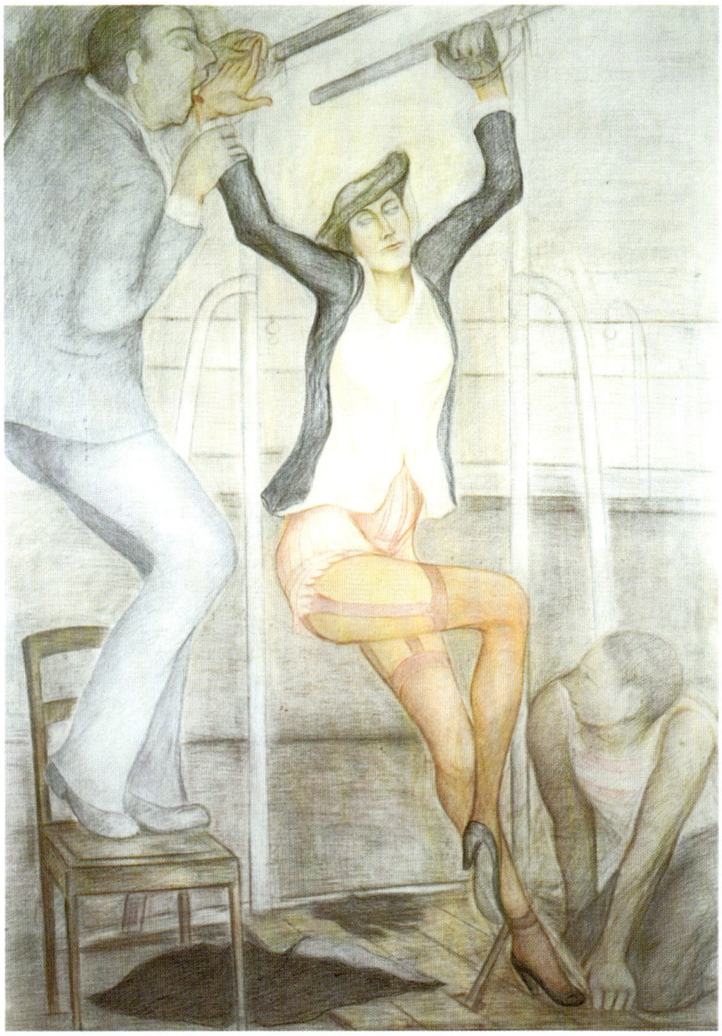

REPRODUCTION A GAUCHE:
Gilles Berquet
Sans titre, 1990
Photo en noir et blanc, 30 x 19,5 cm
Collection privée

REPRODUCTION A DROITE:
Pierre Klossowski
Réflexe du genou, 1978
Crayons de couleur, 203 x 147 cm
Paris, collection Marianne et Pierre Nahon

tanée du passé, perversion hystérico-anale, minutie photographique à la main super-automatique; ce côté rêverie diurne dorée, sublimation scatologique; ce côté digestif hallucinatoire exalté par Gustave Moreau; ce côté nécrophilisme de première qualité; ce côté eaux claires, cadavériques et orgueilleuses de profondeur; ce côté mur menaçant en raison de sa solidité statique, en raison de l'orage sépulcral qu'il annonce; ce côté hypocrisie rurale des grandes fureurs sexuelles ataviques; ce côté mante religieuse dévorant le mâle pendant l'accouplement; ce côté canicule luxuriante de la brouette de chair écartelée et saignante; ce côté à rebours glissant, ce côté métamorphose perpétuelle; ce côté viande triomphale des expectations salivaires; ce côté déjà vu, déjà vécu; ce côté immobilité immémoriale; ce côté lumière sans interruption, matière sans interruption, etc.»

Dans sa préface à l'«Amant de Lady Chatterley», André Malraux écrit que le sexe de la femme «est le seul moyen de l'homme d'atteindre sa vie la plus profonde à travers l'érotisme, seul moyen d'échapper à la condition humaine des hommes de son temps». Et il n'est pas indifférent que l'œuvre fondatrice de l'art conceptuel ait été un urinoir, ni que l'œuvre ultime de Duchamp, *Etant donnés* (p. 168/169), récompense le voyeur en lui dévoilant, à travers une vieille porte de Cadaquès, une «Vierge» nue en train de pisser.

Rudolf Schlichter
Domina mea, 1927
Aquarelle, 72 x 51 cm
Hanstedt, Wolf Uecker

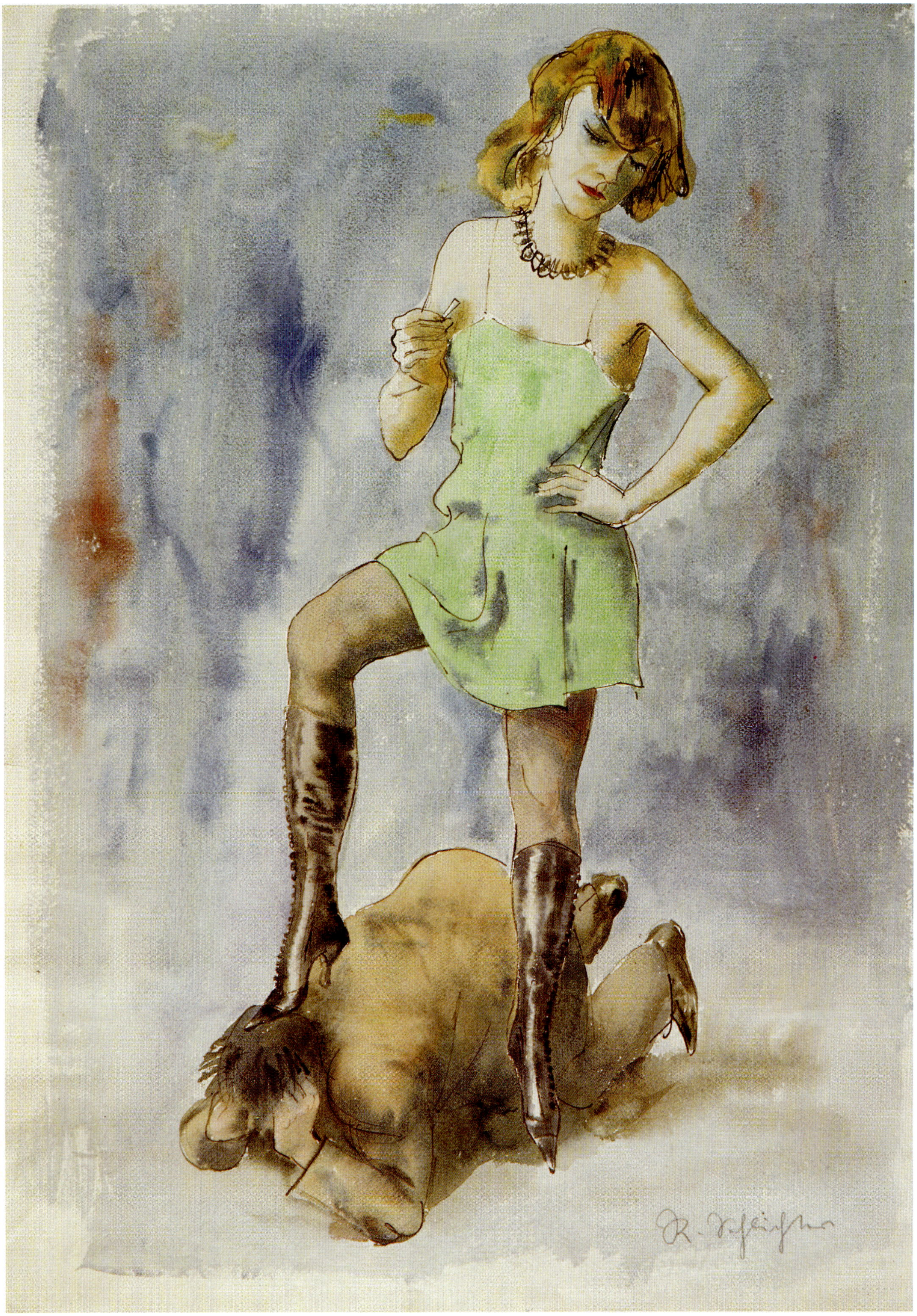

Postface des éditeurs

Des représentations spécifiquement érotiques se retrouvent chez presque tous les artistes. Ces ouvrages, fréquemment réduits au format intime du dessin, sont souvent gardés précieusement comme propriété privée: tout d'abord par les artistes qui ne désirent pas les commercialiser, puis par les curateurs à la succession qui s'abstiennent de les publier. Même aujourd'hui, il n'est pas aisé de découvrir ni de reproduire des œuvres au contenu manifestement érotique. La plupart du temps, ces travaux sont considérés comme des égarements qui nuisent plus à la renommée artistique qu'ils ne la servent. A maintes reprises, cette opinion a exercé une influence négative sur la sélection des reproductions de ce présent volume, en d'autres termes, la reproduction de nombreuses œuvres nous a été interdite. L'«Erotique de l'art» ne peut pas être une anthologie exhaustive en raison de la richesse du matériel sur ce thème et des difficultés évoquées ci-dessus.

Par ailleurs, signalons encore une fois expressément qu'une sélection d'œuvres érotiques ne peut se baser que sur des points de vue purement subjectifs. Toute personne a ses passions et ses préférences qui ne sont pas déterminées par les conventions sociales mais par son expérience personnelle. Les éditeurs de ce livre sont conscients de ce fait. Séduits par l'érotique de l'art, ils ont comme objectif exprès l'effet sensuel qu'exerce l'œuvre d'art. Cette façon de voir ne reflète pas nécessairement l'intention principale de l'artiste.

Les travaux reproduits ici et réalisés par des artistes renommés du XXe siècle doivent sensibiliser l'observateur aux différentes formulations de l'art érotique. Leur diversité comprend les obsessions maniaques d'un Hans Bellmer et les sublimations florales de Georgia O'Keeffe, elle va des rêves diurnes et surréels d'un André Masson aux actions orgiaques d'Hermann Nitsch. Tout comme l'art de notre siècle, les manifestations de l'érotisme sont multiples et diverses. Mais finalement, tout dépend de ce que l'observateur y projette; de ce qu'il voit et s'il ressent les reproductions comme étant érotiques ou non.

La structure de ce livre est en concordance totale avec le thème. Ainsi le premier chapitre traite des charmes du vêtu, le commencement de toute expérience érotique. Procédant à un déshabillage prudent, ce livre passe par l'observation de chaque zone érogène et parvient à l'accouplement et à ses divers jeux et variations. Sous forme d'essai, le texte de Gilles Néret aborde le sujet avec précaution. Ses renvois aux ouvrages littéraires et philosophiques créent un contexte d'histoire des idées grâce auquel on peut comprendre l'art érotique de ce siècle. Quant au texte, il s'agit non pas d'une discussion systématique, mais d'une approche subjective et tout à fait personnelle.

Bibliographie

Ouvrages généraux:

Bailey, David. The Naked Eye, Great Photographs of the Nude, Londres 1987

Bataille, Georges. Les larmes d'Eros, Pauvert Editeur, Paris n.d.

Borel, France. Le Modèle ou l'artiste séduit, Genève 1990

Boullet, Jean. La Belle et la Bête, Paris 1958

Fuchs, Eduard. Geschichte der erotischen Kunst, Munich 1926, 3 vol.

Gerke, Claudia/Schmidt, Uwe. Mein heimliches Auge, Das Jahrbuch der Erotik V, Tübingen 1990

Hofmann, Werner (Ed.). Eva und die Zukunft, Das Bild der Frau seit der französischen Revolution, Catalogue d'exposition Hamburger Kunsthalle, Hambourg 1986

Kahmen, Volker. Erotik in der Kunst, Aspekte der Kunst der Gegenwart, Tübingen 1971

Klinger, D. M. Erotische Kunst in Europa, Vom Mittelalter bis zur Gründerzeit, Nuremberg 1986

–, Erotische Kunst in Europa, Vom Jugendstil zum Art Deco, Nuremberg 1986

Kraus, Rosalind/Livingston Jane. L'Amour Fou, Photography & Surrealisme, New York 1985

Kronhausen, Phyllis et Eberhard. The Complete Book of Erotic Art, New York 1987

Langner, Laurence. L'importance d'être vêtu, Paris 1959

Lo Duca, J. M. Histoire de l'érotisme, Paris 1969

–, Psychopathia Sexualis im Comic-Strip nach Krafft-Ebing, Das aufklärende Sachbuch, Paris 1984

Lucie-Smith, Eduard. Eroticism in Western Art, Londres 1972

Macchi, Giulio. L'Amore. Dall'Olimpo all'alcova, Milan 1992

Marnhac, Anne de. Femmes au bain – les métamorphoses de la beauté, Paris 1986

Melville, Robert. Erotic Art of the West, Londres 1973

Nackt in der Kunst. Catalogue d'exposition Sprengel Museum Hannover, Hanovre 1984

Néret, Gilles. L'Erotisme en peinture, Paris 1990

Smedt, Marc de. Das Kamasutra, Erotische Miniaturen aus Indien, Fribourg/Genève 1980/84

Smith, Bradley. Erotic Art of the Masters, The 18th, 19th and 20th Centuries, New York n.d.

Villeneuve, Roland. Le Musée des Supplices, Paris 1968

–, Fétichisme et amour, Paris 1968

–, Le Musée de la bestialité, Paris 1968

Willemsen, Roger. Das Tier mit den zwei Rücken, Erotika, Cologne 1990

Zwang, Gérard. La Sexe de la femme, Paris 1979

Monographies d'artistes:

Arman

A Retrospective. Catalogue d'exposition Museum of Fine Arts Houston, Houston 1991

Bacon, Francis

David Sylvester. Interviews with Francis Bacon 1962–1979, Oxford 1979

Francis Bacon. Meine Bilder, Munich 1983

Wieland Schmied. Francis Bacon, Vier Studien zu einem Porträt, Berlin 1985

Catalogue d'exposition Staatsgalerie Stuttgart, Nationalgalerie Berlin, Stuttgart/Berlin 1986

Balthus

Sabine Rewald. Balthus, catalogue d'exposition The Metropolitan Museum of Art, New York n.d.

Giovanni Carandente. Balthus, Drawings and Watercolors, New York 1983

Jean Leymarie. Balthus, New York 1982

Dieter Bachmann (Ed.). Balthus, Ein Unbehagen in der Moderne, Edition spéciale du, Zeitschrift der Kultur, numéro 9 du Septembre 1992

Baselitz, Georg

Catalogue d'exposition. Kunsthaus Zürich, Städtische Kunsthalle Düsseldorf, Zurich/Düsseldorf 1990

Bayros, Franz von

Das gesamte Werk, Gala Verlag, Hambourg 1971

Beardsley, Aubrey Vincent

Zeichnungen, Wiesbaden 1987

Beckmann, Max

Retrospektive 1884–1984, catalogue d'exposition, entre autres, Bayerische Staatsgemäldesammlung et Haus der Kunst, Munich 1984

Bellmer, Hans

H. B. Denoël. Les dessins de Hans Bellmer, Paris 1966

Sarane Alexandrian: Hans Bellmer, Berlin 1971

Andre Pieyre de Mandiargues. Le Trésor cruel de Hans Bellmer, Paris 1979

Photographien, Munich 1984

Anatomie der Lust, catalogue d'exposition Graphisches Kabinett im Westend, Francfort/M 1991

Beuys, Joseph

Beuys vor Beuys, Frühe Arbeiten aus der Sammlung van der Grinten, catalogue d'exposition entre autres, Hamburger Kunsthalle, Akademie der Künste der DDR, Cologne 1987

Bonnard, Pierre

Jean Clair (Ed.). Pierre Bonnard, catalogue d'exposition Palazzo Reale Mailand, Milan 1989

Catalogue d'exposition Kunsthaus Zürich, Zurich 1984

Botticelli

Herbert P. Horne. Botticelli, Painter of Florence, New Jersey 1980

Bourgeois, Louise

Catalogue d'exposition The Museum of Modern Art, New York 1982/83

Drawings. Catalogue d'exposition Robert Miller Gallery, New York, Galerie Lelong, Paris 1988

Catalogue d'exposition Frankfurter Kunstverein Steinernes Haus am Römerberg, Francfort/M 1990

Brancusi, Constantin

Friedrich Teja Bach. Constantin Brancusi, Metamorphosen plastischer Form, Cologne 1987

Brauner, Victor

Catalogue d'exposition Musée National d'Art Moderne, Paris 1972

Bronzino

Andrea Emiliani. Il Bronzino, Busto Arsizio, 1961

Broodthaers, Marcel

Catalogue d'exposition Walker Art Center, Minneapolis 1989

Œuvre 1963–1975, Isy Brachot Editeur, Paris/Bruxelles 1990

Brus, Günter

Handzeichnungen, Verlag Gebr. König, Cologne/New York 1971

Le Caravage

Roberto Longhi. Caravaggio, Dresde 1968

de Chirico, Giorgio

De Chirico nel centenario della nastica, catalogue d'exposition Museo Correr Venezia, Venise 1989

Christo

Surrounded Islands, Cologne 1984

Clemente, Francesco

Rainer Crone (Ed.). Pastelle 1973–1983, Munich 1984

Cocteau, Jean

Catalogue d'exposition Kunsthalle Baden-Baden, Cologne 1989

Copley, William N.

Catalogue d'exposition Stedelijk Museum, Amsterdam 1966

Notes on a Project for a Dictionary of Ridiculous Images, Verlag Gebr. König, Cologne/New York 1972

Catalogue d'exposition Badischer Kunstverein, Carlsruhe 1981

Corinth, Lovis

Zdenek, Felix (Ed.). Lovis Corinth 1858–1925, Cologne 1985

Courbet, Gustave

Michael Fried. Courbet's Realism, Londres 1990

Dalí, Salvador
Retrospektive 1920–1980, Gemälde, Zeichnungen, Grafiken, Objekte, Filme, Schriften, Munich 1980
Descharnes/Néret. Salvador Dalí, Benedikt Taschen Verlag, Cologne 1990
Delacroix, Eugène
Catalogue d'exposition Kunsthaus Zürich, Städelsches Kunstinstitut und Städtische Galerie Frankfurt am Main, Cologne 1989
Delvaux, Paul
Barbara Emerson. Delvaux, Anvers 1985
Dix, Otto
Catalogue d'exposition Museum Villa Stuck, Munich 1985
Fritz Löffler. Otto Dix, Leben und Werk, Wiesbaden 1989
Eva Karcher. Otto Dix, Benedikt Taschen Verlag, Cologne 1989
van Dongen, Kees
Catalogue d'exposition Museum Boymans-van Beuningen Rotterdam 1989/90
Dubuffet, Jean
Retrospektive. Catalogue d'exposition, entre autres, Akademie der Künste Berlin, Berlin 1980
Andreas Franzke. Dubuffet, Cologne 1990
Catalogue d'exposition Kunsthalle Schirn, Francfort/M 1990/91
Duchamp, Marcel
Michael Gibson. Duchamp Dada, Paris 1991
Dürer, Albrecht
Friedrich Piel. Albrecht Dürer, Aquarelle und Zeichnungen, Cologne 1983
Ernst, Max
Retrospektive 1979. Catalogue d'exposition Haus der Kunst München, Nationalgalerie Berlin, Munich 1979
Retrospektive zum 100. Geburtstag. Catalogue d'exposition, entre autres, Staatsgalerie Stuttgart, Kunstsammlung Nordrhein-Westfalen, Munich 1991
Export, Valie
Anita Prammer. Valie Export, Eine multimediale Künstlerin, Vienne 1988
Fautrier, Jean
Yves Peyre. Fautrier ou les outrages de l'impossible, Paris 1990
Fetting, Rainer
Catalogue d'exposition Museum Folkwang Essen, Kunsthalle Basel, Essen 1986
Fischl, Eric
David Whitney (Ed.). Eric Fischl, New York 1988
Fischli/Weiss
Stiller Nachmittag. Catalogue d'exposition Kunsthalle Basel, Bâle 1988
Gauguin, Paul
Marla Prather/Charles F. Stuckey. Gauguin, A Retrospective, New York 1987
Isabelle Cahn. Gauguin, La Haye 1991
Ingo F. Walther. Gauguin, Benedikt Taschen Verlag, Cologne 1988
Gilbert & George
The complete pictures 1971–1975, Munich 1986
Gober, Robert
Catalogue d'exposition Museum Boymans-van Beuningen, Rotterdam, Kunsthalle Bern, Rotterdam 1990
Catalogue d'exposition Galerie Nationale du Jeu de Paume, Paris 1991
Gossaert, Jan
Jan Gossaert genaamd Mabuse, catalogue d'exposition Museum Boymans-van Beuningen, Rotterdam 1965
Grosz, Georg
Serge Sabarsky. Die Berliner Jahre, Salzbourg 1986
Catalogue d'exposition Van Voorst van Beest Gallery, La Haye 1990
George Grosz. Ecce Homo, Francfort/M 1973
Helnwein, Gottfried
Andreas Mäckler. G. Helnwein, Benedikt Taschen Verlag, Cologne 1992
Hesse, Eva
Bill Barrette. Eva Hesse, Sculptures, New York 1989
Hockney, David
A Retrospective, Catalogue d'exposition Los Angeles County Museum of Art, Los Angeles 1988
Hopper, Edward
Gemälde und Zeichnungen. Catalogue d'exposition Kunsthalle Düsseldorf, Munich 1980
Hubbuch, Karl
Helmut Goettle et autres. (Ed.). Karl Hubbuch 1891–1979, catalogue d'exposition Badischer Kunstverein, Carlsruhe 1981
Ingres, Jean-Auguste-Dominique
Robert Rosenblum. Ingres, Londres 1969
Jones, Allen
Sheer Magic, Londres 1973
Kahlo, Frida
Andrea Kettenmann. Frida Kahlo, Benedikt Taschen Verlag, Cologne 1992
Kelley, Mike
Catalogue d'exposition Kunsthalle Basel, Portikus Francfort, Institute of Contemporary Art Londres 1991
Kippenberger, Martin
Angelika Muthesius. Martin Kippenberger, Benedikt Taschen Verlag, Cologne 1991
Kirchner, Ernst Ludwig
Catalogue d'exposition, entre autres, Kunsthalle Köln, Cologne 1980
Klapheck, Konrad
Werner Hofmann. Konrad Klapheck, Retrospektive 1955–1985, Munich 1985
Klauke, Jürgen
Andreas Vowinkel/Evelyn Weiss (Ed.). Jürgen Klauke, Eine Ewigkeit, ein Lächeln. Cologne 1986
Klein, Yves
A Retrospective. Catalogue d'exposition Institute for the Arts, Rice University, Houston 1992
Pierre Restany. Yves Klein, Munich 1982
Klimt, Gustav
Alice Strobel. Gustav Klimt, Zeichnungen und Gemälde, Salzbourg 1988
Gilles Néret. Gustav Klimt, Benedikt Taschen Verlag, Cologne 1992
Klossowski, Pierre
Catalogue d'exposition Centre National des Arts Plastique, Paris 1990
Kokoschka, Oskar
Catalogue d'exposition Kunsthaus Zürich, Genève 1986
Klaus Albrecht (Ed.). Oskar Kokoschka, Munich 1991
de Kooning, Willem
Harald Rosenberg. De Kooning, New York 1973
Koons, Jeff
Angelika Muthesius (Ed.). Jeff Koons, Benedikt Taschen Verlag, Cologne 1992
Kubin, Alfred
Catalogue d'exposition Kunstmuseum Winterthur, Winterthur 1986
Lichtenstein, Roy
Ernst A. Busche. Roy Lichtenstein, Das Frühwerk 1942–1960, Berlin 1988
Janis Hendrickson. Roy Lichtenstein, Benedikt Taschen Verlag, Cologne 1989
Lindner, Richard
Hilton Kramer. Richard Lindner, Francfort/Berlin/Vienne 1975
Magritte, René
Jacques Meuris. René Magritte, Paris 1988
Sarah Whitfield (Ed.). Catalogue d'exposition The South Bank Centre, Londres 1992
Maillol, Aristide
Hans Albert Peters (Ed.). Catalogue d'exposition Staatliche Kunsthalle Baden-Baden, Baden-Baden 1978
Manzoni, Piero
Germano Celant. Piero Manzoni, Catalogo Generale, Milan 1975
Mapplethorpe, Robert
Richard Marschell (Ed.). Catalogue d'exposition Whitney Museum of American Art, New York 1988
Some Woman, Munich 1989
Flowers, Munich 1990
Masson, André
Drawings, Londres 1972
Matisse, Henri
Ernst-Gerhard Güse (Ed.). Henri Matisse, Zeichnungen und Skulpturen Munich 1991
Gilles Néret. Matisse, Paris 1991
Matta, Roberto
Wieland Schmied (Ed.). Catalogue d'exposition Kunsthalle der Hypo Kulturstiftung München 1991, Kunstverein Wien 1992, Munich 1991
Miró, Joan
Catalogue d'exposition Kunsthaus Zürich, Städtische Sammlung Düsseldorf, Bern 1986
Janis Mink. Joan Miró, Benedikt Taschen Verlag, Cologne 1993
Modigliani, Amedeo
Catalogue d'exposition Musée d'Art Moderne de la Ville de Paris, Paris 1981

Mueller, Otto
Lothar Günther Buchheim. Otto Mueller, Leben und Werk, Feldafing 1963
Munch, Edvard
Catalogue d'exposition Museum Folkwang Essen, Kunsthaus Zürich, Essen 1987
Ulrich Bischoff. Edvard Munch, Des images de vie et de mort, Benedikt Taschen Verlag, Cologne 1990
Nauman, Bruce
Skulpturen und Installationen, catalogue d'exposition Museum für Gegenwartskunst, Bern, Cologne 1990
Newton, Helmut
Portraits, Munich 1987
White Women, Munich 1988
Oelze, Richard
Renate Damsch-Wiehager. Ein alter Meister der Moderne, Lucerne 1989
O'Keeffe, Georgia
Jack Cowart/Juan Hilton. Georgia O'Keeffe, Art and Letters, New York 1987
Nicholas Callaway. One Hundred Flowers, New York 1989
Oldenburg, Claes
Germano Celant. A Bottle of Notes and some Voyages, Claes Oldenburg, Coosje v. Bruggen, New York 1988
Oppenheim, Meret
Retrospective. Catalogue d'exposition Institute of Contemporary Art, Londres 1990
Pearlstein, Philip
The Complete Paintings, 1983
Pechstein, Max
Catalogue d'exposition Kunstverein Braunschweig, Brunswick 1981
Picabia, Francis
Catalogue d'exposition Städtische Kunsthalle Düsseldorf, Kunsthaus Zürich 1983/84, Cologne 1984
Picasso, Pablo
Late Picasso, Paintings, Sculptures, Drawings, Prints 1953–1972, Catalogue d'exposition The Tate Gallery, Londres 1988
Carsten Peter Warncke/Ingo F. Walther. Pablo Picasso, 1881–1973, Benedikt Taschen Verlag, Cologne 1992, 2 vol.
Pollock, Jackson
Ellen G. Landau. Jackson Pollock, New York 1989
Rainer, Arnulf
Körpersprache, Munich 1980
Ramos, Mel
Catalogue d'exposition, Darmstadt 1975
Ray, Man
Arturo Schwarz. Man Ray, Munich 1980
Man Ray, Selbstporträt, Eine illustrierte Autobiographie, Munich 1983
Man Ray 1890–1976. Benedikt Taschen Verlag 1989
Rembrandt
Sämtliche Radierungen in Originalgröße, Stuttgart/Zurich 1986
Richter, Gerhard
Jürgen Harten, Bilder 1962–1985, Cologne 1986
Rivers, Larry
Sam Hunter. Larry Rivers, New York 1989
Rodin, Auguste
Zeichnungen und Aquarelle, catalogue d'exposition Landesmuseum für Kunst und Kulturgeschichte, Münster, Museum Villa Stuck, Munich, Stuttgart 1984
Sculptures and Drawings, catalogue d'exposition Arts Council of Great Britain, Londres 1986/87
Salle, David
Catalogue d'exposition Mary Boone Gallery, Galerie Michael Werner, Cologne/New York 1985
Salome
Catalogue d'exposition Galerie Thomas, Munich 1984
Schad, Christian
Editions Panderma, Bâle 1972
Schadow, Johann Gottfried
Götz Eckerhardt. Johann Gottfried Schadow, Der Bildhauer, Leipzig 1990
Schiele, Egon
Jane Kallir. Egon Schiele, The Complete Works, New York 1989
Richard Steiner, Egon Schiele, 1890–1918, L'âme de minuit de l'artiste, Benedikt Taschen Verlag, Cologne 1991
Sherman, Cindy
Cindy Sherman, 3e éd. augmentée, Munich 1987
History Portraits, Munich 1991
Tom of Finland
Retrospective I, Los Angeles 1988
Retrospective II, Los Angeles 1991
Burkhardt Riemschneider (Ed.). Benedikt Taschen Verlag, Cologne 1992
Vélasquez
Catalogue d'exposition Museo del Prado, Madrid 1990
Véronèse, Paolo
Catalogue d'exposition National Gallery Cambridge, Washington 1988
de Vinci, Léonard
Kenneth Clark. The Drawings of Leonardo Da Vinci in the Collection of Her Majesty the Queen at Windsor Castle, Londres 1969, 3 vol.
Wall, Jeff
Catalogue d'exposition Westfälischer Kunstverein, Münster 1988
Transparencies, Rizzoli, New York 1986
Warhol, Andy
Rainer Crone. Andy Warhol, Die frühen Werke, Stuttgart 1987
Kynaston McShine. Andy Warhol, Retrospektive, Munich 1989
Wols
Bilder, Aquarelle, Zeichnungen, Photographien, Druckgrafik, catalogue d'exposition Kunsthaus Zürich, Kunstsammlung Nordrhein-Westfalen, Düsseldorf/Zurich 1989

Crédits photographiques

La maison d'édition remercie les musées, les archives et les photographes qui l'ont autorisée à reproduire les illustrations et lui ont apporté leur aimable soutien lors de la réalisation de ce livre. A côté des institutions indiquées dans les légendes, mentionnons également:

Photo: Courtesy of the artist: 146; Artothek, Peissenberg: 96, 160; Klaus Baum: 24; Galerie Beyeler, Bâle: 23; Bildarchiv Preußischer Kulturbesitz, Berlin: 10, 73, 152; Galerie Gisela Capitain, Cologne: 178; Christie's Colour Library, Londres: 191; Courtesy Paula Cooper Gallery, New York: 59, 163; © Photo: Descharnes & Descharnes: 139, 154, 181, 182; Deutsche Fotothek, Dresde: 154; Roland Dreßler, Weimar: 74; Graphisches Kabinett im Westend, Francfort s/M.: 84, 88, 100; Anthony Haden-Guest, Londres: 24; Courtesy Galerie Max Hetzler, Cologne: 37, 127; Bruno Jarret, Paris: 55, 108; Kunstmuseum Winterthur, Winterthur: 183; Kunst- und Ausstellungshalle der Bundesrepublik Deutschland, Bonn: 103; Michael de Lorenzo, Nice: 117; Les Héritiers Matisse, Paris: 45; Philippe Migeat, Paris: 109; Marlborough Fine Art, Londres: 132; Ann Münchow, Aix-la-Chapelle: 193; © 1992 The Museum of Modern Art, New York: 144; Gilles Néret, Paris: 51, 58, 72, 119, 128; Derechos reservados © Museo del Prado, Madrid: 48; Prammer Public Relations, Vienne: 52; Photo: R.M.N., Paris: 94, 140, 187; Galerie Raab, Berlin: 73; Nathan Rabin, New York: 19; Rheinisches Bildarchiv, Cologne: 34, 88, 93, 96, 101, 163, 186; Adam Rzepka, Paris: 55, 89; From «White Women» published by Schirmer & Mosel: 97; From «Portraits» published by Schirmer & Mosel: 98; Photo: Wilhelm Schürmann: 106, 137; Edition Spangenberg, © 1989 Munich: 124; Photo: Lee Stalsworth: 49; Courtesy Galerie St. Etienne, New York: 121; Photo: John Tennant: 174; Wolfgang Volz, Düsseldorf: 51; Elke Walford, Hambourg: 18, 114, 141; Peter Willi, Paris: 35

Index des noms cités